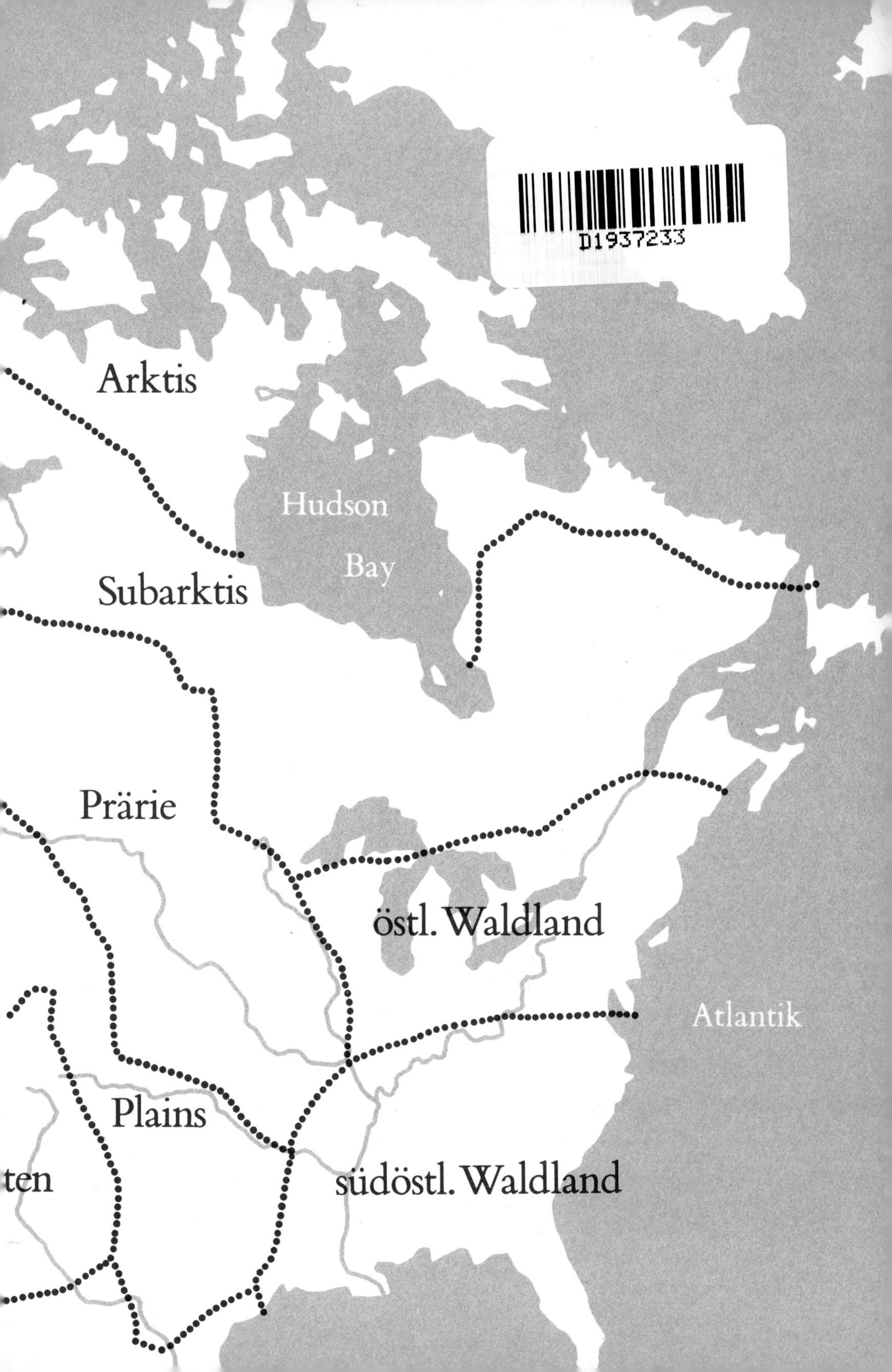
Arktis
Hudson
Bay
Subarktis
Prärie
östl. Waldland
Atlantik
Plains
ten
südöstl. Waldland

Hans Läng

Kulturgeschichte der Indianer Nordamerikas

HANS LÄNG

Kulturgeschichte der Indianer Nordamerikas

Walter-Verlag Olten und Freiburg im Breisgau

Gesamtherstellung in den grafischen Betrieben
des Walter-Verlags
Printed in Switzerland

ISBN 3-530-50230-8

Gewidmet meiner lieben Frau

Inhaltsverzeichnis

«Aussereuropäische Wesen»
aus Sebastian Münsters «Kosmographie», 1550

Einwanderungstheorien

In dem für die Alte und Neue Welt gleichermaßen schicksalsschweren Jahr 1492 glaubte mit Christoph Columbus die gesamte damalige gelehrte Welt, der Seeweg nach Indien sei gefunden. Dem Irrtum des Genuesen verdanken die Menschen der Neuen Welt den falschen Namen *Indios*, aus dem später die deutsche Bezeichnung *Indianer* wurde.

Als Amerigo Vespucci[1] mit seinen Reiseberichten diesen Glauben erschütterte und von einer «Neuen Welt» sprach, wurde das ganze christlich orientierte Denken des Abendlandes durcheinandergeworfen. In der Bibel war nirgends über Länder im Westen zu lesen, im Gegenteil: Laut Buch Moses mußte der Garten Eden, in dem Adam und Eva vor dem Sündenfall gelebt hatten, im Osten liegen. Handelte es sich bei diesen neuentdeckten Landen mit seinen Einwohnern nicht sogar um ein Teufelswerk? So finden wir denn in den ersten Bildberichten über Amerika unter anderm kopflose Wesen mit nur einem Auge auf der Brust, lang behaart oder sogar mit Schwänzen versehen.

Berichte von Reisenden und Priestern (Missionaren), vor allem aber die Verteidigungsschriften von Bartholomé de Las Casas[2] bewirkten ein langsames Umdenken in Europa. Man erkannte, daß diese fremden Wesen im Westen ebenfalls Menschen seien. Doch wie konnte man sich ihre Anwesenheit erklären?

Es ist nicht Aufgabe dieses Buches, das faszinierende Gebiet der verschiedenen Theorien über die Herkunft der amerikanischen Urbevölkerung in seiner ganzen Ausdehnung zu beleuchten. Doch scheint es uns interessant, einige der weniger bekannten Theorien zu behandeln, die die verschiedensten Gruppen weltweit bis in die Jetztzeit bewegen.

Logischerweise glaubte man zuerst an eine Besiedlung aus der Alten Welt. Schon früh tauchte die Vermutung auf, in den Indianern die *Verlorenen Stämme Israels* wiedergefunden zu haben. Von ihnen wird an anderer Stelle noch die Rede sein.

Der um 1670 in Bordeaux geborene Jesuitenpater Joseph François Lafiteau stellte in seinem 1724 in Paris erschienenen Werk «Mœurs des Sauvages Amériquains, comparées aux mœurs des premier temps» eine neue, gewagte Theorie auf. Lafiteau hatte selber fünf Jahre als Missionar unter den Irokesen im Osten Nordamerikas gelebt. Im weiteren konnte er sich auf die Mitteilungen seines Ordensbruders Julien Garnier stützen, welcher über 60 Jahre bei den Indianern Kanadas verbracht hatte und unter anderm die Sprache der Huronen und die fünf Dialekte der Irokesen beherrschte. Daneben war Garnier mit dem Algonkin soweit vertraut, daß er sich auch in dieser Sprache verständigen konnte. Lafiteau suchte nach Parallelen zwischen bekannten Völkern der Alten und Neuen Welt, um eine Erklärung für die Herkunft der Indianer zu finden. Er hatte während seines Aufenthaltes in Nordamerika beobachtet, welch kompliziertes Verwandtschaftssystem die Irokesen besaßen. Teilweise existiert diese Form noch heute. Die Irokesen sind matrilinear orientiert, das heißt: Familienbildung, Erbfolge usw. sind nach der mütterlichen Linie ausgerichtet. Daher sprach man früher von Mutterrecht oder Matriarchat.

Lafiteau suchte im Altertum nach Ähnlichkeiten und fand in Herodots (485–424 v. Chr.) erstem Buch seiner «Histories apodeixis» folgende Stelle: «Die Lykier aber sind ursprünglich aus Kreta, denn in alten Zeiten war ganz Kreta von Barbaren bewohnt. Ihre Sitten sind zum Teil noch immer kretisch, jedoch eine sonderbare Gewohnheit haben sie, die sonst kein Volk hat: Sie nennen sich nach der Mutter und nicht nach dem Vater. Denn wenn man einen Lykier fragt, wer er ist, so wird er sein Geschlecht nach der Mutter angeben und seiner Mutter Mütter herzählen. Und wenn eine Bürgerin einem Knecht beiwohnt, so gelten die Kinder für edelgeboren. Wenn aber ein Bürger, und wäre er ein noch so vornehmer Mann, ein fremdes oder Kebsweib nimmt, so sind seine Kinder unehelich.»

Lafiteau bringt in seinem Werk genaue Vergleiche zwischen den von ihm besuchten Irokesen und den von Herodot und andern klassischen Autoren beschriebenen Lykiern. Im ersten Band seiner Beschreibungen kommt er zur Ansicht, daß die Irokesen von den Lykiern abstammen müßten. Gegen Schluß des zweiten Bandes muß Lafiteau dann allerdings zugeben, daß Organisationen, wie sie bei den Irokesen anzutreffen sind, im Altertum weit verbreitet waren und somit eine direkte Verwandtschaft der Lykier mit den Irokesen aufgrund ihrer Stammesorganisation nicht gefolgert werden dürfe[3].

Platons Atlantis

Auf der Suche nach den Vorfahren der Indianer tauchte unweigerlich das unerschöpfliche Thema der untergegangenen Insel *Atlantis* auf. Die frühesten Berichte von einem sagenhaften Atlantis besitzen wir wiederum von Herodot, der 454 v. Chr. einen Teil seines Geschichtswerkes in Athen vorlas. Von den Alexandrinern wurde diese erste, für seine Zeit umfassendste Geschichte in neun mit dem Namen der Musen bezeichnete Bücher eingeteilt. Im 4. Buch «Melpomene» berichtet Herodot: «... Wieder zehn Tagesreisen von den Garamanten kommt wieder ein Salzhügel und eine Quelle, und wohnen Menschen darum her, die heißen Ataranten... Dann wieder nach zehn Tagesreisen kommt wieder ein Salzhügel und eine Quelle, und wohnen Menschen darum her. Und an diesen Salzhügel stößt ein Berg mit Namen Atlas. Der ist schmal und abgerundet von allen Seiten, und so hoch soll er sein, daß man von seinem Gipfel nichts sehen kann, denn er wäre stets im Sommer und Winter mit Wolken bedeckt. Und die Leute sagen, das wäre die Säule des Himmels. Von diesem Berg haben diese Leute auch ihren Namen, nämlich sie heißen Atlanten. Die sollen nichts Lebendiges essen und keine Träume haben.»[4]

In den Diskussionen über Atlantis, die im Laufe der Jahrhunderte immer wieder sporadisch auftauchten, wird dieser Bericht von Herodot nur selten erwähnt. Man beruft sich mehr auf Platon (427–347 v. Chr.), der in seinen Werken «Timaios» und «Kritias» in Form von Dialogen über Atlantis berichtet. Besonders im zweiten Werk erklärt Kritias seinem Gesprächspartner Hermokrates das wunderbare Land und seinen schrecklichen Untergang.
Die Frage, ob dieser Bericht auf wirkliche Ereignisse zurückgehe, war schon zu Platons Zeiten umstritten. Generell läßt sich sagen, daß die meisten Autoren des Altertums einen gewissen Wahrheitsgehalt der Erzählung als selbstverständlich ansahen. Im Laufe der Zeit ließ das Interesse an Atlantis nach, und erst im Zusammenhang mit der Frage über die Herkunft der Indianer erinnerte man sich wieder der Berichte von Platon. Doch die Vermutung, Amerika sei das verschwundene Atlantis oder seine Bewohner hätten sich vor dem Untergang auf den neuen Kontinent gerettet, konnte nüchternen Überlegungen nicht standhalten. Lediglich der Name Atlantis war wieder ins Bewußtsein der Menschen gerückt und blieb bis heute aktuell.

Die Insel Mu

Auch westlich von Amerika im Pazifik gab es eine sagenhafte Insel, von der behauptet wird, ihre Bewohner hätten den amerikanischen Kontinent bevölkert. Laut Aussagen ihres Entdeckers, des amerikanischen Colonel James Churchward, bedeckte die *Insel Mu* einst die riesige Fläche von der Osterinsel bis zu den Karolinen[5] und von Hawaii bis zu den Cook-Inseln im Süden, war also bedeutend größer als das Atlantis des Herodot. Churchward legte seine Theorien in dem Buch «The Lost Continent of Mu – The Motherland of Man» (New York, 1926) ausführlich dar, auf deren Details wir hier verzichten können. Neben vielen, zum Teil recht fantastischen Bildern, sind dem Buch auch Karten mit den Landeplätzen der Leute von Mu an der amerikanischen Westküste beigefügt.

Im Zusammenhang mit der Theorie, in den Indianern die «Verlorenen Stämme Israels» wiedergefunden zu haben, warten das 17. und 19. Jahrhundert mit einem erwähnenswerten Werk auf. Im Jahre 1650 erschien in Madrid das Buch von Rabbiner Menasseh Ben Israel «Esperanza de Israel». Der Autor stützt sich in ihm auf den Bericht eines spanischen Juden namens Aron Levi, welcher 1641 eine Reise nach Südamerika gemacht haben will und in den Indianern seine Brüder – Hebräer – erkannte. Die Indianer hätten ihm auch Abraham und Isaak als ihre Stammesväter angegeben.
In den siebziger Jahren des 19. Jahrhunderts, zur Zeit von Gobineau (1816–1882), dem Begründer der Rassenlehre, wurde das Werk von Rabbiner Menasseh neu aufgelegt und durch antisemitisches Beiwerk ergänzt. Bestehende und erfundene negative Charaktermerkmale wurden als Beweis für die jüdische und indianische Seite herangezogen. Der anonyme Autor wollte sogar im Alten Testament den Beweis gefunden haben, daß auch die alten Hebräer skalpiert hätten. Im zweiten Buch der Makkabäer, 7. Kapitel, befindet sich bewußte makabre Stelle: Nur läßt der syrische König Antiochus IV. und nicht ein jüdischer König einigen Juden die Zunge abschneiden und die Kopfhaut abziehen!
Aber auch religiöse Gruppen bringen das jüdische Volk mit den Indianern in Verbindung. Erwähnt sei die nach Millionen zählende Glaubensgemeinschaft der Mormonen, nach deren Überlieferung direkte Nachkommen von Joseph um das Jahr 589 v. Chr. von Ägypten nach Amerika kamen: Im «Buch Mormon» wird die Fahrt auf das genaueste beschrieben. In der Neuen Welt pflanzten die Neuankömmlinge den aus dem Lande Israel mitgebrachten Samen, und alles entwickelte sich prächtig. Doch bald brachen Zwistigkeiten unter den verschiedenen Familien aus, und Nephi, der Jüngste der Söhne Lehis, zog mit seinen Anhängern weiter. Gott aber verfluchte diejenigen, welche Unfrieden gestiftet hatten, und ließ ihre Haut sich verfärben. So wurde ein Teil der Nachkommen von Joseph zu Indianern.

Die Aufzählung der Abstammungstheorien ließe sich beliebig fortsetzen. Fast jedes europäische Land hat sich einmal um den Nachweis bemüht, seine Vorväter wären als erste nach dem amerikanischen Kontinent gewandert. Die meisten Beweise fußen auf einem vagen Sprachvergleich und sind völlig haltlos.

Beeinflussungen aus der Alten Welt?

Mehr Beachtung verdienen die erst in unserm Jahrhundert auftretenden Theorien einer *Beeinflussung* der amerikanischen Hochkulturen durch frühe Kulturen aus dem asiatischen Raum. Bei der Behandlung der Völker des nordamerikanischen Südostens und Südwestens, die in den eigentlichen Bereich unseres Themas gehören, werden wir nämlich starke Ausstrahlungen der mittelamerikanischen Hochkulturen auf diese benachbarten Gebiete feststellen. Wir wollen die Möglichkeit von Zufallskontakten zwischen der Alten und Neuen Welt gar nicht ausschließen, bezweifeln aber trotz der spektakulären Fahrten von Thor Heyerdahl die Seetüchtigkeit der damaligen Zeit, die intensivere Kontakte erst ermöglicht hätte.

Bis in das 15. Jahrhundert hinein kannte die Alte Welt nur zwei Schiffstypen: die Rudergaleere und das Segelschiff. Dann entwikkelten die Spanier und Portugiesen die Karavelle, ein leichtes, breites Schiff, mit dem man auch gegen den Wind segeln konnte. Mit diesen neuen Schiffen wagte man sich aus der Nähe des sicheren Ufers. Trotzdem hätte sich Columbus wohl kaum auf die große Fahrt begeben, wäre ihm die gewaltige Entfernung von rund sechseinhalbtausend Kilometer nach Amerika (lies Indien) bekannt gewesen.

Welch große Bedeutung man dem Problem einer asiatischen Einflußnahme auf die amerikanischen Hochkulturen beimaß, zeigt die Tatsache, daß der Internationale Amerikanistenkongreß vom September 1949 in New York ganz diesem Thema gewidmet war. Es waren in der Hauptsache österreichische und amerikanische Wis-

1 Männliche und weibliche Figur aus Georgia-Marmor, Mississippi-Kultur. Fundort Etowah-Mounds in Georgia. Höhe ca. 60 cm

2 (links) Irokesenmaske aus Maisdeckblättern geflochten. Östliches Waldland um 1860
3 (oben) Häuptling der Gitksan mit Tochter
4 (unten) Zwei Mädchen mit Umhängen aus Zedernbast
5 (folgende Doppelseite) «Der Mittelpunkt der Erde», ein heiliger Platz der Mandan in der Nähe des Missouri

6 Medizinmann bei einer Heilzeremonie, Seth Eastman
7 Priester der Pawnee mit den Insignien der Braunfederrohr-Zeremonie. Kolorierte alte Fotografie

8 Teil eines geschnitzten Hauspfostens der Kwakiutl, British Columbia

senschaftler, die den Nachweis der asiatischen Theorie erbringen wollten. Es gibt viele bestechende Argumente, doch bleiben die meisten an der Zeitdifferenz hängen.
Einer der glühendsten Verfechter dieser Theorie, Robert Heine-Geldern (1885–1968), schrieb dazu 1964: «... Etwas verwickelter liegen die Dinge in Mesoamerika. Die ornamentalen Motive des sogenannten Tajin-Stils oder, wie man ihn früher nannte, des totonakischen Stils und ebenso die Marmorvasen aus dem Ulua-Tal in Honduras entsprechen in schlagender Weise solchen der chinesischen Kunst der späten Chou-Zeit, 700 bis 200 v. Chr.» Die ältesten Bauten der Tempelgruppe von Tajin und nach allgemeiner Annahme auch die Steinjoche, Palmas usw. der Tajin-Kultur sind jedoch vom Ende des späten Chou-Stils durch ein halbes Jahrtausend oder mehr getrennt. Man kennt bisher nur ein einziges Denkmal des Tajin-Stils, dessen höheres Alter einwandfrei feststeht, aber auch dieses eine Denkmal genügt, um zu beweisen, daß die Anfänge dieses Stils viel weiter zurückreichen müssen, als man gemeinhin annahm. Der Autor versucht nun, die beiden Daten einander näherzubringen und schreibt: «Es handelt sich um einen Stil, der in früher Zeit von der zentralen Hochebene Mexikos bis Honduras verbreitet war, der aber anfangs nur in Holzschnitzerei und Malerei seinen Ausdruck fand... In Randgebieten seiner ehemaligen Verbreitung, im jetzigen mexikanischen Staat Veracruz und Honduras, erhielt sich der Stil länger als in seinem ursprünglichen Zentrum und wurde in späterer Zeit in die Steinskulptur übernommen, so daß uns seine Ornamentik nur in der Denkmalgruppe von Tajin, der Steinjoche und Palmas und in der der Marmorvasen des Ulua-Tales in reiner Form und in ihrem ganzen Umfang erhalten ist... Zusammmenfassend kann man sagen: Obwohl wir keinen direkten archäologischen Beweis dafür haben, daß die Anfänge des Tajin-Stils in Mesoamerika bis in die Periode der späten Chou-Kunst Chinas 700 bis 200 v. Chr. zurückreichen, sind die Indizien dafür doch so stark, daß wir sie als so gut wie sicher ansehen dürfen.»[6]
Uns scheint diese Erklärung zu einfach und nicht beweiskräftig ge-

nung, denn von den angegebenen Schnitzereien und Malereien wurde nie etwas gefunden. Die Anhänger der asiatischen Theorie von Heine-Geldern bezeichnen selbst die steinernen Lotosfriese an einem Tempel der Ostküste von Indien als Nachbildungen früherer Ausführungen in Holz (auch hier wurden keine Beweisstücke gefunden), um eine zeitliche Angleichung an den Wasserlilienfries am Jaguartempel in Chichén Itzá auf Yucatan zu erreichen. Trotzdem bleibt die Zeitdifferenz bestehen, denn die indischen Kunstwerke stammen aus dem 3. Jahrhundert n. Chr., den Jaguartempel datiert man auf 1000 bis 1200 n. Chr. In diesem Zusammenhang stellt sich die kritische Frage: Wie läßt es sich erklären, daß nur auf dem Gebiet der Kunst und Architektur angebliche Übereinstimmungen zu finden sind, daß wir aber nach übernommenen Gegenständen des täglichen Lebens, wie zum Beispiel der Töpferscheibe, der Kunst der Eisenherstellung, des Blasebalgs und von Saiteninstrumenten – um nur einige zu nennen –, im amerikanischen Kulturbereich vergeblich suchen?
Die Diskussion über eine asiatische Beeinflussung beschränkt sich nicht nur auf den mittelamerikanischen Raum. Als das amerikanische Forscherpaar Betty und Clifford Evans-Meggers in den fünfziger Jahren in Ecuador arbeitete, entdeckte es frappante Ähnlichkeiten der dort ausgegrabenen Töpfereien von Valdivia mit denen der Jōmon-Kultur in Japan. Die Forscher unterstützten die Theorie, welche vor ihnen schon der Amateurarchäologe Emilio Estrada aufgestellt hatte, daß nämlich die Keramik von Japan nach Ecuador gebracht worden sei. Doch wenn wir die Verzierungen betrachten, Bänder aus feinen, parallel laufenden Linien, vermutlich mit einer Muschel und breitere mit den Fingern gezogen, Tupfenmuster auch mit der Fingerspitze, so müssen wir feststellen: diese Techniken lassen sich nicht nur in Japan, sondern auch in andern Teilen der Welt nachweisen. Außer dieser einfachen Verzierungstechnik gibt es eine Vielzahl von Symbolzeichen, die im Zusammenhang mit den elementarsten Bedürfnissen, Hoffnungen und Ängsten der Menschheit stehen und darum global zu finden sind. Sie kreisen um die Begriffe Nahrung, Krankheit und Hei-

lung, Fortpflanzung, Lebenserhaltung und den Tod. Wir finden unter diesen Symbolen das Sonnenrad, die Blitz- und Himmelsschlange, den Lebensbaum[7], das Auge, den Pfeil und andere mehr. C.G. Jung (1875–1961) spricht dabei von «archaischen Überresten», die er «Archetypen» oder «Urbilder» nennt. Jungs komplexe Psychologie geht auf sein großes Interesse für die Mythologie, Mystik, Alchemie und deren Symbole zurück. Er hält diese Symbole für sichtbare Beweise des der ganzen Menschheit innewohnenden «kollektiven Unbewußten», dessen Strukturelemente (z.B. Schlangen, böse oder gute Fabelwesen oder auch Pflanzen) er als Archetypen bezeichnet. Jung wehrt sich aber sehr gegen die Annahme, diese Bilder könnten ererbt werden. «Der Archetyp ist vielmehr eine angeborene Tendenz, solche bewußten Motivbilder zu formen...»[8]

Claude Lévi-Strauß, um noch einen weiteren Vertreter dieser Richtung anzuführen, schreibt in seiner «Strukturellen Anthropologie» (Frankfurt, 1967): «Wenn die Geschichte Nein sagt, müssen wir auf die Psychologie oder Strukturanalyse der Formen zurückgreifen und uns fragen, ob nicht innere Beziehungen psychologischer Natur ein derartiges Wiederauftreten verständlich machen, ein Wiederauftreten in einer Häufigkeit und Stärke, die durch bloßen Zufall nicht wahrscheinlich ist.»

Das vielschichtige Thema einer Beeinflussung aus dem asiatischen Raum, das Für und Wider der zahlreichen Theorien, konnte mit diesen wenigen Beispielen nur gestreift werden. Der interessierte Leser wird eine Vielzahl von Werken namhafter Autoren finden, die ihr Anliegen mit Leidenschaft und Akribie zu vertreten suchen.

Die große Wanderung

Um den Schleier zu lüften, der über der Herkunft des «Ersten Amerikaners» liegt, sind die verschiedenen Wissenschaftszweige eng aufeinander angewiesen.
Die *Archäologie* bringt Überbleibsel vergangener Zeiten an das Tageslicht. Sie wird dadurch zu einer «vorbereitenden Wissenschaft». Die ausgegrabenen Materialien mit den dazugehörenden Daten geben uns ja erst die Grundlage für eine weitere Auswertung. Je genauer die gelieferten Informationen sind, um so größer sind die Chancen, neue Erkenntnisse zu erarbeiten.
Als weitere Disziplinen seien die *Geologie* und *Paläontologie* zu nennen. Sie geben Auskunft über die Geophysik, die Erdbeschaffenheit sowie über Eisbildungen und Tierformen der frühen erdgeschichtlichen Epochen. Die *Botanik* informiert über die Pflanzenwelt der jeweiligen Epochen und über Pflanzenwanderungen. Die *Zoologie* vermittelt Einblick in die Entwicklung der verschiedenen Tierformen, welche Tierarten früher auf dem amerikanischen Doppelkontinent existierten, wie sie sich entwickelten und wohin sie zum Teil gewandert sind. Eine hervorragende Stelle nehmen *Anthropologie* und *Biologie* ein. Eng miteinander verflochten, befassen sie sich mit dem Körper des Menschen, dessen Funktionen, Erbfaktoren, Rassenmerkmale und den Veränderungen durch klimatische und andere Einflüsse. Die *Ethnologie* vergleicht die verschiedenen Kulturen auf der ganzen Welt, macht auf Parallelen aufmerksam und versucht zu ergründen, weshalb sich ein Volk so und nicht anders entwickelt hat. Mit der *Religionsethnologie* können wir zum Beispiel den Weg einer Mythe verfolgen, wie sie einen ganzen Kontinent durchwandert und sich den jeweiligen Gegebenheiten anpaßt, ohne ihre Grundsubstanz zu verlieren. Wie heikel und

umstritten das Kapitel der *Kunstethnologie* gerade in bezug auf Amerika ist, haben wir bereits angeführt.

Die Beringstraße – Landbrücke zwischen Asien und Amerika

In kurzen Zügen soll nun versucht werden, den Ablauf der Besiedlung Amerikas zu rekonstruieren, wobei uns bewußt sein muß, daß manches noch reine Theorie und nicht erhärtete Tatsache ist. Doch erlauben uns die neusten Forschungsergebnisse, zumindest ein großzügiges Schema der Einwanderung aus Asien aufzustellen.
Es ist erwiesen, daß während zweier Perioden der letzten Phase der Wisconsin-Eiszeit, in der ein Teil der Meere in riesigen Gletschern gebunden und der Wasserspiegel dadurch beträchtlich abgesunken war, die *Beringstraße* als trockene Landbrücke zwischen Alaska und Asien lag. Die Geologie kann heute zwar noch nicht das genaue Ausmaß dieser Landbrücke ermitteln, gibt aber folgende Werte an: Bei einem Absinken des Meeresspiegels um 100 Meter wäre eine Landbrücke von 1500 Kilometer Breite entstanden. Bei einem Absinken von nur 50 Meter wären es immerhin noch 500 Kilometer gewesen. Beide Ausdehnungen erlaubten ein ungehindertes Eindringen auf den neuen Kontinent, der von asiatischen Großwildjägern, ihren Jagdtieren folgend, unbewußt betreten wurde.
In zwei Wärmeperioden zwischen den Kaltzeiten stieg die Temperatur stark an, die Gletscher schmolzen, die Beringstraße wurde überflutet und verunmöglichte somit eine Einwanderung auf dem Landweg. Die letzte Überflutung setzte ungefähr vor 10000 Jahren ein und hält bis heute an.
Beeinflußt durch milde Luftströmungen vom Pazifik muß die Vegetation der Landbrücke und weiter Teile Alaskas etwa dem Charakter der kanadischen Tundren von heute geglichen haben. Neben der schicksalhaften Verbindung zweier Kontinente diente die Beringbrücke auch einer gewaltigen Tierwanderung, ja dem Austausch ganzer Tiergattungen.

Tiere, welche sich in Nordamerika entwickelt hatten, zogen zum Teil nach Süden. Andere, wie zum Beispiel Füchse, Wölfe, ein Teil der Kameliden und die Vorfahren des modernen Pferdes, überquerten die Beringia und gelangten so nach Asien. Umgekehrt wanderten mit dem Bison die Elche, Mammuts, Karibus und Moschusochsen nach Nordamerika ein, wo sie sich akklimatisierten oder ausstarben.

Asien als Ursprungsland

Bis vor wenigen Jahren war der größte Teil der Fachwelt der festen Überzeugung, die Vorfahren der heutigen Indianer seien aus dem Gebiet der heutigen Wüste Gobi über die Beringstraße nach Amerika gelangt. Die Gobi liegt in Zentralasien im Hoheitsgebiet der heutigen mongolischen Volksrepublik. Sie sei einmal fruchtbares Land gewesen – so vermutet man – und erst später zur Wüste geworden. Diese Katastrophe zwang die Bewohner zur Abwanderung. Man will diese Theorie durch folgende Funde beweisen: Etwa 1930 entdeckte der amerikanische Archäologe N. C. Nelson in der Wüste Gobi Speerspitzen, die den bei Fairbanks in Alaska gefundenen Stücken zum Verwechseln ähnlich sehen[9]. Soweit es die politischen Umstände erlaubten, wurden später weitere Grabungen in Sibirien und Alaska vorgenommen, bei denen man Plätze mit ähnlichem Material fand.

H. G. Bandi (1920–) schreibt in diesem Zusammenhang, daß «etwa ab 15000 v. Chr. ein Eindringen jungpaläolithisch-mesolithischer Elemente in Richtung auf die Beringstraße festzustellen ist, deren Kultur als Epi-Gravettien umschrieben werden kann. Zu diesem Komplex, der sich natürlich ebenfalls in verschiedene zeitliche und geographische Varianten gliedert, dürfen wir auch die Fundgruppe aus der Wüste Gobi rechnen, deren Übereinstimmung mit dem Material von Campus Site im Innern von Alaska N. C. Nelson schon vor langem hervorgehoben hat. Die charakteristischen bootförmigen Kernstücke kennt man aber auch aus an-

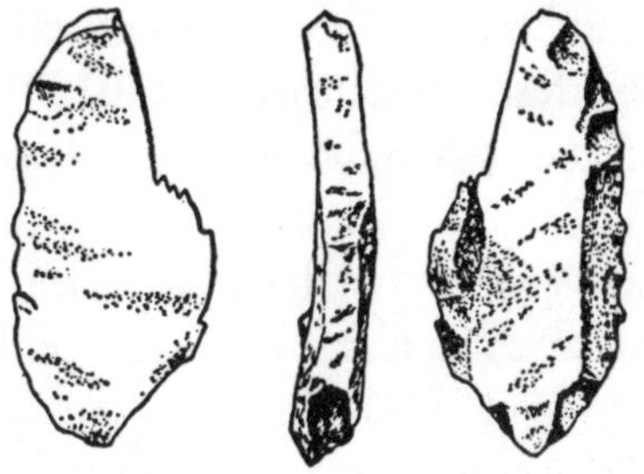

Epi-Gravettien von einem Fundort in Alaska

dern Teilen des Epi-Gravettien-Verteilungsgebietes: vom Baikalsee, aus Japan, insbesondere von Hokkaido, von der sibirischen Pazifikküste und von der Halbinsel Kamtschatka. Trotz der noch bestehenden Fundlücken und der inzwischen eingetretenen Überflutung der Beringbrücke ist es sicher nicht allzu gewagt, Zusammenhänge zwischen den unter dem Begriff Epi-Gravettien zusammengefaßten Fundkomplexen in Nordostasien und im nördlichen Nordamerika zu vermuten.»[10] Unter Berücksichtigung dieser Fakten müssen wir also feststellen: Man darf die Gobi nur als eines der Heimatgebiete der Einwanderungsgruppen ansehen und muß weitere Teile Asiens, wie zum Beispiel China, auch mit einbeziehen.

In den Jahren zwischen 1918 und 1937 fanden englische und chinesische Archäologen etwa 40 Kilometer südwestlich von Peking Knochen und Zähne einer frühen menschlichen Gattung. Zwischen 1927 und 1933 publizierte der Engländer D.R. Black vom Medical College in Peking seine Untersuchungsergebnisse. Er konnte beweisen, daß in den Kalksteinhöhlen von Chou-kou-tien wirklich eine Menschenart gelebt hatte (nach ihm *Sinanthropus pekinensis Black* benannt), die in Höhlen wohnte, schon das Feuer kannte und Steine bearbeitete. Ihr Alter wird mit 500000 bis 400000 Jahren angenommen. Und nun kommt das Erstaunliche. Legt man Schädel dieser Frühasiaten neben Schädel, die in der Nähe von Midland in Texas gefunden wurden (die Untersuchun-

gen geben ein ungefähres Alter von 20000 Jahren an), kann man keinen Unterschied feststellen. Auffallend an beiden ist, daß der amerikanische und der asiatische Schädel kaum mongolide Merkmale aufweisen.
Der amerikanische Wissenschaftler Peter Farb (1929–) schreibt in seinem Buch «Man's rise to Civilization»[11]: «Diese Merkmale entwickelten sich erst vor 15000 Jahren als Anpassung an eine kalte Umwelt. Die Vorfahren des amerikanischen Indianers haben demnach Nordamerika erreicht, bevor der klassische mongolide Typ entstand... Vermutlich waren die frühen Chinesen wie die frühen amerikanischen Indianer Vertreter einer allgemein mongoliden Großrasse, die vom klassisch-mongoliden Typus des kalten Klimas überrannt wurde; die ältere Rasse überlebte nur, weil einige ihrer Vertreter in die Neue Welt oder in andere Teile Asiens zogen. Die asiatischen Schädel bezeugen, daß es im späteren Pleistozän dem amerikanischen Indianer verwandte Typen in Ostasien gab und daß einige von ihnen als die ‹Ersten Amerikaner› über die Landbrücke der Beringstraße in die Neue Welt kamen.»[12]

Der Schädel von Del Mar

Der Zeitpunkt, zu dem die ersten asiatischen Gruppen über die Beringia in den amerikanischen Kontinent einsickerten, wird infolge neuer Funde immer weiter zurück verschoben. Alle Spuren, welche die Einwanderer im Anfangsstadium ihrer beschwerlichen Wanderung möglicherweise hinterlassen haben, liegen auf dem Grund des Beringmeeres und unter den Schnee- und Eismassen von Nordost-Sibirien und Alaska begraben. Der bislang älteste Fund ist ein Schädel, der bei *Del Mar* an der kalifornischen Küste ausgegraben wurde und nun im San Diego Museum of Man aufbewahrt wird. Nach neusten Meßmethoden, die im National Geographic, Washington, Vol. 156, Nr. 3, September 1979, veröffentlicht wurden, hat er das stattliche Alter von ca. 48000 Jahren[13]. Natürlich müssen wir solche Angaben mit der nötigen Vorsicht

betrachten und in alle Messungen eine Sicherheitsspanne von plus/minus einigen hundert Jahren einkalkulieren.
Bei Lewisville im Staate Texas entdeckte man eine Feuerstelle, die angeblich von den ersten Amerikanern benutzt wurde. Die C-14 Methode ergab ein Alter von 38000 Jahren. Skeptiker unter den Archäologen glauben zwar an ein durch Blitzschlag und nicht durch Menschenhand entstandenes Feuer. Inzwischen fand man noch weitere Feuerstellen zusammen mit leicht bearbeiteten Steinen, die oben genannte Theorie bekräftigen sollten, doch werden die Steine mehrheitlich als zufälliges Naturprodukt angesehen. Klar datiert mit 37000 Jahren hingegen sind Steingeräte, Reste von Feuerstellen mit zahlreichen Knochen des Zwergmammuts (Archidiskodon exilis) von Santa Rosa Island vor der kalifornischen Küste.

Funde von Old Crow

Im Jahre 1966 fand ein Indianer vom Stamm der Yukon Loucheaux, besser bekannt unter dem Namen Kutchin, in der Nähe seines Dorfes *Old Crow* im Yukon Territory einen Fellschaber aus dem Hinterlauf eines Karibu. Der kanadische Paläontologe C.R. Harrington, dem er seinen Fund zeigte, erkannte dessen enorme Wichtigkeit und begann noch im gleichen Jahr an der Fundstelle weiterzugraben. Unter den zahlreichen Objekten von Old Crow nehmen ein gut erhaltener Steinhammer und eine Ahle eine bedeutende Stellung ein. An der Universität von Toronto errechnete man mittels der C-14 Methode ein Alter von 30000 Jahren. Doch nicht genug mit dieser aufsehenerregenden Entdeckung. Nur etwa 3000 Jahre jünger sind die Reste eines Mädchenschädels, die ebenfalls bei Old Crow gefunden wurden.
Zahlreiche Fundstellen in den mittelamerikanischen Staaten markieren den weiteren Weg des Menschen nach Süden, den wir hier nur stichwortartig erwähnen können. Mexiko wartet mit einer Reihe von Fundorten beachtlichen Alters auf, an denen einfache Werkzeuge, Fellschaber, Speerspitzen, Knochen des Riesenfaultie-

res und Mastodons, aber auch schon Zeugnisse der Kunst an das Tageslicht kamen. In Mexico City wird ein Knochen mit eingeritzten Zeichnungen menschlicher und tierischer Figuren aufbewahrt, dessen Alter mit 22000 Jahren angegeben wird. Ungefähr in den gleichen Zeitraum fallen bearbeitete Steine, die R. S. MacNeish in Pikimachay in Peru zusammen mit Knochen des Riesenfaultieres fand.

Spätestens vor 11000 Jahren müssen Gruppen von Einwanderern die Südspitze Südamerikas erreicht haben. J. B. Bird vom American Museum of Natural History in New York entdeckte in Höhlen, den sogenannten «Fell's Cave» an der Magellanstraße, Speerspitzen aus Obsidian, die dieses hohe Alter aufweisen.

Wie lassen sich die über den ganzen Doppelkontinent verteilten Fundstellen mit den Perioden der Vereisung und damit der Begehbarkeit der Beringbrücke in Einklang bringen? Wenn wir den bislang spektakulärsten Fund, den Schädel von Del Mar berücksichtigen, müssen die ersten Einwanderer vor etwa 50000 Jahren in die Neue Welt eingedrungen sein. Von diesem Datum an war die Landbrücke vermutlich zweimal zu begehen: einmal vor 50000 Jahren bis 32000 Jahren, ein zweites Mal vor 28000 bis 12000 Jahren. Da die Vereisung von den riesigen Kontinentalgletschern Nordamerikas, die sich südlich bis über die Großen Seen erstreckten, zeitweise auf das ganze Landesinnere übergriff, war ein Eindringen in das Herz von Nordamerika in einem eisfreien Korridor nur in der ersten Periode und am Anfang der zweiten möglich. Gletscherabschliffe bestätigen, daß die Breite des Korridors zwischendurch nicht mehr als 40 Kilometer betrug. Vor etwa 20000 Jahren breiteten sich die Kontinentalgletscher noch einmal über den gesamten Korridor aus. Eine Einwanderung war somit nur bis Alaska möglich. Erst gegen Ende der Eiszeit vor etwa 13000 Jahren öffnete sich der Korridor wieder, und die Periode der großen Eisschmelze begann. Mit ihr setzte auch die langsame Überflutung der Beringstraße ein. Die Meerestiefe beträgt jetzt etwa 70 Meter.

Wie groß die Gruppen waren, die über die Beringbrücke in den neuen Kontinent einsickerten, welche Menschen sich ihnen auf ihrer langen Wanderung durch die Weiten Asiens anschlossen, sind Fragen, die unbeantwortet bleiben. Wir können nur mit Staunen die Vielfalt von Menschentypen und Kulturen zur Kenntnis nehmen, die sich durch Anpassung an die Umwelt und durch natürliche Auslese in ihrer neuen Heimat entwickelt haben.

Prähistorische Tierwelt

Trotz der über den ganzen Kontinent verteilten alten Fundstellen haben wir vom Leben der frühen Großwildjäger nur vage Vorstellungen. Je weiter sie während Hunderter von Generationen gegen Süden zogen, desto vielfältiger wurde die Tierwelt, die ihnen als Jagdbeute diente. Darunter waren die zahlreichen später ausgestorbenen Riesensäuger der Eiszeit. Ihre Nahrung ergänzten sie durch wilde Beeren und Früchte, Nüsse und eßbare Wurzeln, die im feuchtkühlen Klima der eisfreien Zonen gediehen. Hinzu kam der Fischreichtum der Flüsse und Seen.

Der Beginn der großen Eisschmelze vor etwa 13000 Jahren und die damit verbundene Klimaänderung hatten schwerwiegende Folgen für die gesamte Tier- und Pflanzenwelt und damit auch für das Leben des Menschen. Die Wassermassen der schmelzenden Gletscher ergossen sich in die Flüsse und Seen und ließen ganze Landschaften versumpfen. Funde weisen auf große Tiertragödien hin, indem ganze Herden auf einmal im schlammigen Boden einsanken und zugrunde gingen. Andere wurden von den Wassermassen überrascht und hinweggeschwemmt. Mitten in einem Wohngebiet von Los Angeles befindet sich im Hancock Park ein solch riesiger Friedhof, *La Brea Tar Pits* genannt. Hier fand man die Überreste von 35 Säugetierarten, zum Teil durch den Ölschlamm hervorragend konserviert. Verschiedene Mammutarten, Riesenfaultier, Kamel, Urbison und Riesengürteltier – um nur einige zu nennen – sind so der Nachwelt erhalten geblieben und im Los Angeles Country Museum of Natural History ausgestellt. Die Teergrube ist noch längst nicht erschöpft, und es wird ständig weiter nach paläontologischen Funden gegraben. Mehr im Süden wird das Verschwinden des üppigen Pflanzenwuchses durch das einsetzende wärmere und trockenere Klima das Sterben der Tierherden wesentlich beschleunigt haben.

Doch nicht die großen Klimaänderungen allein bewirkten das Verschwinden ganzer Tiergattungen. Auch der Mensch mit seinen immer weiter entwickelten Jagdmethoden und das dadurch ausgelöste ökologische Gesetz der Tierpopulation trugen dazu bei. Man hat festgestellt, daß jede Tierspezies eine bestimmte Populationsgröße zum Überleben braucht; wird sie unterschritten, stirbt die Gattung aus. Peter Farb schreibt: «Bestimmt begann das Aussterben der Eiszeitsäuger mit den Verlusten, die die Tierpopulation durch den Klimawechsel erlitt. Die relativ unbedeutende Zahl der von Paläoindianern erlegten Tiere genügte jedoch, um die Population unter das kritische Minimum absinken zu lassen.»[14]

Zwei Typen von Speerspitzen, die man nach ihren Fundorten in New Mexico *Clovis-* und *Folsom*-Spitzen nennt, sind charakteristisch für die auslaufende Eiszeit. Die Clovis-Spitzen sind etwa sieben bis zehn, manchmal sogar zwölf Zentimeter lang und mit einer Rille versehen, die die Befestigung am Holzschaft erleichterte. Man fand diese Spitzen fast über den ganzen Kontinent verteilt, wobei die Stücke aus dem Norden etwa 14000 Jahre alt sind. Neuerdings faßt man diese ursprünglich «Clovis-Kultur» genannte Zeit unter dem Namen «Llano-Kultur» zusammen. Da die Spitzen meist zusammen mit Mammutknochen gefunden wurden, folgert man, daß die damaligen Jäger speziell auf dieses Tier Jagd machten.

Die Folsom-Spitzen hingegen – ihr Alter schwankt zwischen 9000 und 11000 Jahren – wurden fast ausschließlich zusammen mit Bisonknochen gefunden. Das Mammut wird also in diesen Gegenden bereits am Aussterben gewesen sein. Die Folsom-Spitzen sind noch feiner gearbeitet, die Hohlkehle führt hier bis zur Spitze. Diese gekehlten Spitzen wurden übrigens nirgends in der Alten Welt gefunden, scheinen also eine rein «indianische Erfindung» zu sein.

Beinahe unwahrscheinlich mutet es an, daß uns aus der Folsom-Zeit die Überreste zweier Behausungen erhalten sind. Wir verdanken diesen Fund einem Studenten der Universität von New Mexico, der am Stadtrand von Albuquerque in einem Durchmesser von fünf Meter Reste kleiner Pfähle fand. Sie waren sicher einmal mit Bisonfellen überspannt und boten einer größeren Familie Schutz. Davor befand sich eine Feuerstelle, in deren Nähe Knochen von Bisons *(Bison antiquus* und *Bison occidentalis),* Fellkratzer und die typischen Folsom-Spitzen lagen. Bis heute ist die Rio-Rancho Fundstätte, wie sie genannt wird, zweifellos die wichtigste der Folsom-Kultur.

Durch das Aussterben der großen Tierherden wurde der Mensch gezwungen, sich nach neuen Nahrungsquellen umzusehen. Dazu gehörten Wild, Kleintiere und das vermehrte Sammeln von Wildpflanzen, Früchten und Samen. Die Funde in einer Höhle in den steilen Uferfelsen Modoc Rock Shelter am Mississippi, südöstlich von St. Louis, geben uns ein ganzes Kapitel der ausgehenden Folsom-Zeit wieder. In der tiefsten und ältesten Schicht fand man Ansammlungen von Knochen des Waschbären und Opossums, von Rehen und Hirschen, daneben die üblichen Steinwerkzeuge, alles etwa 9000 Jahre alt. Rund 1000 Jahre jünger sind Werkzeuge einer weiteren Schicht, die zum Teil schon aus Knochen hergestellt sind. Hier befanden sich auch Schmuckstücke, aus Stein oder Muscheln hergestellte Anhänger, dazu Mahlsteine, die uns den ersten Hinweis auf die Verarbeitung pflanzlicher Nahrung geben. Die Höhle am Mississippi hat also unendlich vielen Generationen als Wohnstätte gedient. Die Errungenschaften, Schmuck herzustellen und Mahlsteine zu benutzen, setzen ja auch eine gewisse Seßhaftigkeit voraus.

Die unzähligen Fundstellen dieser «arachaischen Kultur des Ostens» zeigen in beeindruckender Weise, wie sich der Mensch nach und nach alle Rohstoffe seiner Umgebung zu eigen machte, sie zu neuen Werkzeugen und Schmuck verarbeitete und irgendwann einmal anfing, aus Wurzeln, Gräsern und Bast die ersten Behälter zu flechten.

Adena- und Hopewell-Kultur

Vor ungefähr 4000 Jahren begann die archaische Kultur sich merklich zu wandeln. Wir stoßen mehr und mehr auf charakteristische Merkmale, die wir mit dem Begriff «Waldlandkultur» verbinden. Die Entwicklung des gesellschaftlichen und politischen Lebens äußerte sich in der Gründung größerer Siedlungen, ja ganzer Städte, und in ausgeprägten Bestattungsriten, die vor allem die sogenannte *Adena-* und *Hopewell-Kultur* kennzeichnen.

Die Bezeichnungen wählte man nach den Namen der Besitzer, auf deren Land im heutigen Staate Ohio außerordentliche Funde aus dieser Zeit gemacht wurden. Beide Kulturen erstreckten sich über den ganzen Osten Nordamerikas von Florida bis Wisconsin; ihre Bevölkerung wurde unter dem Begriff «Mound Builders» bekannt. Charakteristikum dieser Epoche waren Tausende von künstlichen Erdhügeln, die als Grabhügel dienten, aber auch als Unterbau von Tempeln benutzt wurden. Die ältesten gehen auf ungefähr 3000 Jahre zurück. Die Grabhügel konnten beachtliche Höhen erreichen, da man bei der Bestattung hochgestellter Persönlichkeiten den Hügel Schicht um Schicht erhöhte. Andere Erdanlagen dienten als Wälle um Tempel-Mounds oder hatten die Form großer Vögel, Schlangen und anderer Tiere. Tempelanlagen, Wohnungen der Priester und Begräbnishügel lagen in einem eigenen Bezirk, streng abgegrenzt von den Wohnsiedlungen, die aus mit Rinde bedeckten Rundhütten bestanden.

Grabfunde in Form von Opfergaben weisen auf ein hochentwikkeltes Kunsthandwerk hin. Obwohl erst ein kleiner Teil der Mounds wissenschaftlich ausgewertet wurde, stehen der Wissenschaft schon Zehntausende von Objekten zur Untersuchung zur Verfügung: Schmuck aus gehämmertem Kupfer sowie Süßwasserperlen, Messer aus Obsidian, Steinschnitzereien von erlesener Schönheit, vielfältige Keramik in Form von Gefäßen oder menschlichen Darstellungen und zarte Ornamente aus Glimmer. Sogar Alligatorzähne, große Muscheln und Meerschnecken aus dem Pazifik wurden verwendet, wobei letztere einen dominierenden

Platz in der Herstellung von Schmuck einnahmen. Diese Fülle von Rohmaterial weist auf ein ausgedehntes Handels- und Tauschsystem hin, das sich von Küste zu Küste erstreckte.
Über die Ernährungsgrundlage dieser zahlenmäßig sicher schon stark angestiegenen Bevölkerung sind wir nur spärlich orientiert. Bei der früher angesetzten Adena-Kultur wurden bislang keine Anzeichen von Maisanbau gefunden. Im Gebiet der Hopewell-Kultur konnte er nur für das südliche Georgia nachgewiesen werden. Hingegen war der Kürbis schon weit verbreitet. Die Bevölkerung dieser Mittleren Waldlandperiode ist also noch zu den Wildbeutern zu zählen, die in erster Linie von der Jagd und dem Sammeln von Wildpflanzen lebte.

Mississippi-Kultur

In der Zeit um etwa 500 n. Chr. entstand im Gebiet des Mississippi und Ohio eine bedeutende Kultur, die nicht nur wegen ihrer außergewöhnlichen Gesellschaftsformen und der hohen Entwicklung in Technik und Kunst erwähnenswert ist, sie bildet auch die Brücke zu den Völkern, die wir im Kapitel über das südöstliche Waldland behandeln werden. Die Ausstrahlung dieser sogenannten *Mississippi-Kultur* ging weit über ihren eigentlichen Bereich hinaus und erstreckte sich bis in die Prärien und im Norden nach New Jersey. Wir finden in ihr Elemente der Adena- und Hopewell-Kultur, daneben aber auch starke Einflüsse aus dem Bereich der mexikanischen Kulturen.
Wer je in den Staaten Georgia, Indiana, Illinois und Ohio gereist ist, wird mit Staunen vor den Resten der riesigen rechteckigen Pyramidenhügel stehen, deren größter die Grundfläche von sechs Hektar aufweist und zusammen mit 85 kleineren Mounds zu Cahokia, der größten Stadt der Mississippi-Indianer, gehörte. Mit etwa 20000 Einwohnern war sie das Zentrum eines relativ stark besiedelten Gebietes, in dem ein intensiver Feldbau mit Mais, Bohnen und Kürbissen betrieben wurde. Außerdem gewann man be-

reits Salz mittels salzhaltiger Quellen, deren Wasser in flachen Schalen über dem Feuer verdunstet wurde.
Die reichhaltigen Funde an Keramik, Schnitzereien und Webereien lassen auf ein regelrechtes Berufshandwerkertum schließen. Teile von Cahokia waren bis etwa 1550 n. Chr. bewohnt.

Hohokam-Kultur

Anders entwickelte sich nach dem Verschwinden des Großwildes das Leben der Menschen im Südwesten und im Great Basin. Die als Wüstenkultur bezeichnete Lebensform basierte hauptsächlich auf pflanzlicher Nahrung, also dem Sammeln von Früchten und Körnern. Schon früh setzte die Verarbeitung von Wurzeln und Yuccafasern zu Behältern und sogar zu Sandalen ein. Höhlen dienten mehr als vorübergehender Wohnsitz für kleine Gruppen, die auf der Suche nach Nahrung umherzogen.
Aus der Wüstenkultur gingen im Laufe der Jahrtausende die mannigfaltigen Kulturen des Südwestens hervor, von denen wir auf zwei besondere Namen aufmerksam machen möchten. An erster Stelle seien die *Hohokam* erwähnt, deren Wohngebiete im südlichen Arizona lagen. Die Anfänge dieser Kultur legt man in die Zeit von 300 bis 100 v. Chr. Der Name bedeutet in der Sprache der heutigen Pima-Indianer «jene, welche verschwunden sind». Die Hohokam hatten bereits einen beachtlichen Feldbau mit Mais, Bohnen, Kürbissen sowie Baumwolle und benutzten die wenigen Flüsse zu genialen Bewässerungsanlagen. Wohl unter dem Einfluß der mexikanischen Hochkulturen bauten sie Erdpyramiden und Ballspielplätze. Sie müssen auch auf dem Gebiet der Astronomie beachtliche Kenntnisse gehabt haben. In Museen bewundern wir heute ihre dekorative Keramik und Schmuck aus Muscheln mit eingeätzten Ornamenten. Etwa um 1400 n. Chr. verschwand diese Kultur, über die wir unter anderem aus Grabungen in ihrer großen Siedlung Snaketown südlich vom heutigen Phoenix unterrichtet sind.

Die Kultur der *Anasazi* hatte ihren Beginn ebenfalls kurz vor der Zeitenwende und lag nördlicher des Einflußgebietes der Hohokam. Nach den sogenannten Perioden der Basketmaker (Korbflechter) entwickelten sich aus ihr die verschiedenen Phasen der Pueblo-Kultur, deren großartige Wohnsiedlungen, seien es die Cliffdwellings (Klippensiedlungen) im Canyon de Chelly und der Mesa Verde oder das Pueblo Bonito mit mehr als 800 Räumen, uns immer wieder Bewunderung abverlangen. Auch die Anasazi kannten ein Bewässerungssystem und waren Meister in der Herstellung von Keramik, Korbwaren und Webarbeiten. Um 1300 n. Chr. wurden alle großen Bauten verlassen. Man vermutet, daß eine langanhaltende Trockenheit in dem schon von Grund auf regenarmen Land die Menschen zu Abwanderung zwang.
Eng verbunden mit den Kulturen des Südwestens ist die Anpflanzung und Entwicklung von Mais, der bis in die Gegenwart eines der Hauptnahrungsmittel der indianischen Völker in Mittel- und Nordamerika bleibt. Der Ursprung des Maises liegt in den tropischen Hochländern Mittelamerikas und breitete sich von dort nach Norden aus. Amerikanische Archäologen fanden im Tal von Tehuacán/Mexico Höhlen mit Überresten von etwa 2,5 cm langen Maiskolben. Die ältesten Funde in Nordamerika wurden im Bat Cave in New Mexico gemacht. Messungen ergaben ein Alter von rund 5000 Jahren. Auch hier ist die Länge noch gleich, und die Kolben enthalten nur ein Dutzend kleine Körnchen. Es ist das Verdienst der indianischen Bauern, diese Pflanze im Laufe der Zeit zu ihrer heutigen Größe und in über hundert Arten entwickelt zu haben.

Die Kulturareale

Der Versuch, die nordamerikanischen Völker und Kulturen in ein System zu bringen, gestaltete sich äußerst schwierig. Ein erster einleuchtender Gedanke war der einer linguistischen. Gruppierung. John Wesley Powell (1834–1902), Geologe und Ethnologe, veröffentlichte 1880 sein Werk «Introduction ot the study of Indian languages», dem er eine Sprachenkarte Nordamerikas beifügte. Doch schon bei dieser Aufstellung ergaben sich die ersten Schwierigkeiten. Es zeigte sich, daß Völker verwandter oder gar gleicher Sprachfamilien weit voneinander entfernt wohnten und auch ganz verschiedenen Wirtschaftsformen angehörten. Anderseits stellte man fest, daß im Küstengebiet von Kalifornien und British-Columbia in engster Nachbarschaft Stämme verschiedener Sprachfamilien leben, die eine relativ gleiche Wirtschaftsform und Kultur aufweisen.

Die Unsicherheit der Sprachwissenschaft ist verständlich, denn in keinem anderen Erdteil ist die Vielfalt der Sprachen so groß wie bei den nordamerikanischen Indianern. Bei neunzehn Sprachstämmen finden wir einige hundert Einzelsprachen, die selber wiederum in zahlreiche Dialekte zerfallen. Sie alle sind untereinander so verschieden wie zum Beispiel Deutsch und Ungarisch.

Die Literatur über die Aufteilung der Sprachstämme ist verwirrend und zum Teil recht widersprüchlich. Wir werden uns daher in unsern Ausführungen an Heinz Jürgen Pinnow halten, dessen Aufteilung unseres Erachtens klar und verständlich ist und auch neuere Forschungsergebnisse weitgehend berücksichtigt. Ein anderer Versuch, die indianischen Kulturen rein geographisch zu ordnen, mißlang ebenfalls. Man mußte also nach einem Kompromiß suchen.

Der bedeutende amerikanische Ethnologe schweizerischer Abstammung Clark Wissler (1870–1947) teilte in seiner Arbeit «Material Cultures of the North American Indians»[15] die indianischen Kulturen in neun Gruppen ein. Er versuchte dabei, Völker mit ähnlichen oder gleichen Kulturformen unter einen gemeinsamen Nenner zu bringen: «Culture Areas» – ein Begriff, der bis heute geblieben ist. Die von ihm vertretene Aufteilung hingegen hat sich wesentlich geändert.

Im Jahre 1939 brachte Alfred L. Kroeber (1876–1960) eine weit genauere Einteilung. In seinem Werk «Cultural and Natural Areas of Native North America», Berkeley 1939, stellte er eine kulturelle Aufgliederung vor, die bis heute nur unwesentlich korrigiert wurde. Natürlich wurde sein Werk nicht sofort von allen interessierten Fachleuten akzeptiert. Paul Kirchhoff (1900–1972) brachte etliche Einwände vor, und Ruth Underhill (1884–?) lehnte in ihrem in drei Auflagen erschienenen Werk «Red Man's America» das System gänzlich ab.

Noch zwei weitere Werke seien angeführt, die zur heutigen Einteilung beitrugen. Harald W. Driver von der Indiana University in Indianapolis schrieb zusammen mit William C. Massey «Comparative Studies of North American Indians»[16], in dem die Autoren weitere Verfeinerungen zur Diskussion stellten. Driver korrigierte diese Einteilung nochmals in seinem 1961 erstmals erschienenen Werk «Indians of North America».

Inzwischen gingen die Diskussionen hauptsächlich unter den amerikanischen Ethnologen weiter, doch mehrheitlich ereiferte man sich nur noch über Kleinigkeiten. Am heißesten umkämpft war das Gebiet der Prärie und Plains sowie der Südwesten. Es hat recht lange gedauert, bis man sich für eine Teilung in Prärie-Indianer (Feldbauer) und Plains-Indianer (nomadisierende Bisonjäger) einigen konnte. Wenn wir bedenken, wie «jung» die Plain-Kultur ist, sind die unterschiedlichen Meinungen verständlich. Die Frage des Für und Wider faßt Horst Hartmann sinngemäß zusammen: «Die Plains- und Prärie-Indianer trennt manches, aber es eint sie vieles.»[17] Auch für den Südwesten hat man die von Kroeber getroffene Einteilung im wesentlichen beibehalten. Kirchhoff war für dieses Gebiet der Meinung, man solle die Culture Areas noch mehr detaillieren und nach Norden und vor allem nach Süden erweitern.

In der europäischen Völkerkunde werden die von Kroeber ausgelöste und von Kirchhoff und andern Amerikanisten weitergeführten Bestrebungen einer Aufteilung Nordamerikas in Kulturareale inzwischen ebenfalls akzeptiert.

Der Vollständigkeit halber ist noch auf eine weitere Gruppierung aufmerksam zu machen: die Einteilung nach Rassen. Wir wissen, daß die Indianer eingewanderte asiatische Menschengruppen sind. Der deutsche Anthropologe Egon von Eickstedt (1893–1965) spricht von einer mongoliden Nebenrasse. Durch die Jahrtausende bildeten sich verschiedene rassische Merkmale heraus, so daß man heute die Indianiden, wie man diese mongolische Nebenrasse nennt, in Gruppen zusammenfassen kann.

Wir unterscheiden je zwei Langkopf- und zwei Kurzkopfrassen. Zur ersteren gehören die *Silviden,* die wir in den östlichen Wäldern von Norden bis Süden sowie im Mittleren Westen finden. Sie sind der Typ, den wir uns gemeinhin als Indianer vorstellen: hohe Gestalten, markante Gesichter mit stark entwickeltem Jochbein und einer «Adlernase».

Die zweite Gruppe innerhalb der Langkopfrasse, die *Margiden,* sind von kleinerem Wuchs; ihre Gesichter sind breit, und die Nase ist flach. Sie wohnen in Kalifornien, in einigen Teilen des Südwestens sowie in Florida.

Zur Kurzkopfrasse zählen wir die *Zentraliden* und *Pazifiden.* Die Zentraliden sind ebenfalls von kleinem Wuchs, und ihre mongolische Abstammung ist kaum noch erkennbar. Die Nasen sind in der Regel gerade, und sie gehören wohl zu den dunkelhäutigsten der nordamerikanischen Indianer. Die Wohngebiete der Zentraliden waren die südwestlichen Appalachen, die südlichen Prärien und der östliche Teil von Arizona. Ausläufer dieser Gruppe reichen über Mexiko bis nach Kolumbien.

Die zweite Kurzkopfrasse sind die Pazifiden, große, kräftige Menschen mit schmalen Hand- und Fußgelenken. Ihr Kopf ist groß, mit breitem Gesicht und meist großer, gerader Nase. Die Haut ist fast gelblich.

Die angeführten Beispiele zeigen die eingangs erwähnten Schwierigkeiten bei der Aufstellung eines starren Schemas. Es ist noch einmal kurz hervorzuheben, daß rassische oder sprachliche Gleichheit nicht unbedingt eine kulturelle Einheit zur Folge hat, anderseits eine einheitliche Kultur die vielfältigsten Sprachfamilien umfassen kann.

Alle diese Überlegungen haben uns – unter Berücksichtigung der Vor- und Nachteile bisheriger Erkenntnisse – bewogen, den Versuch einer neuen Einteilung zu wagen, wie sie nun diesem Werk zugrunde liegt.

Die Arktis

DIE ALEUTEN

Der nordwestlichste Teil des nordamerikanischen Kontinents ist der Inselkranz der Aleuten, welcher der riesigen Halbinsel Alaska vorgelagert ist. Die Inselkette umfaßt etwa 150 Inseln und bedeckt insgesamt eine Fläche von 37600 Quadratkilometer. Oft beträgt die Entfernung von einem Eiland zum anderen nur wenige Kilometer.

Über die Entstehung der Aleuten gibt es zwei Theorien. Ein Teil der Geologen ist der Ansicht, es handle sich um Überreste eines Gebietes asiatischen Festlandes, das vor etwa 10000 Jahren von der nordostrussischen Halbinsel Kamtschatka abbrach und im Meer versank. Eine andere Version spricht von rein vulkanischem Ursprung – haben doch viele Inseln einen noch tätigen Vulkan. Erst 1796 tauchte die Bogoslow-Insel durch einen gewaltigen Vulkanausbruch aus dem Meer auf und versetzte die Umwelt in Angst und Schrecken.

Die Zeit vor etwa 10000 Jahren war das Ende der Eiszeit. Die asiatischen Einwanderer hatten bereits die Südspitze von Südamerika erreicht, und die Beringstraße wurde endgültig überflutet. Welche gewaltigen Naturkatastrophen mögen die Arktis seinerzeit so verändert haben: Wurde der Abbruch eines Teils von Kamtschatka durch das Ansteigen der Weltmeere verursacht, das zufälligerweise mit den Vulkanausbrüchen zusammenfiel? Oder wurde eine Katastrophe durch die andere ausgelöst? Das Gebiet von Alaska und Kamtschatka ist noch heute aktiv vulkanisch, und zahlreiche Krater prägen das Bild der wilden, sturmumtosten Landschaft.

Bei den Aleuten sorgt der warme Kuro Schio-Meeresstrom für relativ gemäßigte Temperaturen. Auch muß man sich vor Augen halten, daß die Inseln ungefähr auf dem Breitengrad von Berlin liegen. Die Wintermonate haben eine Durchschnittstemperatur von −5°; im kurzen Sommer, der seinen Höhepunkt Anfang August hat, werden Temperaturen bis +12° gemessen. Vor allem im Frühling gibt es lang anhaltende Regenperioden, wie überhaupt die Luftfeuchtigkeit das ganze Jahr hindurch sehr hoch ist. Reine Sonnentage im Sommer sind selten. Um so zahlreicher sind die Stürme, die über die Inseln hinwegbrausen.

Die Aleuten sind stark gebirgig, enge Täler durchziehen die meist wolkenverhangenen Bergketten. Im Innern der Inseln rumort es ständig, und oft schwärzt ein Aschenregen die weißverschneiten Gipfel der Krater. Aus Höhlen quellen schwefelhaltige Rauchschwaden, heiße Quellen sickern aus den Spalten des Lavagesteins – kurz, die Welt ist geheimnisumwittert und voller unheimlicher Dinge, die die Phantasie der Urbevölkerung beschäftigten und ihre religiöse Welt beeinflußten.

Flora und Fauna

Flora und Fauna sind infolge des rauhen und ungünstigen Klimas nur spärlich entwickelt. An steilen Hängen wachsen verkrüppelte Fichten und Sträucher, einige Saxifragaceen, Kräuter, Moose und langes grobes Gras. Der Schnee verfilzt den Pflanzenwuchs, in der kurzen Wärmeperiode bricht junges Gras durch, und zusammen bilden die aufeinanderfolgenden Schichten eine federnde Unterlage, die das Gehen erschwert.

Das kärgliche Pflanzenleben läßt nur eine anspruchslose Tierwelt zu. Sie beschränkt sich auf verschiedene kleine Nager, darunter ein geflecktes Murmeltier, und einige Vogelarten, wie Sperber, Schnepfen und Finken. Zahlreich hingegen sind die großen Wasser- und Wildvögel vertreten, Gänse- und Entengattungen, die zum Teil ganzjährig auf den Aleuten leben, dazu Albatros und Kormoran. Auf einigen Inseln finden wir den Polarfuchs *(Alopex*

lagopus), der – so wird vermutet – einst auf treibenden Eisschollen vom Festland herüberkam und sich dann vermehrte.
Reich ist die Tierwelt in den strömungsreichen Meeren beidseits der Inselkette. Das Wasser wimmelt hier von Meeressäugern wie etwa Wale, Seehunde und Seelöwen, deren größter, der «Steller-sche», bei den Bullen ein Gewicht von 1000 Kilogramm erreichen kann. Die Pribiloff-Inseln – sie liegen etwas abseits im Beringmeer – sind die eigentliche Heimat der berühmten aleutischen Seerobbe und des Seeotters. Man weiß, daß die Pelze beider Tierarten allein schon den Kaufpreis übersteigen, den die USA im Jahre 1867 für Alaska und die Aleuten an Rußland zahlte. Inzwischen mußten beide Tiergattungen unter Schutz gestellt werden.

Früheste Besiedlung

Auf der kleinen Anangula-Insel, die zur Gruppe der Fox-Inseln gehört, hat man deutliche Spuren einer frühen, vielleicht der frühesten Besiedlung der Aleuten gefunden. Die einfachen Steinwerkzeuge zeigen zudem eine Verwandtschaft zum Epi-Gravettien (s. Seite 22). Ihr Alter konnte anhand organischer Funde auf etwa 8000 Jahre bestimmt werden.
H.G. Bandi schreibt: «Bisher gibt es keine Anhaltspunkte dafür, daß von dort eine kontinuierliche Entwicklung zu den späteren prähistorischen Kulturen führte. Es hat vielmehr den Anschein, daß gegen 4000 vor heute vom Festland her eine Neueinwanderung stattfand, die eine als paläo-aleutisch bezeichnete Kultur in westlicher Richtung allmählich über die ganze Inselkette ausbreitete.»[18]
Anthropologische Untersuchungen an den Skeletten dieses Zeitraumes zeigen einen langschädligen, mongoliden Typus. Diese Merkmale und die Art der Jagdwaffen, Stabharpunen mit langen, schmalen Knochenspitzen und Widerhaken, lassen auf eine Einwanderung von der Halbinsel Kamtschatka schließen. Interessanterweise findet man auf den Aleuten, der Kodiak-Insel, auf

Kamtschatka und im nördlichen Japan gleiche Kulturelemente wie die schon erwähnte Stabharpune und die äußerst seetüchtigen Boote, welche die Überwindung großer Distanzen ja erst ermöglichten.
Spätere Funde aus der Zeit um etwa 1000 n. Chr. zeigen auf einmal einen kurzschädligen Typus. Ob dies durch neue Einwanderungen aus Asien oder durch eine Ost-West-Wanderung einiger eskimoider Gruppen verursacht wurde, ist noch nicht geklärt. In der kulturellen Entwicklung ändert sich dadurch wenig. Die «Neo-Aleuten» setzten die traditionelle Lebensweise der Paläo-Aleuten fort.

Die ersten Fremdlinge

Die Aleuten wurden 1741 durch den in russischen Diensten stehenden Dänen Vitus Bering entdeckt. Die Folgen waren für die Urbevölkerung so schrecklich wie fast überall auf der Welt, wo der Europäer seinen Fuß auf fremden Boden setzte. Über die Entstehung des Namens Aleuten existieren verschiedene Theorien. Die am meisten vertretene glaubt, das Wort sei die Verstümmelung des Names *Aleuksta-Agudax*, eines höheren Wesens, das die Ureinwohner als Schöpfer aller Dinge verehrten und an das sie auch ihre Gebete richteten. Das Wort Aleuten wurde von den Russen für die Inselkette und für deren Bewohner übernommen. Die Aleuten selber nennen sich *Unangan* oder *Unungun*, was einfach «Menschen» bedeutet.
Dem friedlichen Charakter der Aleuten entsprechend wurden die Russen zuerst gastfreundlich aufgenommen. Doch bald entdeckten die Neuankömmlinge den Pelzreichtum der Inselwelt. Die Aleuten wurden gezwungen, die Weißen auf der Jagd zu begleiten. Jeglicher Widerstand wurde mit Schlägen gebrochen, und fruchtete auch dies nichts, brachte man die «Rebellen» einfach um. Ein früher Bericht orientiert mit aller Offenheit über die Leiden der gequälten Menschen. In «Otto Spamer's Illustriertes Konversations-Lexikon» aus dem Jahre 1870 lesen wir über die Aleuten: «Die

Eingeborenen wurden als Leibeigene der früheren russischen Pelzkompanie betrachtet und mit Grausamkeit behandelt. Sie sind dem Namen nach Christen und ein durch viele gute Eigenschaften ausgezeichnetes Völkchen, bei dem der Diebstahl wie schweres Verbrechen unbekannt sind. Ihre Empfindsamkeit ist außerordentlich; körperliche Züchtigungen gelten bei ihnen als solche Schmach, daß sie dadurch nicht selten zum Selbstmord getrieben werden.»

Begreiflicherweise fingen die Aleuten an, sich gegen das brutale Vorgehen der Russen heftig zur Wehr zu setzen. William Coxe (1747–1828) beschreibt in seinem 1783 in deutsch erschienenen Werk «Die neuen Entdeckungen der Russen zwischen Asien und Amerika» sehr anschaulich die tragische Entwicklung auf der Inselwelt. Er berichtet von einem Kapitän Drusinin, der 1762 mit vier Schiffen von dem russischen Pazifikhafen Ochotsk nach den Fox-Inseln aufbrach, um dort ein Winterquartier aufzuschlagen. Von dieser Basis zogen die russischen Jäger in kleinen Gruppen aus, um ihre Fallen auszulegen, wurden aber von den Eingeborenen erschlagen. Zum Schluß blieben im Basislager noch elf Leute am Leben, von denen wiederum sechs versuchten, die Fallen zu finden. Doch bald war die Hütte der Zurückgebliebenen von Aleuten belagert. Coxe schreibt: «Nachdem Tsekaleff und Shaffyrin zu ihnen gegangen waren um einen Besuch bey ihnen abzustatten, bekam der erste plötzlich und ohne im mindesten Anlaß dazu gegeben zu haben, einen Keulenschlag auf den Kopf und hierauf mehrere Messerstiche. Shaffyrin, welcher in dem nemlichen Augenblicke angegriffen wurde, verteidigte sich mit einem Beil und, ob er gleich gefährlich verwundet worden war, so brach er doch durch die Wilden durch und schleppte sich bis zu seinen Kameraden. Bragin und Korelin, die sich in der Hütte befanden, schossen sogleich ihre Feuergewehre los. Korovin, welcher in einiger Entfernung von da war, sah sich umringt und erlag unter den Stichen der Feinde. Sie mordeten ihn mit Messern und Pfeilen; nachdem aber Korelin, der ihm zu Hülfe kam, zween Insulaner verwundet und die andern zerstreut hatte, trug er ihn halbtot in die Hütte.»

Vier Tage wurden die Russen noch belagert, dann konnten sie sich zu ihrem Schiff durchkämpfen. «Als sie daselbst ankamen, fanden sie das Schiff in Stücken und die Leichnahme ihrer Gefehrten mit Wundzeichen überhäuft auf dem sandigen Ufer. Nachdem sie die Lebensmittel, welche von den Insulanern nicht angerührt worden waren, zusammengenommen hatten, flüchteten sie sich auf die Gebirge. Am folgenden Tage gruben sie eine Art Yurte unten an einem ungefehr drey Wersten[19] weit vom Haven gelegenen Berge und bedeckten sie mit einem Segel. Abends kehrten sie abermals in den Haven zurück. Sie brachten von da nichts mit, als das Bild eines Heiligen und ein Gebetbuch. Das Takelwerk, die Munition und die Ladung, alles war weggenommen, ausgenommen die Säkke mit dem Mundvorrat.» Fünf Wochen hielten sich die Russen in einer Höhle versteckt, dann gelang es ihnen, aus den Trümmern des Schiffes ein Boot zu bauen und in einer dunklen Nacht glücklich zu entkommen.

Im Gegensatz zu den Berichten, die – diktiert durch das Unverständnis und die Überheblichkeit der Europäer – mit größter Vorsicht zu verwerten sind, zudem oft von Reisenden stammen, die nur sehr kurz bei den Aleuten weilten, können wir die Aufzeichnungen des russischen Missionars Innocenz Wenjaminow als ernstzunehmende Quelle betrachten. Wenjaminow lebte zehn Jahre unter den Aleuten und gibt uns eine recht genaue Beschreibung der Menschen und ihrer Charaktereigenschaften. Er schildert sie als von kleiner bis mittlerer Größe und dem harten Lebenskampf entsprechend kräftig. Mit ihren Booten, den Baidarken, konnten sie ohne auszuruhen vierzehn bis zwanzig Stunden rudern. Ihre Augen waren außerordentlich scharf, das Gehör hingegen weniger gut, «... obwohl sie die Musik und den Gesang lieben und die Geige spielen lernen». Die Aleuten besaßen ein unglaubliches Nachahmungstalent, das ihnen das Erlernen eines Handwerks sehr erleichterte. Auch lesen und schreiben begriffen sie auf der Missionsschule erstaunlich schnell. «Der Hauptzug in dem Charakter der Aleuten ist eine unüberwindliche Geduld, welche fast in Stumpfsinn ausartet. Keine Strapaze vermag es, die Standhaftigkeit des Aleuten zu

erschüttern.» Weitere Eigenschaften, die der Missionar hervorhebt, waren die große Kinderliebe, die Anhänglichkeit und die Achtung der Kinder gegenüber ihren Eltern.
Einem späteren Zitat entnehmen wir, daß die schlechten Einflüsse unserer Zivilisation auch bei den Aleuten schon ihren Einzug gehalten hatten. «... Der Tabak ist den Aleuten unentbehrlich geworden und am Branntwein finden sie gleichfalls vielen Geschmack; aber auch in der Trunkenheit verläugnet sich der friedliche Charakter nicht, der sie bei jeder Gelegenheit auszeichnet.»

Leben zwischen Wasser und Vulkanen

Bevor die Russen störend in den Lebensrhythmus der Aleuten eingriffen, war die gesamte Lebensweise der Inselbewohner, ihre Ernährung, Herstellung der Kleidung, Waffen und Gerätschaften von ihrem eigentlichen Lebensraum, dem Meer, abhängig und auf die Gezeiten sowie die unberechenbare Natur abgestimmt. Es ist erstaunlich, mit welcher Erfindungsgabe diese Menschen die doch beschränkten Mittel ihrer lebensfeindlichen Umgebung für ihre Bedürfnisse zu gebrauchen verstanden. Die Aleuten wohnten in halb unterirdischen Hütten, *Barabara* genannt, die zu kleinen Siedlungen zusammengeschlossen waren. Die Hütten wiesen zu den Häusern der Eskimo einige Unterschiede auf: Die Aleuten hoben eine rechteckige Grube aus, die mit Stangen aus Treibholz ausgekleidet wurde, da anderes Holz nicht zur Verfügung stand. Das Holz ragte ein Stück über den Grubenrand hinaus. Über diesen Unterbau wurde ein hölzernes Dach gelegt und die ganze Konstruktion mit Erde und Grasstücken überdeckt. Der Boden war mit geflochtenen Grasmatten ausgelegt. Der Einstieg erfolgte von oben durch den Rauchabzug im Dach. Neben ihm befand sich eine mit einer dünnen Fischhaut bedeckte «Fensterluke», die nur wenig Licht durchließ. Zudem wurde sie im Winter oft zugeschneit. Zur Beleuchtung verwendeten die Unangan tellerförmige Steinplatten, in deren Vertiefung sie Tranöl gossen. Als Docht diente etwas dürres Gras. Feuer entzündete man mittels Feuerstein (flint). Diese Tranlampen waren zugleich auch die einzigen Wärmespender für die abgehärteten Menschen. Neben solchen Familienhäusern gab es noch Langhäuser, die den Zusammenkünften von Männern und Jünglingen dienten. Sie hatten die gleiche Bauweise.

Jagdmethoden

Zur Jagd fuhren die Männer mit der doppelsitzigen Baidarke, einer Abart des einsitzigen Kajaks, hinaus auf See. Die Boote bestanden aus einem Gerippe von Holz, das mit den Fellen von Seesäugern überzogen war. Im Winter zog man den Überzug ab und verwahrte ihn sorgfältig, um ihn vor dem Austrocknen und Brechen zu schützen. Im vorderen Sitz der Baidarke saß der Schütze, im hinteren der Paddler. Es gab auch Baidarken für drei Leute, doch bildeten sie eine Ausnahme und wurden nur für den Transport von Kranken oder alten Leuten benutzt – etwa zu einer Nachbarinsel, wo zum Beispiel ein besonders angesehener Schamane wohnte. War ein Boot zu wenig belastet, nahm man Ballast in Form von Steinen mit, die aber nie in da Meer geworfen werden durften. Dies hätte nach Glauben der Unangan den Tod durch Ertrinken zur Folge gehabt. Man mußte die Steine an ihren Ursprungsort zurückbringen.

Kleine Seesäuger wurden mit einer leichten Harpune erlegt. Um der Waffe mehr Kraft zu geben, verwendete man ein Wurfbrett. Dieses über weite Teile der Welt verbreitete Instrument diente – wie der Atlatl – zur Verlängerung des Armes und bestand aus einem etwa 40 bis 50 Zentimeter langen, glatten schmalen Brett, in das eine Längsrille eingelassen war. An ihrem Ende steckte ein Dorn aus Knochen, welcher das Wurfgeschoß am Rückwärtsgleiten hinderte. Interessant ist, daß es auch Wurfbretter für Linkshänder gab. Die Spitzen der Harpunen oder Speere bestanden aus Knochen oder Walroßzahn. Für den Walfang wurde von besonderen Schamanen ein Absud aus den Wurzeln von Eisenhut, Hah-

nenfuß und Anemonen hergestellt, der eine lähmende Wirkung hatte. Mit ihm wurden die Speerspitzen präpariert. Zur Jagd auf Wale fuhr stets eine Gruppe von Baidarken auf das offene Meer hinaus. Ein gesichteter Wal wurde unter Anleitung des zuständigen Schamanen eingekreist, dann warf jeder Mann seinen präparierten Speer auf das Tier. Bei günstiger Strömung wurde der gelähmte Wal an Land getrieben und konnte dort zerlegt werden. Natürlich kam es auch vor, daß ein Wal abgetrieben wurde und die ganze Jagd umsonst war. Die Messer zur Ausschlachtung stellte man aus Stein oder Obsidian her. Später handelten die Aleuten von den Russen Eisenklingen ein. Kleine Fische in Ufernähe wurden mit Angeln und Haken aus Knochen gefangen. Auch war das Fangen von Fischen in Flüssen mittels Dämmen schon vor dem Kontakt mit den Russen bekannt.
Die Nahrung der Inselbewohner bestand in der Hauptsache aus Fischen, Schalentieren und dem Fleisch der Meeressäuger, ergänzt durch Meergras, Kräuter, Beeren, Wurzeln und Vogeleiern. In der Regel wurde das Fleisch roh gegessen, doch benutzte man die heißen Quellen außer zum Baden auch zum Dünsten von Fischen in geflochtenen Behältern aus Gras.

Kleider und Geräte

Die Kleidung mußte warm und wasserdicht sein. Sie bestand aus der Parka, einem langen, hemdförmigen Kleid mit engen Ärmeln und einem hochstehenden Kragen und wurde aus Seehundfellen oder auch den Bälgen von Seepapageien *(Fratércula arctica)* hergestellt. Für Frauen und Kinder bevorzugte man Seeotterfell. Die Überkleidung, die wasserdichte Kamleika, war ähnlich in der Form, hatte aber eine Kapuze und wurde aus den Därmen von Seesäugern, hauptsächlich der Robben, zusammengenäht. Es war für die Frauen eine mühsame Arbeit, die vielen Streifen zu einem strapazierfähigen Kleidungsstück zu verarbeiten. Als Nähmaterial dienten Sehnen, dazu benutzte man Ahlen aus Vogelknochen.

Alte Darstellung der Aleuten

Hosen waren bei den Aleuten im Gegensatz zu den Eskimo unbekannt. Auch gingen die abgehärteten Menschen, so unwahrscheinlich es klingt, ohne Fußbekleidung. Für die kurze Zeit des Sommers flochten die Frauen mit viel Geschick aus Gräsern einen Umhang, in den sie mit verschiedenen Grasarten dekorative Muster einflochten.

Taschen und Behälter wurden aus Seehundleder oder Därmen angefertigt, Körbe aus Gräsern oder Fichtenwurzeln geflochten. Zum Verzieren der Gebrauchsgegenstände, besonders der Kleider, lieferte das Meer die schönsten Schnecken und Muscheln. Auch durften die zartrosa Flügelfedern einer Finkenart *(Leucosticte tephrocotis)* an keinem Festkleid fehlen.

In einem ethnographischen Buch aus dem Jahre 1818 von J. A. C. Löhr, betitelt «Die Länder und Völker der Erde», Band II, finden wir in dem Kapitel über die Aleuten, speziell über die Fox-Inseln, noch einige weitere Informationen. Laut Löhr tragen die Männer Kleider aus Vogelbälgen, und auch die Männermützen wurden hauptsächlich aus Entenbälgen angefertigt, an denen man Flügel und Schwanz zur Dekoration dran ließ. Eine Art Prachtmütze ergab der Balg eines Tauchers, ebenfalls mit Schnabel, Füßen und Schwanz. Der Kopfbedeckung wurde überhaupt besonderer Wert zugemessen. Bei den Männern war ein kegelförmiger Hut aus Holz üblich. In einer Neuausgabe von Georg Freiherr von Langsdorf «Reise um die Welt in den Jahren 1803 bis 1807» (Leipzig 1952) finden wir die genaue Beschreibung dieser eigenartigen Kopfbedeckung. «Der kostbarste Kopfputz ist ein hölzerner, hinten gerundeter, aber spitzer Hut, der die Augen schirmartig überdeckt. Seine Herstellung ist keineswegs einfach, denn nur selten findet der Aleute für diesen Zweck ein breites Stück Holz. Wochenlang beschäftigt er sich damit, um daraus ein glattes, gleichstarkes Brettchen von der Gestalt eines quergeteilten Ovals zu machen. Er legt es ins Wasser, um es schließlich so zu biegen, daß die beiden hinteren Spitzen des Brettchens mit Sehnen zusammengenäht werden können, und der Hut ist fertig.» Er wurde dann mit Streifen- oder Spiralmustern bemalt. Als Verzierungen brachte man Walroßbarten, vielmals auch noch kleine, aus Elfenbein geschnitzte Figürchen an. Andere Kopfbedeckungen bestanden aus Leder oder Fell; auch war ein aus Bast geflochtener Hut, ähnlich dem der Nordwestküstenbewohner, üblich. Über die Haartracht finden wir bei Löhr noch einige Angaben, die mit gewisser Vorsicht zu gebrauchen sind. «Die Frauen wickeln ihr Haar zu einem Wulst zusammen, die Männer scheren es mit scharfen Kieseln kurz.»

Die große Geschicklichkeit der arktischen Völker, mit Stein, Knochen und Elfenbein umzugehen, kommt in den Schnitzereien aus diesem Material zum Ausdruck, die als Dekoration an der Kleidung, als Schmuck und Amulette ihre Verwendung fanden. Bei

Männern und Frauen war es üblich, die Oberlippe zweimal zu durchlöchern und in die Öffnung schön bearbeitete und polierte Stücke von Walroßzahn zu setzen. In der durchbohrten Nasenscheidewand trug man einen Schmuck aus Knochen, der die Länge von 20 Zentimeter haben konnte. Beim Tod naher Verwandter oder Freunde wurden diese Schmuckstücke als Zeichen der Trauer abgelegt.
Frauen schmückten sich mit Ketten aus runden Steinen mit Büscheln von gefärbtem Seehundhaar und den weißen Haaren alter Familienangehöriger. Eine Art Ohrschmuck, der aber hinter den Ohren hing, war aus Gänse- und Seeadlerfedern hergestellt. Neben diesem Schmuck, der hauptsächlich der Verschönerung diente, gehörten Amulette zum Schutz gegen böse Geister, Krankheit, für Fruchtbarkeit und gutes Gelingen der Jagd zum persönlichen Besitz eines jeden Aleuten. Zur Herstellung der Amulette bedurfte es keiner besonderen Beschwörungsformel, doch mußte ihre Anfertigung und auch der Ort ihrer Herstellung geheimgehalten werden. Anders hätte das Amulett keine Wirkung.
Das Gesellschaftssystem der Aleuten war matrilinear ausgerichtet, das heißt: die Frauen besaßen ihre festen Rechte, die Kinder folgten der mütterlichen Linie. Für das Zusammenleben von Mann und Frau galten keine besonderen Regeln. Ein Mann konnte, wenn er ein erfolgreicher Jäger war und somit Ernährung und Kleidung sicherte, mehrere Frauen besitzen. Umgekehrt war es einer Frau ohne weiteres möglich, mit zwei Männern zusammenzuleben. Diese Frauen genossen sogar eine besondere Achtung und wurden ihres Fleißes wegen geschätzt. Schließlich hatten sie für zwei Männer zu sorgen, mußten die Kleidung anfertigen und beim Ausbessern der Baidarken helfen.

Steinbeil der Aleuten

Bestattungsformen

Die Bestattung der Toten wies auf den Inselgruppen gewisse Unterschiede auf. Die Aleuten kannten die Kunst der Mumifizierung. Die mumifizierten Verstorbenen wurden in Höhlen beigesetzt; zum Teil legte man sie ausgestreckt hin, andernorts war eine Hokkerstellung üblich, oder die Toten wurden, zu einem Bündel geschnürt, in einer Höhle aufgehängt. Löhr berichtet, daß man angesehene Leute in ein kleines Holzboot legte, welches an Stangen aufgehängt wurde. Beim Tod eines Schamanen wurden ihm seine Masken und sonstigen Utensilien, die er auch zur Krankenheilung brauchte, mit auf den Weg in das Geisterland gegeben.
Eine Eigentümlichkeit verdient noch der Erwähnung. Bei allen Gefäßen und Körben, die man als Grabbeigaben fand, war der Boden herausgeschlagen oder -gebrochen.
Der Charakter der einsamen Inselwelt mit ihren feuerspeienden Bergen und unberechenbaren Naturereignissen prägten das religiöse Denken der Aleuten und schlug sich in ihren Mythen und Festen nieder. Den Schamanen kam eine dominierende Bedeutung zu. Nur sie erlangten die Fähigkeit, mit den Geistern, die in Vulkanen und Höhlen, aber auch in Tieren und Sonne und Mond ihren Sitz hatten, in Verbindung zu treten. Dies war für die Bevölkerung lebenswichtig, denn der Priester erfuhr von wohlgesinnten Geistern, wann die Otterjagd günstig war, wann man zur Waljagd auf das Meer fahren konnte, auch warnten sie vor Orkanen, die immer wieder über die Inseln hinwegbrausten. Traf ein Unglück ohne vorherige Warnung ein, war eine fremde, unheimliche Macht stärker als der Schamane gewesen.
Die lange, dunkle Winterzeit verbrachte man in den geschützten Barabara. Es war die Zeit der Feste, der Einführung der Jugend in die religiöse Welt ihrer Vorväter, der Erzählungen und Erinnerungen. Die Schamanen bereiteten sich schon rechtzeitig auf diese Wintermonate vor. Sie unterwarfen sich rituellen Reinigungen und schnitzten Masken, die Wesen aus der Geisterwelt und der Schöpfungsgeschichte der Unangan darstellten. Die Masken waren

in der Regel bemalt und hatten Ähnlichkeit mit den Seetieren, deren Geister sie verkörperten.
Pantomimisch führte der Schamane mit seinen Helfern die Schöpfung der Unangan auf. Die Schauspieler blieben stumm. Sie hielten ihre Masken mit den Zähnen an einem quer in die Maske eingesetzten Stab vor dem Gesicht und konnten so weder sprechen noch singen. Andere Helfer übernahmen singend die Erklärung des Dargestellten und gaben mit einer Rassel aus Schnäbeln von Seepapageien den Takt an. Bei einigen Gruppen war es üblich, die Masken nach den Festen in Höhlen zu verstecken oder sie zu verbrennen. Ein sogenanntes Häuptlingstum war bei den Aleuten nur schwach ausgeprägt und scheint den alten Quellen nach nur auf einzelnen Inseln etwas stärker hervorgetreten zu sein.

Spielball zwischen den Großmächten

Als die Aleuten und Alaska in den Besitz der Vereinigten Staaten übergingen, waren von den einst auf 25 000 Menschen geschätzten Unangan nur noch wenige tausend am Leben. Schon während des Krimkrieges (1853–1856) konnte die Hudson's Bay Company ihren Einfluß in dieser Region verstärken, doch mißbrauchte die nur auf Profit ausgerichtete Gesellschaft die Eingeborenen auf die gleiche egoistische Weise wie vor ihr die russischen Pelzhändler.
Bereits im Jahre 1859 offerierte Amerika unter seinem Präsidenten James Buchanan der zaristischen Regierung fünf Millionen Dollar für besagte Gebiete, doch verzögerte der Ausbruch des amerikanischen Bürgerkrieges die Verhandlungen. Fünf Jahre später einigte man sich in Petersburg auf einen Betrag von 7,2 Millionen Dollar, der am 9. April 1867 vom amerikanischen Senat bewilligt wurde. Am 1. August 1868 konnte Baron Eduard von Stoeckels im Namen des «Emperor of all the Russias» das Geld in Empfang nehmen. *Seward's ice box,* wie Alaska vom amerikanischen Volk genannt wurde, war nun endgültig in neuen Besitz übergegangen. Seine Menschen waren im Kaufpreis inbegriffen.

Alkohol, Krankheit und der rücksichtslose Kampf der neugegründeten Pelz- und Walfängergesellschaften gegeneinander forderten unter den Eingeborenen fortwährende Opfer. Weiße, welche unter dem Einfluß von Alkohol einen Raub oder gar Mord begingen, kamen meist mit einer Verwarnung davon, die Ureinwohner aber wurden gehängt.

Der Erste Weltkrieg brachte eine gewisse Beruhigung. Doch die darauffolgende wirtschaftliche Krise führte zu neuen Spannungen, wenn auch die rassische Diskriminierung in diesen Gebieten nicht ganz so kraß war wie in andern Teilen der USA. Als der Zweite Weltkrieg ausbrach, begann man in Alaska und auf den Aleuten mit dem Ausbau von militärischen Stützpunkten. Im Jahre 1942 erfolgte der japanische Angriff auf Dutch Harbor auf den Fox Islands; es war der zweite große Schlag der Japaner nach Pearl Harbor. Anschließend besetzten die Japaner die Aleuten-Inseln Attu und Kiska, da sie von hier aus die Waffenhilfe der Amerikaner an Rußland durch den nördlichen Pazifik erfolgreich stören konnten. Wieder waren die Unangan die Leidtragenden. Zuerst von den Amerikanern für niedrigste Arbeiten eingesetzt, wurden sie später von ihnen wie von den Japanern als Spione mißbraucht und in Kämpfe verwickelt, die sie nicht verstanden und einen weiteren Blutzoll forderten.

Das tragische Ergebnis dieser weltpolitischen Auseinandersetzungen bedeutete für die Bewohner der Aleuten Vernichtung des Lebensraumes und Tod. Heute leben noch etwa 400 aleutische Mischlinge; die reinen Unangan sind verschwunden.

DIE ESKIMO (INUIT)

Der zur Arktis gehörende Lebensraum der Eskimo umfaßt das riesige Gebiet von Alaska über Nordkanada mit seiner verwirrenden Inselwelt bis zu den Küsten Grönlands. Durch das extreme Klima (zum Beispiel auf Point Barrow in Alaska im Sommer +4°) ist die Vegetation äußerst bescheiden. In den kältesten Monaten Februar und März sind Temperaturen bis –50° keine Seltenheit. Übergangslos folgt dann der kurze Sommer, der seinen Höhepunkt im Juli hat. Die Sonne vermag während der kurzen Zeitspanne nur eine dünne Schicht des Dauerfrostbodens zum Schmelzen zu bringen. Das Schmelzwasser bleibt an der Oberfläche und läßt die ausgedehnten Sümpfe und Flachmoore entstehen, in denen sich die berüchtigten Schwärme von Mücken und blutsaugenden Fliegen entwickeln. Sie machen das Leben für Mensch und Tier zur Qual. Lediglich die Flüsse tauen ganz auf und schwemmen die toten Fische, welche nicht rechtzeitig in das Meer gezogen waren, in die See. Trotz der seit 1920 langsam fortschreitenden Gesamterwärmung der Arktis um etwa 1,7°, in Nordgrönland sogar um 2,5°, wird diese Zone noch für lange Zeit ein Reich der Kälte und Stürme bleiben.

Flora und Fauna

Die Flora des nördlichsten Gürtels der arktischen Tundra, die sich bis hin zu den Küsten des Eismeeres erstreckt, beschränkt sich auf einige Flechten und Moose, darunter Islandmoos, sowie auf anspruchsloses Heidekraut wie Besenheide und Bärtraube. Weiter südlich treffen wir bereits Steinbrecharten, Sumpfgewächse und kleine Beerensträucher, aber auch weiße Primeln und Zwergvergißmeinnicht. Zusammen mit den leuchtenden Flechten bilden sie im Sommer einen farbenprächtigen Teppich, der die sanft gewellten Tundren überzieht.

Zwergbirke, Kriechweide und knorriger Wacholder kennzeichnen die Vegetation der sogenannten Zwergstrauchtundra, die auf dem amerikanischen Festland allmählich in die Waldtundra übergeht. Ihre Weißfichten, Balsamtannen und amerikanischen Lärchen erreichen aber immer nur eine Höhe von wenigen Metern.

Die Vogelwelt ist vielfältiger, als man vermutet, da die Mückenschwärme im Sommer Scharen von Singvögeln anlocken. Unter ihnen finden wir die verschiedensten Ammerarten. Zahlreich sind auch die Vertreter der Gänse- und Entenfamilie. Von den Aleuten

kommt die Brilleneiderente zur Brut in die Tundra, die Common-Eiderente (*Somateria mollissima)*, Bleß- und Schneegänse sowie Zwergschwäne ziehen hier ihre Jungen auf. Die Schnee-Eule und das Moorhuhn gehören zusammen mit dem Schneehasen, dem arktischen Erdhörnchen, mit Lemming und Wühlmaus zu den ständigen Bewohnern der Tundren. Sie bilden wiederum die Hauptnahrung des Schnee- und Polarfuchses.
Neben diesem Raubtier jagen Wolf und Vielfraß, der Größte aus der Marderfamilie, furchtlos sogar das Karibu. Dieses gehört zur Familie der Ren und ist wie andere Arten eine Unterart des *Rangifer tarandus.* In großen Herden ziehen sie im jahreszeitlichen Rhythmus über die Tundren, wo sie im Sommer für sich und ihre frisch geworfenen Jungen reiche Nahrung finden. Im Herbst wandern die Tiere zur Überwinterung in die Nadelwälder zurück.
Moschusochsen *(Ovibos moschatus)* finden wir in den arktischen Tundren in drei Rassen. Sie sind noch ein Überbleibsel aus der Eiszeit und waren einst Gefährten des längst ausgestorbenen Mammuts und Wollnashorns. Durch das lange zottige Fell ist der Moschusochse besser gegen die Kälte geschützt als der Eisbär. Er lebt in kleinen Herden und ist wegen seiner mächtigen gebogenen Hörner ein gefürchteter Gegner. Bei den Eskimo spielte er als Jagdtier aber längst nicht die Rolle wie das Karibu. Der Eisbär oder Polarbär lebt als Einzelgänger in der Packeisgrenze und an den Küsten. Die See mit ihrem Reichtum an Seesäugern, Fischen und Wasservögeln rundet das Bild ab, das wir in kurzen Worten von dem arktischen Lebensraum entwerfen wollten.

Die ersten Menschen in der Arktis

In dieser für uns fremden und fernen Welt leben Menschen, die wir nach einem verstümmelten Wort aus dem Algonkin *Eskimo* = Rohfleischesser nennen, während sie sich selber als *Inuit* = Menschen bezeichnen. Nach H. G. Bandi, einem der besten Kenner der frühen Geschichte der Eskimo, drangen sie als späte Nachzügler der Epi-Gravettien-Kultur (siehe Seite 22) von Sibirien etwa zwischen 13000 bis 8000 v. Chr. nach Alaska ein. Relativ rasch wanderten diese Neuankömmlinge als Vorfahren der Eskimo nach Osten und bevölkerten das ganze nördliche Randgebiet bis nach Grönland. Wir schreiben bewußt Randgebiet und nicht Küste, denn den Funden nach scheinen sie vorwiegend die Inlandjagd betrieben zu haben und stellten sich erst später auf die Jagd auf Meeressäuger um.

Bandi macht aber darauf aufmerksam, daß es sich hier nicht unbedingt schon um eine anthropologisch und sprachlich sichere eskimoische Menschengruppe handeln muß, wenn auch die kulturellen Hinterlassenschaften, die mehrheitlich aus Steinwerkzeugen bestehen, dafür sprechen. Es bleibt also genauer abzuklären, ob sich die heutige Eskimo-Kultur noch in Sibirien oder erst in Alaska entwickelt hat, allenfalls von Sibirien her beeinflußt wurde. Das Schwergewicht scheint in Alaska zu liegen. Hier fand man eindeutig spezialisierte Jagdgeräte für die Jagd auf Seesäuger, deren Alter auf etwa 4000 Jahre angesetzt wird. Ungefähr im gleichen Zeitraum setzte eine Rückwanderung von Osten nach Westen ein, die einen großen Teil der Eskimoiden erfaßte. Die Kulturen dieser Zeit bekamen ihre Bezeichnung nach dem Namen des ersten oder wichtigsten Fundortes oder nach einem Wort aus der Eskimo-Sprache. Man fand zum Beispiel auf den kleinen Punuk-Inseln, welche östlich der Großen St. Lorenz-Insel liegen, bedeutende Ansammlungen von Walroßzähnen. Die eskimoischen Hilfskräfte riefen daraufhin «Okvik – Okvik», was soviel wie «viele Walrosse» heißt. Und somit hatte die *Okvik-Kultur* ihren Namen.

Das Klima der damaligen Zeit war noch großen Schwankungen ausgesetzt. Ein starker Kälteeinbruch trieb die Menschen mehr in das Landesinnere, und die Jagd auf Karibus und Moschusochsen wurde wieder zur Lebensgrundlage.

Begünstigt durch eine neuerliche Gesamterwärmung entwickelte sich um etwa 1000 v. Chr. die *Dorset-Kultur*, genannt nach Kap Dorset auf der Baffin-Insel, deren Spuren wir bis zu der Melville-Insel und südlich bis nach Neufundland feststellen können. Zu den

Funden in den Gebieten der Dorset-Kultur gehören Reste der eingetieften, rechteckigen Winterhäuser, an deren Wänden sich aller Wahrscheinlichkeit nach Schlafbänke befanden. Auch die typischen Specksteinlampen wurden damals schon benutzt. Den spärlichen Holz- und Knochenfunden nach zu schließen konstruierten diese Eskimo bereits kleine Schlitten. Vieles, was wir an technischen Errungenschaften bei den späteren Eskimo bewundern, muß seine Ursprünge in dieser Dorset-Kultur haben.

Nicht weniger erstaunlich ist die künstlerische Entfaltung, eine Begabung, die sich bis heute erhalten hat. Es sind uns aus dieser Zeit eine Menge sehr naturalistisch gearbeitete menschliche und tierische Figuren aus Walroßzahn, Knochen und Stein erhalten, die Tiere zum Teil noch mit rot eingefärbten Wunden. Auch Masken und Trommeln aus Holz haben die vielen Jahrhunderte in dem gefrorenen Boden gut überstanden. Auf Grund dieser Funde muß man annehmen, daß das religiöse Leben, gelenkt durch die Schamanen, schon damals sehr stark ausgeprägt war.

Natürlich vollzog sich die Entwicklung der prähistorischen Eskimo-Kulturen an den mehr als 10000 Kilometer langen Küsten unterschiedlich schnell und auch nicht immer spezifisch gleich. So kennt man zum Beispiel die *Norton-Kultur* nur für das Gebiet der Beringstraße und von Nordalaska, während sich die *Independence-I-Kultur* von Alaska bis nach Grönland ausdehnte. Auch die *Thule-Kultur,* deren Beginn man etwa für die Zeit um 1000 n. Chr. ansetzt, umspannte diesen riesigen Bogen. Sie nahm ihren Anfang wahrscheinlich bei Point Barrow, dem nördlichsten Punkt von Alaska, weitete sich nach Osten aus und erreichte spätestens im 12. Jahrhundert Nordgrönland. Man ist sich heute einig, daß die Thule-Kultur die Grundlage der heutigen Eskimo-Kultur bildet, die durch Einflüsse der weißen Zivilisation jetzt in Gefahr ist, ganz zerstört zu werden.

Die Konstitution der Eskimo ist ideal dem Lebenskampf in der unerbittlichen Natur angepaßt. Die reinblütigen Eskimo haben einen langgezogenen Schädel, das Gesicht wird durch eine Fettschicht gegen die Kälte geschützt. Dadurch erscheint es etwas flach.

Der Unterkiefer ist stark entwickelt; sie sind ja «Rohfleischesser», was eine starke Kaumuskulatur erfordert. Die Mongolenfalte ist bei allen Gruppen sichtbar. Die Größe der Männer beträgt im Durchschnitt 162 cm, die Frauen sind etwas kleiner. Im Verhältnis zum kräftigen langen Rumpf sind Beine und Arme kurz. Das Haar ist glatt und schwarz, die Hautfarbe gelbbraun. In Alaska wirkt sie durch Vermischung mit Indianern bei vielen etwas bräunlicher, in Grönland hingegen durch Verbindung mit Europäern heller.

Die Verteilung der Inuit-Gruppen

Die Inuit, wie wir die Eskimo nun richtig nennen wollen, sind regional eingeteilt:

Südliches Alaska:	Pazifik-Inuit
Küste der Beringsee und davorliegende Inseln:	Beringmeer-Inuit
Küste der Tschuktschen-Halbinsel und St. Lorenz-Insel:	Asiatische Inuit
Point Barrow und Hinterland:	Nordalaska- und Inland-Inuit
Mündungsgebiet des Mackenzie River:	Mackenzie-Inuit
Victoria Island, Halbinsel Kent und Queen-Maud-Golf:	Kupfer-Inuit
Adelaide-Halbinsel und Back River:	Netsilik-Inuit
Westliches Küstengebiet der Hudson Bay:	Karibu-Inuit
Melville-Halbinsel und nördlicher Teil von Baffinland:	Iglulik-Inuit
Südliches Baffinland:	Baffin-Inuit
Labrador:	Labrador-Inuit
Küsten von Grönland:	Polar-Inuit, Westgrönland- und Ostgrönland-Inuit

Jede dieser Gruppen läßt sich noch in verschiedene Unterabteilungen aufgliedern.
Sprachforscher sind der Ansicht, daß Aleuten und Inuit einstmals die gleiche Sprache hatten. Vor etwa 3000 bis 6000 Jahren soll sich daraus bei beiden Völkern eine eigene Sprache gebildet haben, das heißt: die Sprache der Aleuten und Inuit sind zwei selbständige Sprachen mit gemeinsamem Ursprung. In der Zeit zwischen 200 bis 1200 n. Chr. hat sich die Sprache der Inuit nochmals geteilt: heute reden wir von den nördlich des Yukon gesprochenen Inupik-Dialekten und den südlich des Flusses gesprochenen Yupik-Dialekten. Diese beiden Sprachgruppen haben sich so spezialisiert, daß eine Verständigung zwischen ihnen nicht mehr möglich ist.

Iglu und Walknochenhaus

Die über den ganzen arktischen Raum verstreuten Fundplätze geben ein vielseitiges, aber unvollkommenes Bild der Siedlungsweise der frühen Inuit wieder. Viele Fragen bleiben offen. Die Siedlungen waren nie sehr groß und umfaßten im Durchschnitt nur mehrere Familiengemeinschaften.
Das Schneehaus, Iglu genannt, das allgemein mit den Inuit in Verbindung gebracht wird, kannten vermutlich nicht einmal alle Gruppen. Am verbreitetsten war es als fester Wintersitz bei den Karibu- und Labrador-Inuit. In Nordgrönland wurde es nur als temporäre Jagdhütte benutzt.
Vor der Errichtung eines Iglus prüfte der Baumeister sorgfältig mit einer Sonde, ob der Schnee genügend tief und konsistent war. Dann schnitt er mit dem Schneemesser aus Elfenbein rechteckige Blöcke aus verharschtem Schnee, die spiralförmig aufeinandergesetzt wurden. Die obere Fläche eines jeden Blocks wurde nach innen abgeschrägt, so daß sich langsam eine Kuppel ergab. Der Inuit baute das Haus um sich herum und schnitt sich zum Schluß einen Ausgang frei, vor den er einen Gang als Windschutz baute. Der Gang konnte auch unterirdisch angelegt sein mit einem Einstieg

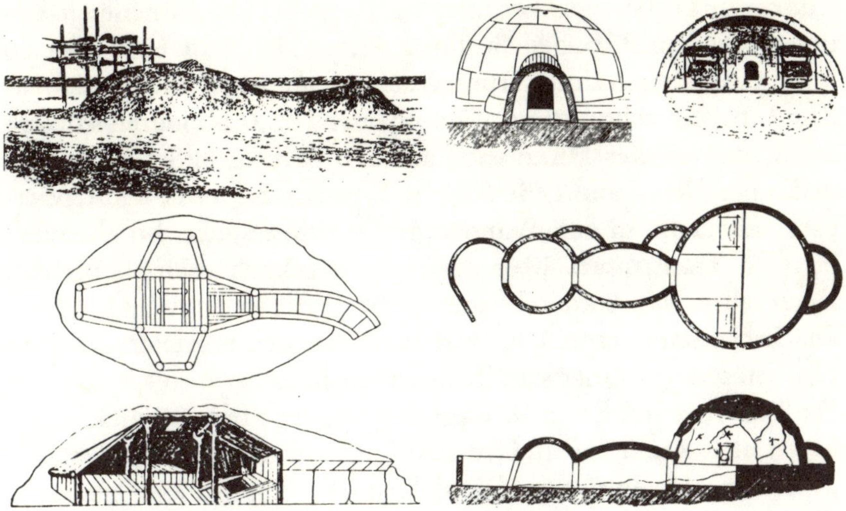

Festes Winterhaus und Iglu
mit Eingangstunnel

innerhalb des Iglus. Diese Konstruktion bildete so eine «Kältefalle». Das Ausgangsloch wurde mit einem passenden Schneeblock verschlossen; man mußte sich also jeden Morgen wieder freischneiden. Über dem Tunnelgang wurde ein Fenster mit lichtdurchlässigen, dünngeschabten Seehundfellen oder einer Eisplatte angebracht. Im Gewölbe durfte ein kleiner Abzug (Rauchnase) nicht fehlen. Noch bestehende Ritzen wurden mit Schnee verstrichen. Das Iglu mit seinen bis 30 Zentimeter dicken Wänden bot somit einen sicheren Kälteschutz.

Neben dem Wohniglu bauten die Inuit in der gleichen Art Vorratsräume und Unterkünfte für Hunde.

Ebenso verband man unter Umständen verschiedene Iglu mit unterirdischen Schneegängen, deren Ausbuchtungen zur Vorratshaltung oder als Küche dienten. Die Iglus waren, je nachdem, ob eine oder zwei Familien darin wohnten, unterschiedlich groß, ihr Durchmesser variierte zwischen 2,5 und 5 Meter. Gemeinschafts-

häuser für große Feste konnten bis 10 Meter Durchmesser haben und boten einer ganzen Siedlung Platz. Den Bau eines kleinen Iglus schaffte ein Mann in rund einer Stunde.
Zur Inneneinrichtung der Wohnhäuser gehörte eine Schlafbank aus Schnee an der Hinterseite, auf der wärmende Schichten von trockener Heide und Fellen lagen. Tagsüber diente sie als Arbeitstisch. Ebenfalls an den Wänden gab es Schneesockel für die wärmenden Tranlampen, über denen auch gekocht wurde. Bei den Kochstellen war stets ein kleiner Rauchabzug in der Wand.
Die Lebensdauer eines Iglus war natürlich sehr begrenzt, doch ein Neubau war ja immer kurzfristig möglich.
Die Bauweise der festen Winterhäuser richtete sich ganz nach dem Material, das in den verschiedenen Regionen zur Verfügung stand. In Küstengebieten mit genügend Treibholz und Walknochen wurde beides auf ganz gekonnte Weise als tragendes Element verwendet. Man hob eine Vertiefung von etwa 3 mal 4 Meter aus und baute ringsum ein Fundament aus Steinen und Knochen. Darauf setzte man eine niedrige Wand aus Wirbelknochen und Walschädeln. Die Dachkonstruktion bestand aus Kieferknochen und Rippen des Wals. Hauswände und Dach wurden sorgfältig mit Grassoden bedeckt. Oft wurde der Bau unter den Grasstücken noch mit Tierhäuten isoliert. Stand genügend Holz zur Verfügung, wurden die Wände und das flache Dach ganz aus Planken gebaut. Der Eingangstunnel aller Häuser zeigte stets nach Süden und konnte eine Länge bis zu 6 Meter haben. Der Einstieg innerhalb des Hauses bildete die gleiche Kältefalle wie beim Iglu.
Harte Arbeit, bei der sich die ganze Familie beteiligt, kostete den Polar-Inuit der Bau seines Steinhauses. Es fiel vor allem durch seine geniale Dachkonstruktion auf, die auf dem Prinzip des Auflagersystems beruhte. Auch das Steinhaus wurde mit Grassoden abgedeckt, und der lange Eingangstunnel wies Nischen für Vorräte und die Küche auf. Oftmals existierte in einer solchen Nische noch eine Art Toilette.
Die Inneneinrichtung aller Häuser war im Prinzip die gleiche. Die ganze hintere Seite nahm die steinerne Schlafbank ein, und der Bo-

den war mit Steinen oder Planken ausgelegt. Beide Haustypen kamen in den verschiedensten Variationen vor, Reste von Walknochenhäusern hat man jedoch im gesamten Siedlungsgebiet der Küsten entdeckt.

In einem geographisch so ausgedehnten Gebiet waren auch örtlich begrenzte Abweichungen keine Seltenheit. So bauten zum Beispiel die Nunamiut, eine kleine Gruppe von Inland-Inuit im nördlichen Alaska, als Winterbehausung ein kuppelförmiges Zelt aus einem Weidengerüst mit einer doppelten Zeltwand aus Renfellen. Ringsum dichteten am Boden große Torfstücke die Behausung ab. Das kleine Fenster war mit Bärendärmen bespannt. Charakteristisch für die Nunamiut waren ferner Torfhütten, eine Weidenkonstruktion um vier Mittelpfosten, die mit viereckigen Stücken gefrorenen Mooses oder Torf bedeckt waren, deren Erdseite nach innen lag. Zwischen den Mittelpfosten befand sich die Feuerstelle.

Im Sommer war der Aufenthalt in Winterwohnungen mit ihren durchdringenden Gerüchen selbst für die nicht empfindlichen Nasen der Inuit unmöglich. Die Iglu schmolzen, selbst die festen Häuser wurden feucht und unbewohnbar. Man zog in Sommerzelte um, die in den mannigfaltigsten Formen errichtet wurden. Sie hatten nur ein gemeinsames Merkmal: ihre Bedeckung bestand aus Ren- oder Robbenfellen. Mit diesen Zelten war man auch beweglich, und stets fanden sich einige Familien zusammen, um an die schon seit Generationen benutzten Plätze zu ziehen. Hier traf man Freunde, ging gemeinsam zum Fischen oder auf die Jagd. Für junge, heiratsfähige Leute ergab sich eine willkommene Gelegenheit zum Kennenlernen.

Die Vielzahl der Zelttypen, die zum Teil noch heute üblich sind, lassen auf eine starke Beeinflussung aus dem asiatischen Raum und von indianischen Nachbarn schließen. Am Beringmeer bezog man im Sommer ein leichtes Holzhaus.

Wenden wir uns nun dem Hausrat zu. Die aus Speckstein geschnitzte Tranlampe war als Licht- und Wärmespender ein lebenswichtiges Utensil. Man arbeitete sie flach, mit niedrigem Rand und oft mit einem Wulst in der Mitte, in den ein Büschel trockenes Moos als Docht gesteckt wurde. Andere Arten waren zweigeteilt; die Form variiert von rund über oval bis halbmondförmig. In Alaska, wo Speckstein fehlt, wurden die Lampen aus Ton hergestellt, dem man Sand, Asche, Blut oder auch Vogelfedern beimischte, damit die Gegenstände bei Gebrauch nicht sprangen.
Zur Herstellung des Trans nahm man gefrorenen Seehundspeck, der zu Brei geschlagen wurde, aus dem nach Auftauen das Öl ausfloß. Feuer erzeugten die Inuit mit Schwefelkiesstücken, Feuerstein oder mit einem hölzernen Drillbohrer.
Der Kochtopf war ebenfalls aus Speckstein, in Alaska wieder aus Ton. Schon sehr früh wurden aber von Europäern eiserne Kochtöpfe eingehandelt. Die Kochgefäße hingen über der Feuerstelle, wobei einschränkend beigefügt werden muß, daß zum Beispiel in Alaska nicht über der Tranlampe, sondern über einem Heidekrautfeuer gekocht wurde. Bei einigen Inlandgruppen wurden erhitzte Steine in den mit Fleisch und Wasser gefüllten Topf gelegt; dieser Vorgang mußte mehrere Male wiederholt werden. Das Prinzip des Steinkochens ist weltweit verbreitet, in unserm Interessengebiet unter anderem auch bei den Indianern im nördlichen Kalifornien. Das gekochte Fleisch entnahm die Familie direkt dem Topf, Brühe wurde aus kleinen Holz- oder Tonschalen getrunken. Im Küstengebiet dienten auch Muscheln als Trinkschalen. Eßgeräte der Inuit waren aus Holz oder Horn geschnitzte Löffel und Gabeln mit einer Zinke, also eine Art kleiner Spieß, und das Messer. Die Hausfrau besaß ferner große Schöpfkellen und Eimer aus Leder, bei denen der Rand oft mit Knochen verstärkt war; in diesen wurde auch der Schnee geschmolzen. Material, Ausführung und Art der Verzierung an den Gegenständen waren regional sehr verschieden.
In der Nähe der Kochstelle hing ein grobmaschiges Netz, gelegent-

lich ein Holzgestell zum Trocknen der Kleider. Und noch etwas hatte beim überwiegenden Teil der Inuit seinen festen Platz: der Urintopf. Er erfüllte dieselbe Funktion wie bei uns, doch wurde sein Inhalt auch noch zum Gerben des Leders und zum Waschen, vornehmlich der Haare, verwendet. Urin hat die Eigenschaft, Fett und Tran zu lösen.

Wichtigstes Universalgerät der Frau war das *Ulu*, das Frauenmesser. Es bestand aus einer halbmondförmigen Klinge aus Stein, später aus Eisen, in deren Mitte ein Griff aus Horn, Elfenbein oder Holz befestigt war. Der äußere Bogen war die Schneidekante. Mit diesem Ulu zerteilten die Frauen die Jagdbeute und schnitten die Häute für die Kleidung in die gewünschte Form. Kleinere Ulus dienten für feinere Schneiderarbeiten. Jede Frau hatte bei ihrem Werkzeug auch ein Stück Sandstein zum Nachschärfen der Klinge. Zu erwähnen bleiben noch der Fellschaber und das Nähzeug, bestehend aus knöchernen Nähnadeln, einem Fingerhut aus Seehundfell und den Sehnen verschiedener Tiere. Zum Nähen wurden letztere zu dünnen Fäden aufgerissen. Einzig für die Herstellung der ledernen Bootsverkleidung verwendete man ganze Sehnen.

Die Nahrung der Inuit bestand fast ausschließlich aus Fleisch; bei den Küstenbewohnern hauptsächlich aus dem fetten Fleisch der Seesäuger, im Landesinneren mehr dem von Karibu und Moschusochsen. Hinzu kamen je nach Vorkommen die verschiedensten Fische und Vögel und deren Eier. So sehr der Inuit gekochtes Fleisch schon seiner guten Brühe wegen schätzte, gab es nach erfolgreicher Jagd vieles, das man noch lebenswarm verzehrte. Dazu gehörten die Leber und der Mageninhalt eines Walrosses. Auch der Mageninhalt des frisch erlegten Karibu, ein Brei aus Flechten, war sehr begehrt und führte dem Inuit pflanzliche Nahrung zu. Markknochen wurden auf das sorgfältigste ausgekratzt. Eine besondere Delikatesse war *muktuk*, frische oder eingesäuerte Walhaut. Pflanzliche Nahrung jedoch spielte kaum eine Rolle und war bei den meisten Gruppen auch nicht beliebt. Ausgenommen einige Leckerbissen, wie zum Beispiel rohe Beeren, die zusammen mit ausgelassenem Fett in einem ungereinigten Renmagen aufbewahrt wurden und eine Art Zwischenverpflegung darstellten. Reichlich Fett war für den Inuit lebensnotwendig.

Für die eilige Mahlzeit nahm man den Fisch auch gefroren zu sich. Er stammte aus Vorratslagern, die nahe der Siedlungen an verschiedenen Stellen unter dem Schnee angelegt wurden. Zur Notreserve für den Winter gehörten ferner luftgetrocknetes Fleisch und Fisch.

Die Kleidung der Inuit wurde aus den Fellen der verschiedenen Pelztiere und zum Teil auch aus Bälgen der Eiderenten hergestellt. Es war ein mühsamer Prozeß, bis die Felle zur eigentlichen Verarbeitung bereit waren. Zuerst wurde die Lederseite mittels eines Fellschabers von allen Rückständen gesäubert, dann spannte man sie zum Trocknen zwischen Pflöcke oder in Rahmen. Nach dem Gerben mit Tran oder Urin mußte das Material durchgekaut werden, damit es geschmeidig wurde. (Auch im alten Griechenland, der «Wiege unserer Zivilisation», wurde Urin zum Gerben verwendet.) Dieses Durchkauen erfolgte mit Andacht, auf daß gute Wünsche und Gedanken im Kleidungsstück ihren Sitz nahmen.

Um sich genügend gegen die Kälte zu schützen, trugen die Inuit Unterkleider und weite Oberkleider. Die dazwischenliegende Luft ergab einen wirksamen Kälteschutz. Die Iglulik- und Karibu-Inuit und einige ihrer nächsten Nachbarn verwendeten die Felle des Karibu; etwa acht Stück ergaben zwei Jacken für einen Mann. Bei der äußeren, Parka genannt, wurde das Haar nach außen getragen, beim Unterkleid lagen die Haare nach innen. Die Pazifik-Inuit fertigten die Parka aus Vogelbälgen. Die Länge war unterschiedlich, wie auch die Form der Kapuzen variierte. Bei einer Jakke aus Karibu wurde die Kopfhaut des Tieres zur Kapuze, wobei die Ohren als Luftlöcher dienten. Die Parka der Frauen hatten eine fast sackförmige Kapuze, in der warm geborgen das Kleinkind lag. In einigen Regionen waren für beide Geschlechter Unterkleider aus Vogelbälgen üblich.

Die äußere Hose war bei den Männern nach Möglichkeit aus Eisbärfellen gearbeitet (im Notfall genügten auch Karibufelle), bei den Frauen aus Fuchsfell. Die Kamiks, unseren langen Stiefeln entsprechend, entstanden aus Hasenfellen, allenfalls aus den Beinfellen des Karibu. Darüber wurden Kamiks aus enthaarten Seehundfellen gestülpt. Da die Frauen nur kurze Fellhosen trugen, waren ihre Kamiks dementsprechend länger und reichten – schön mit Fuchsschwanz eingefaßt – bis an die Hosen. Als Sohle diente Walhautleder.

Die Kleidungsstücke wurden außen durch verschiedenfarbene kleine Fellstücke geschmackvoll verziert. Die grönländischen Inuit kannten eine Art Applikation, indem sie farbige Lederstückchen auf ihre hellen Seehundfellstiefel klebten. Andere Stämme verwendeten Perlbänder als Abschluß, die sie aus Elfenbein oder Kupfer anfertigten. Die Fausthandschuhe wurden von den Frauen äußerst geschickt mit zwei Daumen versehen, damit man sie wenden konnte, wenn die Innenseite naß geworden war.

Besonders liebevoll wurde die Kleidung der Kinder gefertigt. Das Höschen des Kleinkindes hatte einen Schlitz auf der Hinterseite, wo das Fell entweder leicht übereinanderlappte oder mit einem Stück langhaarigem Fell eingefaßt war, das keine Kälte durchließ. Doch wurden die Kinder schon frühzeitig abgehärtet und hielten sich im Winterhaus bei niedrigen Temperaturen auch ohne Kleidung auf. Die Mütter mußten stets für einen genügenden Vorrat an trockenem Moos und Flechten besorgt sein, welche die Funktion von Windeln zu erfüllen hatten. Weiche Flechten benützten die Frauen auch während ihrer Mensa.

Jagdmethoden, Kajak und Umiak

Da die gesamte Ernährung der Inuit durch die Jagd gesichert werden mußte, stand sie im Mittelpunkt des Alltagslebens und bestimmte den Tagesablauf.

Im kurzen Sommer weideten die Karibu und Moschusochsen auf den Tundren. Hinzu gesellten sich die vielen Zugvögel, die zum Brutgeschäft in den Norden kamen. Für die Familien begann eine strenge und arbeitsame Zeit. Die Karibu wurden mit Pfeil und Bogen gejagt, Vögel mit Schlingen und Netzen gefangen, Moschusochsen und Eisbären mit Hunden gestellt und dann mit der Lanze erlegt. Karibu wurden auch in Fallgruben gelockt oder auf mit Steinen eingezäunte Plätze getrieben, um sie dann mit Pfeil und Bogen zu töten.

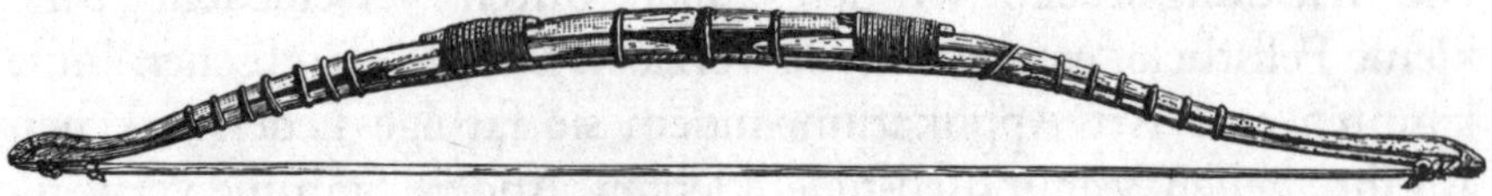

Bogen der Inuit aus Knochen

Nicht nur für die zentralen und östlichen Inuit, auch für die an den Küsten lebenden Gruppen war die Karibujagd lebensnotwendig. Man benötigte die Felle für Kleider und Zelte und das widerstandsfähige Horn zur Herstellung von Waffen und Werkzeugen. Von der Jagd auf die gut genährten Tiere beim Rückzug in ihre Wintergebiete wurde der Fleischvorrat für den Winter angelegt. Da die Herden nicht immer ihre traditionellen Routen einhielten, mußten die Jägertrupps oft weite Distanzen zurücklegen, um an das Wild heranzukommen. Das Ausbleiben einer Herde konnte den Tod einer ganzen Sippe bedeuten.

Zu bemerken ist, daß die Inuit gleich wie die Indianer Patagoniens die Bola verwendeten, eine Wurfleine mit mehrheitlich drei an Sehnenschnüren befestigten Steinen. Sie wurde hauptsächlich bei der Vogeljagd eingesetzt. Trotz der an zwei Stellen des Doppelkontinents auftretenden Art war die Bola eine eigene Erfindung der Inuit. Da ihnen nur einfachste Mittel zur Verfügung standen, überrascht ihre technische Begabung nicht. Zwei frühen Berichten im American Anthropologist entnehmen wir, daß die Inuit sogar eine Schraube entwickelt hatten[20] und O.T. Mason berichtet, wie geschickt sie das Prinzip des Flaschenzuges anwendeten.[21]

Für den Aufenthalt im blendenden Schnee und auf dem Wasser

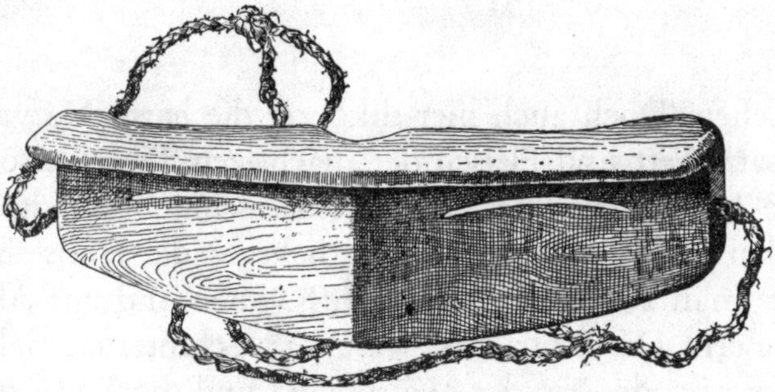

Hölzerne Schneebrille der Inuit

waren Sonnenbrillen unentbehrlich. Man schnitzte sie mit einem schmalen Schlitz aus Holz oder Geweih, und verzierte sie teilweise mit figürlichen Motiven.

Wie die Aleuten kannten auch die Inuit das Wurfbrett, um ihren Speeren und Harpunen mehr Kraft zu geben. Fische, in erster Linie Seeforellen, Lachse, Dorsch und Heilbutt, wurden je nach Größe und Gegend mit Speer, Harpune, Angel, Netz oder an Stangen befestigten Schlingen gefangen.

Die Robbenjagd wurde in der gesamten Arktis betrieben. Der Name *Lebensspender*, den die Inuit dem Seehund gaben, bezeichnet wohl am besten, welche Rolle er in ihrem Leben spielte. Die Aussicht auf den warmen Pelz und die dicke Fettschicht einer Robbe ließen den Jäger im Winter stundenlang und unbeweglich auf dem Eis vor dem Atemloch des Tieres stehen. Bei der ersten Bewegung des «Robbenankündigers» aus Knochen oder Fischbein (es konnte auch eine Feder sein) mußte der Mann blitzschnell mit seiner Harpune zustoßen. Meist saß eine Gruppe von Männern vor verschiedenen Atemlöchern und konnte sich so gegenseitig Hilfe leisten.

Im Sommer arbeitete man sich auf einem Fell liegend langsam an das sich sonnende Tier heran. Falls der Jäger etwas mit Armen und Beinen wedelte und grunzende Geräusche ausstieß, hielt die Robbe ihn für einen Artgenossen und hatte keine Chance, der Harpune zu entgehen.

Die Jagd auf das Walroß war oft ein Kampf auf Leben und Tod, da das harpunierte Tier versuchte, den Jäger vom Eisrand in das Wasser zu ziehen. Doch auch hier diktierte die harte Notwendigkeit den Einsatz. Fett und Fleisch der mächtigen Tiere versorgten für Tage die Mitglieder einer Wohngemeinschaft, und das Gedärm wurde den Hunden gefüttert. Die dicke, widerstandsfähige Haut benötigte man zur Herstellung von Riemen und zur Abdeckung von Häusern. Die Stoßzähne waren als Schnitzmaterial begehrt. Auch hier gilt: die Art der Walroßjagd und die Verwendung des Fleisches waren regional unterschiedlich.

Man weiß heute, daß die Inuit schon vor 4000 Jahren Boote aus Leder und Knochen besaßen, die in kaum abgewandelter Form bis in die jüngste Zeit zum Alltag der Küstenbewohner gehörten. Es wurde lediglich das Knochengerüst durch ein Holzgerüst ersetzt. Diese *Kajak* benutzten sämtliche Inuit, und zwar vom äußersten Westen bis nach Grönland. Die Unterschiede zwischen den einzelnen Typen waren so unwesentlich, daß man durchaus von einem Einheitstyp sprechen kann. Über ein ausgeklügeltes System von Verstrebungen wurden die sauber enthaarten und feucht gehalte-

Inuit im Kajak

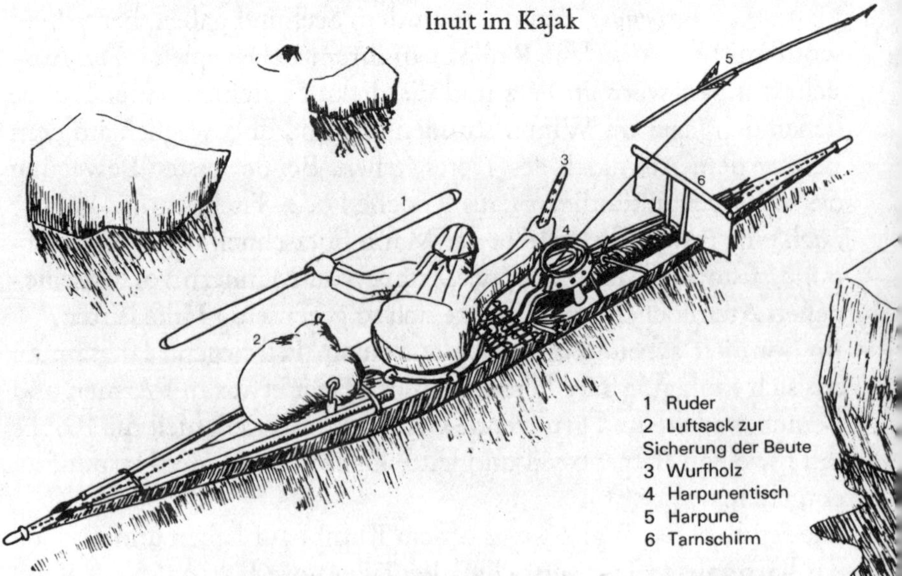

nen Robbenfelle gezogen und dann miteinander vernäht. Durch das Trocknen zogen sie sich glatt und faltenlos über das Holzgerippe. Je nach Gebiet zog man das Fell der Karibu dem schwereren der Robben vor.
Die Ruder bestanden aus Holz und waren an den Kanten mit Knochen verstärkt. Für das westliche Eskimo-Gebiet war ein Einblattruder üblich. Die Oberseite des Kajaks war bis auf das Sitzloch geschlossen. Der Holzring am Sitzloch diente zum Festschnüren der wasserdichten Kleidung. Durch seine flache Bauweise und seine Länge hatte das Boot keinen Tiefgang und glitt auf der Wasseroberfläche leicht dahin. Nur auf diese Weise war es möglich, die schnellen Seesäuger zu verfolgen und fast geräuschlos an sie heranzukommen. Oft setzten die Jäger zur Tarnung einen weißen Schutzschirm vorn auf ihr Kajak, um ein treibendes Stück Eis vorzutäuschen. War die Harpune geschleudert, mußte rasch der Schwimmer über Bord geworfen werden, damit das verwundete Tier das Boot nicht zum Kippen brachte. Dieser Schwimmer bestand aus einer aufgeblasenen Robbenhaut, die, an einer langen Leine befestigt, anzeigte, wo sich das verwundete Tier befand. Beim Wiederauftauchen versuchte der Jäger seine Beute mit dem Speer (oder später durch eine Kugel) zu töten. Sofort wurden die Wunden mit Holz- oder Knochenzapfen geschlossen, damit das kostbare Blut nicht auslief. Dann befestigte man den Schwimmer unter dem Kopf des Tieres und konnte es so auf einer Eisscholle oder an Land in Sicherheit bringen.
Die Jagd auf den über 20 Meter großen Nordwal wurde nur an bestimmten Teilen der Küsten von Alaska, Grönland und Labrador betrieben. Es ist bestimmt nicht das Verschulden der einheimischen Jäger, daß dieser Seesäuger heute praktisch ausgestorben ist. Die wesentlich kleineren Narwale und Weißwale können noch immer im gesamten Küstengebiet der Arktis gejagt werden, wiewohl sie ebenfalls durch die Europäer schon stark dezimiert sind. Für die Waljagd benutzten die Inuit das Umiak, auch Frauenboot genannt, da es in Grönland außer der Jagd von Frauen gesteuert wurde.

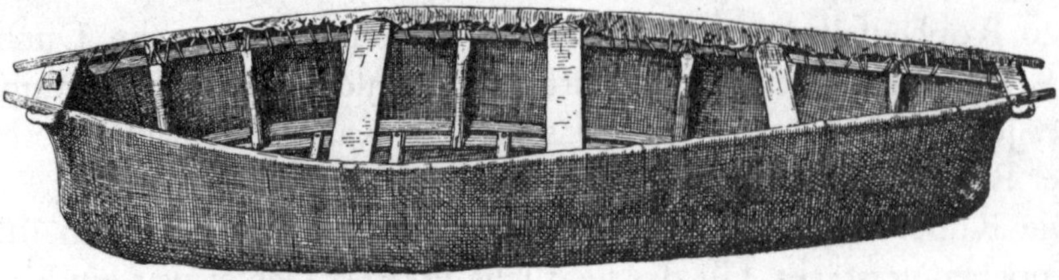

«Umiak», Frauenboot der Inuit

Das Umiak war nicht viel länger als das Kajak, jedoch bedeutend breiter und oben offen. Es war mit Robben- oder Walroßhaut überzogen und faßte etwa acht bis zehn Personen.
Die Jagd auf den Wal war stets das Unternehmen einer ganzen Gruppe, es konnten sich bis zu zehn Boote daran beteiligen. Jedes Umiak wurde von seinem Besitzer geleitet. Er hatte auch die Zeremonien der Jagd durchzuführen und war einer der Mitverantwortlichen des ganzen Unternehmens. Eine besondere Gruppe von Jägern beobachtete vom Ufer aus die Wasseroberfläche. Beim Auftauchen eines Wales wurde die ganze Mannschaft alarmiert, und man schob die Boote ins Wasser. Auch hier mußten die Jäger versuchen, so nah wie möglich an das Tier heranzukommen, um die schwere Harpune sicher werfen zu können. War der Wal getroffen, ließ man sofort einige Schwimmer frei und sang Lieder, die Bitten für einen glücklichen Ausgang der Jagd zum Inhalt hatten. Die aufgeblasenen Robbenhäute bezeichneten die Stelle an der das Tier wieder auftauchen sollte. Jeder Jäger versuchte nun, den Wal nochmals zu treffen. Manchmal gelang der Fangstoß sehr rasch. Das tote Tier wurde an Land geschleppt und die Beute aufgeteilt. Den Abschluß bildete eine gemeinsame Zeremonie, ein Dankfest für Sedna, die auf dem Grund des Meeres wohnt und den Wal als Nahrung für die Inuit geschickt hatte. Da die meisten Männer nicht schwimmen konnten, galt der Dank zugleich auch der glücklichen Heimkehr.
Ein weiteres wichtiges Transportmittel waren die von Hunden gezogenen hölzernen Schlitten, deren Teile mit Lederriemen zusam-

mengebunden waren. Sie wiesen drei Typen auf. Die Schlitten der Alaska-Inuit waren lang und schmal, damit man im Wald unbeschädigt zwischen den Bäumen hindurchkam. Die Polar-Inuit benötigten breite, solide Schlitten zur Überquerung der großen Eisflächen. In Ostgrönland mit seinem tiefen, lockeren Schnee wurde er mit breit auseinanderstehenden Kufen gebaut, um ein Einsinken zu verhindern.

Familienleben – Heirat – Tod

Die wichtigste Institution der Inuit war und ist die Familie, ein festes Band, das mehrere Generationen umfaßt und alle sozialen Funktionen innerhalb der kleinen Gemeinschaft erfüllt. Es gibt kein Häuptlingstum, keine hierarchische Ordnung, keine Stellung, die man ererben kann. Sie muß durch besondere Fähigkeiten erworben werden, so etwa die Funktion einer Art Dorfoberhauptes, dessen Befugnisse aber sehr begrenzt sind. Eine gewisse Ausnahme bildet der Schamane.

Die eheliche Gemeinschaft wurde ohne große Zeremonien geschlossen. Bei vielen Inuit wurde die Frau gekauft, bei andern Gruppen war es üblich, Kinder schon bei der Geburt für eine spätere Ehe zu bestimmen. Das schwere Leben wirkte fest und bindend, und beide Partner mußten hart arbeiten, um sich und ihre Familie zu kleiden und zu ernähren. Die Frau begleitete ihren Mann auf die Karibujagd oder wartete am Strand auf die Rückkehr der Boote. Ihre Aufgabe war es, die getöteten Tiere auszuschlachten und für die Heimreise zu richten. War eine Frau schwanger, konnte sie ihren Mann nicht zur Jagd begleiten. Was lag näher, als die Frau seines nächsten Verwandten oder Freundes mitzunehmen und ihm während dieser Zeit die eigene Gefährtin zu überlassen. Wir glauben, daß aus dieser Notwendigkeit heraus sich der für Europäer so schockierende Brauch des Frauentausches entwickelt hat. Manchmal schlossen sich auch zwei Paare zusammen, um beim Tod eines Partners den andern mit Kindern gesichert zu wissen. Bei den Netsilik-Inuit auf der Adelaide Halbinsel

war infolge Frauenmangels Polyandrie üblich; eine Frau lebte also mit mehreren Männern zusammen. Heute sind praktisch alle Inuit christianisiert, und die Ehen werden in der Kapelle geschlossen.
Kinder waren von beiden Partnern sehnlichst erwünscht und wurden zärtlich geliebt. Wie auch bei den meisten indianischen Stämmen bewahrte man die Nabelschnur nach der Geburt als wirksames Amulett sorgfältig auf. Bei einigen Gruppen trug das Kind die Nabelschnur in einem kleinen Täschchen bei sich, andere Eltern verwahrten sie zusammen mit dem ersten Kleidungsstück.
Nach dem religiösen Denken der Inuit hatte die Namensgebung für ein Kind zwei wichtige Aufgaben zu erfüllen. Das Kind weint, weil es sich ohne Namen unglücklich fühlt. Ihm wird der Name eines Verstorbenen gegeben, der als «Namen-Seele» verloren umherirrt und eine neue Bleibe sucht. Mit dem Namen des Verstorbenen übernimmt der kleine Erdenbürger zugleich die Charaktereigenschaften des Toten.
Das Kind lag warm und sicher in der großen Fellkapuze der Mutter; ein Gurt sorgte dafür, daß es nicht nach unten rutschte. Zum Stillen löste die Mutter den Gürtel und holte ihr Kind nach vorn an die Brust. Es wurde mitgetragen, bis es gehen lernte, doch bekam es wenn möglich bis zu seinem vierten Lebensjahr zusätzlich die mütterliche Nahrung.
Die Erziehung beruhte im guten Vorbild, das die Eltern ihren Kindern gaben. Strafen waren unbekannt. Bei der Ehrfurcht der Kinder vor älteren Personen hatten Ermahnungen eine weit größere Wirkung. Die große Liebe zu den Kindern steht in einem scheinbaren Gegensatz zu der viel geübten Kindstötung. Das harte Leben in der Arktis erforderte starke und gesunde Menschen. So wurden Kinder getötet, wenn sie krank oder verkrüppelt zur Welt kamen, die Mutter bei der Geburt starb oder eine große Verknappung an Nahrung bestand. Bei einigen Gruppen, wie etwa den Netsilik, wurden Mädchen in dem Glauben getötet, ihr Stillen verhindere eine neue Schwangerschaft und damit den sehnlichst erwünschten Sohn. Waren einer Familie keine Kinder beschert, blieb ihr immer noch die Adoption.

Außer bei den zahlreichen, jahreszeitlich bedingten Gemeinschaftsfesten waren auch gewisse Ereignisse innerhalb der Familie mit Zeremonien verbunden. Sie umfaßten die Namensgebung, ferner den Tag, an dem ein Junge seine erste Jagdbeute nach Hause brachte, oder bei den Mädchen das Einsetzen der ersten Menstruation – um nur einige zu nennen. Die Mädchen galten von dieser Zeit an als erwachsen und bekamen ihre erste Tatauierung, welche teils als Schmuck, teils als Abwehrzauber galt. Das Tatauieren muß äußerst schmerzhaft gewesen sein. Man zog eine mit einer Creme aus fettem Ruß und Urin präparierte Sehne unter der Haut durch. Allgemein beschränkte man sich auf Gesichtstatauierungen, bei den westlichen Inuit wurden auch Arme, Beine und Rücken verziert.

Heiratete ein Mädchen, wuchs sein Ansehen mit der Übernahme der vielen Pflichten – mit Stolz zeigte der Ehemann die ersten Kleider, die ihm seine Gefährtin gearbeitet hatte. Doch sorgte man dafür, daß kein Neid entstand und hielt vielleicht ein besonders schönes Stück zurück, bis der Nachbar auch Gelegenheit hatte, mit etwas Kostbarem zu prunken. Wurden die Eltern des einen oder andern Ehepartners krank oder schwach, zogen sie in das Haus des jungen Paares. Die Frau bekam zwar eine wertvolle Hilfe für ihre häuslichen Pflichten, doch auf dem Mann lastete nun eine doppelte Verantwortung.

In schweren Zeiten, bedingt durch extrem kalte Winter oder Nahrungsmangel, suchten viele der alten Leute den Freitod. Sie gingen in die kalte Polarnacht hinaus oder blieben in einem eigens dafür gebauten Iglu zurück, wenn die Familie weiterzog. Es durfte auch der Wunsch geäußert werden, durch den Sohn oder einen nahen Verwandten erdrosselt zu werden. Diesem letzten Willen wurde nach anfänglichem Zögern fast immer entsprochen.

Der Tod eines Angehörigen wurde stets als sehr schmerzlich empfunden und war mit vielen Tabus verbunden. So durften zum Beispiel die nächsten Angehörigen während einiger Tage nicht arbeiten oder nähen, nicht auf die Jagd gehen und mußten verschiedene Speisen meiden. Eine Witwe war für ein Jahr «unrein»; es war ihr

verboten zu lächeln oder den Namen eines jagdbaren Tieres auszusprechen. Alle Nahrungsmittel in der Wohnstätte des Toten mußten vernichtet werden. Die Tabus spielten im Leben der Inuit eine alles bestimmende Rolle, und die Verletzung einer dieser Vorschriften konnte nur durch den Schamanen wieder gut gemacht werden, indem er mit Gebeten und Opfern die beleidigten Geister zu versöhnen suchte.
Die Art der Totenbestattung war der Jahreszeit und den örtlichen Gegebenheiten angepaßt. Im allgemeinen mußte man sich darauf beschränken, den in Felle eingewickelten Leichnam auf die Tundra zu legen oder ihn im Winter unter Schnee beizusetzen. Nicht immer waren Steine zur Verfügung, um die Grabstätte gegen Tiere zu schützen. In einigen Gegenden von Grönland übergab man die Toten einfach dem Meer. Verschiedene Gruppen in Alaska kannten wiederum eine Plattformbestattung, und die Pazifik-Inuit setzten die Toten in Hockerstellung in Höhlen bei. Grabbeigaben und Totenkulte waren so vielseitig, daß hier nur auf wenige generelle Gebräuche eingegangen werden kann. Der Verstorbene wurde stets in seinen besten Kleidern oder in Jagdkleidung beigesetzt, versehen mit allen Gegenständen, die er zum Weiterleben im Reich der Toten benötigte. Das waren beim Mann die Waffen und Gerätschaften, oft auch der Schlitten, der über den Körper gestülpt wurde. Die Frau bekam ihr Haushaltsgerät und Nähutensilien, ein Kind sein Spielzeug in die letzte Ruhestätte.
Ungelöste Rätsel geben uns die vielen in die frühe nachchristliche Zeit datierten Gräber auf. So fand man zum Beispiel an der Küste Nordalaskas kunstvoll geschnitzte Totenmasken aus Tierknochen, in die Augen aus Elfenbein und Jade eingesetzt waren. An andern Orten waren die Grabbeigaben fester Steingräber alle absichtlich zerbrochen. Das Reich der Toten konnte der Himmel sein, in dem Sonne und Mond ihren Wohnsitz haben; aber auch unter der Erde traf man mit seinen Ahnen wieder zusammen.

Der Schamane

Ein eigentliches Schöpfungsmythos kannten die Inuit nicht. Doch glaubten alle Gruppen an eine nicht faßbare magische Macht *Sila* oder *Pinga*, die allgegenwärtig war und der man größte Ehrfurcht entgegenbringen mußte. Sie war weder gut noch böse, aber verantwortlich für alles Unvorhergesehene und Unbegreifliche im Leben und in der Natur. Alle Dinge, ob Tiere, Pflanzen, Steine, Flüsse und Berge, ja selbst der Wind und das geheimnisvolle Nordlicht wurden durch die magische Kraft *Inua* belebt. Die Umwelt war voller Geister, die als Riesen oder Zwerge, als Tiere, ja sogar als Menschen auftreten konnten. Noch eine andere Art von Geistern nahm im Leben der Inuit einen breiten Raum ein, die als *Tupilaks* bezeichneten, meist sehr häßlichen kleinen Geistwesen. Sie wurden in den absurdesten Formen aus Speckstein oder Elfenbein geschnitzt und bekamen von ihrem Schöpfer dann eine Aufgabe zugewiesen. Diese konnte zum Beispiel das Töten eines Feindes sein. Ebenso hatten sie Schutzfunktionen zu erfüllen.

Der Schamane allein – es konnte auch eine Frau sein – verfügte über die besonderen Kräfte, sich mit Geistern in Verbindung zu setzen. Die Schamanen erhielten ihre Berufung durch Träume und Visionen und wurden von älteren Schamanen auf ihre Aufgabe vorbereitet. Zu Beginn einer Ausbildung zog sich der Anwärter in die Einsamkeit zurück, um ohne Nahrung in der Kälte auf die Begegnung mit seinem persönlichen Schutzgeist zu warten, dem er dann für immer verbunden blieb. Mit Hilfe seiner Trommel setzte sich der Schamane in Ekstase und nahm Kontakt mit den Geistern auf, oder verwandelte sich vorübergehend selber in einen Geist, ob in Tier- oder Menschengestalt. In diesem Zustand vermochte er in die Zukunft zu sehen und den besten Tag für die Jagd zu bestimmen. Auch war es ihm möglich, Kranke zu heilen. Für seine Praktiken benötigte er besondere Hilfsmittel in Form von Amuletten, die an seiner Kleidung befestigt waren. Die Trommel ist eine mit Karibuhaut bespannte Rahmentrommel, die zudem noch einen Griff besitzt. Bei den Alaska-Inuit trug der Schamane Masken,

durch die er zu dem Geist wurde, den die jeweilige Maske darstellt.
Der reiche Mythenschatz seines Volkes mußte dem Schamanen besonders geläufig sein, denn nur so war es ihm zum Beispiel möglich, seine Leute vor dem bösen Geist *Aussik* zu warnen, wenn er einmal wieder auf Menschenjagd ging. Der Schamane hatte auch Zugang zu *Sedna*, die über die Tiere des Meeres herrscht. Diese Meerfrau war einst ein hübsches Waisenkind, das von seinem Vormund ertränkt werden sollte. Das Mädchen hielt sich am Bootsrand fest, doch der böse Vormund hackte ihm die Finger ab, so daß es im Meer versank. Seit jener Zeit lebt es als Meerfrau auf dem Grund des Meeres. Ihr langes Haar verfilzte sich, da sie sich ohne Finger nicht kämmen konnte. Jedesmal, wenn die Inuit ein Tabu gebrochen hatten, zogen sich die Tiere in die Haare von Sedna zurück und die Männer fuhren vergebens auf die Jagd. Erst wenn der Schamane zu ihr hinunter stieg und sie kämmte, kamen die Tiere wieder an die Oberfläche.
Der Schamane hatte auch die großen Feste zu Ehren der Tiere zu leiten. Die Seelen der während des Jahres getöteten Tiere wurden zu Feinden des Menschen und mußten in langen Zeremonien mit Opfern und Gebeten versöhnt werden. Bei weltlichen Festen hingegen wurde getanzt und gesungen. An der pazifischen Küste Alaskas wurden bei solchen Anlässen Geschenke ausgetauscht und Geschicklichkeitswettkämpfe abgehalten. Bogenschießen, Wettlaufen und andere sportliche Spiele konnten auch ohne besonderen Anlaß ausgetragen werden. Mit moosgefüllten Lederbällen spielten ganze Siedlungen gegeneinander.
Die langen, dunklen Wintertage gehörten dem Geschichtenerzählen und Singen. Hintergrund waren die Geschichte der Inuit, das Leben berühmter Jäger und außergewöhnliche Begebenheiten, wie etwa das Zusammentreffen mit übernatürlichen Wesen. Auch im Erzählen von Tierfabeln waren die Älteren und Schamanen Meister. Die Inuit verstanden es ausgezeichnet, ihre Stimme zu verstellen und so die verschiedenen Menschen und Tiere ihrer Erzählung selber sprechen zu lassen. Wichtig war, stets eine gerade Zahl von

Geschichten zu erzählen. Sie mußten zwei Arme haben, auf die sie sich stützen konnten, sonst wurden sie später vergessen. Der Gesang diente auch zum Austragen von Streitigkeiten. Die Widersacher stellten sich in der Nähe der kleinen Siedlung auf. Beide, die Rahmentrommel in der Hand, begannen sich gegenseitig mit gesungenen Schmähungen zu beschimpfen. Mit viel Geist und Witz wurden die gröbsten Beleidigungen vorgetragen. Sieger wurde der Mann mit der lautesten Stimme und der größten Ausdauer.

Nur Totschlag im Affekt oder Mord verlangte Blutrache, die sich zu Blutfehden zwischen ganzen Familien ausweiten konnten. Manchmal zog sich ein Mann nach seiner Bluttat für lange Zeit in die Einsamkeit zurück, um der andern Seite Gelegenheit zum Vergessen zu geben. So bestand die Aussicht, die unheilvolle Kettenreaktion zu durchbrechen. Bei weniger schwerwiegenden Auseinandersetzungen trennten sich die Gegner nach handfest ausgetragenem Kampf sehr rasch, und alles war vergessen.

Zwischen Tradition und Konsumgesellschaft: in Grönland, Kanada und Alaska

Bevor im 16. Jahrhundert frühe Expeditionen in die arktische Welt vordrangen, kam es zumindest zwischen den Inuit Grönlands und Europa zweimal zu Zufallskontakten, die aber ohne Einfluß auf die Urbevölkerung blieben. Das Jahr 545 n. Chr. könnte das früheste Datum sein, an dem der irische Mönch St. Brandan mit seinen Leuten die Südwestküste Grönlands erreichte. Seine Aufzeichnungen sowie der Bericht des kühnen normannischen Seefahrers Erik des Roten, der 982 n. Chr. mit den Inuit zusammentraf, fanden aber erst in unserer Zeit die nötige Beachtung.

Im Jahre 1576 brachte Sir Martin Frobisher (1535–1594) von seiner Expedition in die kanadische Arktis die ersten Inuit nach England und weckte damit in Europa das Interesse an den fremd wirkenden Menschen mit ihrer unverständlichen Lebensweise. Die kostbare Fellkleidung der Inuit wird die Augen der Handelsherren auf sich gezogen haben, und auch die Kirche sah ein neues, ausgedehntes Wirkungsfeld vor sich. Man kann sich vorstellen, wie das Schicksal der armen, zur Schau gestellten Menschen in London verlief. Schon allein das Klima wird ihren baldigen Tod bedeutet haben.

Die Inuit mußten sich mit einem radikalen Einbruch in ihre Lebenswelt auseinandersetzen. Pelzhändler und Walfänger, ein rauhes und ungebildetes Volk, gingen mit rücksichtsloser Härte gegen die Ureinwohner vor, zwangen sie mit Waffengewalt zu regelrechter Sklavenarbeit, stahlen ihnen die Frauen und praktizierten bei weitem nicht die christliche Nächstenliebe, die den Inuit von den verschiedenen Missionaren gepredigt wurde. Kein Wunder, daß es bald zu blutigen Feindseligkeiten kam, zumal auch die verantwortungslose Dezimierung der Seesäuger und Karibu starke Auswirkungen auf die Versorgungslage der Inuit hatte.

Eine andere Waffe der Weißen wirkte sich noch weit verheerender aus: Die an allen erreichbaren Punkten gegründeten Handelsstationen weckten das Bedürfnis nach Erzeugnissen unserer Zivilisation. Für billiges Naschwerk, Knöpfe, Fingerhüte, daneben aber auch nützliche Dinge, wie Messer mit Eisenklingen und Gewehre, konnte man bald alles von den Inuit erhalten. Es folgten Alkohol und Geschlechtskrankheiten, Grippe und Tuberkulose, die große Lücken in die einst so gesunde Bevölkerung rissen.

Wir wissen heute, wie fragwürdig die Tätigkeit der Missionen in den verschiedenen Gebieten der Arktis war, speziell die Herrnhuter Brüdergemeinde, die zwar die Sprache der Inuit für ihre Arbeit in Kirche und Schule benutzte, daneben aber die traditionellen Feste der Inuit mit ihren Liedern und Tänzen als Teufelswerk ausmerzte. Viel unersetzliches Kulturgut ging auf diese Weise verloren. Auf Grönland setzte unter dem norwegischen Missionar Hans Egede im frühen 18. Jahrhundert eine Missionstätigkeit ein, die wenig später durch die Herrnhuter Brüdergemeinde ausgeweitet wurde. Die Herrnhuter kombinierten Missionsarbeit mit Handelstätigkeit, konnten also die Seelen der armen Heiden retten und gleichzeitig Handel mit ihnen treiben und ihre Bedürfnisse nach den Erzeugnissen europäischer Märkte steigern. Dies wurde von üblen Geschäftemachern, die sich nach und nach in den Siedlungen festsetzten, weidlich ausgenutzt. Dänemark, das Grönland seit 1774 unter Regierungsgewalt hatte, wurde sich seiner Verantwortung bewußt und versuchte noch im gleichen Jahr mit einem Gesetz dem gewissenlosen Treiben ein Ende zu setzen. Die Insel wurde von der Außenwelt weitgehend abgeschirmt, unliebsame Leute ausgewiesen. Es gelang tatsächlich, die Inuit wieder zu Selbstversorgern zu machen. Dänemark unterhielt staatseigene Läden, in denen die Inuit ihre Jagderträge gegen dänische Produkte und auch andere europäische Waren eintauschen konnten. Anfang unseres Jahrhunderts führte die dänische Regierung mit Erfolg die Schafzucht ein.

Etwa um 1920 wurde auch an der Westküste Grönlands die langsame Erwärmung des Meeres spürbar. Die Robben wanderten nach Norden, dafür zogen die Dorsche weiter südlich und eröffneten eine neue Einnahmequelle. Doch der Zweite Weltkrieg machte die ganze Aufbauarbeit zunichte. Durch die deutsche Besetzung Dänemarks war Grönland von neuem seinem Schicksal preisgegeben. Später wurden strategisch wichtige Punkte von den USA besetzt, welche große Militärbasen errichteten und damit einen Teil der Infrastruktur zerstörten.

Die heutige Entwicklung läßt viele Fragen offen. Trotz massiver finanzieller Hilfe der dänischen Regierung ist durch internationale Fischfangverträge und die starke Konkurrenz aus andern Teilen der Arktis die Existenzgrundlage der fischverarbeitenden Industrie und damit vieler Familien im westlichen Küstengebiet gefährdet. An der Nord- und Ostküste dominiert noch immer die Jagd auf Pelztiere, wie Robben, Eisbären und Polarfüchse. Da sie teils schon zu den gefährdeten Tierarten gehören, ist die wirtschaftliche Entwicklung auch in dieser Region ungewiß.

Auf Grönland sind die reinen Inuit praktisch verschwunden. Durch Blutsmischungen mit den Zuzügern der Handelsniederlassungen entwickelte sich eine neuer Menschentyp: die Grönländer. Ihre Zahl beträgt etwa 40000 Menschen. Sie wohnen in festen

Häusern und haben vorwiegend die Lebensweise der Europäer angenommen. Der Alkohol hat sich ebenfalls zu einem verheerenden Problem entwickelt. Nur einige ganz abgelegene Gruppen haben sich noch etwas von ihrer traditionellen Lebensart bewahrt.

Auch auf dem kanadischen Festland versuchten Missionen, vor allem die Herrnhuter, Fuß zu fassen. Im Jahre 1771 errichteten sie im Norden Labradors ihre erste Missionsstation, welcher im Laufe der Jahre weitere Gründungen folgten. Alle waren in der Versorgung natürlich auf die Hilfe der Inuit angewiesen. Die Herrnhuter verkauften ihnen Gewehre und eiserne Fallen und ermöglichten so eine vermehrte Fangtätigkeit. Die Überproduktion erwarben die Missionare und verkauften die eingehandelten Pelze mit Gewinn in den Süden. Als man die Inuit für den Dorschfang interessieren konnte, verbesserte sich die Lage der Missionen nochmals erheblich. Die getrockneten Fische wurden zum Teil ebenfalls in den Süden verkauft. In schlechten Zeiten war es den Inuit möglich, von den Vorräten der Missionare etwas zurückzuerwerben. Mit dieser Methode vermochte man die Inuit in Nähe der Missionen zu halten, und damit war den Herrnhuter die Stellung als Zwischenhändler gesichert. Das System, dem man positive Aspekte nicht absprechen kann, funktionierte so lange, bis weiße Händler konkurrierend dazwischentraten. Ein weiterer Grund, der das Missionswerk scheitern ließ, waren die Heiraten zwischen Händlern und Inuit-Frauen, die das ganze gesellschaftliche Gefüge ins Wanken brachten. Die Nachkommen aus solchen Ehen fühlten sich nicht mehr als Inuit. Sie blieben bei den Weißen und entfremdeten sich ihren alten Familien. Der Brüdergemeinde wurde die Existenzgrundlage entzogen, und sie war gezwungen, ihre Faktoreien nach und nach an die Hudson's Bay Company abzutreten. Die Inuit hatten sich den Wünschen der neuen Handelsherren anzupassen, wollten sie überleben und nicht auf die ihnen lieb gewordenen Erzeugnisse der Zivilisation verzichten.

Eine Zeitlang florierte der Pelzhandel noch, dann kam die große Weltwirtschaftskrise und ließ die Nachfrage stark zurückgehen. Ebenso brach die kommerzielle Fischerei zusammen, und als 1942

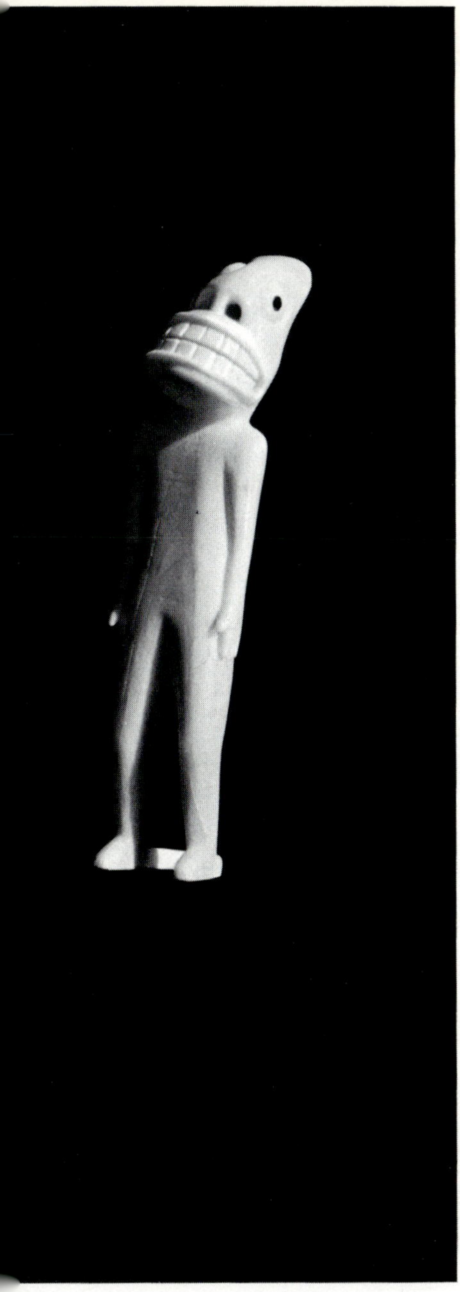

9 Tupilak der Grönland-Inuit aus Walroßzahn
10 Geschnitzte Figur aus Walroßzahn von Point Barrow, gesammelt von J.K. Horner 1804

11 Frauenfigur aus Walknochen, Labrador-Inuit

auch die Hudson's Bay Company ihre Tätigkeit einstellte, mußte der Staat eingreifen, um das Schlimmste zu verhindern. Trotz Zwangsumsiedlung verhungerten Hunderte von Inuit; ihre Zahl sank in Kanada bis 1954 auf 8000 Menschen.

In andern Gebieten des arktischen Kanada war das Schicksal der Inuit mit dem Aufstieg und Niedergang der Walfängerei und des Pelzhandels verbunden. Der enge Kontakt mit weißen Händlern machte die Bevölkerung zwar mit Gewehr und modernen Fallen und später mit Motorbooten vertraut, führte aber durch die verheerende Dezimierung vieler Tierarten, vor allem des Karibus, zu einem Zusammenbruch des Versorgungssystems und damit zu weiterer Abhängigkeit von europäischen Gütern. Dazu gesellten sich auch hier die Folgen der Wirtschaftskrise.

Seit Kriegsende versuchte die kanadische Regierung, mit umfassenden Hilfsmaßnahmen auf sozialem Gebiet und mit der Förderung von Lachsforellenfischerei und Kunsthandwerk die Existenz der Inuit zu sichern. Die Gründung von Schulen und Gesundheitszentren bewirkten die Aufgabe der alten Wohnstätten und eine Konzentration in größeren Siedlungen. Die von den Inuit gegründeten Genossenschaften sorgen für den Absatz der vielseitigen Kunstgewerbeprodukte wie etwa die ausdrucksvollen Schnitzereien aus Speckstein oder Walknochen.

Der den Inuit verbliebene Lebensraum ist durch ein ehrgeiziges Energieprojekt der kanadischen Regierung bereits wieder gefährdet. 1971 begann man mit der Projektierung des größten Wasserkraftwerkes der Welt, in das das gesamte Gebiet des nordwestlichen Quebec mit fünf großen Strömen mit einbezogen werden soll. Die Stauseen dieses *Jamesbai-Projektes* würden die Wohngebiete von 10000 Inuit und Cree-Indianern überfluten und auch die Wohn- und Jagdgebiete der Naskapi in Mitleidenschaft ziehen. Der in dem Kraftwerk erzeugte Strom soll bis nach New York verkauft werden. Die Inuit und Cree bekämpfen das Projekt mit allen rechtlichen Mitteln. Dies führte schon 1971 zur Gründung der *Inuit Taperisat Organisation*, einer Selbsthilfeorganisation nach indianischem Vorbild, deren Ziel es ist, die Ansprüche der Inuit für immer sicherzustellen. Sie fordert ein eigenes Territorium, genannt *NUNAVUT* (= Unser Land), das östlich des Mackenzie Valley das gesamte Gebiet nordöstlich der Baumgrenze einschließlich der arktischen Inseln umfassen soll. Die Inuit würden dafür ein Gebiet von einer Million Quadratkilometer freiwillig abtreten, das sie noch immer als ihr angestammtes Land betrachten. Für Nunavut beanspruchen sie Provinzstatus mit eigener Regierung. Sie soll die Entwicklung der Wirtschaft in Angriff nehmen und der inzwischen auf 18000 Menschen angestiegenen Bevölkerung eine Existenzgrundlage unter Berücksichtigung der alten Sprache und Lebensweise gewährleisten.

Dieses Nunavut wird allerdings für immer ein Wunschtraum bleiben. Nach langen, zähen Verhandlungen, Gerichtsbeschlüssen und deren Aufhebung konnte 1975 ein Abkommen zwischen den Inuit und Cree auf der einen und der Jamesbai Energy and Development Corporation auf der andern Seite unterschrieben werden, nachdem schon ein Jahr zuvor das oberste Gericht den grundsätzlichen Anspruch der Ureinwohner auf ihr Land bekräftigt hatte. Das Gericht stellte sich damit gegen die Ansicht der kanadischen Regierung.

Leider waren die mitbetroffenen Naskapi nicht rechtzeitig über den Vertrag und seine Auswirkungen informiert worden. Den Inuit und Cree wurde als Ersatz Land zugesprochen, das zum Teil von den Naskapi bewohnt und bejagt wird. Diese mußten nun ihrerseits mit den Inuit und Cree in Verhandlungen treten, um ihre Ansprüche geltend zu machen. Es war ein langer und kostspieliger Weg, bis sich 1978 alle Parteien in dem Nordost-Quebec-Abkommen einigen konnten.

Nun bleibt zu hoffen, daß die in dem Vertrag der Urbevölkerung zugesagten Versprechungen auch eingehalten werden. Sie sichern den Inuit und Indianern unter anderem in gewissen Gebieten das alleinige Recht auf Jagd und Fischfang zu. Auch die Selbstverwaltung der Siedlungen unter Berücksichtigung der alten Lebensweise und Sprache soll gewährleistet sein. Die Regierung erklärt sich ferner zur Zahlung von Entschädigungssummen bereit, die jedoch nur an Genossenschaften der Inuit und Indianer ausbezahlt werden. Mit diesen Mitteln und weiteren Aufbauprogrammen auf sozialem und kulturellem Gebiet soll die wirtschaftliche Unabhängigkeit weiter vorangetrieben werden. Wenn man an die Milliarden denkt, die einst aus den Gewinnen des Wasserkraftprojektes und dem Abbau der reichen Bodenschätze fließen werden, so sind diese Entschädigungen wahrlich bescheiden. Gegen die schweren Eingriffe in die Natur und die damit verbundene Zerstörung der Tier- und Pflanzenwelt eines riesigen Gebietes kämpften Ureinwohner und weiße Umweltschützer allerdings vergebens.

Wie im November 1980 zu erfahren war, beschuldigen die Cree und Inuit ihre Vertragspartner, mehrere Versprechungen bislang nicht eingehalten zu haben. Vor allem warten die Cree noch immer auf Zahlungen, die zur Einrichtung von Cree-Agenturen und weiteren Unterstützungsprojekten zugesagt waren[22].

Die Inuit von Alaska waren nach der Entdeckung durch Vitus Bering im Jahre 1741 der gleichen brutalen Gewalt und Vernichtung durch russische Jäger und Seeleute ausgesetzt wie ihre Schicksalsgefährten auf den Aleuten. Parallel dazu lief die rücksichtslose Dezimierung von Land- und Seesäugern. Als die Vereinigten Staaten im Jahr 1867 Alaska den Russen abkauften, änderte sich vorerst nichts. Jeder dachte nur an den eigenen Gewinn, Epidemien und Hungersnöte grassierten unter der Urbevölkerung. Die Ende des 19. Jahrhunderts aufgebaute Rentierhaltung mit sibirischen Ren vermochte das Problem der Beschäftigung und Ernährung nur teilweise zu lösen. Der auf der Sewart-Halbinsel 1898 ausgebrochene Goldrausch brachte eine neue Welle von Krankheit und Alkohol ins Land, so daß die Bevölkerung von einst 54000 Menschen auf 18000 zusammenschrumpfte.

Die Regierung in Washington unternahm bis zum Zweiten Weltkrieg wenig oder nichts. Die Lage für die Inuit besserte sich zwar vorübergehend, als für den Ausbau der großen Militärbasen vermehrt Arbeitskräfte benötigt wurden.

Seit 1959 ist Alaska 49. Staat der USA. Seine jetzt aus etwa 35000 Inuit und 45000 Indianern bestehende Urbevölkerung unterschrieb 1971 nach langen Verhandlungen den *Alaska Native Claims Settlement Act*, der ihr 11 Prozent der Gesamtfläche des Staates zusichert, dazu eine Entschädigung von einer Milliarde Dollar für aufgegebene Gebiete. An den reichen Öl- und Gasvorkommen sollen die Vertragspartner, die immerhin 30 Prozent der Gesamtbevölkerung ausmachen, angeblich beteiligt werden. Der Bau einer Pipeline quer durch Alaska und die Ausbeutung anderer reicher Bodenschätze bilden, abgesehen von den Befürchtungen der Umweltschützer, eine erneute Gefahr für den Aufbau einer Infrastruktur, in die man das wenige, das von der alten Lebensweise und Kultur überlebt hat, mit einbeziehen möchte.

Die Subarktis

Flora und Fauna

Die Subarktis, die sich in einem breiten Streifen quer über den ganzen Kontinent zieht, läßt sich in drei Zonen einteilen: die Yukon-, Mackenzie- und Ost-Subarktis, zu der wir auch die Insel Neufundland zählen. Wir werden uns bei unseren Beispielen auf die letzte Zone beschränken.

Die Ost-Subarktis wird von zwei Vegetationszonen beherrscht. Nach der zerklüfteten Felsküste im Osten folgt ein etwa 600 Kilometer breiter Waldstreifen, der sich bis zu den Rocky Mountains im Westen hinzieht. Parallel dazu verläuft die nördlich angrenzende Tundra, welche zum Teil bereits von den Inuit bewohnt und bejagt wurde. Der Waldgürtel besteht mehrheitlich aus Nadelwald, in den Espen, Pappeln und die für die Indianer so wichtigen Birken eingestreut sind.

Aus der Tierwelt müssen wir wiederum den Wolf und den Vielfraß erwähnen. Hinzu kommen Bären und die verschiedenen kleinen Pelztiere, deren Ernährungsgrundlage die zu Tausenden zählenden Lemminge bilden.

Etwa in der Mitte zwischen dem Felsengebirge und der Ostküste liegen die unzähligen kleinen und großen Seen des heutigen Kanada. Dort leben oder lebten die Cree, die Ojibwa (auch Chippewa genannt), welche zur Sprachfamilie der Algonkin gehören, dann aber auch die Chipewyan, die Beaver, die Slave und die Yellow Knife, die der Sprachfamilie der Athapasken beizuordnen sind. Die Indianer am Yellow Knife River gewannen Kupfer im Tagbau und fertigten davon Messer und Beile an. Dadurch erhielten sie ihren eigenartigen Namen.

Diese athapaskischen Stämme hatten in früherer Zeit immer wieder Auseinandersetzungen, bei denen es hauptsächlich um den Raub von Frauen ging. Nach Walter Krickeberg «wechselte die Frau bei diesen öffentlichen, meist unblutigen Kämpfen nicht selten mehrmals ihren Besitzer, bis sie beim stärksten verblieb»[23]. Dies war aber kein Hinderungsgrund, gemeinsam auf die Jagd nach Karibu und Waldbison zu gehen.
Die Athapasken waren, wie die meisten subarktischen Völker, Steinkocher. Am Beispiel zweier Stämme der östlichen subarktischen Algonkin soll uns das Leben und Schicksal dieser jägerischen Indianer etwas näher gebracht werden.

Das Schicksal der Beothuk

Neufundland, die nordöstlichste Insel von Nordamerika mit etwa 110000 Quadratkilometer, war einst die Heimat der *Beothuk*-Indianer, welche zeitweise sogar Kontakt mit den Inuit von Labrador hatten. Giovanni Caboto, besser bekannt unter seinem englischen Namen John Cabot (1455–1498), war vermutlich der erste Europäer, der in nachcolumbischer Zeit Neufundland betrat. Den ihm folgenden Portugiesen imponierten nicht nur die riesigen Bäume, die sich so gut für Schiffsmasten eigneten – sie brachten bei ihrer Rückkehr in die Heimat auch noch 57 Männer, Frauen und Kinder der Beothuk mit nach Lissabon und verkauften sie mit gutem Gewinn als Sklaven.
Alberto Cantino schreibt über die in Portugal verkauften Sklaven: «... Ich habe diese Menschen gesehen, berührt und untersucht, und um bei ihrem Körperbau zu beginnen, so möchte ich sagen, daß sie im Durchschnitt etwas größer sind als wir, ihre Glieder sind dementsprechend und wohlgeformt. Die Männer tragen das Haar lang wie wir und in Locken, und wie die Indianer (Ostindiens) haben sie das Gesicht mit großen Zeichen bemalt. Ihre Augen sind grünlich, und wenn sie einen anblicken, macht ihr Gesicht den Eindruck großer Kühnheit. Ihre Rede ist unverständlich, nicht roh,

sondern eher menschlich... Die Frauen haben kleine Brüste und müssen eigentlich als weiß bezeichnet werden, doch die Männer sind beträchtlich dunkler. Alles in allem, und wenn man von dem schrecklich unwirschen Aussehen der Männer absieht, scheinen sie in jeder Hinsicht wie wir geschaffen zu sein...»[24]

Diese Ausführungen lassen mit einiger Sicherheit darauf schließen, daß bei den Beothuk schon sehr früh Blutsmischungen mit Weißen stattgefunden haben. Tatsächlich fand Helge Ingstad 1960 die festen Beweise einer Besiedlung von Küstengebieten auf Neufundland durch die Wikinger, die sich über einen gewissen Zeitraum erstreckte. Die rauhen Nordländer werden sich indianische Frauen genommen haben, deren Nachkommen noch im 16. Jahrhundert unverkennbar gewisse Merkmale der weißen Rasse aufwiesen. Giovanni Caboto hingegen nennt die Beothuk *red painted people*, nach der Sitte, den ganzen Körper rot zu bemalen. Man nimmt an, daß diese Bemalung zu der Bezeichnung *Rothaut* führte, die dann auf alle Indianer übertragen wurde.

Der große Fischreichtum, die Robben und das Karibu bildeten die Hauptnahrung der Beothuk. Im Winter lebte der Stamm im waldreichen Landesinneren und zog im Frühjahr wieder an die Küste zurück. Nach Frank G. Speck aßen die Beothuk wie auch andere im Nordosten beheimatete Stämme in Hungerszeiten das Innere der Rinde einer Pinienart (*Pinus balsamefera*).

Das Karibu, unerschöpflicher Lieferant für die Kleidung aller arktischen und subarktischen Völker, diente auch den Beothuk im Kampf gegen den langen, bitteren Winter. Die Kleidung wurde mit Biber- oder Otterfell eingefaßt, ebenso die Stiefel und Mokassin aus Fell oder gegerbtem Leder. Zusätzlich trug man Mäntel mit Kapuzen, deren Lederseite bemalt war. Die dick aufgetragene Farbe verfärbte nach einer Weile auch die auf die Schulter fallenden Haare, und Speck berichtet, daß man Leute mit gelbem oder rotem Haarschopf sehen konnte.

Die Behälter aus Birkenrinde wurden in Art und Form der östlichen Algonkin hergestellt. Töpfereien fehlten. Außergewöhnlich ist auch, daß die Beothuk keine Hunde hielten.

Die leicht transportablen und praktischen Behausungen bestanden aus mit Birkenrinde bedeckten, kegelförmigen Hütten. Zumindest in den zwanziger Jahren unseres Jahrhunderts wurden auf Neufundland noch Anzeichen der typischen Schlafmulden gefunden, die von den Indianern in ihren Hütten gegraben wurden. Auch die leichten Boote waren aus Birkenrinde; wie die Inuit, jagten sie die Robben mit der Harpune. Das Kanu der Beothuk hatte eine Eigentümlichkeit: die oberen Seitenkanten liefen in zwei sanft geschwungenen Linien in der Mitte zu einer Spitze zusammen.
Sklavenjagd, Kämpfe gegen die Portugiesen, später gegen Franzosen und Engländer und die von den Weißen gegen sie aufgehetzten Indianer – hauptsächlich die sehr früh missionierten Micmac[25] –, führten zu einer raschen Verminderung dieses kleinen Volkes. Als dann noch eine Pockenepidemie ausbrach, verschwanden die Beothuk, für kurze Zeit Nachbarn der Wikinger, für immer aus der Geschichte Amerikas.

Die Montagnais – Händler am St. Lorenzstrom

Etwa 160 Kilometer flußabwärts von Quebec mündet der Saguenay River in den sich schon weit ausbreitenden St. Lorenzstrom. Am Zusammenfluß liegt Tadoussac, das ehemals wichtigste indianische Handels- und Versammlungszentrum der kanadischen Subarktis. Auf seinem Weg vom Lake St. John bis zur Mündung nimmt der Saguenay zahlreiche Nebenflüsse auf, die zusammen ein ausgedehntes Wasserstraßennetz bilden, das der Bedeutung von Tadoussac zugute kommt. Der Ort selber liegt sehr geschützt, die ihn umgebenden Wälder sind reich an Wild, Beerenfrüchten und Wildkartoffeln. Der Fluß liefert Lachse, und im Mündungsgebiet kommen noch Makrelen und Thunfische hinzu. Vom Atlantik her ziehen verschiedene Seesäuger wie Robben, Walrosse und der Weißwal stromaufwärts. Die um Tadoussac ansässigen Indianer waren also von der Natur besonders begünstigt, zumal auch alle Nachbarstämme hier zum Tauschgeschäft zusammentrafen.

Von Jacques Cartier (1491–1557) erhalten wir die ersten Nachrichten über die Indianer dieser Gegend; er nennt sie nach dem huronischen Wort *kanàda*, französisch also «Canadien». Es bedeutet einfach Dorf oder Niederlassung. Der 1603 erstmals in die Neue Welt kommende Samuel Champlain (1567–1635) gab ihnen den Namen *Montagnais*, wohl nach dem gebirgigen Charakter der fjordähnlichen Landschaft, durch die der Saguenay sich zeitweise seinen Weg sucht.

Die Montagnais von Tadoussac gehören zur Sprachfamilie der Algonkin. Sie waren bestrebt, das schöne und wirtschaftlich so wertvolle Land ganz für sich allein zu besitzen. Mit der Zeit bauten sie sich eine richtige Monopolstellung aus, rissen den gesamten Handel an sich und verwehrten den Franzosen und später den Engländern erfolgreich den Zutritt in das Hinterland. Von den Weißen wurden sie deshalb als sehr kriegerisch geschildert. Die Montagnais figurierten auch als Zwischenhändler. Gegen Pelze aus dem Hinterland tauschten sie Waffen, Messer, Stoffe und Perlen ein, die sie mit Gewinn an ihre nördlichen Nachbarn weitergaben.

Über die damalige Situation sind wir umfassend durch die Berichte der Jesuiten orientiert, die der amerikanische Historiker Reuben Gold Thwaites (1853–1913) in den Jahren 1896 bis 1901 unter dem Titel «The Jesuit Relations and Allied Documents. 1610–1749» herausgab. Das ganze Werk umfaßt stattliche 73 Bände. Im 14. Band kommt man zur Überzeugung, die Leute von Tadoussac müßten, bedingt durch ihre ausgeprägten kriegerischen und händlerischen Fähigkeiten, ein eigenes Volk sein. Von diesem Zeitpunkt an treten sie in der Geschichte als Tadoussac auf, obwohl sie im Grunde genommen der zentrale Teil der Montagnais waren. Heute gilt der Name Montagnais eigentlich nur noch als Bezeichnung der nordöstlichen Algonkin-Sprachgruppe; der Name Tadoussac ist als Stammesname wieder verschwunden. Da die frühen Quellen über den Begriff Montagnais sehr widersprüchlich informieren, läßt es sich überhaupt nicht mit Bestimmtheit sagen, wann eine reine Stammesbezeichnung oder eine linguistische Gruppe gemeint ist.

Die Naskapi

Der Name Montagnais erscheint vor allem mit den in der Nachbarschaft wohnenden, patrilinear ausgerichteten *Naskapi* zusammen, die im mittleren Teil der Labrador-Halbinsel ansässig sind. Sie selber nennen sich *Nenenot.*

Das Leben der Naskapi weist viele Parallelen zu den Inuit auf. Auch sie waren ein ausgesprochenes Jägervolk. Neben dem Elch wurde das Karibu als Hauptfleischlieferant gejagt. Jede Familie besaß ein ausgedehntes Jagdgebiet, von dem jeweils nur ein Teil bejagt wurde, um dem Tierbestand immer wieder Gelegenheit zu geben, sich zu erholen.

Die einzelne Familie lebte fast das ganze Jahr allein und traf sich nur im Sommer mit ihren Stammesangehörigen auf den großen Handelsplätzen. Hierher brachte sie auch die Jagdbeute, Pelze von Biber, Otter, Luchs, Moschusratte, Nerz und Marder, welche sie in den Wintermonaten erlegt hatte. Früher tauschten die Naskapi diese Felle gegen Erzeugnisse der seßhaften, weiter im Süden wohnenden Indianer; später tauchte die Hudson's Bay Company auf und errichtete an den wichtigsten Punkten ihre Handelsposten. Fast immer war eine mehrwöchige Fahrt mit dem Rindenkanu nötig, um auf dem Wasserweg diese Handelsstationen zu erreichen. Der stete Wechsel zwischen Winter- und Sommerwohnplatz verlangte mobile Wohnstätten. Wir finden deshalb bei den Naskapi kegelförmige Zelte, die im Sommer mit Birkenrinde, im Winter mit Karibufellen bedeckt waren. Heute benutzt man für die Sommerzelte meist Zeltstoff, und das Winterzelt ist einfachen Holzhäusern gewichen. Die Sitzordnung im Zelt hatte ihre festen Regeln. Stets hatte das Familienoberhaupt seinen Platz gegenüber dem Eingang.

Bevor der Stamm die von den Handelsposten eingetauschten Eisentöpfe verwendete, gehörten auch die Naskapi zu den sogenannten Steinkochern. In die mit Wasser und Fleisch gefüllten Leder- oder Rindenbehälter wurden immer wieder glühende Steine gelegt, die das Gericht allmählich gar kochten.

Für den Winter legten die Naskapi einen gewissen Vorrat an getrocknetem und geräuchertem Fleisch und Fisch an. Dieser reichte längst nicht für die Ernährung der Familie, so daß das Frischfleisch im Winter laufend durch die Jagd beschafft werden mußte. Zeigte sich kein Wild und blieben die Fallen leer, war eine Gemeinschaft dem Hungertod preisgegeben.
Wie überall, wo es zu Kontakten mit den Weißen kam, wurden auch die Naskapi bald von unseren Kulturgütern abhängig. Früher jagten sie mit selbstgemachtem Pfeil und Bogen, heute benutzen sie Gewehre. Die Munition dazu erhalten sie auf den Handelsstationen. Anstelle der Schlingen und selbstgebauten Schlagfallen ist die Stahlfalle getreten. Doch nicht nur Jagdgerät wird gegen wertvolle Pelze eingetauscht, sondern auch Lebensmittel wie etwa Mehl (als Ersatz für das selbsthergestellte Wurzelmehl), Kaffee und Süßwaren. Die Zuckerwaren füllten die Lücke bis zur nächsten Ernte der Heidelbeeren, die in den Wäldern in zwei Arten, *Vaccinium angustifolium* und *Vaccinium myrtilloides,* vorkommen. «Von Beginn ihrer Reife an, im August, bis zum Eintritt des Frostes werden sie in sehr großen Mengen gepflückt und dienen hauptsächlich zur Herstellung von Fruchtmus und Pemmikan. Das ist wichtig, denn es scheint, daß die trockene, delikat schmeckende kanadische Heidelbeere von jeher den Indianern als Ausgleichsdiät für das von ihnen so überwiegend verzehrte tierische Eiweiß diente» (Eva Lips, 1962). Neben Heidelbeeren war Fichtenharz begehrt, es wurde wie Kaugummi genossen.

Pfeifen der Naskapi

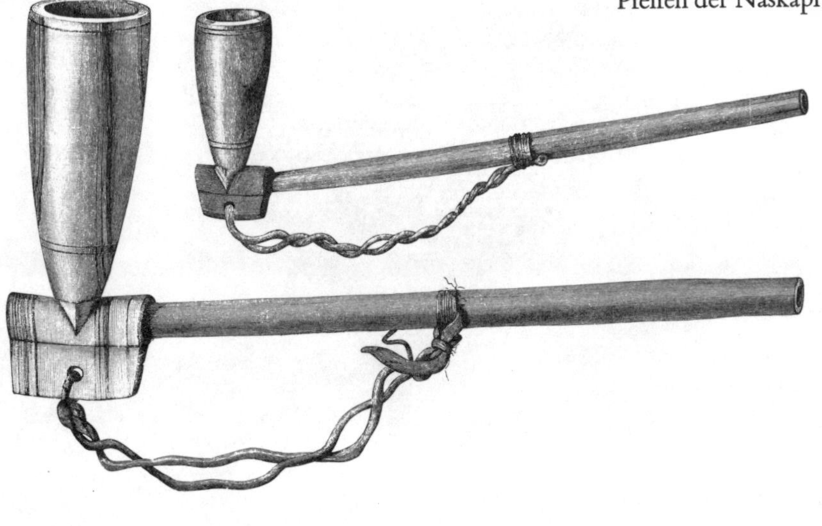

Das Pfeifenrauchen war bei Männern und Frauen üblich. Die Männer kauten daneben auch Tabak oder schnupften ihn, wie sie es bei den Weißen auf den Handelsstationen gesehen hatten. Ob die Naskapi den Tabak schon vor dem Kontakt mit den Europäern kannten, ist ungewiß. Es wäre möglich, daß sie ihn auf Tauschwegen von den zur irokesischen Sprachfamilie gehörenden «Tabakindianern», den Tionontati, bekamen.

Kleidung und Geräte

Für die erfolgreiche Winterjagd waren solide Schneeschuhe unentbehrlich. Zum Verkauf an Händler fertigen die Naskapi nur ein Modell an, für den Eigengebrauch unterscheiden sie aber noch immer Schneeschuhe für Männer und Frauen. Aus zwei etwa 2 Zentimeter breiten und 1,5 Zentimeter dicken Stäben von Zedern- oder Birkenholz wird ein nahezu kreisrunder Rahmen zurechtge-

Schneeschuh der Naskapi

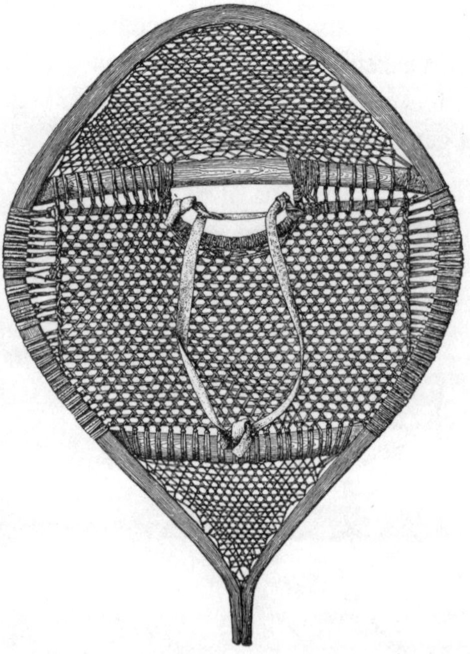

bogen und mit Rohlederstreifen zusammengehalten. In den Rahmen sind zwei etwa 4 Zentimeter breite Brettchen quer eingesetzt. Nun wird der mittlere Teil zwischen Rahmen und Brettchen mit einem Geflecht aus Rohhautstreifen ausgefüllt. In der Mitte beim vorderen Querholz bleibt im Geflecht eine Öffnung frei. Der Fuß wird durch eine einfache Bindung aus Lederriemen festgehalten, wobei die Fußspitze über der Öffnung liegt und so bremsend oder greifend wirken kann. Bei Schneeschuhen für Frauen ist der Rahmen aus drei Stücken zusammengesetzt und läuft hinten in eine Spitze aus.

Die Schneeschuhe sind durch ihre große, fast tellerförmige Bauart besonders geeignet im trockenen und lockeren Schnee in den Wäldern. Ihre Größe verlangt ein verhältnismäßig breitspuriges Gehen, dem auch die bequem geschnittene Kleidung angepaßt war. So waren die Mäntel weit oder glockenförmig geschnitten. Als Verzierung der Wintermäntel aus Karibu- oder Biberfell kannten die Naskapi zwei Techniken. Mit einem dünnen Hölzchen drückte man geometrische Muster in das Leder. Die vertieften Linien wurden mit Farbe ausgefüllt, die erhabenen Zwischenräume bemalt. Bei flüchtigem Hinsehen könnte man glauben, das ganze Kleidungsstück bestände aus aufgeklebten Lederstückchen. Einzelne dieser so gearbeiteten Mäntel sind heute kostbarer Besitz weniger Museen[26].

Die zweite Technik wendet man zum Teil noch heute an. Gefärbte Elchhaarbüschel wurden in Blumenmustern aufgenäht und dann pomponartig zurückgeschnitten. Mit beiden Techniken wurden auch die Leggings und Mokassins verziert. Mit Leggings bezeichnet man Beinlinge, die von den Hüften bis zu den Knöcheln reichen und am Gürtel befestigt sind. Zwischen den Beinen wird ein weiches Stück Leder durchgezogen und so um den Gürtel geschlungen, daß vorn und hinten je ein Stück herunterhängt. Hosen in unserm Sinne waren nur bei den Inuit bekannt.

Weit verbreitet in Nordamerika und nicht unbekannt bei den Naskapi waren aus Hasenfellstreifen geflochtene Mäntel oder Capes. Die gleiche Technik wurde auch für Schlafdecken ange-

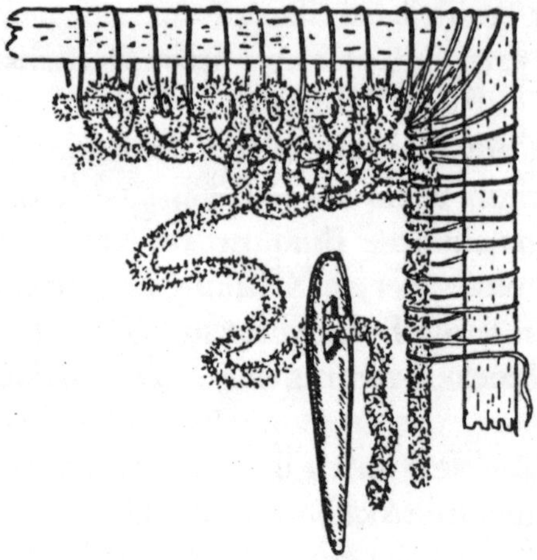

Flechttechnik für Hasenfellumhänge

wandt. Für die Herstellung der übrigen Kleidung, wie zum Beispiel Kinderkleider oder Frauen- und Männerjacken, wurden Karibu-Felle verwendet.

Auch die traditionellen Kopfbedeckungen waren aus Karibu-Leder, wobei es in der Ausführung streng eingehaltene Unterschiede gab. Verheiratete Frauen trugen eine Mütze, die ringsum ein Band reicher Quillstickerei hatte. Das Haar wickelten sie um je ein kleines Holzröllchen, welches neben dem Ohr herabhing. Heute ist diese alte Sitte verschwunden. Junge Mädchen wanden sich ein einfaches Stück Leder um den Kopf. Die Kappen der Männer waren reich mit Federn von Eistauchern verziert. Bei den Kappen der jungen Burschen fehlte dieses Schmuckwerk. Das Haar trugen die Männer halblang und hielten es mit einem verzierten Stirnband zurück.

Die *Quillstickerei* (Stachelschweinborstenstickerei) war im größten Teil von Nordamerika üblich. Die Borsten wurden eingefärbt, aufgeweicht und plattgedrückt. Danach nähte man sie mit Sehnen in traditionellen Mustern auf das gegerbte Leder. Allerdings gab es für diese Arbeit verschiedene Techniken. Später wurde die Quill-

stickerei mehr und mehr durch Stickereien mit Glasperlen aus Böhmen und Murano verdrängt, die weiße Händler schon früh als Tauschobjekte einführten.
Wenn heute auch fast alles dieser traditionellen Kleidung verschwunden ist, die weichen Mokassins, welche ein geräuschloses Anschleichen an das Wild erlauben, werden vielerorts noch getragen. Da das helle, fein gegerbte Karibu-Leder zu unpraktisch war, wurde es vor der Verarbeitung geräuchert. Man nähte die Felle zu einem Sack zusammen und stülpte diesen über eine kleine Grube mit glimmendem morschem Holz. Außer der schönen Tönung behielten die Mokassins noch lange den guten Geruch des Zedernholzrauches. Auch die Fußbekleidung wurde kunstvoll mit Elchhaar verziert.
Unter allen Rohmaterialien, die die unerschöpflichen Wälder den Indianern boten, nahm die Birkenrinde eine dominierende Stellung ein. Aus ihr wurden Behälter für Küche und Vorräte sowie Schöpfkellen hergestellt. Für die Nähte der Gefäße nahm man feine Sehnen oder Wurzelfäden. Alle Gebrauchsgegenstände wurden mit eingravierten oder herausgekratzten Mustern oder Figuren verziert. Auch die Quilltechnik wurde auf der Rinde angewendet.

Bau eines Rindenkanus

Der Bau eines Rindenkanus, das bei den Naskapi die gleiche wichtige Funktion zu erfüllen hatte wie das Kajak bei den Inuit, war immer der Höhepunkt der kurzen Sommerzeit. Zuerst wurde durch den erfahrenen und weisen Familienältesten, dem die Waldgeister gut gesinnt waren, der glücklichste Zeitpunkt für den Beginn der Arbeit bestimmt. Als Material diente die Rinde vom Stamm der «paper birch» *(Betula papyrifera)*, auch Weißbirke genannt. Seltener fand man die Schwarze Birke *(Betula lenta)*, deren Rinde bernsteinfarben ist.
Die Rinde mußte vorsichtig in einem Stück abgelöst werden, denn kein Indianer schätzt es, sein Kanu von der Rinde mehrerer Bäu-

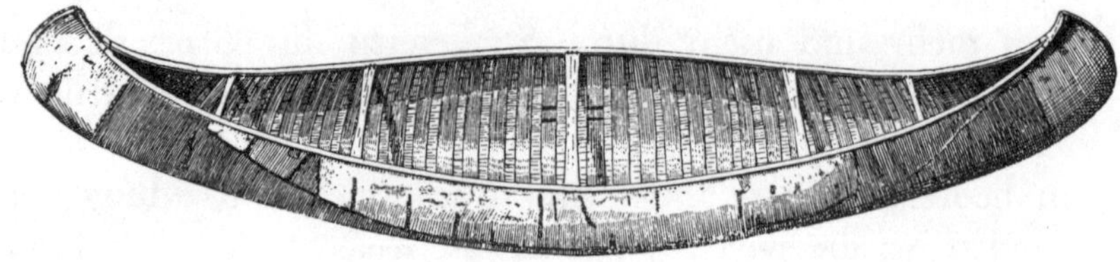

Birkenrindeboot der Naskapi

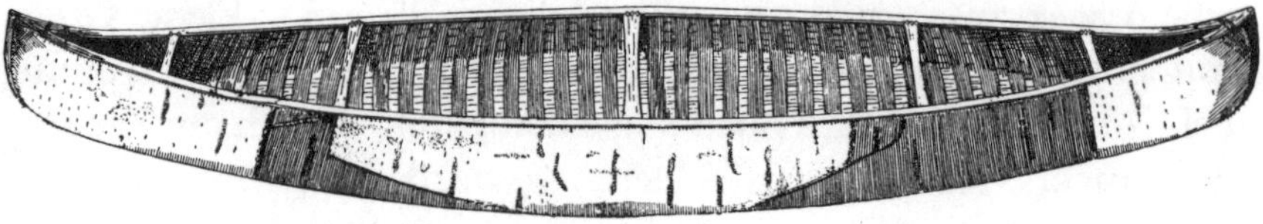

me herzustellen. Deshalb wurde sie in Wasser gelegt und mit Steinen beschwert. Nach einiger Zeit konnte man die Bastschicht abziehen und die Außenseite glätten, die später die Wasserseite des Bootes bildete. Die Rinde wurde dann in zwei Haltegestelle eingeklemmt, die in ihrer Konstruktion schon die spätere Form des Bootes festlegten. Das Innere wurde ganz mit Steinen ausgefüllt. Jetzt kam eine der heikelsten Aufgaben des Bootsbauers. Er machte in Stern und Bug lange Längsschnitte, um dem Boot die endgültige elegante Form zu geben. Die sich überschneidenden Rindenteile wurden von den Frauen mit zuvor sorgsam eingeweichten Fichtenwurzelfäden und Knochennadeln fest übereinander vernäht. Danach wurden die Kanten des Bootes um einen Holzrahmen mit fünf Querleisten gebogen und ebenfalls sorgfältig vernäht. Nun entfernte man die Steine und konnte das Gerippe aus Zedernholz einbauen. Stand frisches Holz zur Verfügung, ließ es sich leicht in die gewünschte Form biegen, älteres mußte durch Einlegen in heißes Wasser biegsam gemacht werden. Zum Schluß wurden alle Nähte mit Pech verstrichen. Dieses erhielt man durch Aufkochen von Schwarztannenharz, dem noch etwas Fischfett beigemischt war. Die fertige Masse wurde durch ein «Sieb» aus feindurchlöchertem Leder gegossen. Die leichten Rindenboote konnten mü-

12 Ojibwa-Familie im Kanu, von Peter Rindisbacher (1806–1834)
13 Ojibwa-Familie mit Toboggan im Winter, von P. Rindisbacher

14 Mokassin mit Elchhaarverzierung der Slave

helos von einem Mann getragen werden. Ihre Lebensdauer betrug fünf bis sechs Jahre.

Für den Transport im Winter diente der *Toboggan*, ein Schlitten aus Birkenholz. Der schmale, etwa zwei Meter lange Toboggan bestand aus zwei dünnen Brettern, die vorn hochgezogen waren. Mit einigen Querhölzern und Karibu-Lederschnüren wurde die Konstruktion zusammengehalten. Der Schlitten konnte bis zu 100 Kilo beladen werden und wurde von Hunden gezogen. Bei kleineren Unternehmungen zog ihn der Besitzer selber durch den tiefen Schnee.

Während des Sommers wurde der Toboggan in einem hohlen Baum aufbewahrt. Die Öffnung mußte stets nach Osten oder Süden weisen, da nach Glauben der Naskapi den Besitzer sonst Krankheit oder sogar Tod träfe. Ebenso ließ man die spezielle Winterausrüstung wie Zeltdecken und Schneeschuhe auf den Zweigen hoher Bäume in Nähe der Winterwohnplätze zurück, wo sie sicher vor Schädlingen waren.

Familien- und Gesellschaftsleben

Alte Quellen, die über das Familienleben der Naskapi berichten, geben uns zwar gewisse Informationen, doch spürt man in vielen Berichten die Geringschätzigkeit und das Unvermögen ihrer Autoren, sich in die harten Lebensbedingungen und die daraus resultierenden Verhaltensformen dieser Menschen einzufühlen. So wird das Bild vielmals verfälscht.

Eine Eheschließung, die früher ohne große Zeremonien vor sich ging, fand stets im Sommer statt und setzte das Einverständnis beider Elternpaare voraus. Für junge Menschen gab es trotz aller Zurückhaltung die Möglichkeit, sich der Zuneigung des andern zu vergewissern. Der junge Mann warf seiner Auserwählten verstohlen ein kleines Hölzchen zu. Nahm sie es auf, war sein Antrag angenommen. Heute geht man zwar in die Kapelle, sichert die Partnerschaft aber vorsichtshalber noch mit schutzbringenden Amuletten ab.

Für die Einrichtung der gemeinsamen Wohnstätte war der junge Mann zuständig. Er baute mit Hilfe von Freunden sein eigenes Zelt, schnitzte Eßgeräte und fertigte aus Birkenrinde flache Eßschalen, jede mit einem besonderen Muster versehen, damit sie nicht verwechselt wurden. Dies wäre ein böses Zeichen gewesen. Die Frau brachte lediglich ihre Kleidung mit in die Wohngemeinschaft.

Bei den Naskapi war es möglich, zwei oder drei Frauen zu haben. Zum Teil hing dies mit dem Prestigedenken des Mannes zusammen, der so dokumentierte, ein besonders erfolgreicher Jäger zu sein. Die Frauen lebten zusammen in einem Zelt und bezogen nur bei Eifersüchteleien ihre eigene Behausung.

Die Kinder erhielten ihren Namen durch ein Erlebnis in einem Traum ihrer Mutter oder durch ein besonderes Ereignis in den ersten Tagen nach der Geburt. Das Neugeborene wurde in weiches Leder mit einer Mooseinlage gewickelt und durfte nach einem strengen Tabu die ersten drei Tage nicht mit Wasser in Berührung kommen. In der Regel hatte eine Frau nicht mehr als vier Kinder. Diese Zahl genügte, um die Geburtenquote leicht über der der Sterbefälle zu halten. Kinder wurden leider schon zu früh zum Gehen angehalten, was zur Folge hatte, daß viele von ihnen O-Beine bekamen. Über ausgesprochene Strafen in der Kindererziehung ist nichts bekannt. Die Knaben wurden den Mädchen gegenüber bevorzugt behandelt, erhielten aber auch eine wesentlich härtere Ausbildung. Allerdings war gerade die körperliche Beanspruchung der Frau später unverhältnismäßig groß.

Das junge Mädchen heiratete schon bald nach seiner Geschlechtsreife mit vierzehn oder fünfzehn Jahren und bekam früh das erste Kind. Zum festen Aufgabenbereich der Frau gehörten der Auf- und Abbau des Zeltes, die Heimschaffung der Jagdbeute und deren Verwertung, die Sorge für genügend Feuerholz, das Nähen der Kleidung, dazu die vielen mütterlichen Pflichten. Man sagt besonders den Naskapi-Frauen nach, daß sie schon sehr früh alterten.

Das Ritual der ersten Bärenjagd

Ein junger Mann galt nach dem Erlegen des ersten Bären als erwachsen. Man soll sich aber davor hüten, dies als reine Mutprobe anzusehen. Der Indianer sieht im Tier ein gleichwertiges Wesen, ja er spricht von ihm als *Bruder Tier.* Jede Tierart lebt unter dem Schutz des *Herrn der Tiere,* der über ihr Wohlergehen wacht und sich rächt, wenn eins von ihnen ohne ersichtlichen Grund getötet wird. Der Herr einer Tierart muß aber nicht unbedingt aus derselben Tierfamilie sein, die er beschützt. Bei den Naskapi galt zum Beispiel die Elchfliege als *Herr der Fische.* Beleidigte man sie durch sinnlosen Fang der Fische, konnte sie die Netze zerstören.

Der Bär spielte auf der nördlichen Halbkugel eine besondere Rolle, die in den zahlreichen Bärenzeremonien, in Sagen und den Schöpfungsmythen zum Ausdruck kommt. Man bewunderte und fürchtete dieses mächtige, kluge und listige Tier und hatte ein besonderes Verhältnis zu ihm. Nur so kann man die strengen Regeln verstehen, denen ein junger Naskapi bei seiner ersten Bärenjagd unterworfen war.

Der junge Mann suchte im Frühling nach einer Höhle, in der ein Bär seinen Winterschlaf hielt und rief: «Großvater, komm heraus!» Wenn der Bär nach dreimaligem Rufen nicht erschien, glaubte er, einen Fehler gemacht zu haben. Am nächsten Tag ging der junge Mann erneut vor die Höhle und rief: «Großmutter, komm heraus!» War das Rufen wieder erfolglos, wußte man, der Bär ist zum Sterben noch nicht bereit. Andernfalls wäre er nämlich aus seiner Höhle herausgekommen. Der Naskapi mußte nach einer andern Bärenhöhle Ausschau halten. Nach erfolgreicher Jagd legte er den Bären auf den Rücken und kreuzte ihm respektvoll die Vorderpfoten auf der Brust. Nun mußte der entschwindenden Seele die nötige Ehre erwiesen werden. Der Jäger legte einige getrocknete Tabakblätter in das Maul des toten «Herrn des Waldes», zündete seine Pfeife an und blies den Rauch feierlich in das Gesicht des Tieres. Dann entleerte er die Pfeife auf den Boden neben der Leiche. Mit einem besonderen Tragband, das nur für Bären verwendet werden durfte, trug er das schwere Tier auf dem Rücken nach Hause. Kurz vor dem Zelt legte er seine Bürde nieder und hielt bei ihr eine Art Ehrenwache. Der Herr des Waldes durfte nicht durch die Blicke von Frauen und Kindern beleidigt werden. Erst beim Fellabziehen durften sie ihn sehen. Die Ehre des Abhäutens kam nur einer verheirateten Frau zu und war ebenfalls an ein bestimmtes Ritual gebunden.

Beim anschließenden großen Mahl nahm der erfolgreiche und nun erwachsene Jäger den Ehrenplatz ein. Er bekam das Herz und die rechte Vorderpfote vorgesetzt. Als Vorspeise gab es Bärenfett mit eingedicktem Heidelbeermus, wovon der Jäger zuerst bekam. Nach ihm aßen die anwesenden Männer und erst zum Schluß die Frauen. Der älteste Mann hielt danach eine kurze Rede an den Geist des Bären, er lobte ihn und dankte im Namen des Jägers nochmals für sein freiwilliges Opfer. Um den Bären zu ehren, aßen alle Anwesenden, so viel sie nur vermochten. Die kleinen Knochen wurden in das Feuer geworfen, die großen sammelte man ein, um aus ihnen später Werkzeuge zu machen. Vor allem gab man acht, daß nichts von den Hunden gefressen wurde.

Sobald die Männer unter sich waren, schickten sie ein Dankgebet an die «Vier Mächtigen», welche die vier Himmelsrichtungen regieren: *Wuapan,* der «Mann des Tageslichtes» (im Osten), *Nakape han,* der «Mann im Westen», *Tschiuat nischu,* der «Nordmann», und der gute und freundliche «Südmann» *Schowen schu.* Die letzte Handlung mußte der junge Jäger allein ausführen. Der saubere Bärenschädel wurde rot bemalt und im Wipfel einer Tanne aufgehängt. Nach dem Glauben der Naskapi beobachtet die Seele des getöteten Tieres, wie sein Körper behandelt wird und ob die Aufbewahrung der Knochen und des Schädels richtig erfolgt. Seele und Knochen stehen in einer mystischen Wechselbeziehung zueinander, und das Jagdglück des Jägers kann von der richtigen Befolgung dieser Gesetze abhängen. Gewisse Regeln über die Aufbewahrung oder die Vernichtung von Knochen oder Fischgräten treffen wir auch in andern Teilen von Nordamerika. Sie sind jedoch von Stamm zu Stamm sehr unterschiedlich.

Durch das Leben in den zum Teil weit auseinander wohnenden Familiengemeinschaften konnte sich keine eigentliche Stammesreligion entwickeln. Zugang zu den «Vier Mächtigen», zu den Seelen und Geistwesen des Waldes hatte nur der Schamane. Er konnte sich mit ihnen verständigen und bei ihnen Rat holen. Eine Sitzung mit den Geistern erforderte genau vorgeschriebene Vorbereitungen, die von Helfern des Schamanen ausgeführt wurden. Dies waren in der Regel die Personen, die die Hilfe des Schamanen in Anspruch nehmen wollten. Es mußte ein Geisterhaus, ein *Wapanon*, gebaut werden. War der geeignete Platz dafür gefunden, rammte man sechs Stützpfosten in die Erde. Sie bestanden aus sechs verschiedenen Holzarten. Je nach Zweck der Zauberhandlung konnte das Haus verschieden groß und stark sein. Auf alle Fälle mußte man für den Ring, welcher oben die Pfosten zusammenhielt, das Holz der Lärche Tamarack *(Larix laricina)* nehmen, welche nur im Nordosten Amerikas wächst. Das runde Haus hatte in seinem Dach aus Birkenrinde eine genügend große Öffnung, durch die die Geister leicht aus- und einfliegen konnten. Der Eingang für den Schamanen lag nach Osten und ließ sich fest verschließen. Nur er durfte mit seiner ovalen Zaubertrommel, die im Gegensatz zu den Trommeln der Inuit ohne Griff war, das fertige Haus betreten. Nach der Zusammenkunft des Schamanen mit den Geistern wurde die Hütte abgebrochen und die Pfähle in Richtung der aufgehenden Sonne zum Vermodern hingelegt.

Auch gewisse Bereiche der Krankenheilung gehörten zum eigentlichen Aufgabenbereich des Schamanen. Sie waren in erster Linie psychologischer Natur. Das Trommeln und eintönige Murmeln der Beschwörungen übten eine beruhigende Wirkung auf den Patienten aus, die mit pflanzlichen Heilmitteln noch verstärkt wurde. Bedingt durch das rauhe und naßkalte Klima kamen Lungenentzündungen und schwere Erkältungskrankheiten verhältnismäßig häufig vor. Die einseitige und nicht immer regelmäßige Ernährung führte zu Störungen im Magen- und Darmbereich. In den

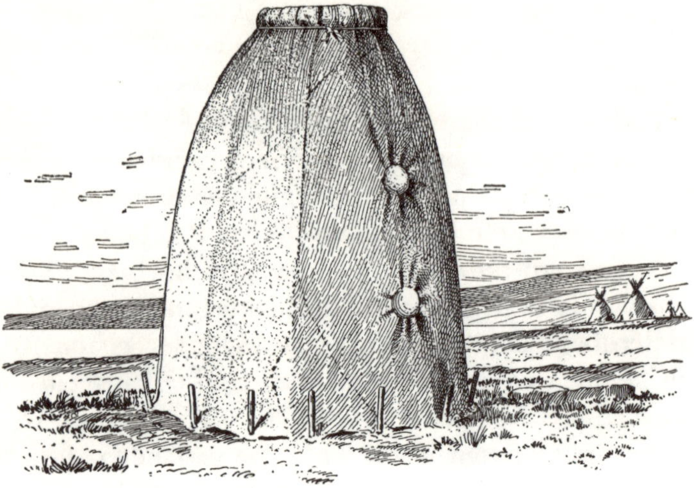

Medizinhütte der Naskapi

Wäldern Labradors war die Auswahl an Heilkräutern und -pflanzen natürlich nicht so reichhaltig wie in südlicheren Gegenden, doch wußten die Naskapi sie alle zu gebrauchen; ihr Wissen erstreckte sich auch auf tierische Produkte. So wurde zum Beispiel bei rheumatischen Erkrankungen der Patient mit Skunksöl eingerieben. Gegen Krämpfe und Erbrechen half ein Absud aus gekochter Erlenrinde.

In der religiösen Welt der Indianer nahmen Träume eine dominierende Rolle ein. So schreibt C. G. Jung über die Naskapi: «Diejenigen Naskapi, welche auf ihre Träume eingehen und ihren verborgenen Sinn zu deuten versuchen und dessen Wahrheit ausprobieren, können in eine tiefere Verbindung mit dem ‹Großen Mann› treten. Er begünstigt solche Leute und schickt ihnen mehr und bessere Träume. Neben dieser Hauptverpflichtung des Individuums, den Anweisungen seiner Träume zu folgen, besteht eine weitere Pflicht: die Träume durch Kunstdarstellungen zu verewigen. Lüge und Betrug verscheuchen den ‹Großen Mann› *(den Mista' peo)* im Innern, während Großzügigkeit, Nächstenliebe und Tierliebe ihn anziehen. Die Träume geben somit dem Naskapi eine vollständige

Orientierung, auch in Beziehung zur äußeren Natur, das heißt zu Jagdmöglichkeiten, Wetter und anderen Umständen, von denen sie abhängen.»[27]

Durch die so geschaffene Verbindung war der Naskapi fähig, auch während des Tages Zeichen des «Großen Mannes» – des höchsten Wesens – wahrzunehmen. Schienen Sonnenstrahlen nur vereinzelt durch eine dicke Wolkendecke auf gewisse Punkte der Erde, so war dies eine Offenbarung von ihm. Er zeigte damit den Ort an, wo am sichersten Wild zu finden sei. Auch vier große rote Tupfen auf der Schamanentrommel, gruppiert um einen kleinen in der Mitte, bedeuten nichts anderes als die Wiedergabe der Sonnenstrahlen als Zeichen des Obersten Wesens. Träume konnten aber auch von tief einschneidender Bedeutung für das Leben eines einzelnen sein.

Tod und Begräbnis

Ein alter Mensch, der sich dem harten Leben nicht mehr gewachsen fühlte und sich dadurch als überflüssige Last seiner Familie gegenüber empfand, konnte im Traum eine Andeutung oder vielleicht sogar eine Aufforderung zur Beendigung seines Lebens erfahren. Hatte er die Kraft, so verschwand er eines Nachts und suchte in der Einsamkeit den Tod. Reichten seine Kräfte dafür nicht mehr aus, so bat er seinen Sohn oder nächsten Verwandten, ihn zu töten. J. Koty schreibt, Bezug nehmend auf McLean, welcher in der ersten Hälfte des letzten Jahrhunderts die Naskapi besucht hatte, daß die Kinder es als eine Pflicht des Gehorsams hielten, die Bitte der Alten zu erfüllen. «Dem Todeskandidaten wurde eine Pfeife gereicht, welche er mit Vergnügen zum letzten Mal rauchte. Nachdem er einige Gläser eines starken Getränkes geleert und sich mit seinen Freunden und Verwandten unterhalten hatte, wurde die ‹Hinrichtung› von den Kindern vollzogen.»[28]

Die Bestattung fand im Winter auf Gerüsten oder vermehrt noch auf Bäumen statt. Meist wurde die Leiche im Frühjahr heruntergenommen und in der Erde beigesetzt. L. M. Turner[29] berichtet von einer weiteren Bestattungsart. Im Boden innerhalb des Zeltes, der ja weich und nicht gefroren war, wurde eine Grube ausgehoben und der Verstorbene, schön gekleidet und geschmückt, darin beigesetzt. Zum Wohnen errichtete man in nötigem Abstand ein neues Zelt. Während der warmen Jahreszeit legte man die Leichen in eine mit Birkenrinde ausgekleidete Grube. Querbalken verhinderten ein Einsinken der Grabstätte. Aus Trauer schwärzten die Hinterbliebenen ihr Gesicht und schnitten die Haare kurz.

Der Existenzkampf geht weiter

Was haben die Naskapi von ihrer Lebensweise und Kultur in die Gegenwart retten können? Das Klima in Labrador ist außerordentlich rauh. In dem knapp drei Monate währenden Sommer machen zudem Stechmückenschwärme das Leben schwer. Davon waren die Indianer nur teilweise betroffen, da sie im Laufe der Zeit gegen gewisse Arten immun geworden waren. Infolge dieser harten Lebensbedingungen blieb das Land längere Zeit von größeren Gruppen weißer Einwanderer verschont. Die wenigen Handelsposten zählten kaum und hatten selber das größte Interesse, daß nicht allzuviel Konkurrenz auftauchte. Trotz der relativ kleinen Zahl von Weißen nahm die indianische Bevölkerung wegen der eingeschleppten Krankheiten und den Auswirkungen des Alkohols rapid ab. Der indianische Handelsplatz Tadoussac wurde aufgegeben. Im Jahre 1856 ließ sich ein Teil der Naskapi der subarktischen Gebiete der Provinz Quebec unweit von Roberval beim Pointe Bleue ein 36 Quadratmeilen (93 Quadratkilometer) großes Stück Land zuweisen, um sich ein gesetzlich abgesichertes Gebiet zum Leben zu erhalten. Dieser neue *Platz der Begegnung* entwickelte sich rasch zu einem wichtigen indianischen Handelszentrum, auf dem auch interessierte weiße Händler Niederlassungen gründeten. Nachdem sich die beiden ungleichen Partner im Laufe der Zeit aneinander gewöhnt hatten, fanden sich die Naskapi erstaunlich gut in dieser neuen Lebensweise zurecht.

Eva Lips schreibt: «Noch 1948 schien der alte Jahreszyklus als mehr oder minder intakt. Die Indianer verbrachten den Herbst und Winter auf ihren Jagdgründen, die sie im selbstgebauten Kanu aus Birkenrinde, jenem Wunderwerk der östlichen Waldindianer, erreicht hatten, und schlugen dort ihre Zelte (einst aus Birkenrinde im Sommer und Karibufellen im Winter) auf, die bei gleichbleibender Form das Material der Weißen, Zeltleinwand, angenommen hatten und die im Winter auf den Jagdgründen, von verharschten Lagen Schnee bedeckt, ein windgeschütztes Heim boten.»[30]

Die Autorin kann aus eigener Erfahrung berichten, besuchte sie doch seit Anfang der dreißiger Jahre die Naskapi immer wieder in regelmäßigen Abständen. Sie schreibt weiter: «Als ich im Sommer 1959 zu den Naskapi zurückkehrte, nahm ich, den festen Rhythmus ihres Lebens kennend, an, den Hauptteil der Familien wie üblich in Pointe Bleue vorzufinden. Dort hatte es schon bei unserem ersten Besuch eine Art kleinen Dorfplatz am See gegeben, eine staubige Sommerstraße zum Posten der Hudson's Bay Company hin, eine Reihe leichter Holzhäuschen mit ‹porch› (der Plattform, auf der es sich kauern und plaudern und deren Entwicklungsweg sich bis hin zum Schneekorridor der Eskimohäuser zurückverfolgen läßt). Es hatte auch das Kirchlein der Oblatenbrüder gegeben, dessen roter Dachpappenbezug Ziegelgemäuer vortäuscht und das unverändert auf seiner Anhöhe vorzufinden war. Das noch bescheidenere Gotteshaus der englischsprechenden protestantischen Missionare, weiter abgelegen, war ebenfalls da, jedoch bis zur Hälfte der Eingangspforte mit Himbeergestrüpp zugewachsen wie der dazugehörige Friedhof, dessen Gräber kaum mehr erkennbar waren und dessen dünne Stacheldrahtumzäunung gelegentlich von einer verirrten ‹weißen› Kuh überschritten wurde… Zwischen den Häusern aber, vertrauter Anblick, befand sich hier und da ein weißes Zelt, unverändert in Form und Farbe, und diente genau wie einst als gelegentliche Wohnstätte der mit einem Haus beglückten, wie man an den daranhängenden Wirtschaftsgegenständen und an dem daneben liegenden Winterschlitten sah…

Häuser gab es wohl einige, aber nach etwa erworbener Seßhaftigkeit sah es nicht aus.»

Auch in Point Bleue blieb die Zeit nicht stehen. Nach neu erlassenen Gesetzen wurden Biber- und Marderfelle der staatlichen Kontrolle unterstellt. Früher erhielt ein Naskapi etwa 35 Dollar direkt nach der Ablieferung an den Händler; nun gingen die Felle über Agenten, welche sie nach Ottawa schickten. Einige Monate später bekam der Jäger noch acht Dollar pro Fell bezahlt. Mit einem «Häuptling» (beim Besuch von Eva Lips ein Montagnais, welcher außer seiner Muttersprache noch Englisch und Französisch sprach, was für seine Wahl durch die Regierung ausschlaggebend war), mußte der Naskapi seinen Jagdgrund durchwandern und jeden Biberbau auf einer staatlichen Karte eintragen lassen. Die Naskapi wichen daher auf eine andere Einnahmequelle aus. Sie begannen, die in den großen Wäldern üppig wachsenden Heidelbeeren zu sammeln – weniger für sich als für die Küche der weißen Bevölkerung. Ganze Familien zogen in die Wälder und füllten die von den Händlern gestellten kleinen Behälter. Die Bezahlung erfolgte sofort in bar. Auf dem Luftweg gelangten die Früchte dann in die Städte. Doch bald stellten sich auch negative Folgen ein. Die Naskapi merkten, daß Heidelbeeren auf frisch abgebrannten Lichtungen besonders gut gediehen, und in der Folge hatten die Brandwachen mit Flugzeugen genügend zu tun, um die von den Indianern gelegten Brände zu löschen. Mit wenig Erfolg versuchte die Regierung, die Naskapi über die schweren Schäden in den Wäldern aufzuklären. Ging hier die ursprüngliche Achtung vor der Natur schon teilweise verloren?

Das Schicksal der weit auseinander wohnenden Gruppen gestaltete sich sehr unterschiedlich. Durch ihre Abhängigkeit von Handelsstationen, die, wenn sie in Nachschubschwierigkeiten gerieten, einfach aufgehoben wurden, waren viele Familien zu einer wahren Odyssee gezwungen. Fort Chimo nahe der Ungava Bay zum Beispiel wurde dreimal aufgegeben und wieder eröffnet. Manches Jahr blieben die Karibu-Wanderungen aus, dazu gesellten sich Streitigkeiten mit benachbarten Inuit. So sind die Namen der Handelsposten wie das erwähnte Fort Chimo, Fort McKenzie und Fort Naskopie, abgesehen von kurzen Zeitspannen, für die Naskapi mit Hunger, Leiden, Krankheit und Tod verbunden. Heute finden wir in Davies Inlet und Northwest River an der Ostküste noch einige hundert Leute. Das Schicksal der im Gebiet der James Bay ansäßigen Naskapi haben wir bereits im Zusammenhang mit den Inuit erwähnt.

Etwa 400 Menschen leben seit 1972 im *Matimekosh Reservat* bei der Minenstadt Schefferville in Reihenhäusern, die zudem noch mit Wohnungen von 500 Montagnais umgeben sind. Die Lage ist alles andere als erfreulich. Die von der Regierung angestrebte Integration in die weiße Gesellschaft fand nicht statt, die Naskapi bekommen nur zu einem kleinen Teil Arbeit in den Eisenerzminen. Belastend wirken Zwistigkeiten mit den Montagnais, die durch religiöse Unterschiede und Sprachschwierigkeiten entstehen, ist doch die Zweitsprache bei den Montagnais Französisch, bei den Naskapi Englisch. Inwiefern auch die Schefferville-Naskapi von dem Dollarsegen des Nordostquebec-Abkommens profitieren, ist aus den zur Verfügung stehenden Quellen nicht ersichtlich.

Doch gibt es letztlich noch einen eher erfreulichen Aspekt. In Erinnerung an die alten traditionellen handwerklichen Fähigkeiten beschloß der *Rat der Naskapi von Schefferville* im Jahre 1976 ein Hilfsprogramm ins Leben zu rufen, das sich zum Ziel setzte, die Stammesangehörigen wieder vermehrt zur Herstellung ihrer vernachlässigten Handwerke anzuregen. Schon 1977 konnte in verschiedenen kanadischen Städten mit großem Erfolg eine Ausstellung mit qualitativ guten Fell-, Leder- und Holzarbeiten gezeigt werden, die später ihren Weg sogar in das Völkerkundemuseum in Frankfurt fanden. Die Nachfrage nach weiteren Lieferungen ist ermutigend. Außer der Möglichkeit, den Naskapi-Handwerkern (es gehören natürlich auch Frauen dazu) einen bescheidenen Verdienst zu schaffen, können Ausstellungen dieser Art mit guten Informationen dazu beitragen, Verständnis für die großen Probleme einer kleinen indianischen Minderheit zu wecken, die wie andere versucht, ihr Leben zwischen zwei Kulturen einzurichten.

Das östliche Waldland

Flora und Fauna

Das östliche Waldland wird von dem Gebirgszug der Appalachen beherrscht, der sich mit seinen Ausläufern von der Insel Neufundland im Norden bis nach Georgia im Südosten erstreckt. Die Appalachen bilden die östliche Grenze des Mittelwestens und lassen zum Atlantik hin den breiten Küstenstreifen der Neuengland-Staaten frei. Der Längszug der Kette wird durch zahlreiche Quertäler unterbrochen, deren Flüsse dem Atlantik zustreben.

Das ganze Gebiet war einst dicht bewaldet, ein prächtiger Mischwald, aus dem die mächtigen Weimutskiefern *(Pinus strobus)* weit herausragten. Die weißen Siedler plünderten während dreier Jahrhunderte die riesigen Bestände. Das Holz wurde zum Teil für den Bau der eigenen Häuser verwendet, und ein Großteil nach Europa verschifft.

Weiter gegen Süden ziehen sich die Nadelbäume in höhere Regionen zurück. In den Wäldern dominieren nun die verschiedenen Arten von Eichen, Nußbäumen, Buchen, Erlen, Weiden, Pappeln und der Tulpenbaum. An nutzbaren Bäumen seien auch die amerikanische Edelkastanie und der Zuckerahorn erwähnt.

Der Wald ist reich an schmackhaften Pilzen, die teilweise an Baumstämmen wachsen, wie etwa der von den Indianern sehr geschätzte Austernpilz *(Pleurotus ostreatus)*. An den Stämmen ranken sich der gefährliche Gift-Efeu *(Rhus toxicodendron)* und Wilder Wein *(Parthenocissus quinquefolia)* empor. Der Boden ist mit Moosen, Farnen und Beerensträuchern bedeckt. Zahlreiche Wildblumenarten und Orchideen, darunter ein roter Frauenschuh, vervollständigen das Bild einer Flora von überwältigender Vielfalt.

Unter den Vögeln fallen die Scharlachangare auf, das Männchen rot mit schwarzem Schwanz und Flügeln, das Weibchen hell- bis dunkelgrün. Der Indigofink mit seinem herrlichen Blau, viele Spechtarten und die große Familie der Laubsänger finden in den Wäldern und dem dichten Unterholz ideale Lebensverhältnisse.
Der Reichtum der übrigen Tierwelt steht der Vielfalt der Pflanzenwelt nicht nach. Die fischreichen Seen sind mit ihren Uferpartien der Lebensraum für Biber, Wasserratten, Waldkänguruhmaus, Frösche, Kröten sowie verschiedener Schildkrötenarten, von denen die gefährliche Schnappschildkröte besonders hervorgehoben sei. An Schlangen finden wir die schön gezeichnete, aber giftige Kupferkopfschlange und die nicht minder gefährliche Waldklapperschlange. Groß ist die Zahl der kleinen Nager und Raubtiere, auf die Sperber, Falke und Bussard Jagd machen. Skunks, Baumstachler, Opossum und Waschbären, an größeren Tieren die Schwarzbären oder Barribal (*Ursus americanus*) und die Weißschwanzhirsche sorgen für das nötige Gleichgewicht in der Natur, das durch den Indianer nie gestört wurde. Viele dieser Tierarten wurden später von den weißen Eindringlingen beinahe ausgerottet.

Indianische Einwanderer aus Nord und Süd

Das beschriebene Gebiet war in vorkolumbischer bis in die historische Zeit von einer Vielzahl von Indianerstämmen bewohnt, von denen wir oft nur noch den Namen kennen. Sie wurden vernichtet, ohne daß jemand Interesse zeigte, etwas Genaueres von ihrer Kultur und Lebensweise aufzuzeichnen.
Der größte Teil des östlichen Waldlandes wurde von den Stämmen der Algonkin- und Irokesen-Sprachgruppe beherrscht. Die im Kapitel der Subarktis beschriebenen Beothuk und Naskapi gehören zu den nördlichsten Stämmen der Algonkin. Nach ihren Sagen und den vorsichtigen Untersuchungen amerikanischer Archäologen müssen sich andere Gruppen subarktischer Jäger der Algon-

kin-Sprachfamilie aus dem Gebiet der Hudson Bay nach und nach in südlicher Richtung ausgebreitet haben.
Der Name Algonkin geht auf eine Bezeichnung zurück, die sich aus der Sprache der Micmac gebildet hat. Samuel Champlain (1567–1635), der uns als erster das Wort *Algoumequin*, «der Ort, an dem man Fische und Aale speert», nennt, hatte es von den Micmac übernommen. Sie bezeichneten damit einen Platz am mittleren Ottawa, an dem die Weskarini und Matawachkirini lebten. Im bereits früher erwähnten Werk «The Jesuit and Allied Documents» erscheinen die beiden Stämme später als «Petite nation des Algommequins». Die beiden Völker sind verschwunden, geblieben jedoch ist der Name ihres Wohngebietes als Bezeichnung für die größte Sprachfamilie Nordamerikas.
Schon vor den Algonkin waren Völker aus der Sprachfamilie der Sioux den gleichen Weg gezogen und hatten sich in einigen Gebieten festgesetzt. Die nachrückenden Algonkin schoben sich keilförmig dazwischen, wie uns dies die Sprachkarte deutlich erkennen läßt.

Die Irokesen – ein Volk von Maisbauern

Die Stämme der großen Sprachfamilie der Irokesen finden wir hauptsächlich um den Erie- und Ontario-See und weit in die heutigen Staaten New York und Pennsylvania hinein. Mehr im Süden treffen wir noch weitere irokesische Gruppen, wie die Cherokee und Tuscarora, an kleinen Stämmen unter anderem die Nottoway und Meherrin. Sie alle waren in vorgeschichtlicher Zeit vom unteren Mississippi heraufgewandert, folgten dann dem Ohio und stießen bei ihrem späteren Vordringen auf die Stämme der Algonkin. Die große Wanderung der Irokesen wird in ihren Überlieferungen recht genau geschildert, jedoch nicht von allen Wissenschaftlern akzeptiert. Vieles ihrer Herkunft liegt noch im Dunkel.
Zeitlich fällt das Eindringen der Irokesen in die sogenannte Mittel- und Spätwaldlandzeit. Der Beginn dieser Epoche wird auf etwa 200 v. Chr. angesetzt. Archäologisch sind die Irokesen zum ersten

Mal um das Jahr 1000 n. Chr. richtig erfaßbar. In einem Umkreis von etwa 40 Kilometer rund um das heutige Syracuse im Staate New York hat man umfangreiche Grabungen unternommen, bei denen Überreste der für diese Kultur so typischen Langhäuser zum Vorschein kamen. James A. Tuck legte bei Howlett Hill ein über 100 Meter (334 feet) langes Haus frei. Hauptmerkmal dieser frühen Gebäude waren die abgerundeten Enden im Unterschied zu den eckigen Enden der historischen Zeit. Viele der Töpfereien lassen auf einen mehr oder weniger starken Einfluß aus der südlichen Hopewell-Kultur schließen. Tucker spricht sogar von einer «New Yorker Hopewell-Kultur», andere Autoren gebrauchen auf Grund der verschiedenen Funde den Ausdruck «Mischkultur», was vermuten läßt, daß die Irokesen in größeren Zeitabständen immer wieder weiter zogen und einiges von der Kultur der berührten Gebiete in ihre eigene integrierten.

Die frühen Berichte über die Irokesen sind recht widersprüchlich und entbehren, vor allem bei den Franzosen, der nötigen Objektivität. Schon wesentlich neutraler klingen die Schilderungen der Jesuiten, die oft längere Zeit mit ihnen zusammenlebten, wie etwa der bereits erwähnte Lafiteau. Allgemein waren die Irokesen als besonders grausam verschrien, daneben lobte man die besondere Form ihres Stammesbundes und ihre Sozialstruktur, auf die wir noch eingehend zu sprechen kommen.

Schon im Jahre 1751 schrieb der amerikanische Politiker Benjamin Franklin (1706–1790) an Thomas Jefferson (1743–1826), Mitglied der Kommission zum Entwurf der Unabhängigkeitserklärung und dritter Präsident der jungen Union: «Es ginge schon mit seltsamen Dingen zu, wenn sechs Nationen unwissender Wilden fähig sein sollten, die richtige Staatsform für eine solche Union zu finden und sie zudem in einer solchen Weise zu praktizieren, daß sie Jahrhunderte überdauert und absolut unzerstörbar erscheint – und eine solche Union nicht auch für zehn oder zwölf englische Kolonien anwendbar wäre, für die es außerdem weit notwendiger ist...» Die Irokesen behaupten noch heute, die Gesetze ihres Bundes hätten der Verfassung der Vereinigten Staaten zum Vorbild gedient.

Genau hundert Jahre später, 1851, veröffentlichte Lewis H. Morgan seine ersten Forschungsergebnisse in «Leage of the Ho-de-no-sau-nee or Iroquois». Der aus reichen Bankkreisen gebürtige, ursprünglich Rechtswissenschaft studierende amerikanische Wissenschaftler hatte vor der Veröffentlichung seines Werkes einige Jahre unter den Seneca (Stamm im Bund der Irokesen) gelebt. Fünfundzwanzig Jahre später erschien sein auf politischem Gebiet bis heute nachwirkendes Werk «Ancient Society». Karl Kautsky (1854–1938), Sekretär bei Friedrich Engels (1820–1895), übersetzte es zusammen mit W. Eichhoff und ließ es unter dem Titel «Die Urgesellschaft» erscheinen. Auf diesem Wege kam auch Engels zu umfassenden Kenntnissen über die Irokesen, die er auf seine Weise interpretierte und daraus seine eigenen Theorien entwickelte. Er stellte die Sozialstruktur der Irokesen in den Mittelpunkt seiner Thesen und konnte damit sogar Karl Marx (1818–1883) begeistern. So gelangten später wesentliche Teile indianischen Gedankengutes in den von Marx und Engels gegründeten wissenschaftlichen Sozialismus. Dies ist, abgesehen von der dominierenden Rolle, welche die Irokesen innerhalb des östlichen Waldlandes spielten, ein weiterer Grund, uns eingehender mit der Struktur des Bundes zu befassen.

Als die Europäer in das Innere von Nordamerika vordrangen, wohnte der Hauptteil der Irokesen noch immer in dem Gebiet, das wir bei unseren archäologischen Betrachtungen kurz streiften. Es ist der zentrale bis westliche Teil des Staates New York bis an den St. Lorenzstrom, umgeben von Stämmen der Algonkin.

Die Sechs Nationen und ihre Organisation

Den Anlaß zur Gründung des Irokesenbundes werden aller Wahrscheinlichkeit nach Streitigkeiten um die besten Jagdgebiete der Stämme untereinander und harte Kämpfe gegen die Algonkin gewesen sein. Diese kritische Situation ließ einen völligen Zerfall der Völker befürchten. In solcher Stunde der Not entstand ihnen in

15 Reisernte der Ojibwa nach Seth Eastman (1808–1875)
16 Rindenhaus der Powhatan

17 Zwei Wampum, die den Vertrag zwischen W. Penn und den Delawaren besiegelten.

18 «ATOTARHO», der den Irokesen die Gesetze gab. Zwei Mohawk-Häuptlinge überreichen ihm als Zeichen der Unterwerfung unter seine Gesetze einen Speer. Die Schlangen symbolisieren die Macht über Leben und Tod. Nach H. Schoolcraft (1793–1864)

Deganawida ein überragender Führer, der die schwere Aufgabe übernahm, die zerstrittenen Stämme zu einer Einheit zusammenzuschmieden, zu dem bis heute bestehenden Irokesenbund.

Die Irokesen selber geben 1451 als Gründungsjahr an. Ein Vergleich der ersten Berichte von Weißen, die in diese Gegenden kamen, läßt das ungefähre Datum von 1570 ermitteln. Es ist bei historischen Gestalten, die mit einem Kranz von Mythen umgeben sind, nicht immer leicht, die Realitäten herauszuschälen. Tatsache ist, daß Deganawida und sein ausführender Helfer *Hiawatha* keine mythischen Gestalten, sondern wirkliche Persönlichkeiten waren. Hiawatha genoß bei den östlichen Waldindianern eine so große Verehrung, daß die Weißen glaubten, er sei irgendein «Heidengott».

Den Kern des Bundes bildeten die *Onondaga,* auch Ononta-ga geschrieben. Der Name gilt zugleich für ihren Hauptort und heißt «Auf der Spitze des Berges» oder «Volk der Hügel». Bei ihnen brannte das große Ratsfeuer und residierte der Rat der Sachem (Friedenshäuptlinge). Der Ort Onondaga soll 100 Langhäuser gezählt haben und war mit Palisaden umgeben. Die Onondaga bestanden aus zwei *De-a-non-da-a-yoh,* für die die Wissenschaft das griechische Wort Phratrie = Bruderschaft verwendet. In der ersten Phratrie waren der Wolf-, Schildkröten-, Schnepfen-, Biber- und Ball-Clan[31] zusammengefaßt, in der zweiten der Hirsch-, Aal- und Bären-Clan.

Im Mohawktal siedelten die Mohawk, in ihrer Sprache *Kayingehaga,* die «Hüter des Feuersteins». Wir treffen sie auch unter dem Namen Mingos oder Maguas. Die Mohawk besaßen nur eine Phraterie mit dem Bär-, Wolf- und Schildkröten-Clan.

Als nächster Stamm folgen die Oneida, sie selber nennen sich *Onayothaga.* Nach Morgan waren die Oneida ein abgespaltener Teil der Mohawk, die zuerst gemeinsam am Oneida-See wohnten, ehe sich die Mohawk später in Mohawktal niederließen. Sie besaßen deshalb auch die gleichen Clans. Bei den Oneida brannte das «Zweite große Ratsfeuer»; ihr Dorf zählte 66 Langhäuser und war mit einem doppelten Palisanderzaun umgeben.

Der vierte Bundesgenosse waren die Seneca, in ihrer Sprache *Tsonontouan,* was etwa «Volk des großen Berges» oder «Granitvolk» bedeutet. Bis ungefähr 1650 wohnten sie am Seneca-See und Seneca River, später westlich des Erie-Sees bis nach Pennsylvanien hinein. Sie verstanden es, sich eine wichtige Stelle im Zwischenhandel zu erkämpfen, galten als Verbindungsglied zwischen den Pelzjägern der Subarktis und den westlichen Stämmen, später zu den Holländern, Schweden und Engländern. Die Seneca besaßen zwei Phratrien; in der ersten waren der Bären-, Wolf-, Biber- und Schildkröten-Clan, in der zweiten der Hirsch-, Schnepfen-, Reiher- und Falken-Clan zusammengefaßt.

Von den Seneca trennte sich vor dem Eintritt zum Bund wiederum eine Gruppe, die wir unter dem Namen Cayuga kennen. Sie ließen sich an den Gestaden des Cayuga-Sees in drei Dörfern nieder und nannten sich selber *Kwenniogwen,* die «Söhne des finsteren Waldes». Die Cayuga teilten sich in zwei Phratrien; die eine mit dem Bären-, Schildkröten-, Schnepfen- und Aal-Clan, die andere mit dem Hirsch-, Biber- und Falken-Clan.

Bis zum Jahre 1715 blieben diese Stämme die «Fünf Nationen», dann nahmen sie als sechsten Bundesgenossen die *Tuscarora* auf. Dieser Stamm war ursprünglich in etwa 24 Siedlungen in North Carolina beheimatet. Das Volk bestand aus den *Kautanohakan,* den *Kauwetseka* und den namengebenden Tuscarora, ihre Zahl wurde auf etwa fünf- bis sechstausend Menschen geschätzt. Die weißen Einwanderer führten einen unerbittlichen Vernichtungsfeldzug gegen sie, zerstörten die ertragreichen Felder und damit die Ernährungsgrundlage und verkauften die Tuscarora als Sklaven. Der Rest der Indianer suchte Schutz bei den ihnen sprachverwandten Irokesen und wurde als sechstes Mitglied in den Bund aufgenommen. Von diesem Zeitpunkt an spricht man von den «Sechs Nationen». Die Phratrien der Tuscarora bestehen aus dem Bären-, Biber-, Große Schildkröten- und Aal-Clan; auf der andern Seite dem Grauen Wolf-, Gelben Wolf-, Kleinen Schildkröten- und Schnepfen-Clan.

Die Tiernamen der Clans gehen auf die Schöpfungsmythen der jeweiligen Stämme zurück, in denen Tiere eine bedeutende Rolle spielen. So trägt zum Beispiel die Schildkröte die Erde auf ihrem Rücken, und wir können annehmen, daß der Schildkröten-Clan einer der ältesten ist.

Das System der Phratrien und Clans baute sich auf der Familie als kleinste wirtschaftlich autonome Einheit auf. Das führende Haupt der Familie war die Frau; man spricht deshalb von einer matrilinear orientierten Gesellschaft. Die Kinder, ob eigene oder angenommene, gehörten zur mütterlichen Linie. Ebenso waren Boden und Ernte Eigentum der Frau. Das Erbrecht ging von der Mutter auf die Tochter oder das nächste weibliche Mitglied ihrer Familie über. Der angeheiratete Mann hatte nur in der Familie seiner Mutter seine bestimmten Rechte. Das Oberhaupt eines Langhauses war eine ältere oder gar die älteste Frau. Neben den rein fraulichen oder wirtschaftlichen Pflichten hatte sie auch wichtige politische Funktionen zu erfüllen.

Mehrere Langhäuser bildeten zusammen einen der schon angeführten Clans, dem wiederum eine Frau vorstand. Ein von den Frauen gewählter Clanhäuptling stand ihr zur Seite. Diese weiblichen und männlichen Clanvorsteher, vielmals einfach Häuptlinge genannt, bildeten den Stammesrat. Zu ihm gehörten noch die sogenannten Pine Tree Chiefs, Männer mit besonderen Fähigkeiten, die der ganzen Nation zugute kamen. Ihr Name geht auf die weiße Fichte zurück, die bis in den Himmel reicht und auch nicht umfällt, wenn sie gefällt würde, da sie sich mit ihren obersten Ästen im Himmel festhält. Sollte ein Pine Tree Chief je etwas tun, das im Widerspruch zu den Gesetzen des Stammes stände, würde er trotzdem nicht aus dem Rat ausgeschlossen. Entweder er zog selber die Konsequenzen und trat zurück, oder er verlor einfach seine Stimme.

Über dem Stammesrat stand die Bundesliga aus fünfzig Sachem, deren Titel erblich war. Sie setzte sich nach einem ganz besonderen Plan aus Vertretern der sechs Stämme zusammen, beriet Probleme und fällte Entscheide, welche den ganzen Stammesbund betrafen. In stammesinterne Angelegenheiten mischte sie sich nicht ein. Entscheide konnten nur getroffen werden, wenn alle fünfzig Sachem damit einverstanden waren. Während der Versammlungen trugen die Sachem Hirschgeweihe auf ihren Köpfen, die die Stellung des Trägers unterstrichen und mit Titel und Namen des Verstorbenen weiter vererbt wurden.

Der große Rat tagte immer in Onondaga. Auf der einen Seite des Feuers saßen die Mohawk und Seneca, auf der anderen die Oneida und Cayuga. Die Onondaga als Bewahrer des Großen Ratsfeuers saßen als Schiedsrichter zwischen ihnen. Eine Verhandlung wurde durch die Mohawk eröffnet. Sie versuchten zuerst mit den Seneca eine Übereinstimmung zu erreichen und verhandelten danach mit den Oneida und Cayuga weiter. Die Onondaga hatten bei diesen Verhandlungen zu vermitteln, konnten Kompromisse vorschlagen und – wenn alle Versuche mißlangen – eine Entscheidung treffen, die dann bindend war. Die zuletzt aufgenommenen Tuscarora hatten keine Stimme im Rat. Pro Stamm gab es einen Kriegshäuptling, der im Rat bestimmte Funktionen zu erfüllen hatte, jedoch kein Führer im Feld war.

Nach diesen Ausführungen über die Liga sowie den Großen Rat könnte leicht der Eindruck entstehen, die Rolle der Frau sei doch nicht so bedeutend gewesen. Vergessen wir aber nicht: Alle wichtigen Personen wurden von Frauen gewählt. Waren sie ihrer Aufgabe nicht gewachsen, konnten sie wieder abgesetzt werden. Es war auch ganz natürlich, daß die Frau als Lebensspenderin Besitzerin von Haus und Feld war. Wurde jedoch ein neues Stück Land gerodet, war dies Aufgabe des Mannes, da zu diesem Zweck Bäume gefällt, das heißt getötet werden mußten. Und Töten gehörte zu den Pflichten des Mannes.

Die Matrilineage gab den Frauen noch weitere außergewöhnliche Rechte. Es konnte, um noch einige Beispiele zu erwähnen, kein Krieg ohne die Einwilligung der Frauen geführt werden. Eine Mutter konnte ihrem Sohn die Beteiligung an einem Kriegszug verbieten und über das Schicksal von Gefangenen entscheiden, ob sie adoptiert oder getötet werden sollten.

Clanmitglieder durften nicht untereinander heiraten, und man sah

es auch nicht gern innerhalb der eigenen Phratrie, da man sich als Brüder und Schwestern betrachtete. Jedes Clanmitglied hatte zudem die Pflicht, einem in Not geratenen Menschen beizustehen. Meist geschah dies anonym – man wollte keinen Dank.
Trotz dieser Pflichten und Ermahnungen behielt der Irokese weitgehend seine persönliche Freiheit in Denken und Handeln. «Wir beraten zusammen», war ein immer wieder gebrauchter Grundsatz, und wenn die Irokesenliga heute auch als unterdrückte und verarmte Minorität auf der Schattenseite steht – der Einfluß der irokesischen Idee ging niemals verloren[32].
Bei der Gründung des Irokesenbundes bediente man sich der *Wampumschnüre* als Urkunde. Sie bestanden aus Meermuschelschalen, die in mühseliger Arbeit zu röhrenförmigen kleinen Zylindern geschliffen und dann in bestimmter Anordnung auf Schnüre gezogen wurden. Diese Wampum dienten als Erinnerungshilfe für besondere Ereignisse. So wurden zum Beispiel bei der Gründung des Irokesenbundes fünfzig solcher Schnüre «besprochen» und in einem besonderen Langhaus aufbewahrt. Die Wampumperlen konnten auch zu breiten Bändern miteinander verflochten werden. Es existiert noch heute ein Gürtel, der aller Wahrscheinlichkeit nach Hiawatha gehörte. Er besteht aus violetten Wampumperlen, in die mit weißen Perlen in der Mitte ein Baum (Krickeberg spricht von «herzförmiger Mittelfigur») und links und rechts davon je zwei Quadrate eingeflochten sind. Alle fünf Figuren sind mit einer weißen Linie verbunden. Sie symbolisieren die vier Stämme Mohawk, Oneida, Cayuga und Seneca, der Baum in der Mitte die Onondaga als Sitz des Großen Ratsfeuers. In einer Arbeit aus dem Jahre 1880 zweifelt W. B. Beauchamp an der Echtheit des Gürtels und glaubt an eine schon ältere Kopie.
Verschiedene Untersuchungen zeigen, daß Wampumschnüre zuerst von den Algonkin getragen wurden, ihnen aber nur als Schmuck dienten. Das Ursprungsgebiet scheint Rhode Island mit dem Narragansett Stamm zu sein. In ihrem Küstengebiet findet man die besonders geeignete weiße Meerschnecke *(Busycon carica)* und die Muschel *(Venus mercenaria)*, deren Rand ein wunder-

schönes Violett zeigt. Auch das Wort Wampum kommt aus der Algonkinsprache und ist einfach die Kurzform von *wamp-anpi-ak*. Gewöhnliche Wampum dienten auch als Zahlungsmittel.

Langhaus-Siedlungen

Die irokesischen Stämme wohnten in festen Dörfern. Eine Siedlung wurde nur verlassen, wenn der Boden verbraucht war, die Ernten nicht mehr ausreichten oder der Weg für die Brennholzbeschaffung zu lang wurde.
Der Hausbau war Sache der Männer. Die Langhäuser standen zu beiden Seiten einer breiten Straße. Der schmale Abstand zwischen ihnen erlaubte einen regen Kontakt. Die Häuser wurden stets in Ost-West-Richtung gebaut und hatten im allgemeinen eine Länge von 25 Meter; die Höhe von 5 Meter entsprach ungefähr ihrer Breite. Zuerst wurden etwa 3,5 Meter lange, oben gegabelte Holzstangen in regelmäßigen Abständen in den Boden gerammt. In die Gabelungen legte man horizontal Stangen. Auf diese Querstangen wurden in Längsrichtung nochmals Stangen oder Bretter gelegt, wobei man in der Mitte ein breites Stück offen ließ. Die Dachkonstruktion, die man auf diesen «Dachboden» baute, wies zwei Typen auf: Giebeldach oder Runddach. Bei letzterem mußte die Rundung ziemlich steil sein, damit im Winter der Schnee gut abgleiten konnte. Wände und Dach wurden mit Ulmenrinde verkleidet. Fehlte sie, wichen die Baumeister auf die Rinde der Schierlingstanne, Esche oder Zeder aus. Die Maserung der Dachplatten verlief in Richtung des Dachgefälles. Die Rindenplatten der Seitenwände und des Daches wurden mit Bastfasern des Hikkorybaumes miteinander vernäht. Wie bei uns die Ziegel, mußte die letzte Schicht der Dachplatten leicht überlappen. Über das Dach wurden nochmals Stangen gelegt, die ebenfalls mit dem Grundgerüst verbunden wurden.
Der Innenausbau dieser soliden, wetterfesten Häuser bestand in einem Mittelgang, welcher den Ost- und Westeingang miteinan-

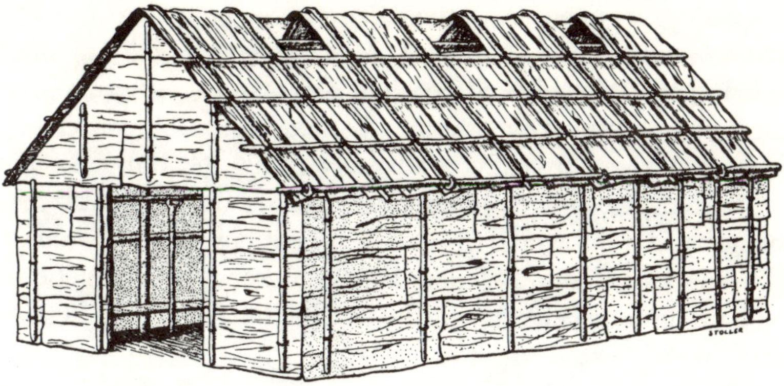

Irokesen-Langhaus

der verband. Etwa 50 Zentimeter über dem Boden lagen zu beiden Seiten des Ganges Räume, welche durch einen Vorhang aus Leder geschlossen werden konnten. Jede Kammer wurde von einer Familie bewohnt, war sie besonders zahlreich, benutzte sie zwei.
Alle persönlichen Gegenstände konnten bequem auf dem Dachboden oder unter den Schlafbänken untergebracht werden. Am Eingang befanden sich die Vorratskammern, die immer wieder aus den Speichern aufgefüllt wurden. Dort hingen zu Zöpfen geflochtene Maiskolben, in Streifen geschnittene, getrocknete Kürbisse und Äpfel, Behälter mit Beeren und getrockneten Kräutern. Den Ahornzucker bewahrte man in Töpfen auf. Jede Familie bediente sich hier nach Bedarf, nur in Notzeiten wurden die Vorräte genau aufgeteilt. Immer die beiden gegenüberwohnenden Familien unterhielten im Gang ein kleines Feuer zum Kochen und Wärmen, und man war stets bemüht, genug trockenes Brennholz in Vorrat zu haben. Besonders im Winter, wenn der Rauchabzug im Dach geschlossen werden mußte, war der Rauch von feuchtem Holz eine arge Belastung.
Bis in das 17. Jahrhundert hinein waren die Irokesendörfer mit Palisaden umgeben, außerhalb dieser Umzäunung lagen die ausgedehnten Felder. Heute besitzen wir bereits gute Kenntnisse über

die Tüchtigkeit der irokesischen Bauern. Sie pflanzten und kultivierten Gemüse, das wir heute als selbstverständlich in unseren Küchen verwenden, jedoch vor dem Kontakt mit Amerika bei uns unbekannt waren. Die Stämme bauten über 200 verschiedene Nahrungspflanzen an, davon allein 17 Mais-, 60 Bohnen- und 8 Kürbisarten. Seit einigen Jahren wird bei uns das Sonnenblumenöl propagiert, das die weißen Eroberer bereits vor bald 400 Jahren in Amerika bestaunten. An den Sonnenblumen wuchsen Bohnen hoch, auf andern Feldern wurde der für die Zeremonie benötigte Tabak angepflanzt.
Vom Krieg im Sommer 1779 berichtete Brigade-General John Sullivan (1740–1795): «Genese, die wichtigste Stadt des Westens (der Seneca), welche alle Wintervorräte des Irokesenbundes enthielt, wurde völlig vernichtet... Ein Soldat maß einen Maiskolben und fand, daß er fünfundfünfzig Zentimeter lang war. Ein anderer zählte die Apfelbäume in einem einzigen, nicht ungewöhnlich großen Garten. Es waren fünfzehnhundert. Es gab auch Pfirsich- und Birnenbäume. Generationen von Irokesen hatten hier gepflanzt. ‹Einen Wigwam (sprich Langhaus) kann man in ein oder zwei Tagen bauen›, sagten die Indianer tiefbetrübt, ‹aber ein Baum braucht viele Jahre, bis er Früchte trägt›.»[33]

Gesellschaften und ihre Masken

Die verschiedensten «Gesellschaften» bemühten sich mit besonderen Riten um eine gute Ernte der zahlreichen Früchte und Gemüse. Sie waren auch für die Aussaat zuständig, und bei den Erntefesten fielen ihnen wichtige Aufgaben zu. Neben diesen Organisationen gab es Medizingesellschaften und Vereinigungen, die speziell dem Spiel und der Unterhaltung dienten.
Organisation und Aufgaben werden allerdings voneinander abweichend beschrieben. Auch muß man berücksichtigen, daß die Berichte aus verschiedenen Epochen stammen und das ganze Stammesgefüge schwere und stürmische Zeiten erlebte. So existie-

ren zum Beispiel heute nicht mehr alle Clans. Auch die Gesellschaften sind stark zurückgegangen, haben sich zum Teil gewandelt, und ihr Einfluß ist kleiner geworden.

Jede Gesellschaft hatte ihre eigenen Masken, deren Ursprung wir in den unzähligen Mythen zu suchen haben. So wird von einem mächtigen Medizinmann erzählt, der bei den Seneca *shagodyowéhgowa* = Unser Verteidiger genannt wurde und bei den Onondaga *haduigona* = Der Große Bucklige. Er ist an die Erde gebunden und durchwandert sie, der Sonne folgend, mit Riesenschritten von Ost nach West. Mit einem großen Stock stößt er auf die Erde, so daß sie geschüttelt wird. Rastet er über Mittag, reibt er mit seiner riesigen Schildkrötenrassel am Weltenbaum, welcher in der Mitte der Erde steht. Dadurch erneuert er immer wieder seine ungeheuren Kräfte. Wenn der Bucklige am Morgen aufbricht, ist sein Gesicht rot, abends, bei untergehender Sonne, ist es schwarz. Dem Schöpfer hatte er einst versprochen, sich am Rande der Erde, dort wo kein Mensch ihn finden und sehen könne, zu verstecken. Auch hat er einen Tanz, den die Menschen einst möglicherweise in einem Traum von ihm gelernt hatten, um gesund zu bleiben oder andere heilen zu können. Wenn die Menschen diesen Tanz aufführen, steht er vor der Tür und wacht, damit niemand störend dazwischen tritt. Dies sind dann die «Türhütermasken». Daneben gibt es noch unheimliche Wesen, die durch die Wälder schweben und dem einsamen Jäger begegnen und ihn erschrecken. Oft sind es nur Köpfe mit langen Haaren, die von Baum zu Baum fliegen. Sie tragen eine Rassel aus Hickoryrinde und betteln um Tabak und Maismehl.

Während die Masken des Großen Buckligen einen verzerrten Gesichtsausdruck haben, sind die Masken dieser «Waldgeister» einfache Gesichter.

Der Seneca Arthur C. Parker erzählt eine Mythe, in der wir über den Ursprung der Maskenherstellung etwas Genaueres erfahren, daneben aber auch interessante Einzelheiten über die Entstehung sogenannter «Geheim-Masken». Die Mythe erzählt von menschenfressenden Steinriesen, die die Dörfer überfielen und die

Menschen auffraßen. *Teharonhiawagon,* der die Menschen erschaffen hatte, erbarmte sich ihrer, verwandelte sich selber in einen Steinriesen und vernichtete sie alle bis auf einen, der entkommen konnte. Er wurde in den Riesen *Ganusquah* verwandelt und wohnt seither in den Appalachen. Nie hat ein Mensch ihn zu Gesicht bekommen, nur ausgerissene Bäume und seine Stimme im Sturmwind zeigen, daß er noch immer dort wohnt.
Vor langer Zeit suchte ein Jäger, der seine Sehkraft durch Hagelkörner verloren hatte, in einer Höhle Zuflucht. Im Traum befahl ihm *Ganusquah,* in einen zu ihm sprechenden Baum ein Gesicht zu schnitzen. Als er aus seinem Traum erwachte, stand neben ihm ein Lindenbaum, der sich langsam in eine große Maske verwandelte. Ganusquah lehrte den Jäger nun, selber Masken zu schnitzen. Auf seinen Wanderungen durch die Wälder fing er Tiere und Vögel, lernte ihre Sprache und schnitzte Masken nach ihrem Vorbild. Als alter Mann kehrte er in sein Dorf zurück, beladen mit allen Masken, die er in den langen Jahren geschnitzt hatte. Er gründete den «Falschgesichterbund» und lehrte die Mitglieder des Bundes die Riten, mittels denen sie Kranke heilen konnten.
Die Vielfalt der Masken erklärt sich mit den im Traum erscheinenden Waldgeistern, die baten, auch von ihnen eine Maske zu schnitzen. Der Träger der neuen Maske bekam dann die Kraft, ebenfalls Kranke zu heilen.
Werner Müller schreibt in seinem Buch «Die Religionen der Waldlandindianer Nordamerikas», Berlin 1956: «Sobald ein Mensch in eine Maske schlüpft, verwandelt er sich in das eingekörperte Falschgesicht; er hinkt, kriecht, nasaliert beim Sprechen, schlottert am ganzen Körper, und das individuelle Schauspielertalent läßt oft im Laufe eines Lebens Maske und Träger mehr und mehr miteinander verschmelzen.» Erwähnenswert scheint uns auch folgendes: Als wir für das Völkerkundemuseum der Universität Zürich ein Falschgesicht erwarben, mußten wir uns verpflichten, die Maske nur für Ausstellungszwecke und nicht für irgendwelchen Mummenschanz zu gebrauchen.
Es gilt noch eine letzte Maskenart, die sogenannten «Maisstrohge-

sichter», hervorzuheben. In einer Ursprungsmythe der Onondaga wird erzählt, daß vor langer Zeit ein Jäger beim Ausnehmen eines erlegten Wildes plötzlich ein Maisstrohgesicht vor sich sah. Er fragte, woher es komme und was es wolle. Das Wesen erklärte ihm, *Odendonnia,* der Herr des Lebens, habe es beauftragt, den Menschen den Mais zu bringen, und übergab dem Jäger zwei Maiskolben. Diese Gabe war allerdings an zwei Bedingungen geknüpft: Die Menschen sollten in Zukunft den Mais zusammen mit dem Fleisch essen. Auch solle man aus den Deckblättern von Mais Masken flechten. Tragen die Indianer diese Masken, kommt das Wesen, hilft ihnen und bringt zudem das neue Saatgut. Die Masken werden noch heute von den Frauen geflochten, denn sie haben den engsten Kontakt mit dem Mais, weil sie ihn säen und ernten.

Das Grünmaisfest

Bei der Schilderung des «Grünmaisfestes» können wir uns in erster Linie auf die Arbeiten des Amerikaners William Fenton stützen. Er wuchs in nächster Nähe der Allegheny Reservation auf, wo er auch zum ersten Mal eine «Grünmaisfeier» erlebte. Fenton wurde einer der bedeutendsten Irokesenforscher unserer Zeit. Als zweiten Experten werden wir Wolfgang Lindig, einen bekannten Amerikanisten des deutschen Sprachraumes beiziehen. Fenton und Lindig konnten ihre Forschungen mit den Ergebnissen zweier anerkannter amerikanischer Wissenschaftler, dem Tuscarora J.N.B. Hewitt, und A.C. Parker, einem Seneca, ergänzen. Dankfeste verteilen sich über das ganze irokesische Jahr. Das Grünmaisfest, auch ein Dankfest, dauerte vier Tage und fand genau sechs Monate vor dem Mittwinterfest, dem irokesischen Neujahr statt. Am ersten Tag erhielten die Kinder, die in den letzten sechs Monaten geboren waren, ihren indianischen Namen, damit der Schöpfer, der während des Festes anwesend war, sie auch erkennen konnte.

Nach dem gemeinsamen Mahl einer ganz besonderen Suppe folgte die allgemeine Danksagung an alle Geistermächte. Den Höhepunkt des Tages bildete die Nennung der Namen der Kinder, die – nach Clan gesondert – dreimal wiederholt wurden, damit man sie sich gut einprägen konnte. Dann folgte der «Federtanz» und zum Abschluß die Ansage des Programmes für den kommenden Tag. Dieser begann mit dem Einsammeln von Nahrungsmitteln bei allen Familien, das die Ernte symbolisieren sollte. Nach einem gemeinsamen Mahl folgte der «Große Federtanz», bei dem jeder der Anwesenden mindestens dreimal die Runde machen mußte, mochte er noch so alt sein. Twenty Jacobs, einer der Tänzer, erklärt es so: «Der Große Federtanz ist irgendwo im Himmel, und das Volk wird ihn dort jeden Tag tanzen. Alle fühlen sich gesund und sind glücklich. Die andern sind froh, weil sie ihn beobachten. Der Schöpfer gab ihn uns, um uns zu helfen. Er dachte, daß das Volk ohne Tanz einsam sein würde.»[34]

Es gibt über hundert Federtanz-Gesänge. Sie beinhalten den Dank an die Erde, die Wurzeln, an die Kräuter als Gesundheitserhalter, an Bäume, Ströme und Tiere. Ein ganz besonderer Dank gilt den «Drei Schwestern» Mais, Bohne und Kürbis. Es muß ein unvergeßliches Erlebnis sein, einer solchen Zeremonie beiwohnen zu können. Die Tonaufnahmen von Fenton vermögen die Stimmung nur sehr unvollkommen wiederzugeben. Der Gesang wurde von den Schlägen der Schildkrötenrassel auf die Kante einer Holzbank und dem lauten Rasselklang zwischen den Aufschlägen begleitet. Einzelne Gesänge wurden von den Wassertrommeln untermalt, deren Tonhöhe durch den Wasserstand im Innern reguliert werden kann.

Auftakt des dritten Tages war das Einsammeln von Tabak in allen Häusern. Der Tabak diente dem gemeinsamen Tabakopfer, bei dem ein Priester in einer längeren Zeremonie nochmals den Dank an *Teharonhiawagon,* den Schöpfer, richtete. Bei jeder Gabe, die er erwähnte, warf er ein wenig Tabak ins Feuer. Nach dieser Handlung wiederholte jeder der anwesenden Männer diesen Dank und beschloß ihn mit seinem persönlichen Lied. Am Trommel- und Danksagungstanz beteiligten sich dann alle. Der Tag endete mit einem gemeinsamen Mahl und anschließenden «weltlichen Tänzen». Bevor man auseinanderging, wurden noch die Vorbereitungen für den nächsten Tag getroffen, an dem der Bären-, Wolf-, Biber- und Schildkröten-Clan gegen den Hirsch-, Schnepfen-, Reiher- und Falken-Clan zum Pfirsichkernspiel antreten mußten.

Der vierte und letzte Tag begann mit dem Bestimmen eines Schiedsrichters für das Pfirsichkernspiel, das den Kampf zwischen Teharonhiawagon und seinem Zwillingsbruder *Tawiskaron*, welcher das Böse verkörpert, symbolisiert. Die beiden Phratrien wechselten sich in der Rolle ab; jene, die beim Mittwinterfest Teharonhiawagon vertrat, spielte beim Grünmaisfest den bösen Zwillingsbruder. Das Spiel dauerte so lange, bis eine der Parteien alle 102 Spielkerne auf ihrer Seite hatte. Erst nach Beendigung des Spiels erschienen die Frauen, um auch ihren Dank dem Schöpfer und den Drei Schwestern darzubringen. Sie begleiteten ihren Gesang mit Rasseln aus einem Stück Horn und schlugen daneben mit einem Büschel Ginsterzweigen auf den Boden. Der Rundtanz zum Schluß wurde von der jeweiligen Clanmutter angeführt und symbolisierte den Gang der Drei Schwestern über die Felder, wo sie den Sommer verbringen, um im Herbst als reife Früchte in das Langhaus zurückzukehren.

Schläger für das Ballspiel der Seneca.
Das Geflecht besteht aus Rohhaut, Länge 1,5 Meter.

Seit der Gründung des Irokesenbundes bezeichnet man nur noch die sechs Nationen Onondaga, Mohawk, Oneida, Seneca, Cayuga und Tuscarora als Irokesen, in ihrer Sprache *Ho-dé-no-sau-nee*. Die andern Völker aus der irokesischen Sprachfamilie laufen unter ihrem Stammesnamen weiter. Zu diesen gehören auch Stämme, die sich zum sogenannten Huronenbund zusammenschlossen und

rund um den Erie- und Huronen-See wohnten. Der Bund bestand neben den Huronen unter anderem aus den «Neutralen» (Attiwandaronk), den «Erie» (Cat Nation) und der «Tabak-Nation» (Tionontati). Letztere besaßen riesige Tabakfelder und lieferten das begehrte Kraut im Tauschhandel an die Nachbarvölker.
Der erste Kontakt des Huronenbundes mit Weißen führte ihn mit den Franzosen zusammen, mit denen er bald feste Handelsbeziehungen unterhielt. Das Land rings um die Seen war reich an Bibern und anderen wertvollen Pelztieren, die die Franzosen als Tauschware gegen Musketen, Messer, Stoffe und Glasperlen verlangten.

Die Algonkin

Die östlichen Stämme der zweiten großen Sprachfamilie, der Algonkin, bevölkerten die Ostküste bis nach North Carolina hinunter und waren somit die ersten Indianer, die im Gebiet der späteren Neu-England-Staaten mit den weißen Invasoren zusammenstießen. Wir beobachten bei den Algonkin die verschiedensten Kulturen. Während wir es im Norden mit reinen Jägern, Fischern und Sammlern zu tun haben, finden wir weiter nach Süden und mehr im Landesinnern Bodenbauer, die allerdings noch stark von der Jagd abhängig waren.

Unterschiedliche Lebensweise

Westlich der Großen Seen, in einer einsamen, von Wäldern, Hunderten von Seen und großen Sumpfgebieten geprägten Landschaft, leben zwei Algonkinstämme, die Menomini und die südöstlichen Ojibwa (Chippewa), die wir zu den sogenannten «Erntevölkern» rechnen. Wie der Name schon besagt, liegt der Schwerpunkt ihrer Ernährung auf dem jährlichen Ernten von saisonmäßig vorkommenden Wildpflanzen, in diesem Fall dem Wasserreis, einer Art wildem Hafer *(Zizania aquatica)*, der in den Seen- und Sumpfgebieten unendliche Flächen überzieht. Im Frühjahr beginnt der Wasserreis aus den auf den Grund gefallenen Samenkörnern zu sprießen, erscheint im Mai als grüner Schimmer über der Wasseroberfläche und entwickelt sich zu einem über einen Meter hohen Gras, das langsam bräunliche Färbung annimmt. Die schneeweißen Körner in den grünen Reishüllen sind von einer dünnen schwarzen Haut überzogen und können bis vier Zentimeter lang werden.

Noch heute leben Reste der Ojibwa und Menomini auf kleinen Reservationen in Minnesota und Wisconsin, ernten den Reis und halten einen Teil der alten Zeremonien aufrecht. Die Ojibwa, von denen nun die Rede sein soll, nennen den Wildreis *Manomin* und schreiben ihm eine übernatürliche Herkunft zu. So ist auch die nach strengen Regeln vor sich gehende Ernte fest in den Glauben an *Manitu* eingebettet, der alle Wesen und Dinge belebenden göttlichen Kraft, die man demütig verehrt.

Schon Wochen vor der Reife des Reises wird ein Reiskomitee gebildet, dessen Beschlüsse für die ganze Dorfgemeinschaft bindend sind. Sie umfassen die Bestimmung des genauen Termins der Ernte, die Zahl der daran teilnehmenden Boote und strenge Bestrafung bei Übertretung der Vorschriften. Nach tagelangen abendlichen Gesängen und Tänzen im Gemeinschaftshaus wird etwa Mitte September durch den Rat der Ältesten bekannt gegeben, daß der Reis zur Ernte reif sei und man ein bestimmtes Areal frei gäbe. Nachdem am andern Morgen der Häuptling von einem Felsen gegen den See und das Dorf den Beginn der Ernte verkündet hat, wobei der Name Manomin nicht erwähnt werden darf, werden die Rindenkanus von ihren Gestellen zu Wasser gebracht. In jedem Boot sitzen entweder ein Paar oder zwei Männer, die mit einem Ruder und einem gegabelten Stock zum Vorwärtskommen oder Verankern im Reisfeld an den vorgeschriebenen Platz fahren. Die reifen Ähren werden über den Bootsrand gebogen und mit einem in der linken Hand gehaltenen Zedernstab ins Kanu geschlagen. Die Boote liegen schwer im Wasser, wenn sie mit ihrer übervollen Last ans Ufer zurückkehren. Sorgfältig wird der grüne

Reis, der Gemeinschaftsbesitz ist, in Behälter gefüllt und dann auf einer Unterlage von Leder oder aneinandergenähter Birkenrinde getrocknet. Dann beginnt der Prozeß des Röstens, zu dem in historischer Zeit Eisenkessel genommen werden. Früher soll das Trocknen und Rösten auf einem niedrigen Holzgestell über einem schwachen Feuer üblich gewesen sein. Danach wird der Reis in einer mit Lehm verstrichenen Erdgrube oder einem eingegrabenen Korb durch Treten gedroschen. Die Männer tragen für diese anstrengende Arbeit Mokassins.

Nach der ersten Mahlzeit mit frisch geröstetem Reis, den man mit einem Stück Wild oder einer Ente zu einer dicken Suppe kocht, hält der Priester der *Midéwiwin*, einer Medizingesellschaft, ein kurzes Dankfest ab. Jeder der anwesenden Männer raucht einige Züge aus der Friedenspfeife, damit der Rauch die Aufmerksamkeit der Göttlichen Kraft auf sich lenkt, dann «segnet» der Häuptling die Reistöpfe der verschiedenen Familien. Zum Rauchen diente ein Gemisch von Tabak, trockenen Blättern zum Aromatisieren und zerstoßener Rinde, hauptsächlich der Weide, das auch bei andern Stämmen unter dem Ojibwa-Wort *Kinnikinnik* läuft. Natürlich ist das Gemisch je nach Gegend sehr unterschiedlich.

Nach der Dankzeremonie ist es den einzelnen Familien nach Gutdünken gestattet, zur Ernte auf das Wasser zu fahren. Da der Reis sehr unterschiedlich reift, sind die Grenzen des Erntegebietes weiterhin streng einzuhalten, um den unreifen Reis nicht zu beschädigen. Für die Aufbewahrung der Reisvorräte dienten früher außer Rindenbehältern auch gewebte Säcke aus Bastfasern der amerikanischen Schwarzlinde *(Tilia americana)* und Rotulme *(Ulmus fulva)*.

Speziell aus den Algonkin-Sprachen haben viele Worte Zugang in unsern Sprachgebrauch gefunden, und dem Leser von Indianer-Literatur werden Begriffe wie Wigwam = Behausung, Manitu = Höchstes Wesen, Squaw = Frau und Tomahawk = Keule geläufig sein.

An handwerklichen Erzeugnissen kannten die Algonkin einfache Töpfereien und Webereien, im Unterschied zu den weiterentwik-

19 «Lachender Tänzer», Maske der Seneca um 1850

20 Tasche der Irokesen mit Quillverzierung und Glasperlenstickerei. Haarbüschel in Blechhülsen. Dargestellt ist ein siebenköpfiger mythischer Vogel
21 Verschiedene Holzlöffel der Irokesen

kelten der Irokesen. Die Flechtarbeiten hingegen standen im ganzen Osten auf einem hohen technischen Niveau.

Auch unter den seßhaften Stämmen der Algonkin hatten sich Bünde gebildet, die jedoch nie die Bedeutung des Irokesenbundes erreichten. Einer der größten, der Abanaki-Bund (Wabanaki), umfaßte mehr als 20 Stämme. An einen anderen Bund erinnert nur noch der Name «Massachusetts», den heute einer der Gründerstaaten trägt. Aus dem Bund der Wappinger haben einst die am Sprain Lake wohnenden Manhattan Geschichte gemacht. Im Jahre 1626 verkauften sie dem Holländer Peter Minuit für eine Handvoll Glasperlen das ganze Land, das heute als der Stadtteil Manhattan das Herz von New York bildet.

Die Powhatan, ein Bund aus etwa 30 Stämmen, besiedelten das Land von der Atlantikküste bis weit in das heutige Virginia hinein. Ihr mächtiger Häuptling Wahunsonacock, von den Weißen der Einfachheit halber auch Powhatan genannt, war der Vater der schönen Pocahontas, deren Schicksal in die Weltliteratur einging.

Diese Bünde waren nicht nach dem demokratischen System der Irokesen aufgebaut und wurden von Häuptlingen mit beträchtlichen Machtbefugnissen regiert. Deshalb sprechen frühe Reiseberichte auch von «Königreichen». Dem Leser von Lederstrumpf-Erzählungen werden die Stämme der Mahican (Mohikaner) geläufig sein. Allerdings war der «edle Unkas» in Wirklichkeit ein Schurke und Verräter an seinem eigenen Volk.

Die Delawaren, mit ihrem richtigen Namen Lenni Lenape, ein großer und wohlhabender Stamm an der Atlantikküste, wurde durch den Friedensvertrag mit William Penn berühmt. Obwohl auch sie durch die Machtansprüche des Irokesenbundes bedrängt wurden, mußten sie später bei ihm Zuflucht suchen, als Penn das Land an die Engländer verkaufte. Das weitere Schicksal der Delawaren ist geprägt durch die Auswirkungen der von den Weißen gebrochenen Verträge, die das Volk zu einer Flucht quer über den ganzen Kontinent bis nach Texas zwangen.

Die Algonkin waren besonders im Aufzeichnen von historischen Ereignissen, Kräuterrezepten oder anderen für sie wichtigen Dingen begabt. Sie benutzten dazu eine einfache Form von Zeichen und Figuren, die sie auf Holz oder die Innenseite von Rinde ritzten. Die Delawaren besaßen im *«Walam Olum»* ein derartiges unschätzbares Dokument, eine Reihe von Holztäfelchen, auf die sie ihre ganze Stammesgeschichte von der Urzeit bis zum ersten Kontakt mit den Weißen aufgezeichnet hatten. Eine Reihe namhafter Wissenschaftler hat sich bemüht, uns Inhalt und Sinn dieser Urkunden zugänglich zu machen, deren Original heute tragischerweise verschollen ist.

Die Aufzählung der Algonkinstämme des Ostens ist selbstverständlich nur sehr unvollständig; wir verweisen den Leser auf das dem Buch beigefügte Stammesverzeichnis.

Wigwam und Kulthaus

Die typische Behausung der meisten östlichen Stämme war der Wigwam, die mit Birken- oder Ulmenrinde bedeckte Rundhütte. In südlicheren Zonen wurden zum Abdecken Binsenbüschel oder gewobene Matten verwendet. Wir finden aber auch einfach konstruierte Langhäuser mit rundem Dach, ähnlich jenen der Irokesen. Nur einige Stämme, wie etwa die Abanaki, hatten zeltförmige Wohnstätten, die im Gegensatz zu den Ledertipis der Prärie-Indianer mit Ulmenrinde bedeckt waren. Auf diese Schicht wurden nochmals Stangen gelegt, um die Konstruktion widerstandsfähiger zu machen.

Ähnlich den rechteckigen Kulthäusern der Irokesen waren die Kultbauten der Algonkin rechteckige Giebelhäuser, sogenannte «Großhäuser». Von den Delawaren ist uns überliefert, daß sie bis 1924 noch ihr zwölftägiges «Großhaus-Fest» feierten, allerdings in Oklahoma, fern ihrer alten Heimat. Der eichene Mittelpfosten ihrer Großhäuser hatte ein je nach Osten und Westen gerichtetes, herausgeschnitztes Gesicht, das rot und schwarz bemalt war. Die großen, maskenhaft wirkenden Gesichter stellten *M'sing,* ein führendes Wesen aus dem Pantheon der Delawaren dar, zu dessen Eh-

ren man um den Pfosten tanzte und die alten, traditionellen Lieder sang und rezitierte. Der Pfosten selber symbolisierte die Verbindung zwischen der Erde und allen ihren Kreaturen.
Die Zeremonien fanden im Herbst statt und waren mit weiteren Handlungen außerhalb des Hauses verbunden; etwa der Errichtung eines besonderen Pfahles zum Aufhängen von verschiedenem Wild oder der Zubereitung eines Maisbreies durch die Ausführenden der Zeremonie, der später von allen Teilnehmern gemeinsam gegessen wurde.
Der Bodenbau bei den östlichen Algonkin-Stämmen war – will man Augenzeugenberichten glauben – noch nicht so weit entwikkelt wie bei den Stämmen des Irokesenbundes. Der schwedische Botaniker Peter Kalm (1716–1779) bereiste in den Jahren 1747 bis 1750 den Osten und berichtet zum Beispiel von den Delawaren, daß sie nur kleine Felder um ihre Dörfer hatten und mehr von der Jagd und von Wildgemüsen lebten. Daneben stahlen die indianischen Frauen gern das Obst der schwedischen Bauern, und speziell wird auf die zunehmende Vorliebe der Indianer für Milch hingewiesen, die ihnen von den Schweden angeboten wurde[35].
Wie klein die Ernten der Algonkin waren, entnehmen wir auch den Schilderungen von Kapitän John Smith (1579–1631). Sie sollen nur etwa zwei bis drei Monate gereicht haben. Von dem bereits erwähnten General Sullivan hingegen wissen wir, daß er bei seinem Straffeldzug gegen die Irokesen mehrere tausend Zentner Mais vernichtete, der in richtigen kleinen Speichern gelagert war. Auch bei den Huronen finden wir diese Vorratshaltung, während für die Vorräte der Algonkin in der Regel kleine Gruben genügten.

Ernährung und Kleidung

Über die Ernährung der Powhatan schreibt Smith, sie hätten zusätzlich Fleisch und Fisch als Wintervorrat geräuchert. Von dem englischen Maler John White besitzen wir eine frühe, sehr anschauliche Darstellung vom Fischräuchern. Smith beschreibt ferner

die Methoden des Fischfangs. Die Indianer schossen die Fische mit Pfeilen, die an einer langen, dünnen Leine befestigt waren. Daneben wurden aber auch Netze und feine, aus Knochen gefertigte Angelhaken verwendet. Von den Delawaren wissen wir, daß sie anstelle des sonst üblichen Rindenkanus mit einem Einbaum auf Fischfang gingen. Verschiedene Küstenstämme benutzten Seetang und Fischabfälle zur Düngung ihrer Felder, um den Ertrag zu steigern. Die Männer werden als äußerst gute Bogenschützen geschildert, und Smith gibt an: «40 Yards (etwa 40 Meter) ergeben sichere Schüsse, und Zufallstreffer erzielen sie bis 120 Yards.»
Zum Lockern und Umbrechen der Erde beim Feldbau verwendete man den Grabstock, einen unten zugespitzten, einfachen Stock, der – weltweit zu finden – wohl als erstes Ackergerät des Menschen angesehen werden kann. Mit ihm wurden auch die Löcher für die Aussaat von Mais und Bohnen in die Erde gestoßen. Doch schon in vorkolumbischer Zeit kannte man Hacken, bestehend aus dem Schulterblatt eines Hirsches oder einem Stück Geweih, das mit Sehnen an einem Stock befestigt war. Bei den im Bodenbau weit fortgeschrittenen Irokesen sind sie mit Bestimmtheit belegt, doch auch John White zeigt uns mit Hacken arbeitende Frauen der Algonkin, die allerdings stark europäisiert aussehen.
Die üppige Natur schenkte dem Indianer des Ostens noch eine weitere wesentliche Bereicherung seines Speisezettels, den Zuckerahornbaum *(Acer saccharum Marshall)*, der nur in Nordamerika vorkommt. Die Gewinnung von Ahornsirup und Ahornzucker geht in vorkolumbische Zeit zurück und ist im Prinzip bis heute die gleiche geblieben. Im Frühjahr, «wenn die Krähen nordwärts ziehen», werden die Bäume angezapft, indem man einen 10 Zentimeter langen, diagonalen Schnitt in etwa ein Meter Höhe anbringt. Die Rinde wird etwas gelöst und mittels einer hölzernen Abflußrinne der austropfende Saft in Rindenbehältern aufgefangen. Man kann pro Baum mit einem Mindestertrag von etwa drei Liter rechnen, in denen allerdings nur drei Prozent Zucker enthalten sind. Die indianischen Frauen kochten die Flüssigkeit in großen Eisenkesseln, bis der Sirup die nötige Konsistenz hatte. In alten

Zeiten wird man auch hier die Methode des Steinkochens angewandt haben. Es gab aber noch eine zweite Möglichkeit der Sirupgewinnung. Man goß den Saft in flache Schalen aus Rinde und nahm am Morgen die gefrorene Wasserschicht ab. Natürlich mußte dieser Vorgang mehrere Male wiederholt werden. Zur Zuckerherstellung wurde die Masse nochmals eingedickt und als eine Art Zuckerfladen aufbewahrt. Die Frauen besaßen eigene kleine Hütten, in denen alle für die Sirupherstellung benötigten Utensilien untergebracht waren und die von der Mutter auf die Tochter weitervererbt wurden.

Der heutigen Europäerin ist wohl kaum bewußt, wie sehr viel einseitiger der Speisezettel vor der Entdeckung der Neuen Welt bei ihr war. Den indianischen Hausfrauen stand eine reiche Auswahl von Gemüsen, Früchten, Nüssen und Kräutern zur Verfügung, und von den zahlreichen Rezepten haben sich viele bis heute erhalten und sind vom weißen Amerika übernommen worden. Die indianischen Kinder liebten das Popcorn schon vor Jahrhunderten! Auch die ersten europäischen Einwanderer mußten seinerzeit dankbar die Nahrungsmittel der Neuen Welt entgegennehmen und lernen, sie zuzubereiten, wollten sie nicht verhungern.

Die Kleidung der Waldindianer war im Prinzip bei allen Stämmen ähnlich. Die Frauen trugen Kleider aus Wildleder, im Sommer oft nur einen von der Hüfte reichenden Rock, dazu kurze Leggings, also Beinstulpen bis zu den Knien, und Mokassins. Von den Frauen der Powhatan wird berichtet, sie hätten Capes aus Hasenfell getragen und die Nobelsten unter ihnen sogar Umhänge aus Truthahnfedern. (Der wilde Truthahn ist in mehreren Arten in weiten Teilen Nordamerikas zu Hause.)

Die Kleidung der Männer bestand aus Lederhemden und Leggings, dazu aus dem weichen, zwischen den Beinen durchgezogenen Stück Leder (breech cloth) und Mokassins. Im Sommer blieb der Oberkörper meist unbedeckt. Die Leggings der Irokesen hatten als Besonderheit die Naht vorn.

Auf den Bildern von White sehen wir für beide Geschlechter eine Art kleiner, rundgeschnittener Schürze, wobei die Frauen ein zweites Stück gleicher Form auch hinten tragen. Dazu gehen Mann und Frau barfuß, doch es ist anzunehmen, daß die gezeigte Bekleidung nur für die heiße Sommerzeit galt. Verziert wurden alle Kleidungsstücke wie auch Taschen und Behälter mit kleinen, aus Muschelschalen verfertigten Scheibchen und Röhrchen oder mit gefärbten Stachelschweinborsten, die zu Mustern aufgenäht wurden. Weiter gegen Norden treffen wir Elchhaarapplikationen. Von etwa 1650 an wurden diese Techniken langsam durch die von den Holländern erstmals eingeführten europäischen Glasperlen verdrängt. Sie wurden bald ein begehrter Tauschartikel und erlaubten den Frauen mehr Gestaltungsfreiheit. Vor allem kamen sie der Vorliebe für Pflanzenornamente entgegen, die uns auf Kleidungsstücken, Mokassins und Taschen ein beredtes Beispiel vom Geschmack und Können der Indianerinnen geben.

Die Haartracht der Männer ist uns vor allem durch den Haarschopf der Irokesen bekannt, doch rasierten sich bei weitem nicht alle Stämme den Kopf bis auf diese oft zitierte Haarlocke kahl. Man band das ganze Haar nach oben zusammen und schmückte es mit Federn oder einem Stück Pelz, ganz der individuellen Art des Indianers entsprechend. Alte Männer, auch bei den Irokesen, trugen das Haar schlicht fallend. Die Frauen hielten ihr Haar mit fein gewobenen Bändern zurück oder flochten es zu Zöpfen.

Eine der traditionellen Kopfbedeckungen der Irokesen war eine kleine Kappe aus Leder, die die verschiedensten Verzierungen aufweisen konnte. Der Krieger trug als kostbaren Kopfputz die Hirschraupe, ein Stück vom Rückenpelz des Hirsches, das auf einer verzierten Knochenplatte befestigt war.

Das Kind und seine Erziehung

Die indianische Frau trug ihr Kleinkind, gleich ob sie im Irokesenlanghaus, im Tipi der Plains oder im Hogan der Navajo zu Hause war, in einer Trage auf dem Rücken. Die Tragart Rücken an Rücken ist typisch nordamerikanisch, nur wichen diese «cradles»

in der Ausführung wesentlich voneinander ab. Die übliche Kindertrage des östlichen Nordamerika besteht aus einem rechteckigen Brett, das unten mit einer Fußstütze versehen ist und in der Höhe des Köpfchens einen mehr eckig zugebogenen Schutzreif hat, an dem die Mutter kleines Spielzeug anhängen konnte. Das Kind wurde in einem Sack aus weichem Leder mit Riemen auf dem Brett festgebunden. War es kalt, legte man noch ein Daunenkissen hinein. Doch die Ausführungen variieren. Es gab Bretter ohne Fußstütze, auch konnten anstelle des Sackes zwei Stücke Leder an den Seitenkanten der Trage befestigt sein und vorn verschnürt werden.
Bei den nördlichsten Algonkinstämmen und in der Prärie kamen Ledersäcke ohne Tragbrett vor, wie sie bei den Naskapi üblich waren. Jede Mutter war bemüht, die Kindertrage liebevoll mit Quillstickerei oder später mit Perlarbeiten zu verzieren. Wohlverwahrt und -geschützt konnte das Kind so die Wanderung an einen neuen Wohnort mitmachen oder zur Arbeit auf das Feld mitgenommen werden und, mit dem Tragriemen an einen Baum gehängt, der Mutter zuschauen. In der Wohnstätte war die Trage zugleich das Kinderbettchen.
Bei allen Stämmen wurden die Kinder, kam nicht eine neue Schwangerschaft dazwischen, vier Jahre lang gestillt. Lafiteau schreibt über die Verwunderung der Irokesen, als er ihnen von europäischen Ammen erzählte. Seine Zuhörer waren der festen Überzeugung, die Kinder nehmen mit der Muttermilch die Eigenschaften der Mutter auf. Der gelehrte Jesuit macht in diesem Zusammenhang auf ein direktes Phänomen aufmerksam: Großmütter, die bereits das Klimakterium hinter sich hatten, konnten die stillende Mutter ersetzen, wenn diese dem Säugling wegstarb.
Die Erziehung der Kinder geschah mit großer Einfühlsamkeit und mehr mit gutem Zureden als mit Schelte. Es lohnt, einige Sätze von Johann Heckewelder aus der deutschen Ausgabe seiner «Nachrichten von der Geschichte, Sitten und Gebräuchen der Indianischen Völkerschaften, welche ehemals Pennsylvanien und die benachbarten Staaten bewohnten», Göttingen 1821, zu zitieren. Er

schreibt von den Lenni Lenape: «Der erste Schritt, den die Ältern in der Erziehung ihrer Kinder thun, ist darauf gerichtet, sie für künftige Glückseligkeit dadurch vorzubereiten, daß sie den zarten Gemüthern derselben einprägen: wie sie ihr Daseyn einem großen, gütigen und wohlwollenden Geist zu danken hätten, der ihnen nicht nur das Leben gegeben, sondern sie auch für gewisse wichtige Endzwecke bestimmt habe...» Man machte die Kinder auf das schöne Land und die Pflanzen ihrer täglichen Nahrung aufmerksam und versuchte ihnen zu erklären, daß man als Dank dem Großen Geist gegenüber ein sinnvolles Leben führen müsse. Man erzog die Kinder aber auch zur Wohltätigkeit gegen arme und alte Leute, indem man sie mit Nahrungsmitteln oder einem besonders guten Stück Fleisch zu einem kranken Nachbarn schickte. Alle, die dies beobachteten, lobten die Kinder, und wenn ein Vater einen besonderen Hilfsdienst von einem Kind erwartete, sagte er: «Wir wollen sehen, welches von euch so brav ist und dies tut.» Darauf drängten sich die Kinder, denn keines wollte den Vater enttäuschen. Die Erwachsenen bemühten sich, den Kindern Vorbild zu sein, und wörtlich fährt Heckewelder fort: «Auf diese indirecte Weise wird den jungen Leuten über alle Gegenstände Unterricht erteilt... Diese Art Unterricht zu erteilen ist, wie ich glaube, bey allen Indianer-Nationen üblich; sie ist es wenigstens bey allen denen mit welchen ich bekannt geworden bin.»[36]

Einige werfen Heckewelder vor, er sei «seinen Indianern» gegenüber nicht objektiv genug, doch muß man dagegenhalten, daß Heckewelder sehr scharf beobachtete und – wie wir glauben – mit den Augen eines Weißen, eines Engländers. Neben den von Heckewelder erwähnten Erziehungsmethoden wurde natürlich großer Wert auf die praktische Arbeit gelegt. Schon früh mußten die Mädchen mit der Mutter im Wald Holz sammeln und ihr bei der Arbeit im Haushalt zur Hand gehen. Die Buben wurden mit Pfeil und Bogen, bei den Irokesen speziell mit dem Blasrohr bekannt gemacht. Allgemein wird die große Anhänglichkeit zwischen Eltern und Kindern hervorgehoben, die bis zum Tod anhielt.

Ausgedehnte Totenrituale, Zweitbestattung und Mumifizierung

Über die Totenkulte und Bestattungsriten besitzen wir zahlreiche Berichte, die sich allerdings in vielem widersprechen. Es ist zu berücksichtigen, daß sie aus sehr verschiedenen Zeiten stammen und es den Informanten nicht immer möglich war, an diesen Zeremonien persönlich teilzunehmen.

War jemand in einem Dorf der Irokesen gestorben und dies durch den Clan-Häuptling verkündet, wurde großer Lärm gemacht, um die Seele des Verstorbenen zu zwingen, den Körper zu verlassen und sich mit ihren Vorfahren zu vereinigen. Bei den Algonkin hingegen herrschte tiefste Stille, die dann auch bei der nochfolgenden Trauerfeier von den Irokesen beobachtet wurde.

Nach Schoolcraft legten die Mohawk große Rundgräber an, in denen die Toten in ihren besten Kleidern sitzend mit untergeschlagenen Beinen beigesetzt wurden. Mit Balken versuchte man, das Grab vor dem Einstürzen zu bewahren. Darüber wurde die Erde zu einem Hügel gehäuft und von Pflanzen freigehalten. Die andern fünf Stämme des Irokesenbundes sollen die gleiche Art der Bestattung gekannt haben, wobei lediglich die Seneca relativ spät zur Erdbestattung übergegangen sind. Hier wurden die Toten anfänglich auf Gerüsten beigesetzt. Ebenfalls nach Schoolcraft legten die Algonkin kleine Hütten für die Verstorbenen an oder zogen bei Erdbestattungen einen Zaun um das Grab[37].

Die Irokesen feierten alljährlich im Mai oder Juni das Totenfest, das von den Frauen veranstaltet wurde. Man traf sich gegen Abend und begann mit einer feierlichen Rede, bei der man annahm, sämtliche während des Jahres Verstorbenen seien anwesend und hörten mit. Männer und Frauen tanzten dann abwechselnd bis zum Morgengrauen. Um Mitternacht wurde der Tanz kurz unterbrochen, und ein Mitglied des *Ogive-Bundes* (Bund der Totensänger bei den Irokesen) verbrannte Tabak und bat die anwesenden Geister der Verstorbenen, den Lebenden in ihrem Daseinskampf beizustehen.

Es gibt auch eine Mythe, die diese Zeremonie erklärt. Einst wurde ein junges Mädchen von einem bösen Wesen unter die Erde an einen unheimlichen Ort verschleppt. Dort tanzten andere seltsame Wesen um ein großes Feuer, und das Mädchen wurde gezwungen mitzutanzen. Als es schon ganz von Kräften war, kam ein guter Geist und brachte es zur Erde zurück. Das Mädchen lehrte nun seine Leute Tanz und Lieder, die es in dem unterirdischen Reich gehört hatte. Kurz darauf starb das Mädchen an einer ansteckenden Krankheit, und auch andere Leute aus dem Dorf wurden von der Krankheit dahingerafft. Nur die Menschen, die von dem Mädchen bereits die *Ogive-Zeremonie* gelernt hatten, konnten überleben.

Etwa alle zehn bis zwölf Jahre mußte ein neuer Siedlungsplatz bezogen werden. In einer großen Feier nahm man Abschied von den Gräbern seiner Lieben. Es kam aber auch vor, daß man Überreste von Verstorbenen mitnahm und am neuen Ort in einem Gemeinschaftsgrab beisetzte.

Zum Teil kannte man bei den nordatlantischen Algonkin auch die Mumifizierung, bei der die Leichen auf einem Rost langsam geräuchert wurden. John Smith berichtet von der Powhatan Conförderation, sie hätte die Leichname ihrer großen Häuptlinge (Smith schreibt «Kings»), nachdem die Eingeweide entfernt worden waren, auf Hürden getrocknet. Danach wurde die leere Bauchhöhle mit Perlen und Schmuckgegenständen gefüllt, die Leiche reich geschmückt und in weiße Häute und dann in Matten eingewickelt. Die so hergerichteten Toten wurden dann in einem Totenhaus beigesetzt und zu ihren Füßen Körbe mit ihrer sonstigen Habe aufgestellt. Die Betreuung der Totenhäuser übernahm ein Priester. Diese bevorzugte Behandlung macht einen ziemlichen Standesunterschied deutlich, weil die Toten der einfachen Bevölkerung nur in Matten gewickelt der Erde übergeben wurden.

Fast alle diese Begräbnisstätten sind jetzt überbaut oder überflutet, denn das alte indianische Siedlungsgebiet ist heute größtenteils das Ballungs- und Machtzentrum der USA.

Zwischen den Fronten der Kolonialmächte

Im Jahre 1606 teilte König Jakob I. von England durch einen Erlaß das ganze, seiner Meinung nach englische Nordamerika zwischen dem 34° und dem 45° nördlicher Breite in zwei Kolonialdomänen: Das eigentliche Virginien zwischen dem 34° und 41° für die London Gesellschaft und den Rest für die Plymouth Gesellschaft.

John Smith landete 1607 mit drei Schiffen der London Gesellschaft in der Chesapeake Bay, wo sie am James River die Kolonie Jamestown gründeten. Dort lebte man zunächst friedlich mit der Unterstützung des mächtigen Powhatan-Bundes (er soll mehr als 200 Dörfer umfaßt haben), bis sich die Kolonie durch immer neue Einwanderer so stark ausdehnte, daß es unweigerlich zu Auseinandersetzungen mit den Indianern kam. Das Ende war, trotz zweimaliger Vermittlung von Pocahontas, der Untergang dieser Völker.

Am 11. November 1620 landete die bekannte Mayflower mit den später berüchtigten Puritanern an der heutigen Küste von Massachusetts. Sie nannten ihre Kolonie Plymouth. Von den Puritanern stammt der Satz: «Nur ein toter Indianer ist ein guter Indianer», und sie waren auch die ersten Weißen, die Skalpprämien zahlten. Schon Ende des 17. Jahrhunderts waren die heutigen Staaten Massachusetts, Connecticut und Rhode Island gänzlich von Indianern «gesäubert». Wer nicht geflohen war, wurde niedergemacht oder als Sklave verkauft.

Im Gebiet des St. Lorenzstromes war das Verhältnis zwischen Indianern und Weißen in der ersten Zeit durchaus tolerant. Man hatte sich gegenseitig etwas zu bieten, und die weißen Händler versuchten nach Möglichkeit, ein friedliches Nebeneinander aufrechtzuerhalten. Sie besaßen die begehrten Tauschartikel wie Kessel, Beile, Messer und Flinten und erwarteten von den indianischen Jägern edles Pelzwerk, vor allem Biberpelze als Gegenleistung.

Zuerst wickelte sich der Handel zwischen den verschiedenen Algonkinstämmen und den Holländern, Schweden und Engländern

ab. Waren die Wälder leergeschossen, zogen die Weißen weiter in das Landesinnere. Etwa um 1623 errichteten die Holländer am oberen Hudson den Handelsposten Fort Orange und traten damit in direkten Kontakt mit den Mohawk. Was Wunder, daß es bald zu heftigen Konkurrenzkämpfen zwischen den algonkinschen Mahikan und der irokesischen Konföderation kam, die von den Holländern unterstützt wurde. Mit der Zeit rissen die Irokesen den ganzen Handel an sich. Um den Bedürfnissen der Holländer nach immer mehr Pelzwerk nachzukommen, mußten die Jagdgebiete ausgedehnt werden, wodurch sich der Konflikt mit den angrenzenden Völkern und den Algonkin nur noch verschärfte. Natürlich forderten die Kämpfe auf beiden Seiten große Opfer, hinzu kamen eingeschleppte, für den Indianer meist tödlich verlaufende Krankheiten. Die gesellschaftliche Struktur der Stämme geriet ins Wanken, denn die gesamte Nahrungsbeschaffung lag nun in den Händen der Frauen. Die Männer fanden kaum noch Zeit zur Verrichtung ihrer anderen Aufgaben; die ganze Sorge war auf eine erfolgreiche Pelztierjagd ausgerichtet. Viele der weißen Händler hatten sich inzwischen indianische Frauen genommen, lebten zum Teil im Stamm ihrer Auserwählten und brachten natürlich Sitten und Unsitten mit in die neue Gemeinschaft. Alkohol wurde nun nicht nur auf den Handelsstationen, sondern auch in indianischen Siedlungen getrunken. Verstärkt wurde diese negative Entwicklung noch durch die in das Innere eindringenden Siedler, deren alleiniges Ziel das Land der Indianer war. Dies zwang sogar einstmals verfeindete Stämme, Schutz bei den Irokesen, der stärksten Konföderation, zu suchen.
In den Strudel der Kämpfe zwischen England und Frankreich um ihre nordamerikanischen Kolonien wurden naturgemäß die Indianer mit hineingerissen. Die Engländer hatten bereits erfolgreich die Schweden und Holländer vertrieben und begannen nun, den Franzosen das Land streitig zu machen. Beide Seiten versuchten mit falschen Versprechungen und Verleumdungen die mit ihnen verbündeten indianischen Stämme gegeneinander aufzuhetzen und für ihre eigenen egoistischen Ziele einzusetzen. Man zahlte nun

nicht mehr nur für Indianerskalpe, sondern auch für weiße Skalpe Prämien.
Frankreich verlor den Krieg und überließ seine indianischen Verbündeten ihrem Schicksal und der Rache der Gegenseite. Am 4. Juli 1776 erklärten sich die englischen Kolonien von ihrem Mutterland unabhängig, und wieder buhlte die englische Krone mit großen Versprechungen um die Gunst der Indianer, um bei ihnen Unterstützung gegen ihre abtrünnigen Landsleute zu finden. Dem großen Führer der Shawnee, *Tecumseh,* gelang es, zusammen mit seinem Bruder alle großen Stämme zu vereinen. Er glaubte durch die militärische Unterstützung des englischen Mutterlandes für die Indianer die feste Zusicherung eines großen Stück Landes mit gesicherten Grenzen zu erhalten. Tecumseh fiel in der entscheidenden Schlacht an der Themse (Thames) am 5. Oktober 1813, in der England seine Kolonien endgültig verlor. Die Kolonisten führten gegen die Ureinwohner einen äußerst grausamen Krieg. Missionsstationen und Indianerdörfer wurden zerstört, und wieder gellte der Ruf: «Nur ein toter Indianer ist ein guter Indianer», über das Land. Die Überlebenden vieler Stämme flohen über die kanadische Grenze, um vor den Repressalien der erstarkten jungen Union sicher zu sein.
In dieser Zeit der Zerstörung und Entwurzelung erstand den Irokesen in dem Seneca *Ganeodiyo*, besser bekannt unter dem Namen *Handsome Lake* (1735–1815) wiederum ein überragender geistiger Führer, dem es gelang, die Stämme aus ihrer Letargie zu reißen. Demoralisiert wie die meisten seines Volkes, hatte er die schädlichen Einflüsse der weißen Kultur am eigenen Leibe erfahren. Er war lange Zeit dem Alkohol verfallen, konnte sich aber aus eigener Kraft wieder davon befreien. Im Jahre 1799 erschien ihm während einer langen Krankheit der «Große Geist» und versprach ihm Heilung, damit er sein Volk zum alten Glauben zurückführen könne.
Handsome Lake genas, und nach der vierten Vision begann er mit seinem Bruder, dem berühmten Häuptling *Cornplanter,* und seinem Neffen *Thaonawyuthe* (Schwarze Schlange) die erhaltenen Lehren zu erklären. Sie verlangten die Rückkehr zur alten Reli-

gion, in die allerdings anstelle einiger nicht mehr ganz zeitgemäßer Riten neues geistiges Gedankengut, auch einiges der Quäker, übernommen wurde. Eines der wichtigsten Gebote war der völlige Verzicht auf Alkohol und eine friedliche Koexistenz mit den Weißen. Handsome Lakes Ansehen und Einfluß wuchs derart, daß er sogar von Präsident Thomas Jefferson nach Washington eingeladen wurde.

Die Langhaus-Religion verdankt dem Seneca eine Wiederbelebung, die bis in unsere Tage gehalten hat und zu einer Triebfeder der heutigen Indianerbewegung wurde.

Reste des Irokesenbundes leben heute in USA und Kanada. Der ihnen einst zugesprochene Lebensraum, sprich Reservationen, von denen einige sogar im alten Stammesgebiet liegen, wurden wiederholt verkleinert.

Ein typisches Beispiel der Indianerpolitik des «Großen weißen Vaters in Washington» bildet das Schicksal der Allegheni-Reservation in den Staaten New York und Pennsylvania. In einem Vertrag vom 11. November 1794, dem sogenannten *Pickering Vertrag*, heißt es in Artikel III: «Nun anerkennen die Vereinigten Staaten, daß alles Land innerhalb der vorerwähnten Grenzen das Eigentum der Seneca ist, die Vereinigten Staaten werden dasselbe niemals beanspruchen, noch die Seneca-Nation oder eine der Sechs-Nationen oder ihre indianischen Freunde, die darauf wohnen und mit ihnen vereint sind, im freien Gebrauch und Genuß desselben stören, sondern es soll ihnen verbleiben...»

Schon einige Jahrzehnte später fiel ein Stück der Reservation weißem Spekulantentum zum Opfer. In unserm Jahrhundert wurde trotz heftigen Protestes der Indianer von Präsident John F. Kennedy die Erlaubnis für den Bau des Kinzua-Dammes erteilt, der das ganze ehemalige Wirkungsgebiet von Handsome Lake und das Grab von Häuptling Cornplanter unter Wasser setzte. Die Seneca nennen diesen Stausee den «See der Treulosigkeit».

Dennoch – die Irokesen ließen sich nicht entmutigen. Im September 1969 gründeten einige Mohawk die Gruppe *White Roots of Peace*. Sie übernahmen damit das alte Symbol der Irokesen: Vom

Fuß des großen Friedensbaumes gehen vier weiße Wurzeln in alle vier Himmelsrichtungen, damit die Menschen den Weg zum Frieden im Schatten des Baumes finden können. Die Aufgabe ist in erster Linie auf Öffentlichkeitsarbeit ausgerichtet. Die Mitglieder der Gruppe ziehen durch die Reservationen, werben für einen Zusammenschluß der Indianer, geben Geschichts- oder Sprachunterricht und lernen den oft schon vergessenen Gebrauch von Wildgemüsen und Heilkräutern.

Bereits ein Jahr früher hatte der Mohawk Ernest Benedict das *North American Indian Travelling College* gegründet. Mit einem Kleinbus besucht eine Gruppe indianischer Lehrer die Reservationen und erteilt alt und jung Unterricht in indianischem Sinne. Beide Organisationen verfolgen ähnliche Ziele, wobei das Travelling College mehr den Kontakt mit alten Leuten sucht. Die Lehrer nehmen deren Erzählungen und Lieder auf Band auf, um sie auf diesem Wege an die Jüngeren weiterzugeben und vor dem Vergessen zu bewahren. Auch bei den Restgruppen der Algonkin macht sich, angespornt durch die Erfolge anderer Gruppen, ein Wiedererwachen des Stammesbewußtseins bemerkbar.

Nehmen wir als Beispiel die Narragansett im heutigen Staate Rhode Island, die schon früh in den Berichten über die Neue Welt erschienen und als Verbündete der Wampanoag im Widerstandskrieg von King Philip (Häuptling Metacom) einen furchtbaren Blutzoll zu entrichten hatten. Einen Schandfleck in der Geschichte dieser Jahre bildet das Massaker, welches am Weihnachtstag 1675 von den Puritanern an den Narragansett begangen wurde, als eine ihrer großen Siedlungen in der Nähe des heutigen Kingston von den Weißen eingekreist und dann angezündet wurde. Wer von den Indianern fliehen wollte, wurde abgeschossen oder die Männer später als Sklaven verkauft. Die Narragansett konnten sich von diesem Schlage nie mehr erholen, besonders, als die wohl bewußt eingeschleppten Pocken den Stamm noch mehr dezimierten. Die letzten Überlebenden vermischten sich mit andern Stämmen, eine eigene Reservation gab es nicht, und doch finden sie sich unter ihren eigenen Namen wieder zu religiösen Festen zusammen und

kämpfen mit Hilfe der *Indian Right Association* für eine neuerliche Anerkennung ihres Stammes und für die Rückgabe ihres alten Landes.
Sie stehen mit diesem Ansinnen nicht allein. Mit ihnen fordern andere Stämme des Ostens, wie die Penobscot und Passamaquoddy im Staate Maine, Entschädigungssummen für enteignetes Land, und seit 1977 laufen etwa 20 Anträge dieser Art. Dem Verlangen der Narragansett wurde inzwischen entsprochen. Der Staat Rhode Island stellte den Indianern 900 acres, das sind etwa 365 Hektar, zur Verfügung. Weitere 900 acres sollen mit Bundesmitteln aus Privatbesitz zurückgekauft werden. Dies würde einen weiteren kleinen Schritt in die Zukunft bedeuten.

Das südöstliche Waldland

Flora und Fauna

Mit dem südöstlichen Waldland, das sich über die Staaten North und South Carolina, Georgia, Alabama, Florida und fließend Teile von Louisiana und Mississippi erstreckt, betreten wir das Gebiet der einstigen Adena-, Hopewell- und nachfolgenden Mississippi-Kultur, mit deren ausgeprägten Lebensformen und hochentwikkeltem Kunsthandwerk wir den Leser anfangs schon kurz bekannt machten. Alle in diesem Kapitel behandelten Stämme – mit Ausnahme der Sioux sprechenden Völker – gehören zu den mittel- oder unmittelbaren Nachkommen der Mound-Kulturen, deren letzte Phase die ersten weißen Siedler noch antrafen.
Man hat sich in der Fachwelt auf den Begriff südöstliches Waldland geeinigt, hat es aber mit einer Landschaft von unglaublicher Vielfalt zu tun. Sie umfaßt die zerrissenen, mehrheitlich flachen Küstengebiete, die Nadelwälder der Golfküste, die weit nach Georgia hineinreichenden Laubwälder der Appalachen, breite Ströme mit für den Anbau günstigen Uferpartien, fruchtbares Akkerland und die Mangrovensümpfe von Florida.

Zeitgenössische Berichte über Sioux-Stämme

Wir haben nach seltenen alten Berichten über den Südosten gesucht und möchten zwei kurze Auszüge an den Anfang unserer Ausführungen stellen. Es wird in ihnen in einer lebendigen und unvoreingenommenen Art erzählt, die wir in späteren Berichten schon teilweise vermissen.

In «Der nunmehro in der Neuen Welt vergnügt und ohne Heimwehe Lebende Schweitzer. Oder Kurtze und eigentliche Beschreibung des gegenwärtigen Zustands der Königlichen Englischen Provinz Carolina... von J. K. L. Gedruckt bey Johannes Bondeli, 1734 Bern», lesen wir: «...Es ist leichtlich zu ermessen, daß in einem zahmen und sehr fruchtbaren Land, in welchem allerhand Bäum und Erdgewächs im Überfluß sind, sich allerhand Thier, welche der gütige Schöpfer zu der Nahrung und Gebrauch der Menschen erschaffen, in großer Menge müssen gefunden und angetroffen werden, wie deswegen auch Carolina von allerhand wilden Thieren gleichsam wimlet... Der Büffel oder wilde Ochs, ist in Carolina dann und wann anzutreffen, sonderlich so man tieffer in das Land hinein den Bergen zukommt... So ist es ferner zu wüssen, daß under allem Gewild keines in größerer Menge alldorten gefunden wird, als die Hirschen, deren es eine so ungläubliche Anzahl gibt, daß es scheinet, je mehr man deren erlege, je mehr man sehe und antreffe... Die Wilden machen ihre ordinari Speiß daraus, und werden viel hundert nur um der Haut und des Unschlits willen, als daraus die besten Kertzen gemacht werden, niedergeschossen... Neben diesen findet man auch einen großen Überfluß an Rehen... Auch findet man an allen Orten eine große Anzahl von Bären, welche von Farb gantz schwartz, aber nicht so groß als die hiesigen, auch übrigens weder Mensch noch Vieh ein Leid zufügen. Man siehet sie in den Wäldern mit dem Vieh sonderlich aber mit Schweinen lauffen... Hasen oder Caninchen gibt es in großer Anzahl, sind etwas kleiner als die hiesigen... Neben diesen erzehlten gibt es allerhand Gattung wilde Thier in den Wäldern, drey oder viererley Gattungen Einhörnlin, wilde Katzen, die von köstlichem Balg, verschiedene Gattung Thier, welche den Affen ähnlich. In den Bergen findet man Wölff, Panther, große Bergkatzen, welche ohne Zweifel eine Gattung Luchs oder Thier-Wolf sind... Die Wölff aber sind bey weitem nicht so groß als die Europaeischen, können auch zahm gemacht werden... Unter dem Feder-Gewild sind billich die erste zu nennen die wilde Weltsche-Hanan und Hühner[38], von welchen auch die erste in Europam überbracht worden, daß offt bey sechs hundert und mehr bey einander in den Wäldern angetroffen werden... Sonderlich aber sihet man zu End des Summers biß auff den Frühling alle Bäche und Flüsse angefüllet mit wilden Gänsen und Endten... So wird hier auch billich gemeldet, daß dann und wann in Carolina anzutreffen von den so genannten Rollen-Schlangen[39], welche bey drey oder vier Schuh lang sind... So nun ein Mensch ungewahrsam sich zu diesem Thier nähert, so machet sie mit der Klapper ein Geräusch, wie mit einer Rollen, um damit zu verhüten, daß man ihr ein Leid zufüge, deshalb auch kein Exempel, das sie die Menschen angreiffen oder beißen, man trete sie dann... Die Wilden haben eine Wurtzen, die sie auf die Wunden binden, dadurch der Biß unschädlich wird. Darneben findet sich eine gewüssen Art von einem kleinen Crocodil, welches Allegater genennet wird. Übrigens gibt es sehr viel Schild-Krotten bey den Flüssen... Diesemnach kan man sagen, Carolina sey so gelegen, daß es niemahl kalt, aber darbey auch niemahl gar warm und unerträglich heiß seye; Wahr ist es, das die Sommerzeit in den Heu- und Augustmonat zimlich warm, doch bezeugen die in Carolina wohnende Schweitzer, das es in diesen zwey Monaten nicht wärmer als bey Neuenburg... Die wilden Leuth, welche zwar von dem wahren GOTT wenig oder nichts wüssen, machen mit ihren Wandel die Christen zu schanden. Die in Carolina wohnende Schweitzer rühmen sich derselben, wie sie ihnen allerhand Höfflichkeit erweisen, so daß von keinem Wilden bißher keinem Schweitzer kein Leid zugefüget worden. Es manglet nichts als mit ihnen freundlich und höfflich umzugehen, so hat man von denselben nichts zu fürchten. Neben dem so sind derselben wenig mehr in Carolina, haben auch keine stäte Wohnung, sondern weilen sie sich nur von dem Jagen erhalten, so sind sie bald hier, bald dort, machen ihnen kleine Hütten, die sie mit Rinden von Cedern- Bäumen decken, auch siehet man niemahl mehr als fünffzehn biß zwantzig bey einander: Sie kommen zu den Schweitzer Häusern, bringen ihnen Gewild Häut und dergleichen Sachen, dagegen man ihnen ein wenig Tuch, Brod, Mähl oder anders gibt, und ziehen dann wieder gantz vergnügt fort... Übrigens sind sie schöne und in vielen Stucken gar vernüfftige Leuth. Deren etliche nun schon Englisch reden, und also für Dollmetschen dienen.»

In «Alter und verbesserter Schreib-Kalender auf das G.G. Gnadenreiche Christ-Jahr MDCCLIV... St.Gallen, verlegt zu haben bey Hans Jacob Hochreutiner, Buchbinder» ist ebenfalls eine recht ausführliche «Beschreibung von Carolina» enthalten. Wir entnehmen daraus noch einige Ergänzungen: «Von Augusta gehen alle Jahre über 2000 Pferdte mit Waren, bis 1000 Meilen gegen Abend nach dem Indianer Land, den einige ein- die andern zweymalen des Jahrs mit Hirschen-Häuten wieder zurück kommen, die man dann in Schiffen, so bis 20000 Pfund führen, entweder auf Savannah oder nach Carlstadt abführet... Es hat hier einige Berge, von denen man glaubt, die Wilden haben sie vormalen aufgetragen. Vor etlichen Jahren ist der Gouverneur aus Charles-Town mit einem Begleit von 200 Mann allhier gewesen und hat mit den Indianern wiederum den Frieden erneurt. Die Indianer kamen in schönster Ordnung singend und tanzend mit einer weißen Fahnen daher und umlegten den Gouverneur mit einem Geschenk von Hirsch-Häuten; darauf ward der Fried, nach einer Unterredung, in Beyseyn einer großen Menge Volcks geschlossen und die Stucke darbey tapfer gelöset. Der Gouverneur machte den Indianern ein Gegengeschenck von Flinten, Pulver, Kugeln und andern Dingen, und darauf gienge man wieder auseinder.»

Die Autoren nennen die Namen der Indianer nicht, jedoch können wir mit großer Wahrscheinlichkeit annehmen, daß es sich hier um die *Catawba* handelt, den mächtigsten Stamm einer aus dem Nordwesten eingewanderten Gruppe der Sioux-Sprachfamilie. Sie teilten sich in die eigentlichen Catawba und die Iswa oder Ysa. Die Stämme waren Bodenbauer, und ihre Siedlungen lagen im Gebiet der heutigen Stadt Charlotte in North Carolina. Die Häuser waren rund um einen Mittelpfahl gebaut und hatten Wände und Dach aus Ulmenrinde.

Zur Zeit der beiden zitierten Berichte, in denen von kleinen, wandernden Gruppen die Rede ist, müssen die Catawba also schon

weitgehend ihre Seßhaftigkeit verloren haben. Von den traditionellen Kunstgewerben muß besonders die Töpferkunst der Frauen hervorgehoben werden. Sie gehören zu den wenigen Indianerinnen des Ostens, die ihre Töpfereien bis heute in der Spiralwulsttechnik ihrer Vorfahren herstellen. Eine besonders originelle Verzierungstechnik ist der Gebrauch von entkörnten Maiskolben, die über die noch feuchten Tongefäße gerollt werden.
Die ersten Nachrichten über die Catawba brachte der Spanier Juan Pardo schon 1566/67 nach Europa. Der Stamm schien in ständiger Fehde mit den Tuscarora gelebt zu haben, deren Reste später als sechster Bundesgenosse in die Irokesenliga aufgenommen wurden. Die Unterstützung der weißen Siedler im Kampf gegen die Tuscarora brachte den Catawba letztlich nichts Gutes. Krankheit und Alkohol forderten ihren hohen Tribut, und so sank die Zahl der Stammesangehörigen von etwa 5000 im Jahr 1600 innerhalb 175 Jahren auf 400 Menschen.
Auch die Catawba gehörten zu jenen unglücklichen Stämmen, die in den dreißiger Jahren des 19. Jahrhunderts den Marsch nach Oklahoma, damals einfach «Indianerterritorium» genannt, anzutreten hatten. Laut Regierungsbeschluß mußte das ganze Land östlich des Mississippi von Indianern geräumt werden. Es war nur eine kleine Gruppe von Catawba, die nach langen Irrwegen 1851 die Choctaw-Reservation in Oklahoma erreichte. Einige Familien ließen sich bei den Creek nieder, andere taten sich mit den kläglichen Resten der Chickahominy des einst so stolzen Powhatan-Bundes zusammen und konnten so überleben. Ihre Zahl stieg bis 1944 wieder auf 400 Menschen an. Sie sind allerdings stark mit weißem und schwarzem Blut vermischt. Beide Stämme unterhalten in der Nähe der Catawba-Schule in York Country ein kleines Museum, in dem man auch die geschmackvollen Töpfereien der Catawba-Frauen kaufen kann.
Andere Sioux-Stämme des Südostens, wie etwa die Saponi, Keyauwee und Occaneechee sind schon seit dem 17. Jahrhundert verschwunden – ausgerottet worden, oder in anderen Stämmen aufgegangen.

Die Creek

Zu den Völkern der *Muskogee*, der zweiten großen Sprachfamilie des Südostens, gehören die *Creek*, die in den heutigen Staaten Alabama und Georgia beheimatet waren. Neben der Sprachfamilie gibt es aber auch einen Stamm, der sich Muskogee nennt. Der Name Creek bedeutet in England Bucht oder Hafen, in Amerika und Kanada kleiner Fluß oder Bach. Da die Völker der Muskogee in einer äußerst wasserreichen Landschaft wohnten, übertrug man diese Bezeichnung einfach auf ihre Bewohner.

Die Creek teilten sich in zahlreiche Stämme auf, von denen die Chickasaw, Choctaw, Alabama und Muskogee im Jahre 1716 den mächtigen Creek-Bund gründeten. Man schätzt die Zahl ihrer Siedlungen auf über fünfzig mit zusammen 20000 bis 30000 Einwohnern. Sie waren in einen «Weißen Clan» und einen «Roten Clan» eingeteilt, von denen der Rote Clan die Krieger und auch den Kriegshäuptling stellte. Zu den Aufgaben dieses War-chiefs gehörte auch die Organisation der verschiedenen Spiele, die durchaus nicht nur unterhaltenden Charakter hatten, sondern auch zum Abreagieren von Aggressionen beitrugen, die oftmals zwischen verschiedenen Siedlungen entstanden.

Der *Miko*, der Friedenshäuptling (es konnte auch eine Frau sein), kam aus dem Weißen Clan. Ihm fielen die politischen Entscheide zu, doch besaß er keine alleinige Befehlsgewalt. Daneben hatte er repräsentative Pflichten zu erfüllen, wie etwa den Empfang von Delegationen anderer Stämme. Während der Zeremonien saß der Miko mit weiß bemaltem Gesicht auf einem weißen Fell, umgeben von den Ratgebern seines Clans.

Siedlungen, Kulträume und kultische Spiele

Eine Siedlung oder Stadt, wie es in alten Berichten heißt, war wie folgt aufgebaut: Auf drei Seiten von Erdwällen umgeben, befand sich zuinnerst ein rechteckiger Hauptplatz, in dessen Mitte ein

Pfahl aufgerichtet war. Dieser «Ballpfosten» diente bei den verschiedenen Spielen als Ziel (wir würden heute Tor sagen) und trug an seiner Spitze einen Tierschädel. Der rechteckige Platz hat seine tiefe Verwurzelung im Weltbild der Creek, die sich die Erde als von Wasser umspülten Viereck vorstellten, in deren Mitte sich die Weltsäule, hier in Form eines bis dreizehn Meter hohen Pfahles, erhebt.

An der offenen Seite des Platzes waren vier Gebäude so aufgestellt, daß sie ebenfalls einen Platz umschlossen. Ihre Vorderseite war offen. Weiter zurück erhob sich ein großer Rundbau, das Kulthaus für die kühlere Jahreszeit. Um diesen ganzen Komplex zog sich eine weitere Abschrankung in Form einer Palisade, die – wie man heute annimmt – dazu diente, Kinder und Hunde von dem heiligen Bezirk fernzuhalten[40]. Die um den zweiten Platz angeordneten vier Gebäude besaßen zwei bis drei hintereinander erhöht angelegte Bankreihen, von denen man durch die offene Vorderseite den Blick auf den Innenplatz mit dem heiligen Feuer hatte, das während der Beratungen dort brannte. Die Seitenwände der Häuser ließen oben ein Stück frei, damit die Luft zirkulieren konnte; man konnte sie aber nach Bedarf mit Matten schließen. Die Gebäude waren nach den vier Windrichtungen orientiert, und jeder Clan, dessen Name von Dorf zu Dorf wechselte, hatte in ihnen seinen festen Platz. Der erhöhte Sitz des Miko befand sich im Westhaus. Nach James Adair[41] war hinter dem Häuptlingssitz ein kleiner Raum (er nennt es «sanctum sanctorum, their holy of holies»), worin die *atasa*, eine hölzerne Keule, aufbewahrt wurde. Auf dem Platz um das heilige Feuer spielte sich das religiöse Leben des Stammes ab. Hier wurden politische Entscheide getroffen, Feinde zum Tode verurteilt und die großen Feste gefeiert.

Der amerikanische Botaniker William Bartram (1739–1823) beschreibt uns in seinem Buch «Observations on the Creek and Cherokee Indians», New York 1798, noch eine weitere Form dieser Anlage. Wieder finden wir den großen, rechteckigen Platz, der jedoch an seinen Schmalseiten nicht ganz abgeschlossen war. In der Mitte erhob sich der bekannte Pfahl. An der nördlichen Schmalseite des Platzes stand auf einer etwa drei Meter hohen Erdpyramide das runde Versammlungshaus. Gegenüber befanden sich auf einem gleich hohen Mound die vier offenen, nach den Windrichtungen ausgerichteten Häuser. Zu ihnen führte eine steile Rampe mit Stufen hinauf, ähnlich wie wir sie bei den sakralen Bauwerken in Mesoamerika beobachten können. Meist befand sich zwischen den beiden Mounds auf der Westseite, jedoch außerhalb des Erdwalles, das Totenhaus, in dem die Häuptlinge und die Priester und ihre Angehörigen beigesetzt wurden. Der Leichnam wurde mit angewinkelten Beinen in Rinde eingewickelt, ein Kind in einer tönernen Urne beerdigt. Diese Urnen wurden symbolisch «getötet», man schlug ein Loch in ihren Boden und stülpte dann eine weitere größere Urne darüber, um ein Eindringen von Erde zu verhindern. Die Urnen wiesen die für die Töpferei des Südostens typischen Verzierungen auf, die in leicht abgeänderter Form schon bei sehr frühen Stücken gefunden wurden. Man bediente sich geschnitzter Stempel, die auf das noch feuchte Tongefäß gedrückt wurden; von innen preßte man einen Stein dagegen. Bei den Mustern dominieren spiralförmige und mäanderartige Motive. Außer den üblichen Grabbeigaben in Form von Perlen, Gebrauchsgegenständen und Pfeifen wurden auch Medizinbündel mit heiligen Gegenständen neben die Toten gelegt.

Es sei darauf hingewiesen, daß mit den angeführten Beispielen die Darstellung der heiligen Bezirke und der Begräbnisarten innerhalb der Creek keineswegs erschöpft ist.

Von den Spielen, die auf dem großen Platz ausgetragen wurden, gibt es vor allem vom alten *Chungke-Spiel* (Chunkey) eingeätzte Szenen auf Muschelschalen und Schnecken oder steinerne Pfeifenköpfe, die einen Spieler darstellen[42]. Eine Steinscheibe von etwa zwölf Zentimeter Durchmesser wurde mit großer Kraft über den Boden gerollt und mußte vom Gegenspieler mit einem geworfenen Stock zu Fall gebracht werden. Diesem Spiel begegnen wir in verschiedenen Arten über den ganzen Kontinent bis nach Kalifornien. Wir besitzen von Karl Bodmer eine Darstellung von den Hidatsa am mittleren Missouri und von H.B. Möllhausen vom Colorado

River, wo anstelle eines Steins ein hölzerner Reifen benutzt wurde.
Die rechteckigen, oft etwas versenkt angelegten Wohnhäuser außerhalb des heiligen Bezirks wurden aus in den Boden gerammten Pfählen gebaut, welche mit Flechtwerk verbunden waren. Die Wände wurden innen und außen mit Lehm verstrichen und bekamen im Haus noch eine Verkleidung von Matten. Über dieser Konstruktion wurde das Giebeldach errichtet. Der Hauseingang war am Ende einer Längsseite.
Die Felder mit den üblichen Feldfrüchten und Tabak lagen etwas abseits, doch befanden sich die Vorratsspeicher neben dem Kulthaus innerhalb der Umzäunung. Hauptfleischlieferant war der Hirsch. Seine Haut diente zur Herstellung von Kleidern und Taschen, aus dem Geweih fertigten die Männer Pfeilspitzen und Leim, die Knochen fanden Verwendung für Werkzeuge, und die Schalen (Hufe) ergaben, an einem Stab oder am Gürtel befestigt, die Rasseln. Der Hirsch wurde als so wichtig erachtet, daß man ihm eine besondere Zeremonie widmete.

Familienleben

Es war ein lebendiges Dorfbild, das sich dem Beobachter bot. Hunde und der halbzahme Truthahn gehörten dazu wie das Geräusch des Maisstampfens, das zu den täglichen Pflichten der Frauen zählte. Als Mörser diente ein ausgehöhlter Baumstamm, und auch der Stampfer war aus Holz.
Wir finden in diesen Gemeinschaften schon einzelne feste Berufsgruppen. Besonders begabte Töpfer konzentrierten sich auf die Herstellung bestimmter Formen und tauschten ihre Erzeugnisse gegen andere Dinge des täglichen Bedarfs. Es gab Handwerker, die sich auf hölzernes Eßgeschirr, Pfeilspitzen, Angelhaken, Wampumperlen oder Pfeifenköpfe und Tonfigürchen als Grabbeigaben spezialisierten. Nicht zu vergessen sei der Bau, also das Ausbrennen der hölzernen Einbäume. In der Nähe salzhaltiger Quellen war das

Salzsieden ein einträgliches Geschäft. Aber auch das zur Herstellung von Bogen äußerst begehrte Holz des Osage Orange *(Maclura pomifera)*[43] und Kupfer wurden über weite Strecken gehandelt.
Die Herstellung von Kleidung, Taschen und Mokassins war nicht nur für den eigenen Gebrauch bestimmt, sondern sie dienten auch als Handelsware. Beliebt waren Umhänge aus Bast und Gräsern, in die geschickte Frauen Opossumhaare mit einwoben. Federn wurden in ein Netzwerk eingeknüpft und ergaben dekorative Capes, wie überhaupt der äußeren Verschönerung großer Wert beigemessen wurde. Man trug sogar in der Nase kleine, halbmondförmige Schmuckstücke, und beide Geschlechter tatauierten Gesicht, Brust und Arme.
Die starke Religiosität der Creek mit streng eingehaltenen Übergangsriten, vielen Tabus und Vorschriften für den Alltag und die jahreszeitlich bedingten Feste prägten das ganze Stammesleben. Die meisten der nun kurz angeführten Verhaltensweisen haben, abgesehen von einigen lokal begrenzten Abweichungen, für den ganzen Südosten ihre Gültigkeit.
Das morgendliche Bad, an dem sich jung und alt beteiligte, war Vorschrift und bedeutete mehr als nur eine äußerliche Reinigung. Man schrieb ihm eine lebensverlängernde Wirkung zu, und es war fester Bestandteil verschiedener Zeremonien. Weitum war der Glaube verbreitet, rachsüchtige Tiergeister wären die Ursache fast aller Erkrankungen. Doch gab es eine Fülle von Heilpflanzen, diesen Übeln entgegenzutreten. An erster Stelle stand die Wurzel einer Weidenart (evtl. *Salix tristis)*, die in kaltem Wasser eingeweicht wurde, welches man ungekocht gegen Rheumatismus, Fieber, Malaria und Übelkeit trank. Man nahm auch Bäder mit dieser Heilwurzel. Eine «Weiße Medizin» stellte man aus den Wurzeln von Ginseng *(Panax quinquefolium L.)* her und nahm sie speziell gegen Kurzatmigkeit und zum Blutstillen einer Wunde ein. Die aromatische Wurzel der Angelika *(Angelica atropurea L.)* wurde durchgekaut und der Saft gegen Magenerkrankungen, Hysterie und Würmer eingenommen. Letztere müssen ein weitverbreitetes Leiden im Südosten gewesen sein. Oft kombinierte man

auch mehrere Heilmittel zusammen. Die Pflanzen, deren Reihe man noch beliebig erweitern könnte, wurden unter Einhaltung gewisser Zeichen der Ehrerbietung «gejagt». So legte man zum Beispiel nach dem Ausgraben einer Ginsengwurzel eine Perle in die Erdmulde und teilte dem *«Großen Mann»* mit, daß man nur ein kleines Stückchen seines Fleisches genommen hätte.

Die matrilineare Ausrichtung der Stämme diktierte strenge Vorschriften in der Wahl der Partner, die zum Teil noch komplizierter als beim Verwandtschafssystem der Irokesen waren. Das junge Mädchen genoß vor der Heirat innerhalb dieser Grenzen eine gewisse sexuelle Freiheit, doch war bei dem Zusammenleben mit einem festen Partner Treue durchaus erwünscht. Eine eheliche Gemeinschaft wurde ohne große Formalitäten geschlossen. Es war üblich, sie beim alljährlich stattfindenden Grünmaisfest zu erneuern. Die Eltern mußten nicht unbedingt ihre Zustimmung geben, es galt aber als Akt der Höflichkeit, sie um ihre Einwilligung zu bitten.

Dem Mann war es gestattet, eine zweite Frau zu nehmen, doch tat er gut daran, sich der Zustimmung seiner ersten Frau zu vergewissern. Es konnte sonst passieren, daß ihre Verwandtschaft auf den Plan trat und der unerwünschten «Zweiten» arg das Gesicht zerkratzte.

Gründe zur Auflösung einer Ehe gab es verschiedene, wie etwa Faulheit der Frau, auf der andern Seite schlechte und rohe Behandlung durch den Mann. Um dem Ehemann die Stellung in der Familie seiner Frau zu erleichtern, war es verboten, mit der Schwiegermutter zu sprechen, ja bei manchen Stämmen ging das Verbot so weit, daß man sich nicht einmal ansehen durfte.

War eine Frau schwanger, wurde dies sofort der ganzen Familie mitgeteilt. Zu den ersten Vorschriften gehörte ein Gang an das Wasser, bei dem sie von ihrem Mann und einem Priester begleitet wurde. Dort konnte der weise Mann anhand gewisser Vorzeichen Näheres über das Leben des zukünftigen Kindes in Erfahrung bringen. Der Gang an den Fluß oder einen See mußte in regelmäßigen Abständen wiederholt werden, dazu nahm die Frau einen

Aufguß von Ulmenrinde *(Ulmus rubra Muhl)*, Wurzeln von Ehrenpreis *(Veronica officinalis L.)* und Kieferzapfen *(Pinus pungens Lamb.)* zu sich, der die Geburt erleichtern sollte. Während der Schwangerschaft galt es strenge Regeln in bezug auf Nahrung, Verhaltensweise und Kleidung einzuhalten. Einer Cherokee-Frau war es zum Beispiel verboten, Eichhörnchen, Kaninchen oder Forellen zu essen, dazu sollte sie möglichst salzarm leben und auch kein Halstuch tragen.

Das Kind wurde in der Menstruationshütte zur Welt gebracht, die wir im gesamten Südosten finden. Sie wurde in sicherer Entfernung von Wohnhäusern gebaut und diente den Frauen während ihrer monatlichen Regeln als streng abgeschiedener Aufenthaltsort. Nach der Geburt wurde das Baby zuerst in Wasser getaucht und dann mit Bärenöl eingerieben, ein über ganz Nordamerika verbreitetes Schutzmittel gegen Insektenstiche. Man schrieb ihm aber eine weitere gute Wirkung zu. Die Haut des Kindes wurde dadurch widerstandsfähiger, ebenso wie im Winter das Rollen im Schnee eine viel praktizierte Abhärtungskur darstellte.

Die Nabelschnur eines Mädchens begrub man unter einem Maisstampfer, damit es später zu einer guten und fleißigen Frau heranwachsen würde. Von den Knaben wurde sie im Wald an einen Baum gehängt. Das gab die Gewähr für einen erfolgreichen Jäger. Der Vater des Kindes mußte nach der Geburt vier Tage lang fasten. Den Eltern war es für drei Monate verboten, zusammen zu schlafen.

Das religiöse Stammesleben der Creek wurden von den Priestern geleitet, deren Stellung zumindest ebenbürtig der der Häuptlinge war. Sie genossen eine lange und sorgfältige Ausbildung und übten auch die Funktion von Medizinmännern aus. Manchmal hatten sie zudem noch den Ruf eines Hellsehers. Gemeinsam mit den Priestern gedachte man vor der Jagd oder nach einem erfolgreichen Fischfang des «Obersten Wesens», dem «Bewahrer des Atems», und dankte ihm mit Gebeten und Tabakopfern.

Höhepunkt des Jahres bildete das *busk* oder *Poskito,* das Grünmaisfest, das uns in einigen Passagen stark an die Feste der Irokesen erinnert. Es wurde im Monat der «Großen Reife», im August, begangen und dauerte acht Tage.

Die ersten Tage galten der Vorbereitung und der äußeren und inneren Reinigung, zu der man ein Brechmittel einnahm. Die Häuser wurden gesäubert, alte Töpfereien zerbrochen, und nach Möglichkeit wurde auch die Kleidung fortgeworfen. Man löschte alle Lichter und bestreute den heiligen Platz mit weißem Sand. Danach wurden vier Balken in den vier Himmelsrichtungen ausgelegt und das heilige Feuer nach alter Manier durch Aneinanderreiben von zwei trockenen Hölzern neu entfacht. An ihm zündeten die Frauen mit einem Holzspan auch ihre Herdfeuer wieder an.

Die nächste Handlung galt der Zubereitung des *Schwarzen Trankes,* der durch Kochen von getrockneten Blättern einer besonderen Stechpalmenart *(Ilex vomitoria Ait.)* gewonnen wurde. Der Namen Schwarzer Trank stammt von den Weißen, die das bittere, stark koffeinhaltige Getränk bei den südöstlichen Stämmen kennenlernten. Es gehörte zum festen Bestandteil aller wichtigen Stammestreffen und Zeremonien. Die Stechpalme wuchs nicht im Creek-Land und mußte von der Golfküste bei den Timucuan-Indianern bezogen werden, die den Trank ebenfalls kannten. Nach dem Genuß des Trankes tanzten die Männer den Truthahn- und den Kaulquappen-Tanz, dessen Ursprung nach Überlieferung der Creek in mythische Zeiten zurückgeht.

Am Nachmittag wurde das heilige Feuer gelöscht und die Asche an alle Teilnehmer verteilt. Man rieb sich mit ihr ein und ging anschließend an den Fluß, um sich mit einem Bad wieder rein zu waschen. Dann kehrte man zum Festplatz zurück, und das Feuer wurde neu entfacht. So vorbereitet, konnte sich die Gemeinschaft einer der wichtigsten Handlungen der Zeremonie widmen, der innigen Vereinigung mit dem Mais. Man zerdrückte die zarten, noch grünen Körner zwischen den Fingern und strich sich den milchi-

gen Brei auf Gesicht und Brust. Auch für die Jünglinge, die während des letzten Jahres in das mannbare Alter gekommen waren, begannen unvergeßliche Tage. Sie erhielten innerhalb einer großen Feier ihren Erwachsenennamen und waren somit berechtigt, aktiv am Stammesleben teilzunehmen und auch zu heiraten.
Der achte Tag brachte den Höhepunkt des Festes. Die Medizinmänner bereiteten aus vierzehn Kräutern verschiedene heilende Mixturen, die an Kranke verteilt wurden. Die Herstellung einer besonderen Paste aus zerstoßenen, verbrannten Maiskolben und Tannenzweigen gehörte zu den Pflichten von vier kleinen Mädchen.
Am Abend wurde von den Frauen noch einmal der Schwarze Trank zubereitet und dann von zwei Männern in großen Schnekkenschalen herumgereicht. Als erster trank der Miko, dann alle andern Festteilnehmer. Danach zündete der Häuptling die Pfeife an und blies den Rauch zuerst nach Osten, dann nach Westen, Süden und Norden. Anschließend reichte er die Pfeife dem ersten Mitglied des Weißen Clans, und erst nachdem alle Weißen geraucht hatten, wanderte die Pfeife zum Roten Clan und dann zum Miko zurück.
Den Abschluß bildete eine imposante Versöhnungsfeier, bei der man sich gegenseitig alle kleinen und großen Vergehen, mit Ausnahme von Mord, verzieh. Auch für Leute, die aus irgendeinem Grund einmal ihren Stamm verlassen hatten, war dies eine Gelegenheit, wieder in den Stammesverband aufgenommen zu werden.
Die Frauen nahmen, wenn man von der Zubereitung des Schwarzen Trankes absieht, am Fest nur als Zuschauerinnen teil. Es war ihnen aber erlaubt, mit einem Gruppentanz die Pausen zwischen den einzelnen Zeremonien auszufüllen.
Das Grünmaisfest wird in gekürzter Form noch heute bei einigen Gruppen in Oklahoma gefeiert.

Die Cherokee

Mit den *Cherokee* lernen wir die größte Stammeseinheit des Südostens kennen, die einst in Tennessee, Teilen von Georgia und beiden Carolinas beheimatet war. Im deutschen Sprachraum werden die Cherokee meist Tscherokesen genannt. Sie gehören zur Sprachfamilie der Irokesen, nahmen kulturell aber eine Sonderstellung ein.

Nach einer Schätzung aus dem Jahre 1650 zählte der Stamm 22000 Menschen. Die rund 50 Großsiedlungen wurden in einer losen Föderation zusammengehalten. Die soziale Aufteilung entsprach in etwa der der nördlichen eigentlichen Irokesen. Auch bei den Cherokee rodeten die Männer den Wald und bereiteten die Anbaufläche für die Aussaat vor. Die Frauen säten und pflegten die Feldfrüchte und den Tabak und ergänzten die vielseitige Nahrung durch Sammeln von Beeren, Nüssen und andern Wildfrüchten. Die Männer jagten mit Pfeil und Bogen, nur für die Vogeljagd wurde auch hier das Blasrohr benutzt.

Die Anordnung der stattlichen Dörfer und Städte mit durchschnittlich 200 Häusern, die sich um den Hauptplatz gruppierten, sowie Tempel und Versammlungshaus erinnern stark an die Mittel-Mississippi-Tradition und lassen darauf schließen, daß die Cherokee schon sehr lange in diesem Gebiet ansässig waren.

Auch das hochentwickelte Kunsthandwerk fußt in dieser alten Kultur. Wir finden prachtvolle Steinschnitzereien, vor allem Pfeifenköpfe, farbenfrohe Flechtarbeiten und Tonwaren, deren Muster mit einem hölzernen Paddel geschlagen wurden. Der Sinn für Farben und Ornamentik kommt auch in der Kleidung zum Ausdruck. Für festliche Anlässe wurden Federn in Mustern auf eine gewobene oder geknüpfte Unterlage genäht, die in Form von Capes und Schmuckstreifen getragen wurden. Der Schmuck war aus Glimmer, Kupfer oder Schneckenschalen hergestellt.

Das Versammlungshaus war siebeneckig, um einen Mittelpfahl gruppierten sich drei Kreise von je sieben Pfählen, die das Dach trugen. Die heilige Zahl Sieben zog sich durch das ganze Stammes-

leben. So kannten die Cherokee sogar sieben Himmel und sieben Himmelsrichtungen, und ihr Stamm war in sieben matrilineare Clans eingeteilt. Daneben gab es, ähnlich wie bei den Creek, eine Einteilung in eine Weiße und Rote Organisation. Die Weiße Seite stellte den Friedenshäuptling, dessen Amt erblich war, und seine Mitarbeiter; die Rote Seite den Kriegshäuptling und seine Helfer. Hier fand nach dem Tod eine Neuwahl statt.
Der Weiße Häuptling war nicht nur weltlicher Führer, sondern auch das religiöse Oberhaupt einer Gemeinschaft. Er hatte im Rat zu seiner Linken einen Sprecher und zur Rechten einen Hauptratgeber. Hinzu kamen noch fünf Ratsmitglieder, so daß sich wieder die Zahl Sieben ergab.
Dem Kriegshäuptling der «Obersten Krieger» standen drei Helfer und sieben Ratgeber zur Seite, davon eine Frau, die *Agiyagasta* = «Die geehrte Frau». Bei wichtigen Entschlüssen hatte sie eine Art Stichentscheid.
Wenn auch jede Siedlung ihre eigene religiöse, politische und militärische Organisation hatte, unterstand sie doch einem obersten Stammesgremium im Hauptdorf.

Zeit der großen Tänze

In jedem Jahr wurden sechs Feste gefeiert und in jedem siebten Jahr deren sieben. Die Tänze innerhalb dieser Feste hatten ihren Höhepunkt im Adler-Tanz, der wiederum nur ein Teil des *Booger-Tanzes* war. Sie wurden während der Winterzeremonien abgehalten. Der Name Booger kommt von dem englischen Wort bogey = Kobold, aber auch Schreckgespenst.
Da die Cherokee neben den Irokesen zu den großen Maskenträgern des Ostens gehörten, gab dies ihren Festen eine eigene Atmosphäre. Die Masken wurden aus Kastanienholz geschnitzt oder aus großen Kürbissen hergestellt. Beim Booger-Tanz stellten sie in alter Zeit unheimliche Tiergeister, seit dem Kontakt mit Weißen aber die bösen, unheilvollen Geister fremder Wesen, der Europäer,

22 Porträts von zwei Creek-Männern. Zeichnung von John Trumbull (1756–1843) aus dem Jahre 1790
23 Ballspiel der Cherokee, von Seth Eastman

24 Hütte der Seminolen in Florida
25 Creek-Haus aus dem Jahre 1791. Es zeigt schon eine starke Beeinflussung von Häusern weißer Siedler

dar. Man gab den Masken grimmige, hochnäsige oder blasierte Gesichtszüge und klebte Fellstücke anstelle der damals üblichen Bärte an. Die Kürbismasken erhielten überdimensionale Nasen aus einem kleinen Kürbis und fielen durch groteske Bemalung auf. Auch hier wurden Haare und Bart mittels Fellstückchen imitiert.
Die Aufmachung der Tänzer war so clownähnlich wie möglich, mit ausgestopften Kleidern deutete man dicke Bäuche und Hinterteile an. Dieses Parodieren kommt auch in den Tänzen zum Ausdruck. Man stellte zum Beispiel den Versuch der Europäer dar, einen indianischen Tanz auf ungeschickte Art zu imitieren, oder aber das Gehabe bei der Suche nach einem indianischen Mädchen für ein kurzes Abenteuer.
Den Rhythmus zu den Tänzen gaben abwechselnd ein Sänger, der sich auf einer Wassertrommel begleitete, und eine Gruppe von Sängern mit Rasseln an. Jeder hatte aber auch die Möglichkeit, in einem Solotanz ein besonderes Erlebnis oder ein Gefühl zum Ausdruck zu bringen. Was blieb dem indianischen Menschen oft übrig, als mit Spott und Humor auf die ihnen so wesensfremden Menschen zu reagieren, die störend in ihren Lebensraum eindrangen.
Unter den Tieren, die in der Glaubenswelt der Cherokee eine dominierende Rolle spielten, nahm der Adler eine Sonderstellung ein. Seiner magischen Kraft schrieb man die Beeinflussung von Gesundheit zu, aber auch von Krankheit, wenn ihm nicht genügend Ehre erwiesen wurde. Da zwischen Adler und Klapperschlange eine tödliche Feindschaft herrschte, durfte der Adlertanz nur im Winter abgehalten werden, den die Schlangen verschliefen und daher die Gesänge nicht hören konnten. Während jeder anderen Jahreszeit wären die gereizten Tiere eine Gefahr für alle Beteiligten gewesen. Da für jeden Tanz ein Adler gejagt werden mußte, fand auch die Jagd nur im Winter statt.
An den aus vier Teilen bestehenden Tanzzeremonien nahmen beide Geschlechter teil. Die Männer trugen in der einen Hand eine Rassel, in der andern ein mit sieben Adlerfedern geschmücktes Calumet[44]. In alten Quellen ist von einem Adlerschwanz die Rede.

Die Frauen hielten nur das Calumet, doch trugen die besonders Angesehenen unter ihnen Kniebänder mit Rasseln aus den Panzern kleiner Schildkröten, die mit Kieseln gefüllt waren. Man tanzte, um den Geist des getöteten Adlers im Dorf willkommen zu heißen, zu Ehren des erfolgreichen Jägers und der Friedenspfeife, aber auch in Form eines Skalptanzes, in dem die Krieger ihre Heldentaten vortrugen. Der äußere Anlaß, einen Adlertanz anzusetzen, konnte in der Begrüßung von Gästen liegen, man leitete mit ihm eine Kriegs- oder Friedenshandlung ein, oder feierte den Sieg im Ballspiel gegen einen besonders harten Gegner.

Die Cherokee kamen erst relativ spät, am Anfang des 18. Jahrhunderts, mit den Weißen in Berührung. Es waren die Engländer, die sich um die Gunst der Föderation bewarben. Die englische Krone benötigte dringend neues Land, da Virginia zu dieser Zeit schon sehr dicht besiedelt war. Der Empfang durch die Indianer war zuerst durchaus freundlich, und dem Wunsch nach Land wurde nach Möglichkeit entsprochen. Erst als die Weißen anfingen, Festungen zu bauen, wendete sich das Blatt. Es kam zu den ersten ernsthaften Auseinandersetzungen. Gedrängt von französischen Agenten überfielen die Cherokee englische Siedler, die Engländer ihrerseits hetzten die Irokesen gegen sie auf. Erneut forderte ein indianischer Bruderkrieg durch den Einfluß der weißen Kolonialmächte schwere Opfer. Einige Jahrzehnte später sehen wir die Cherokee wieder auf Seiten der Engländer, doch fühlten sie sich bald von ihnen hintergangen und begannen nun ihrerseits mit Racheakten. Es kam, was kommen mußte. Die Engländer brachen mit einem größeren Truppenverband zu einer Strafexpedition auf und wandten dieselbe grausame Taktik an, die schon bei den Irokesen so erfolgreich gewesen war: Man verwüstete die Dörfer, Vorratsspeicher und Felder und zestörte damit jede Lebensgrundlage der Indianer.

Attakouka, der weitsichtige Führer der Cherokee, kam mit folgenden Worten zu seinen weißen Gegnern: «Ich stehe hier als Bote meines Volkes und will sehen, was für seine Not getan werden kann. Was das Geschehene angeht, so glaube ich, daß es unser Gro-

ßer Vater so über uns verhängt hat. Wir sind von anderer Farbe als ihr Weißen; aber geschaffen hat uns alle der eine und gleiche Große Geist. Da wir nun nach seinem Willen in einem Lande leben, sollten wir einander auch wie ein Volk lieben.» Attakoukas eindringliche Worte waren vergebens. Die Cherokee verloren einen großen Teil ihres Landes, hinzu kam eine Pockenepidemie, die rund die Hälfte der Bevölkerung dahinraffte.
Es ist erstaunlich, daß trotz dieses schrecklichen Aderlasses und dem Verlust weiter Gebiete ihrer Heimat ein Teil der alten Föderation vorerst noch intakt blieb. Führende Häuptlinge glaubten, mit der Annahme der Lebensformen, der Kultur und Religion der Weißen, ihrem Volk einen Weg in die Zukunft zu sichern und ein friedliches Nebeneinander zu ermöglichen. Zu diesem Zweck wurde 1808 ein gesetzgebender Nationalrat geschaffen, der eine eigene Verfassung ausarbeitete und weitgehende Befugnisse auf allen Gebieten des Rechts und der Ordnung hatte. Man förderte die Arbeit der Missionare und damit die Gründung von Missionsschulen. Das Bemühen, so rasch wie möglich die Lebensweise der Weißen anzunehmen, ging so weit, daß die Cherokee ihr traditionelles Gemeinschaftssystem aufgaben. Jeder versuchte, sein eigener Grundbesitzer zu werden, und bald arbeiteten schwarze Sklaven auf indianischen Gütern statt bei weißen Dienstherren. Den Schwarzen gelang oft sogar die Aufnahme in den Stamm, da man ihre Kraft und den Mut bewunderte, ihrer weißen Herrschaft davongelaufen zu sein und ihnen erlaubte, eine Cherokee-Frau oder eine Häuptlingstochter zu heiraten. Aber auch weiße Männer zogen in die Dörfer und ehelichten indianische Frauen.

Sequoyah erfindet das Cherokee-Silbenalphabet

Der im Jahre 1776 in Taskigi in der Nähe von Fort Loudon, Tennessee, geborene *Sequoyah* ist der Sohn einer Häuptlingstochter und Nathaniel Gist, eines weißen Händlers. Sequoyah, auch Sogwili oder Sikwaji (von dem Cherokee-Wort *tsikwaya* = Spatz) ge-

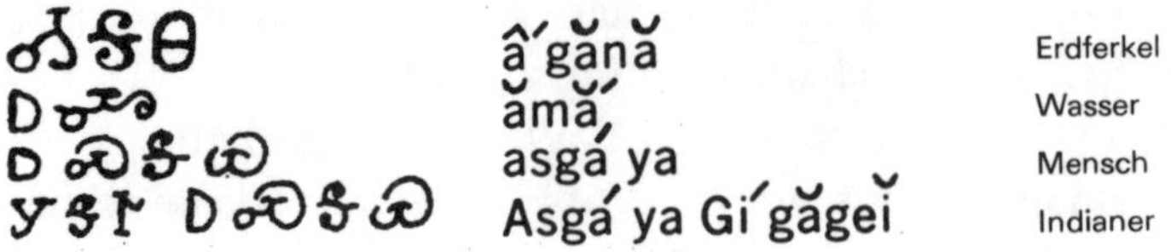

Beispiele der Cherokee-Silbenschrift

nannt, entwickelte ein Cherokee-Silbenalphabet, das seine Stammesangehörigen innerhalb kurzer Zeit mit Begeisterung lernten. Im Jahre 1824 ging Sequoyah nach Arkansas, wohin ein Teil der Cherokee ausgewichen war, und brachte ihnen ebenfalls seine neue Schrift. Bald war es möglich, daß die beiden weit auseinanderliegenden Stammesteile schriftlich miteinander verkehren konnten, ein einmaliges Ereignis in der Geschichte der Indianer Nordamerikas.
Noch im selben Jahr wurde von weißen Missionaren die Bibel in das Cherokee übersetzt und gedruckt, und 1828 beschloß der Stammesrat die Herausgabe einer eigenen Zeitung, des *Cherokee Phoenix and Indian Advocate,* die regelmäßig als Wochenblatt erschien.

Folgen der weißen Konfrontation

Die prächtig sich entwickelnden Siedlungen mit handwerklichen Betrieben, Mühlen und Sägewerken, aber vor allem die erfolgreiche Landwirtschaft und Viehzucht ließen den weißen Nachbarn keine Ruhe. Neidisch begehrte man die fruchtbaren Landstriche für sich und begann von Georgia aus mit rücksichtsloser Gewalt gegen die Indianer vorzugehen, die man ja eigentlich als christliche Brüder hätte betrachten sollen. Die Cherokee gelangten mit einer Klage an den obersten Gerichtshof der amerikanischen Staaten, selbstverständlich erfolglos. Im Gegenteil, in einer Rede vom 29. Dezember 1829 stellte Präsident Andrew Jackson unter anderem fest: «...Von Weißen mit ihren Künsten der Zivilisation umringt, die, der Wilden Hilfsquellen zerstörend, ihre Schwäche und ihren Verfall herbeiführten, wird das Schicksal der Choctaw, der Cherokee und der Creek bald das der Narragansett, der Delawaren und anderer sein. Daß ihrer ein gleiches Los wartet, wenn sie innerhalb der Grenzen der Staaten bleiben, unterliegt keinem Zweifel. Menschlichkeit und nationale Ehre fordern es, daß man alles Mögliche tue, einem solchen Unglück vorzubeugen... Als ein zu diesem Zweck führendes Mittel gebe ich Ihnen zu erwägen, ob es nicht passend wäre, westlich vom Mississippi ein großes Gebiet auszuwählen, das außerhalb der Grenzen irgendeines Staates liegt, und dieses den indianischen Stämmen auf so lange zu verbürgen, als sie es bewohnen... Da mögen Menschenfreunde sich bemühen, sie die Künste der Zivilisation zu lehren.»

Was könnte besser die Überheblichkeit und das Unverständnis des weißen Amerika zeigen als diese Worte eines seiner Präsidenten. Noch im gleichen Monat veröffentlichten die Cherokee in ihrer Wochenzeitung eine Denkschrift, aus der wir Folgendes entnehmen: «An den im Kongreß vereinten ehrenwerten Senat und das Haus der Repräsentanten der Vereinigten Staaten von Nordamerika... Als die Ahnen des Volkes, welches jetzt die Nation der Vereinigten Staaten bildet, zuerst die Küsten von Amerika betraten, da trafen sie die roten Männer in ihrer Kraft – und obgleich diese unwissend und wild waren, nahmen sie die Weißen gütig auf und gaben ihnen trockenes Land zum Ausruhen für ihre müden Füße. Friedlich verkehrten sie miteinander und gaben sich den Handschlag zum Zeichen der Freundschaft. Was der weiße Mann nur bedurfte und forderte, gab willig der Indianer... Wir werden beunruhigt von einigen aus Eurem Volke. Unser Nachbar, der Staat Georgia, drückt uns hart und will uns zwingen, zu seinen Gunsten unser Land zu verlassen... der 1. Juni 1830 sei zur Vollziehung dieses Befehls angesetzt... Das Land, auf welchem wir leben, haben wir als Erbe von unseren Vätern, welche es seit undenklichen Zeiten besessen haben, empfangen, als eine Gabe unseres gemeinschaftlichen Vaters im Himmel... Außer diesem ersten und ursprünglichsten aller Rechte, dem Recht der Ererbung und des friedlichen Besitzes, sprechen für uns noch das Wort und die Bürgschaft der Vereinigten Staaten, welche immer und immer wieder erneuert wurden in den zu verschiedenen Zeiten geschlossenen Verträgen...»

Marsch der Tränen

Doch was galten der amerikanischen Regierung Verträge mit Indianern. Der Befehl von Präsident Jackson, alle Indianer östlich des Mississippi nach Westen abzuschieben, wurde mit brutalster Waffengewalt durchgesetzt. Fast ein Viertel der Cherokee erlag den Entbehrungen des langen Fußmarsches nach Oklahoma, jenem *Marsch der Tränen,* der die Stammesgeschichte fast aller östlichen Völker so abrupt unterbricht.
Etwa 1000 Cherokee konnten sich in den Bergen verstecken und fanden später Hilfe durch einen Händler namens William Holland Thomas, der in North Carolina auf seinen Namen ein großes Stück Land erwarb, auf dem die Flüchtlinge leben durften. Thomas kämpfte vehement für seine Schützlinge. Seinem unermüdlichen Einsatz verdanken es die Cherokee, daß sie inmitten eines von Weißen bewohnten Gebietes bleiben durften. Heute ist das Land eine Reservation, auf der 6000–7000 Cherokee leben, während der andere Teil im fernen Oklahoma und sogar in Mexiko eine Bleibe fand. Hier starb im August 1843 der Erfinder der Cherokee-Schrift, Sequoyah. Sein Grab in der Nähe von San Fernando, Tamaulipas, blieb bis heute unentdeckt.

Die Natchez – Pyramidenbauer am Mississippi

Im heutigen Staate Mississippi liegt die Stadt Natchez, einzige Erinnerung an das große und mächtige Volk der *Natchez,* das einst den südwestlichen Teil des Staates Mississippi und weite Gebiete im angrenzenden Louisiana bewohnte und in seiner Sozialstruktur einige für Nordamerika einzigartige Phänomene aufwies. Die

Natchez sprachen einen Dialekt aus der Muskogee-Sprachfamilie. Die ersten Berichte über diese außergewöhnlichen Indianer stammen aus dem Jahre 1542, als der spanische Conquistador Hernandez de Soto (1486 oder 1499–1542), einen Weg der Zerstörung hinter sich lassend, mit seinen Kriegern von Florida an den Mississippi gelangte, an dessen Ufer er im Mai 1542 starb. Die nächsten Berichte über die Natchez gelangten erst Mitte des 17. Jahrhunderts durch die Franzosen nach Europa, in denen mit größter Bewunderung über die Schönheit und den Stolz der Menschen und die Pracht ihrer Lebenshaltung geschrieben wird.

Die Natchez lebten innerhalb stattlicher Siedlungen in rechteckigen Häusern mit kuppelförmigen Dächern, die zum Schutz gegen Moskitos keine Fenster hatten. Die Innenwände waren mit Matten verkleidet, und der Eingang war nach Osten gerichtet. Noch fest in der Mississippi-Kultur verwurzelt, bauten die Natchez hohe Erdpyramiden, auf denen ihre Kulthäuser standen. In ihrer Nähe befand sich auf einem besonderen Mound ein prächtiges Haus, das durch seine Größe und die reichen Verzierungen in Form von Schnitzereien an den Außenwänden, Dach und Eingang auffiel. Es war der Wohnsitz der *Großen Sonne*, des mit größten Machtbefugnissen ausgestatteten Herrschers der Natchez. Er galt als der jüngere Bruder des Himmelsgestirns. Seine Macht war etwas Einmaliges unter den Indianern Nordamerikas, und die gesellschaftliche Gliederung des Stammes wird von gewissen Kreisen mit dem Kastenwesen in Indien verglichen. Wir werden bald feststellen, daß dieser Vergleich nur teilweise zutrifft.

Zeitgenössische Abbildungen zeigen die Männer der Natchez nur mit einem Lendenschurz bekleidet. Besonders vornehme Männer und Frauen schmückten ihren Körper mit fein ausgeführten Tatauierungen in Rot und Schwarz. Hierbei wurden Sonnenmotive bevorzugt, doch konnten auch andere Ornamente eingestochen werden. Die Tatauierung war in diesem Fall weniger ein Schmuck als ein Statussymbol. Die Frauen trugen einen bis zu den Knöcheln reichenden Rock, der Oberkörper war frei. Zur Herstellung der Kleidung für die kühlere Jahreszeit wurde für beide Geschlechter

Hirschleder verwendet, man trug aber auch Gewebe aus Rindenfasern des Maulbeerbaumes. Zur Garderobe der vornehmen Männer und Frauen gehörten ferner Kleidungsstücke und Schmuckbänder mit eingewobenen Federn, wie wir sie schon bei den Creek und Cherokee beschrieben haben.

Die im Südosten weit verbreitete Sitte der Kopfdeformation war als Schönheitsideal auch bei den Natchez üblich. Mit der Prozedur mußte schon bald nach der Geburt begonnen werden. In der Kindertrage wurde oben eine kleine, mit Leder ausgepolsterte Mulde eingearbeitet. Mittels einem mit Lederbändern gehaltenen Brettchen über der Stirn wurde der Schädel des Kindes nach und nach in eine längliche Form gepreßt. Später legte die Mutter dem Kind nur noch nachts ein formgebendes Gestell an.

Die ältesten Berichte über Kopfdeformationen besitzen wir von Garcilas de la Vega. Er verwendet in seinem 1606 in Lissabon erschienenen Werk «La Florida del Inca»[45] die Briefe und Berichte der ersten Spanier in Nordamerika, in denen zu lesen ist, daß die Indianer im heutigen Arkansas die Köpfe ihrer Kinder bis zum neunten oder zehnten Jahr preßten, um sie extrem lang zu formen. Die Indianer selber nennen aber noch eine zweite Begründung für die Deformation bei Knaben: Durch die leicht geänderte Stellung der Augen werden sie später besonders gute und scharfäugige Jäger. Abgesehen von diesen Einschränkungen, gingen die Kinder bis zur Pubertät nackt und genossen dieselbe liebevolle Erziehung wie die Kinder anderer Stämme.

Der gediegene und formschöne Hausrat aus Ton und Holz wurde von Handwerkern hergestellt. Aus ihrer Hand kamen auch die hölzernen Kisten zur Aufbewahrung empfindlicher Kleidung, ähnlich, wie wir sie bei den Indianern der Nordwestküste finden werden. Die Flechtarbeiten, Spezialbereich der Frau, bestachen durch ihre schöne Musterung. An den Uferpartien der Seen und Flüsse standen ihr eine Fülle verschiedenfarbener Schilfe, Gräser und Wurzeln zur Verfügung, die zu Behältern, Schalen und Körben verarbeitet wurden.

Die Feldarbeit war genau aufgeteilt. Nur auf den sogenannten

Hirschjagd der Natchez,
Holzschnitt von Du Pratz (1758)

«Heiligen Feldern», die bei den Natchez der Großen Sonne gehörten, arbeitete das ganze Volk an der Einbringung der Ernte. Zu den im Südosten üblichen Feldfrüchten kamen im Mississippigebiet noch Süßkartoffeln hinzu. Die günstigen klimatischen Bedingungen und die gute Haltung der Felder erlaubten zwei Ernten im Jahr. Daneben bot die üppige Natur mit zahlreichen Wildpflanzen eine weitere Bereicherung des Speisezettels. Fleischlieferant waren Bison, Bär und Hirsch, daneben betrieb man organisierten Fischfang mit Reusen, Angeln oder steinernen Fischfallen in den Flüssen. Jagdbeute, die man nicht sofort benötigte, wurde geräuchert und konnte so über längere Zeit aufbewahrt werden. Äußerst beliebt im ganzen Südosten war das «barbecue»[46], das Fleischrösten über dem Feuer, das inzwischen weltweit seine Liebhaber gefunden hat.

Das soziale Gefüge

Zwei Eigentümlichkeiten, welche die Natchez von allen andern Stämmen unterschieden, waren ihr soziales Gefüge und die Stellung des obersten Häuptlings, der Großen Sonne. Er wurde als Gott verehrt und war mit außerordentlichen Machtbefugnissen ausgestattet. Diese Vergötterung ging so weit, daß er in der Öffentlichkeit nie zu Fuß gehen durfte und in einer Art Sänfte getragen wurde. Man näherte sich ihm nur mit höchster Ehrerbietung. Trotzdem der Häuptling bei allen Entschlüssen letzte Entscheidungsgewalt hatte, war er doch von einem Kreis von Beratern umgeben, der aus den angesehensten Alten der Adelskaste, den Friedenshäuptlingen und den Kriegsführern bestand.
Die Große Sonne war das oberste Haupt der Sonnenkaste, zu der nur die persönliche Familie gehörte. Ihr folgte der Höhere Adel und danach der Niedere Adel. Die große Masse aber bildeten die Geringen mit dem wenig schmeichelhaften Namen Stinker, obwohl der Name innerhalb des Stammes nie für sie gebraucht wurde.
Wie sehr der Vergleich mit dem indischen Kastenwesen hinkt, zeigen die streng einzuhaltenden Heiratsregeln und die matrilinear ausgerichtete Kastenzugehörigkeit der Kinder. Es war Pflicht der oberen Klassen, ein Mitglied der Stinker zu heiraten. Nur den Stinkern war es erlaubt, untereinander zu heiraten. Die Kinder aus Ehen zwischen einer adligen Frau und einem Stinker stiegen in den Stand der Mutter auf; war aber der Vater aus höherem Stand, so stiegen die Kinder in die Klasse der Mutter ab. Auf diese Art war ein ständiger Standes- und Blutswechsel gegeben. Kriegsgefangene wurden in die unterste Klasse aufgenommen, die dadurch immer wieder ergänzt wurde.

Die Feste der Natchez hatten viel Gemeinsames mit jenen ihrer Nachbarstämme. Auf dem großen rechteckigen Platz brannte das heilige Feuer, nur mit dem Unterschied, daß es hier durch einen Blitz entfacht worden war und nie ausgehen durfte. Man feierte das Grünmaisfest, zelebrierte daneben aber nach dem Mondkalender der Natchez bei jedem Neumond ein Fest, das durch eine besondere Frucht oder ein Jagdtier gekennzeichnet war. Der Zyklus begann im März und erstreckte sich über dreizehn Monde. So war zum Beispiel im April oder zweiten Mond das Fest der Erdbeeren, der vierte Mond gehörte den Wassermelonen, der achte den Truthähnen. Den Schluß bildete das Fest der Nüsse, die dann gemahlen und mit Mais zu Brot verbacken wurden.
Oberster Beschützer und Lebensspender war die Sonne. Der Vermittler zwischen ihr und den Menschen war ihr jüngerer Bruder, die Große Sonne. Seine erste Pflicht bestand dann auch jeden Morgen in einer Zwiesprache mit dem Himmelsgestirn. Von ihm empfing er die Anweisungen für die Aussaat, die günstigste Jagdzeit für Bison und Hirsch und den Stamm betreffende wichtige Entscheidungen.

Tod der Großen Sonne

Bei der gottähnlichen Stellung ist es verständlich, daß der Tod einer Großen Sonne für den ganzen Stamm und besonders für seine Familie ein folgenschweres Ereignis war. Seine Frau, sein Arzt und die persönlichen Diener mußten ihm in den Tod folgen. Darüber hinaus gab es stets Menschen in seiner näheren Umgebung, die sich freiwillig opferten, ja, es als eine Ehre ansahen, mit ihm beerdigt zu werden. Sie alle bekamen drei kleine Kugeln von gepreßtem Tabak, die sie mit etwas Wasser schluckten und danach bald das Bewußtsein verloren. Dann wurde jeder von einem Angehörigen mit einem noch selbstgeflochtenen Strick erdrosselt. Nach der Bestattung wurde das Haus der Großen Sonne verbrannt und ein neues für seinen Nachfolger gebaut. Der neue Herrscher war ein Neffe des Verstorbenen, der Sohn der ältesten Schwester. Der Geist des

Die Grosse Sonne wird zum Erntefest getragen,
Holzschnitt von Du Pratz (1758)

verstorbenen Häuptlings zog als Bruder des Himmelsgestirns an die Seite der Sonne an das Firmament.

Die Franzosen beobachteten zum Teil mit ziemlichem Entsetzen die verschiedenen Totenriten und berichteten 1725 vom Begräbnis der «Tatauierten Schlange», des Bruders einer Großen Sonne und selber ein berühmter Kriegshäuptling, folgendes: Zwei seiner Frauen, eine Schwester, der erste Krieger, der Arzt, die persönlichen Diener, die Amme sowie der Hersteller der Kriegskeulen mußten den Häuptling in das Reich der Geister begleiten. Der Tote lag in seine besten Kleider gehüllt, mit rot bemaltem Gesicht und einem Schmuck aus weißen und roten Federn auf einer Matte, neben sich seine Waffen und alle Friedenspfeifen, die er im Laufe der Zeit geschenkt bekommen hatte. An einem roten Pfahl neben ihm hing eine Kette aus kleinen Rohrreifen; jedes Glied stellte einen getöteten Feind dar. Die ihn umgebende Trauergemeinde stieß auf ein besonderes Zeichen hin einen durchdringenden Schrei aus, dessen Echo im nächsten Dorf gehört wurde, von wo er an die Nachbarsiedlung weitergegeben wurde, und so fort. Die Totenschreie wurden in einem gewissen Rhythmus wiederholt.

Nach drei Tagen begannen die Trauerzeremonien. Der Leichnam wurde in einer umständlichen Prozession zum Tempel gebracht. Die zum Tode bestimmten Menschen saßen zu beiden Seiten auf Matten und wurden nach dem Einnehmen der schon erwähnten Tabakkugeln von den Verwandten erdrosselt. In dieser Quelle wird berichtet, daß ihnen vorher noch ein Ledersack über den Kopf gezogen wurde. Tatauierte Schlange wurde mit seinen Frauen im Tempel beigesetzt, alle andern vor dem Tempel. Monate später wurden die Toten im Tempel wieder ausgegraben, ihre Knochen gereinigt und dann in großen Körben im Tempel aufgestellt. Neben ihnen standen hölzerne Statuen, welche die Verstorbenen darstellten.

Die über weite Teile Nordamerikas übliche Art der Zweitbestattung findet ihre Erklärung in dem festen Glauben an eine *Knochenseele*, die erst nach der Beerdigung der gereinigten Knochen in das Jenseits gelangt. Bei den Cherokee gab es zur Reinigung der Knochen sogenannte «bone-pickers», die diese für uns makabere Tätigkeit ausübten. Es waren im Stamm hochangesehene Männer.

Gewöhnliche Leute wurden auf hölzernen Plattformen in einem Behälter beigesetzt, den man aus einem jungen Baum herstellte. Er hatte oben eine Öffnung, in die regelmäßig Nahrung hineingelegt wurde. Nach der Verwesung wurden die Knochen ebenfalls gereinigt und in Körben beerdigt.

Laut französischen Augenzeugen kam es aber auch vor, daß Menschen flüchteten, um dem Tod zu entgehen. An ihrer Stelle meldeten sich stets alte Leute, die bereit waren, ihrem Herrscher zu folgen. Frauen suchten vorher eine Pflegemutter für ihre Kinder. War dies nicht möglich, nahmen sie die Kinder mit in den Tod.

Vernichtung und Weg in die Sklaverei

Die große Bewunderung, welche die Franzosen den Natchez in den ersten Jahren entgegenbrachten, konnte auch hier den Lauf der Dinge nicht aufhalten. Die Indianer wohnten in einem Gebiet voller Fruchtbarkeit und landschaftlicher Schönheit, mit reichen Jagdgründen und fischreichen Seen und Flüssen. Der Landhunger setzte sich über alle moralischen Bedenken hinweg. Dreimal kam es zu kleineren Kriegen zwischen den französischen Eindringlingen und den Natchez. Schon nach den ersten beiden Auseinandersetzungen, die wohl auf Intrigen der Engländer zurückgingen, verloren die Indianer ein beträchtliches Stück Land. Die Franzosen rückten weiter vor und festigten ihre Macht mit dem Bau neuer Forts. Im Jahre 1729 forderten die Siedler um Fort Rosalie zusammen mit dessen Kommandanten Chopart die Räumung großer Gebiete und versuchten mit Truppen, ihrer Forderung Nachdruck zu verschaffen. In einem gut geführten Überfall auf das Fort gelang es den Natchez, sich eine kurze Atempause zu verschaffen. Die Franzosen verloren 300 Soldaten, Frauen und Kinder hatten die Indianer verschont.

Ein Jahr später erfolgte der Gegenschlag der Weißen, denen es sogar gelungen war, die Choctaw auf ihre Seite zu ziehen. Wie immer in diesen Kriegen siegten die überlegenen Waffen der Weißen. Die Franzosen nahmen 400 Natchez gefangen, die umgehend als Sklaven nach Santo Domingo verkauft wurden. Ein Teil der Indianer konnte zu den Engländern flüchten, doch erreichte man auf diplomatischem Wege auch ihre Auslieferung. Wenige Flüchtlinge schlossen sich dem Creek-Bund an, der wenig später nach Oklahoma abgeschoben wurde. Auch die Große Sonne kam als Sklave nach Westindien, ein trostloses Schicksal für den kleinen Bruder unseres Himmelsgestirns. Im Jahre 1940 starben in Oklahoma die letzten ihres Stammes. Wieder war ein Volk ausgelöscht, war ein Volk dem unersättlichen Landhunger der weißen Eroberer zum Opfer gefallen.

Flora und Fauna von Florida

Am 2. April 1513 landete der spanische Entdecker Juan Ponce de Léon (um 1460–1521) auf dem amerikanischen Festland. Es war ein Ostersonntag, der «Pascua Florida», und so erhielt die große

Landzunge, auf der sich der Landeplatz befand, den Namen Florida. Der Spanier nahm das Land sofort für seinen König in Besitz – es war die erste europäische Besitzergreifung in Nordamerika!

Das Klima in Florida ist bereits tropisch bis subtropisch, dennoch ist nur der äußerste Süden von Frösten verschont. Im nördlichen Teil finden wir ausgedehnte Kiefernwälder, den Süden nehmen vorwiegend große Sumpfgebiete ein, die Everglades. Sie bedeckten früher ein Drittel der Halbinsel, wurden inzwischen durch Trokkenlegung aber stark verkleinert. Die Everglades waren und sind teils noch heute eines der großen Naturwunder Nordamerikas. Die riesige, sumpfige, sehr flache Wasserfläche ist nicht etwa ein stehendes Gewässer, sondern ein bis 100 Kilometer breiter Fluß, der sich kaum sichtbar aus dem Okeechobee See nach Süden dem Meer zubewegt. Schmale und breite Wasserläufe, ein Gewirr von Inseln mit Palmen, Sumpf- und Schlingpflanzen, Orchideen, vor allem aber das gefürchtete Sägegras (*Zizaniopsis milacea*) und Wolken von Moskitos bildeten über Jahrhunderte eine natürliche Barriere, die unerfahrenen Eindringlingen den Zugang verwehrte.

Die Vogelwelt ist von exotischer Buntheit. Rund 500 Vogelarten, darunter langbeinige Flamingos, weiße und schwarze Pelikane, rosarote Löffelreiher, Wildenten, der auf Fischfang ausgehende Schlangenhalsvogel, sie alle finden in den Sumpfgebieten und an den langen Küsten ideale Lebensverhältnisse. An Säugetieren sei vor allem der menschenscheue Puma erwähnt. Er hat in Florida ein hellgraues Fell und schwarze Ohren. Auf den etwas höher gelegenen trockenen Inseln haben Wildkatzen, Luchse und Waschbären ihr Revier. Im Wasser ist der Alligator alleiniger Herrscher, und dort, wo es sich schon mit Meerwasser vermischt, kommen die gefährlichen Krokodile hinzu. Land- und Wasserschildkröten sowie zahlreiche Schlangenarten haben in den insekten- und fischreichen warmen Gewässern ein wahres Eldorado, und in den Buchten kann man sogar Seekühe beobachten.

Verteilt um Florida, doch mehrheitlich an seiner Westseite, liegen unzählige kleine und große Inseln, von denen *Key Marco* (vom spanischen cayo = Inselchen oder Klippe) archäologisch besonders interessant ist. Im Jahre 1894 entdeckte der amerikanische Archäologe Frank H. Cushing (1857–1910) im Schlamm der Küste von Key Marco großartige Holzschnitzereien, Masken mit menschlichen und zum Teil auch tierischen Zügen, dann aber auch Tierfiguren, Geräte, Kisten mit bemalten oder geschnitzten Deckeln und nicht näher bestimmbare Gestalten, welche wohl einst für kultische Zwecke verwendet wurden. Eines der sprechendsten Stücke ist die etwa 15 Zentimeter hohe Figur eines Puma (?) aus Holz, die heute zu den Kostbarkeiten des Nationalmuseums für Naturkunde der Smithsonian Institution, Washington, gehört. Viele der Gegenstände tragen noch Reste von schwarzer, gelber und weisser Farbe, andere sind mit Stücken von Schneckenschalen verziert. Nicht bei allen ist der Verwendungszweck klar ersichtlich, wie es auch über die Herkunft unter Fachleuten noch gewisse Meinungsverschiedenheiten gibt. Nach und nach verstärkt sich aber die Ansicht, daß es sich hier um Stücke des untergegangenen Stammes der *Calusa* handelt. Bei den meisten Objekten ist ein mesoamerikanischer Einfluß nicht abzustreiten, ja vieles deutet direkt auf huaxtekischen Einfluß hin, also auf ein Volk an der Golfküste, das wir entfernt zu den Maya zählen.

Blüte und Untergang der Calusa

Noch zur Zeit der spanischen Landung lebten die Calusa als recht zahlreicher Stamm im südwestlichen Florida. Auch hier ist es leider nicht möglich, anhand von Funden und den fragmentarischen Berichten früher Reisender ein nur annähernd vollkommenes Bild eines wenig später ausgerotteten Stammes aufzuzeichnen. Trotz vieler Gemeinsamkeiten mit der benachbarten Südostkultur müssen die Calusa ein besonders ausgeprägt religiöses Leben geführt und mit viel Können und Fantasie begabte Künstler besessen haben. Von der Sprache ist sozusagen nichts überliefert. Das Hauptdorf hieß Calos, und die etwa 50 zum Stamm gehörenden Dörfer waren ihm und seinem Häuptling tributpflichtig. Diese Abgaben

26 OSCEOLA, Häuptling der Seminolen, von G. Catlin (1796–1872)

27 Maske der Cherokee

bestanden in Naturalien, Federn, Matten und Tierhäuten, zu denen in frühspanischer Zeit noch das sehr begehrte Strandgut der an den Korallenriffen zerschellten Schiffe kam. Die Menschen lebten vom Sammeln von Wildfrüchten, in erster Linie aber wohl von Fischen, da bei den Fundstätten die Fischabfälle ganzer Generationen lagerten. Das Wild wurde mit Pfeil und Bogen erlegt, daneben kannte man auch die Speerschleuder, die gut erhalten ebenfalls in den Schlammschichten zu Tage kam.

Die sakralen Bauten standen auf Mounds. Die im ganzen Gebiet übliche Zweitbestattung wurde bis in den Süden Floridas durchgeführt. Wie bei den Natchez mußten beim Tod eines Häuptlings (oder seiner Frau) die Diener mit in den Tod folgen.

Mutig griffen die Calusa seinerzeit mit 80 Booten Ponce de Léon an, der sich überrascht und unter Opfern aus ihrem Gebiet zurückziehen mußte. Doch bald bekamen die Spanier von ihren Landsleuten Verstärkung, und auch die Franzosen versuchten, in Florida Fuß zu fassen. In den Kämpfen gegen diese Übermacht wurden die Calusa vernichtend geschlagen. Ihre wenigen Überlebenden gingen zusammen mit den ebenfalls in Florida ansässigen *Timucua* in den zur Sprachfamilie der Muskegoo gehörenden Seminolen auf.

Die Seminolen – Vertriebene oder Weggelaufene

Die Seminolen (sie treten später in der Literatur als Stamm auf) setzen sich aus verschiedenen Splittergruppen zusammen. Ihr Name aus der Muskogee-Sprache heißt denn auch «Vertriebene» oder «Weggelaufene» – nach einer andern Version «frei» oder «unabhängig». In Florida drangen sie in ein relativ menschenleeres Land vor, und da immer neue Flüchtlinge, wie zum Beispiel Reste der Creek, aber auch viele schwarze Sklaven bei ihnen Aufnahme fanden, wuchs die Zahl ihrer Dörfer rasch gegen etwa 100 an. Die Siedlungen mit den rechteckigen Häusern, den Chikee (in ihrer Sprache *čikì* genannt), lagen auf Waldlichtungen oder gerodeten

Plätzen. Die Häuser waren offen – ohne Wände –, der Plankenboden lag etwa 50 Zentimeter über dem Boden, und das Dach bestand aus Palmblättern. Um die ineinander verflochtenen Blätter besser gegen die Meereswinde zu sichern, wurden zusätzlich beschwerende Balken vom Giebel her darübergelegt. Die leichte Kleidung war dem warmen Klima angepaßt. Lediglich im Winter trugen die Frauen ein apartes Ledergewand, das über der linken Schulter geknüpft war und die rechte Brust frei ließ. Aus dem Ledertuch, das sich die Männer um den Kopf wanden, entwickelte sich später unter europäischem Einfluß eine turbanähnliche Kopfbedeckung, die mit prächtigen Federn geschmückt wurde und auf alten Bildern recht fremd über den indianischen Gesichtern wirkt.
Auf den Feldern der Seminolen treffen wir die landesweit üblichen Gemüse. Aus den Früchten der verschiedenen Eichenarten wurde ein Mehl hergestellt, das zusammen mit Maismehl zum Backen Verwendung fand. Die Bitterstoffe der Eicheln entfernte man durch Wässern oder Aufkochen. Die Seminolenfrauen werden durchwegs als außergewöhnlich gute Köchinnen geschildert, die allein über 20 Bohnengerichte kannten. Als Delikatesse galt eine Art Gelee, das in einem umständlichen Verfahren aus den Wurzeln der Stechwinde (*Smilax herbacea*) gekocht wurde.
An jagdbarem Wild muß an erster Stelle der Weißwedelhirsch genannt werden, dessen Leder sich besonders gut zu Kleidern verarbeiten ließ. Daneben schätzte man Braten von Waschbären, Wasserkaninchen (*Sylvilagus aquaticus*) und der zahlreichen Wassergeflügel.
Auf Flüssen und Seen verwendeten die Seminolen Einbäume aus dem Holz der Zypresse, wie wir sie auf den wunderschönen Stichen von Theodor de Bry bei den Timucua sehen. Für die Sümpfe wurden sie natürlich möglichst flach gebaut. Beim Fischfang in größerem Stil kannte man auch hier die in Südamerika übliche Methode des Betäubens mit der Rinde des Jamaica Dogwood (*Ichthyomethia piscipula*).
Aus dem überlieferten Wissen und dem religiösen Erbe der verschiedenen Splittergruppen, die sich unter dem Namen Seminolen

zusammenfanden, entstand ein sehr intaktes und ausgeprägtes Stammesgefüge. Man übernahm die matrilineare Organisation und entwickelte eine fortschrittliche Sozialstruktur und Gesetzgebung. Die Kenntnisse der Heilpflanzen, die in dem feuchtwarmen Klima in üppiger Vielfalt gediehen, waren überdurchschnittlich umfassend.

Das religiöse Denken war stark durch die zahlenmäßig dominierende Gruppe der Creek geprägt, und das alljährliche Grünmaisfest war Höhepunkt des Jahres. Bei ihm entwickelten sich allerdings gewisse Abweichungen. Der genaue Zeitpunkt der Zeremonie wurde von den Medizinmännern festgesetzt und vierzehn Tage vor Beginn allen Stammesangehörigen mitgeteilt. Das viertägige Fest begann gewöhnlich im Juni; der Schwarze Trank wurde bereits am ersten Abend eingenommen. Dann begannen die Lieder und Tänze, die nur während dieser Feier vorgetragen werden durften. Die Frauen trugen dazu kleine Schildkrötenschalen um das Kniegelenk, die Männer gaben mit der Handtrommel den Rhythmus an. Frances Densmore berichtet, daß früher auch Flöten mit vier Löchern geblasen wurden.

Die Seminolenkriege

Am 4. Juli 1776 erklärten die dreizehn Kolonien ihre Unabhängigkeit von Großbritannien, was zu einem langen und erbitterten Krieg führte, der erst im Frieden von Paris 1783 sein offizielles Ende fand. Dennoch zogen sich die kriegerischen Auseinandersetzungen noch bis 1813 hin.

In die folgenden Jahre fallen die ersten brutalen Überfälle auf die Seminolen, von denen man die entlaufenen schwarzen Sklaven zurückforderte, allerdings ohne Erfolg.

Im Jahre 1819 kaufte die junge Union für fünf Millionen Dollar den Spaniern Florida ab, nachdem man im Verweigerungsfall mit einem Krieg gedroht hatte. Die Amerikaner wollten ein von Indianern gesäubertes Land. Die als *Seminolenkriege* bekannten Ver-

nichtungskämpfe in der Zeit zwischen 1817 und 1855 bilden eines der dunkelsten Kapitel in der Geschichte der Indianerverfolgungen. Allein der 2. Seminolenkrieg kostete die USA 60 Millionen Dollar und den Verlust von 2000 Soldaten. Wie viele Indianer ihr Leben lassen mußten, kann man nur schätzen. Traurige Tatsache ist die Deportation von 4420 Seminolen nach Oklahoma. Nur ein kleiner Teil der Überlebenden konnte diesem Schicksal entgehen und hielt sich in den unzugänglichen Everglades verborgen. In diese Zeit fällt auch das tragische Schicksal des jungen, tapferen Seminolenhäuptlings *Osceola* (1804–1838), auch Assiola genannt, nach dem indianischen *asi-yaholo,* was wir mit «Verkünder des Schwarzen Trankes» (beim busk) übersetzen können. Er organisierte mit großem strategischem Können den Widerstandskampf seines Volkes und wurde 1838 durch gemeinen Verrat auf weißer Seite nach South Carolina verschleppt, wo er kurz darauf unter nicht abgeklärten Umständen im Gefängnis verstarb.
Im Jahre 1855 setzte die Regierung nochmals Militär ein, um das Seminolenproblem in Florida endgültig abzuschließen. Nach drei Jahren gemeinster Verfolgungsjagd gelang es, nochmals 240 Menschen nach Oklahoma zu deportieren. Während die Seminolen dort in den losen Bund der sogenannten «Fünf zivilisierten Nationen»[47] aufgenommen wurden, ging die Hetze auf die wenigen Zurückgebliebenen weiter, bis die amerikanische Regierung 1891 endlich ein kleines Reservat, die *Big Cypress Indian Reservation,* einrichtete, dem in späteren Jahren noch zwei weitere folgten. Doch die mißtrauischen Indianer kamen nur sehr zögernd. 1940 gab es noch immer Menschen, die das harte Dasein in den Sumpfgebieten dem Leben in den Reservaten vorzogen.
Auch die Reservatsindianer mieden jeglichen Kontakt mit Weißen und Missionaren, bis zu dem Zeitpunkt, an dem – angeregt durch das *Bureau of Indian Affairs* – man langsam begann, in das Touristengeschäft einzusteigen. Entlang der Highways errichteten die Seminolen kleine Souvenirstände, und 1964 eröffneten sie sogar ein Restaurant und eine Servicestation.
Schon Ende des letzten Jahrhunderts war es einigen geschäftstüch-

tigen Händlern gelungen, Handnähmaschinen an die Indianerinnen zu verkaufen. Die handwerklich geschickten Seminolenfrauen entwickelten beim Nähen einen ganz persönlichen Stil, eine Art Patchwork, mit dem sie ihre Kleider verzierten. Heute hat sich daraus eine neue «Nationaltracht» entwickelt. Die nach diesem Vorbild angefertigten Kostümpuppen mit einem Körper aus Palmfasern gehören zu den meist verkauften Andenken.
Zum Amtsantitt von Präsident Lyndon B. Johnson am 22. November 1963 schickten die Seminolen eine Abordnung an die Feierlichkeiten, als Zeichen, daß sie – die als einziger Stamm nie Frieden mit den USA geschlossen hatten – die Regierung nun endlich anerkannten. Und diesem klugen Schachzug folgte bald der nächste: Die Seminolen stellten eine Forderung von 40 Millionen Dollar als Wiedergutmachung für enteignetes Land! Am 23. Januar 1976 konnte man in den amerikanischen Zeitungen lesen: «Der Indianerstamm der Seminolen im amerikanischen Bundesstaat Florida hat eine Entschädigung der Bundesregierung in Washington für Landraub an ihren Vorfahren im vergangenen Jahrhundert akzeptiert. Die Regierung zahlt für insgesamt 13 Millionen Hektar Land 16 Millionen Dollar (rund 42 Millionen DM), was einer Summe von 1,25 Dollar pro Hektar entspricht.» Von diesen 16 Millionen sollte jedes Stammesmitglied, auch die in Oklahoma lebenden Seminolen, seinen Anteil bekommen. Trotz dieser Anpassung an das kommerzielle Denken der Weißen, hält ein Großteil der in Florida verbliebenen Seminolen an vielen alten Traditionen fest, und auch das Grünmaisfest wird noch immer in jedem Juni gefeiert.

Die Prärie

Flora und Fauna

Die Stämme der Präriekultur bewohnten Teile der heutigen Staaten North und South Dakota, Minnesota, Nebraska, Iowa, Kansas, Missouri, Oklahoma und Arkansas. Als östliche Grenze können wir ungefähr den Mississippi annehmen, den «Vater der Ströme», wie ihn die Indianer nennen. Westlich dieses größten Stromes von Nordamerika wandelt sich die Landschaft. Die undurchdringlichen Wälder des Ostens machen nach und nach lichteren Waldbeständen Platz, bis sie schließlich ganz verschwinden und wir uns im Herzen von Nordamerika in dem Gebiet befinden, das von den Franzosen einst den Namen Prärie (große Wiese) erhielt. Die hügelige Landschaft erstreckt sich von North Dakota bis nach Arkansas und bietet vor allem im Frühling einen herrlichen Anblick. Das Blau und Violett von Phlox, Wicken und Gladiolen wetteifern mit dem Gelb der Lilien, zu denen sich im Hochsommer noch Goldruten und Sonnenblumen gesellen, die auch heute noch zu beiden Seiten der Landstraße sich wie leuchtende Bänder durch das Grün ziehen. Weißblütiger Rittersporn gehört zur Farbenpalette wie das zarte Rosa der Prärierose. Unter den Gräsern dominieren die typischen amerikanischen Gramagräser (*Bouteloua*) und das berühmte Büffelgras (*Buchloë dactyloïdes*). Uns scheint, nirgends kommt einem die einsame und großartige Weite der amerikanischen Landschaft so zu Bewußtsein wie auf den Prärien, wenn man von einem Hügel über das gewellte Grasland bis an den fernen Horizont schaut und die großartigen Wolkenbildungen oder gar ein aufziehendes Gewitter beobachten kann.

Die großen Flüsse, wie der Missouri, der Platte und Republican

River, die sich in vielen Windungen ihren Weg suchen, haben an ihren Ufern üppige Waldgürtel mit Eichen, Cottonwood (*Populus deltoides*), einem Gewirr von Lianen und Waldreben, aber auch mit dem gefährlichen Gift-Efeu. Streckenweise, vor allem in den Dakotas, säumen felsige Höhenzüge, die sogenannten Bluffs, den Missouri. Im westlichen Teil von North und South Dakota liegt die steinerne, bizarre Welt der Badlands, eine fast urweltlich anmutende, faszinierende Landschaft, die heute teilweise unter Schutz gestellt ist und die Grenze zu den Plains bildet. Die Prärien und Plains waren die Heimat der nach Millionen zählenden Bisons *(Bison bison)*, die später in der größten Massenvernichtung aller Zeiten durch den weißen Mann fast ausgerottet wurden. Heute leben die Tiere noch in kleinen Gruppen in Parks und zoologischen Gärten und in einigen Indianerreservaten.

Mit etwas Glück kann man bei einer Fahrt über Land noch Städte des Präriehundes *(Cynomys ludovicianus)* finden. Präriehunde sind kleine, murmeltierähnliche Nager, Verwandte unseres Eichhörnches. Ihre mit unterirdischen Gängen verbundenen Bauten unter dem Weideland erstreckten sich früher über viele Kilometer und beherbergten Zehntausende von Familien, die ihre Reviere energisch gegen Tiere anderer Sippen verteidigten. Die Umwandlung weiter Gebiete der Prärie in Nutz- und Weideland brachte auch diese originellen Tiere fast zum Verschwinden. Einige weitere für diese Gegend typische Tierarten haben zumindest überlebt. Man hört noch den Schrei des Präriefalken *(Falco mexicanus)*, und gegen Abend wagt sich das Pronghorn *(Antilocapra americana)* aus seinem Unterschlupf hervor. Diese Antilopenart, auch Gabelbock genannt, soll nach Ansicht der Zoologen schon wesentlich länger auf dem amerikanischen Kontinent leben als der Bison. Einziger Feind neben dem Menschen ist für das Pronghorn der Coyote *(Canis latrans)*, der auch den Präriehunden nachstellt.

Verhältnismäßig zahlreich sind noch immer die Schlangenarten, während wir nach dem großen und kleinen Präriehuhn vergeblich Ausschau halten. Sie sind wie unzählige andere Tierarten der Jagdwut des weißen Mannes zum Opfer gefallen.

Gegen Ende des ersten Jahrtausends n. Chr. bildete sich mehr im südlichen Teil unseres Gebietes die sogenannte Prärie-Dorf-Periode. Wie die Benennung schon zeigt, handelt es sich um feste Siedlungen, die wo immer möglich auf Anhöhen, doch stets in Flußnähe angelegt waren. Archäologischen Funden nach zu schließen war es eine selbständige, aus sich herausgewachsene Kultur, die einige Elemente aus dem östlichen Kulturbereich aufwies. Ins Innere der rechteckigen Häuser gelangte man durch einen Gang, in dessen Wänden Vorratsnischen angebracht waren. Die Dörfer waren in der Regel mit einem Graben umgeben, und ihre Einwohnerzahl schwankte schätzungsweise zwischen 100 und 300 Menschen. Natürlich bestanden Unterschiede je nach Zeit und Gegend, und so kennen wir eine frühe, mittlere und späte Prärie-Dorf-Periode.
Wir haben es hier vorwiegend mit Völkern der Sioux- und Caddo-Sprachfamilie zu tun, wobei Caddo gleichzeitig der Name eines Stammes ist. Nach Kroeber bewohnten alle Völker der Caddo-Sprachfamilie zuerst ein zusammenhängendes Gebiet im Süden. Zu ihnen zählen die Kadohadacho, heute gekürzt die eigentlichen Caddo, dazu die Hainai oder Haina, die Adai, die Kitsai oder Kichai sowie die Wichita. Die Adai wurden übrigens schon 1529 von Alvar Nunez de Vaca besucht und in seinem Buch «Schiffsbrüche» erwähnt.
Aus ihren südlichen Wohngebieten wanderten einzelne Caddo-Stämme aller Wahrscheinlichkeit nach vor etwa fünfhundert Jahren nordwärts. Irgendwann haben sich dann siouxsprechende Stämme, wie die Kansa und Osage von Osten und die zur Sprachfamilie der Aztec-Tanoan gehörenden Kiowa oder Kiowic von Nordwesten her dazwischengeschoben. Wir sehen also, daß diese Völkerwanderungen, die zur Zeit von Columbus noch nicht abgeschlossen waren, eine exakte Fixierung von Ort und Zeit außerordentlich erschweren. Unter Berücksichtigung neuster Erkenntnisse kommen wir zu folgender Verteilung von Süden nach Norden: Im Süden die Stämme der Caddo-Sprachfamilie; dann folgt der Einschub der Kansa, Osage und Kiowa als fremdes Element. Die nächste nördlichere Gruppe sind die Pawnee-Stämme, welche

28 Rekonstruktion eines Pawnee-Dorfes, von Herb Thomas, Lincoln
29 Inneres eines Pawnee-Hauses mit Altar im Museum der Nebraska State Historical Society, Lincoln

30 Zerfallenes Erdhaus der Pawnee, Aufnahme von F. Weygold
31 Pferderaub, Malerei eines Pawnee auf einer Wapitihaut

32 Porträt des Pawnee «White Eagle»

33 Porträt eines Pawnee, Foto von W. H. Jackson

ebenfalls zur Caddo-Sprachfamilie gehören. Dann folgt nochmals ein Keil von Sioux-Stämmen mit den Ponca, Omaha, Dakota und Mandan. Am nördlichsten, teilweise schon im heutigen North Dakota, treffen wir die letzte Gruppe der Caddo, die Arikara, von denen man annimmt, daß sie sich etwa Ende des 15. Jahrhunderts von den Pawnee getrennt haben.

Die Pawnee – das Volk Tirawas

Beim Auftauchen des Names *Pawnee* in der Literatur müssen wir bis zum ausgehenden 18. Jahrhundert äußerst zurückhaltend sein. Zur damaligen Zeit befanden sich schon viele schwarze Sklaven im französischen Kanada. Da diese bedauernswerten Menschen im rauhen Klima keine allzulangen Lebenserwartungen hatten, verschafften sich die Franzosen indianische Sklaven. Die Pawnee gehörten zu den ersten, die diesen erniedrigenden Weg antreten mußten, und ihr Name wurde in Kanada und später in Louisiana allgemein für indianische Sklaven verwendet, gleich von welchem Stamm sie kamen. Georg Friederici (1866–1947) schreibt im zweiten Band seines noch heute gültigen Buches «Der Charakter der Entdeckung und Eroberung Amerikas durch die Europäer», daß im französischen Louisiana des Jahres 1714 weit mehr Pawnee als Neger (etwa im Verhältnis 13:1) im Besitz der Kolonisten waren.

Über die Entstehung des Namens Pawnee herrscht einige Unklarheit, er könnte auf ein Wort der Sioux zurückgehen. Nach George Hyde hängen die Chiwere den Namen von Vögeln, welche hacken oder graben und einen roten oder zumindest bunten Schopf haben, die Silbe *panyi* an. Da die Pawnee in Erdhäusern wohnten und eine Vorliebe für bunte und schillernde Federn hatten, könnte dieses Wort eine Anspielung auf ihre Eigenarten sein. Eine andere Erklärung geht auf die Haartracht der Männer zurück. Sie rasierten ihren Schädel bis auf eine Stelle am Hinterkopf kahl, verknoteten den verbleibenden Schopf und festigten ihn mit Bisonfett. Das so

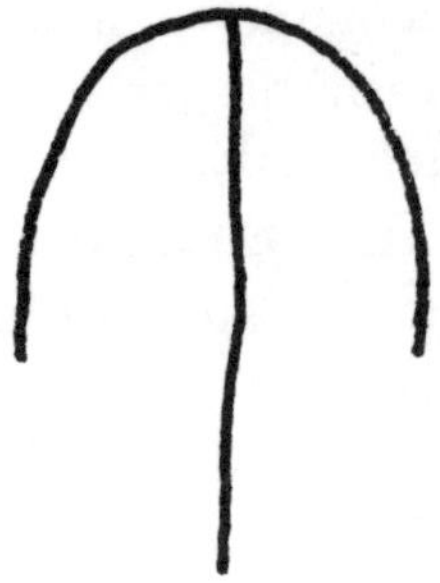

Das Zeichen Tirawas

entstandene Horn wurde noch mit Ocker eingefärbt und leicht nach vorn gedrückt. Horn heißt in der Sprache der Pawnee *Pa-riki*. Die Spanier übernahmen es und nannten diese «gehörnten Menschen» Pariki. Der französische Jesuitenpater Jacques Marquette (1637–1675) nannte sie Pana. Im 18. Jahrhundert tauchte dann die Bezeichnung Pani auf, der englische Sprachraum übernahm sie ebenfalls, so daß wir heute die beiden Benennungen Pani und Pawnee finden. Hinter dem Wort Pawnee verbirgt sich ein Bund von vier Stämmen: die eigentlichen Pawnee, welche vielmals unter dem Namen *Skidi*- oder Wolf-Pawnee zu treffen sind, dann die *Chaui*- oder Grand-Pawnee, die *Kithehaki* oder Republican-Pawnee und die *Pitahauerat*- oder *Tapage*-Pawnee.

Materielle Kultur

Sie wohnten in großen, stattlichen Siedlungen im Gebiet des Platte, Republican und Loup River in Erdhäusern. Jedes Haus wurde von einer Familie mit ihrem Anhang bewohnt. Darunter dürfen wir die Eltern mit ihren Kindern, die Großeltern und unverheirateten Geschwister verstehen. Zwischen den Häusern standen hohe, luftige Gerüste zum Aufbewahren der Gemüsevorräte nebst Fleisch und Fellen. Brennstoff für das Feuer, das in der Mitte des Hauses brannte, lieferte das angeschwemmte Holz der Flüsse oder die

Waldgürtel der Flußufer. Auf dem Erdhaus lagen die Stangen für das Tipi, mit dem ein Teil der Familie im Juli und August, wenn die Felder der Ernte entgegenreiften, und nochmals während der Wintermonate auf die Jagd zog. Wie stark mußte das jägerische Element in diesem Volk noch verwurzelt gewesen sein, daß es die bittere Kälte der Prärie, gegen die sie das lederne Tipi nur mangelhaft schützte, dem warmen Inneren der Erdhäuser vorzog? Wir rechnen die Pawnee zu den halbseßhaften Prärievölkern, die auf der einen Seite hervorragende Ackerbauer waren, zum anderen sieben Monate im Jahr fern ihrer Dörfer auf Bison- und Antilopenjagd zogen. Im Gegensatz zu der sonst üblichen Jagdweise der Sioux ging eine ganze Siedlung geschlossen mit dem Hundetravois auf die große Jagd. Ein Teil der Erdhütten wurde geschlossen, die zurückgebliebenen alten Leute rückten zu kleineren Wohngemeinschaften zusammen. Entbehrliche Güter vergrub man an einem sicheren Ort.

Auf den Feldern gediehen die verschiedensten Mais- und Bohnensorten, dazu Kürbisse, Melonen und Tabak. Die Bohnen rankten sich zum Teil um den Mais empor, und kleinere, mehr gartenähnliche Pflanzungen waren mit Sonnenblumen eingefaßt. Sorgfältig wurden im Frühjahr von den Frauen und Mädchen sechs bis acht Maiskörner in einen kleinen Erdhaufen gesteckt und alle Feldfrüchte im Frühsommer zweimal gegen Unkraut durchgehackt. Man kannte den Grabstock, Hacken aus dem Schulterblatt eines Bisons und eine Art Rechen mit Zinken aus Holz oder Geweihstücken.

Auch der sonstige materielle Kulturbesitz war wesentlich reicher als bei den nomadisierenden Völkern. Man hatte Zeit, Matten aus Schilf und Bast zu knüpfen und Vorratskörbe zu flechten. Der Maismörser aus einem Baumstamm war unten zugespitzt und konnte so fest in die Erde gerammt werden.

Besonders die Töpferei verdient Erwähnung, um deren Restaurierung sich die *Nebraska State Historical Society* besonders verdient gemacht hat. Im Gebiet ihres Staates hat man über 40 der alten Siedlungen entdeckt und umfangreiche Grabungen durchgeführt, bei den Töpfereien in dunkelgrauen bis hellgrauen Farbtönen, aber auch lederfarbene Stücke zum Vorschein kamen. Die Gefäße wurden aus einem Tonklumpen herausgeformt und mit einfachen, aber sehr gediegenen Verzierungen versehen. Wir finden Zickzacklinien, Fischgrätenmuster u. a. m., die mittels eines mit Kerben versehenen Knochens in den weichen Ton geritzt oder auch mit dem im Osten üblichen Paddel geschlagen wurden. Bei wenigen Stücken fand man auch die Technik des Aufrauhens durch fasrige Schnüre. Charakteristisch für einen Teil der Töpfereien sind bis zu zehn kleine Griffe, die unterhalb des Gefäßrandes angebracht sind und den Stücken einen besonderen Reiz verleihen.

Möglichst nah beim Dorf lagen die Grabhügel. In alten Zeiten wurden die Verstorbenen auf Plattformen beigesetzt und erst in einer Zweitbestattung der Erde übergeben. Nach Wedel[48] wurden die Toten in ausgestreckter Lage oder in Hockerstellung bestattet. Die Angehörigen schnitten sich aus Schmerz die Haare kurz oder schoren sich sogar kahl. Blutige Trauerriten waren eher selten und eigentlich nur bei den Frauen üblich, indem sie sich Schnitte beibrachten. Die Pawnee glaubten an ein Weiterleben nach dem Tode, jedoch kam nur ein guter Mensch in eine Art Paradies. Er mußte eine Brücke in Form eines glitschigen Baumstammes überschreiten, die in das «Land der Seligen» führte.

Als ackerbautreibendes Volk waren die Pawnee matrilinear ausgerichtet. Das kleine Mädchen wurde verwöhnt und genoß die gleichen Rechte wie ein Knabe. Im Alter von etwa sechs Jahren wurde es zur Hilfe von der Mutter herangezogen und in alle Arbeiten der zukünftigen Pawnee-Frau eingeführt. Später mußte ein Freier den Vater seiner Auserwählten um die Hand seiner Tochter bitten. War der Vater einverstanden, so setzte er den Kaufpreis fest. Er bestand in der Regel aus Bisondecken, später auch in Pferden. Ein Mädchen hatte aber durchaus die Möglichkeit, gegen einen ablehnenden Bescheid mit Hilfe anderer Familienangehöriger Einspruch zu erheben – der Vater hatte also nicht alleinige Verfügungsgewalt. Oft kam es vor, daß ein Mann später noch eine Schwester seiner Frau dazu ehelichte.

Der Häuptling führte im Rate der Alten innerhalb des Dorfes, aber auch in der Konföderation der Unterhäuptlinge, den Vorsitz. Seine Macht war groß, dafür trug er aber auch die Verantwortung für jeden einzelnen seines Volkes. Fiel im Krieg einer seiner Männer unnütz im Kampf, so besuchte er nach der Rückkehr die Hinterbliebenen und sprach: «Ich war der Führer einer Kriegerschar, und euer Sohn (oder Bruder) war auch dabei. Er verlor sein Leben, ich konnte ihn nicht retten. Da bin ich. Tut mit mir, was ihr wollt, denn ich hätte ihn lebendig zu euch zurückbringen sollen.» Natürlich wurde ein solches Opfer nicht angenommen. Man schnitt dem Häuptling höchstens die Spitzen der Haare ab und nahm diese als symbolisches Opfer.

Tirawa und seine Helfer

Die oberste Institution bildeten die Priester, die bei diesem Volk nicht gleichzeitig Medizinmänner waren, sondern nur Geistliche, die die Verbindung zwischen den Göttern und den Menschen überwachten. Für die Krankenheilung gab es eigentliche Medizinmänner, denen ein über Generationen weitergegebenes Wissen zur Verfügung stand.

Die religiöse Welt der Pawnee ist eines der faszinierendsten Kapitel der nordamerikanischen Religionsethnologie. Clarc Wissler (1870–1941) schreibt dazu: «...aber an Würde und Schönheit läßt sie sich sehr gut mit der der Griechen, Ägypter und anderer Kulturvölker der Antike vergleichen und überragt die Mythologie der übrigen Indianer bei weitem.»[49] Das oberste Wesen der Pawnee ist *Tirawa*. Er thront über den Wolken und regiert von dort aus Himmel und Erde, also das von ihm geschaffene Universum. Das Himmelsgewölbe *Atira* ist seine Frau. Ihre Kinder sind der Abendstern – er wird weiblich gedacht – und der Morgenstern. *Tcuperikata*, der Abendstern, ist die Erstgeborene und Rangnächste nach Tirawa und seiner Frau, dem Himmelsgewölbe. Tcuperikata besitzt im Westen einen Garten, in dem der Mais reift und unzählige

Bisons grasen. In diesem Wundergarten erneuert die Sonne über Nacht ihr Feuer, und alle Lebensströme entspringen dort. Tcuperikata hat vier Helfer: den Wind, die Wolke, den Blitz und den Donner. Diese dienen aber auch als Vermittler von Tirawas Weisungen an die Menschen.

Operikata, der Morgenstern, wird als Krieger gedacht, er jagt die andern Sterne vor sich her. Mit Tcuperikata zusammen erschuf er den ersten Menschen – ein Mädchen; Sonne und Mond schufen ihr einen Gefährten, den ersten Mann.

In der Rangfolge erscheinen nun nach Operikata die Götter der vier Weltviertel. Sie stehen im Nordosten, Südosten, Südwesten und Nordwesten und stützen das Himmelsgewölbe. Daneben hat Tirawa sie angewiesen, die vier Stämme der Pawnee auf der Erde zu verteilen.

Den Göttern der vier Himmelsrichtungen folgen die Götter des Nordens. Der erste, der Nordstern, führt den Vorsitz im Rat der Sterne. Dazu gab er den Menschen (Pawnee) die Riten für die Wahl ihrer Häuptlinge. Der zweite Gott, der Nordwind, schickte die Bisons auf die Erde, und der dritte der Nordgötter schließlich spendete den Menschen den Atem des Lebens. Weitere Gottheiten, jedoch von geringerer Bedeutung, sind ein Helfer des Morgensterns, der einfach als «Zweiter Morgenstern» figuriert, ferner der «Große Schwarze Stern», ein besonderer Helfer der Medizinmänner. Weiter folgt der Südstern am südlichen Ende der Milchstraße, der dort die Totengeister empfängt.

Als letzten treffen wir endlich den «Törichten Wolf», der, die Götter mißachtend, in deren Versammlung einfiel und deshalb schwer gerügt wurde. Als Rache für diese Demütigung brachte er den Tod auf die Erde. Der Coyote oder Präriewolf spielt auch bei den Pawnee, wie bei den meisten andern Prärievölkern, die Rolle des Bösen und Falschen.

Wohl aus der Individualität des indianischen Menschen heraus zeigen sich in der Verehrung Tirawas starke Abweichungen. So brachten einige Dörfer dem obersten Wesen Tirawa keine besondere Verehrung entgegen, hingegen fühlten sich die Pitahauerat als

besonders von Tirawa begünstigt, ja sie bezeichneten sich geradezu als «Tirawas Volk». Die Chaui stellten sich ebenfalls unter die Obhut Tirawas und seiner Helfer, doch, als die Pawnee mit der stärksten jägerischen Komponente, spielten bei ihnen Tier- und Erdgötter eine nicht zu unterschätzende Rolle. Nach George A. Dorsey[50] erhielten sie von den Tiergöttern die Heilkräuter und die Lehre ihrer Anwendung. Die Kitkehaki verwahrten in ihren heiligen Bündeln Meteorsteine, die im Traum zu den Menschen sprachen und ihnen Ratschläge gaben.
Die Skidi saßen am weitesten gegen Nordwesten und bildeten gegenüber den andern drei Hauptstämmen ein selbständiges Ganzes. Ihre Verehrung führte über den Morgenstern zu Tirawa, ja sie brachten ihm sogar im Frühjahr ein Menschenopfer, «weil Tirawa es so für den Morgenstern verlangte». Tcuperikata spricht in einer Mythe: «Tirawa gab mir mehr Macht als jedem anderen Stern. Ich bin der einzige Gott, der ein Menschenopfer empfangen kann, und Tirawa hat Wohlgefallen an mir.» Das Field Museum of Natural History in Chicago besitzt eine außergewöhnlich genaue Sternkarte, welche auf eine Tierhaut gezeichnet ist. Nach Berechnungen der heutigen Astronomen wurde sie zur Zeit von Columbus Landung von einem Pawnee-Priester angefertigt[51]. Solche Sternkarten dienten den Priestern wahrscheinlich auch als Hilfe beim Aufbau der Dörfer.

Das Erdhaus als Symbol der religiösen Welt

Die Anordnung der Dörfer und ihrer Häuser erfolgte streng nach den «Himmlischen Vorbildern». Aber noch nicht genug, auch die Erdhäuser wurden nach denselben Richtlinien gebaut. Auf diese Weise lebte der Mensch gleichsam direkt in seiner religiösen Welt, die Äußerlichkeiten seiner gesamten Umgebung erinnerten ihn auf Schritt und Tritt an seine Götter. Die Erdhütte lag zum Teil unter der Erde, ein Gang führte leicht nach unten in das Innere. Das Gerüst des Hauses bestand aus zwei konzentrischen Reihen von Pfo-

sten, die vertiefte Herdstelle bildete den Mittelpunkt. Die innere Reihe bestand aus acht Pfosten, von denen vier ein Parallelogramm bildeten, dessen längste Seiten in ostwestlicher Richtung verliefen. Diese Pfähle, welche das Haus trugen, entsprachen den Göttern der Weltviertel, die das Himmelsgewölbe stützen. Die Pfosten wurden noch in den ihnen entsprechenden Farben bemalt: der Nordwesten gelb, der Nordosten schwarz, der Südwesten weiß und der Südosten rot. Die Verteilung der Farbsymbole treffen wir konsequent weitergeführt auch bei der Zuteilung des Saatmaises. So bekamen die Dörfer im Südwesten den Weißen, im Nordwesten den gelben, im Südosten den roten und im Nordosten den schwarzen Mais. Die restlichen vier Pfosten der inneren Reihe entsprachen dem Polarstern im Norden, dem Geisterstern im Süden, dem Morgenstern im Osten und dem Abendstern im Westen. Die äußere Pfostenreihe war mit den geringeren Göttern identisch, wie etwa dem Nordwind, dem Zweiten Morgenstern, dem Schwarzstern usw. Der bis zu vier Meter lange Eingang lag auch hier wieder nach Osten.
Der Durchmesser eines Pawnee-Hauses betrug 12 bis 20 Meter. Gleich dem Eingang gegenüber an der hinteren Wand lag der Altar mit einem Bisonschädel. Im Häuptlingshaus hing darüber das «Heilige Dorfbündel». Jedes Dorf besaß ein solches; es wurde bei den verschiedenen Zeremonien des Jahres, zum Beispiel für eine gute Ernte oder eine erfolgreiche Jagd, verwendet. Die Dorfbewohner betrachteten sich als direkte Nachkommen des ursprünglichen Bündelbesitzers, welcher es «damals» von einem der Sterngötter erhalten hatte. Die Bündel bestanden in der Regel aus einer Hirsch- oder Bisonhaut, in welche die heiligen Gegenstände, zum Beispiel Meteorsteine sowie Pfeife, Tabak und Farben, eingewickelt waren. Außer diesem, nur dem Dorf gehörenden Bündel, gab es noch zwei, die Besitz des ganzen Stammes waren. Diese heiligen Objekte wurden in einer besonderen Hütte aufbewahrt.
Im April bezog ein Priester seinen Platz beim Hausaltar genau dem Eingang gegenüber. Durch den langen Gang schaute er dem erwachenden Tag entgegen und richtete seinen Blick durch das Rauch-

34 Baumgrab, Zeichnung von Karl Bodmer

35 Das Mandan-Dorf Mih-Tutta-Hangkusch im Winter. Im Vordergrund der zugefrorene Missouri. Kupferstich nach K. Bodmer, Tafel 15 im Bildatlas
36 Inneres eines Mandan-Hauses. Kupferstich nach K. Bodmer, Tafel 19 im Bildatlas

loch gegen den Zenit. Der Priester wartete auf ein bestimmtes Zeichen, das den Beginn des neuen Pawnee-Jahres anzeigte. Dies war um den 21. April herum, wenn der erste Frühlingsdonner die Tiere aus dem Winterschlaf weckte. Nach dem Glauben der Pawnee kamen die Sterngötter im Frühling auf die Erde, um schützend oder helfend einzugreifen. Mit Einbruch des Winters kehrten sie an ihren Platz am Himmel zurück. Beim ersten Donnerschlag im Frühling meldeten sie, daß sie abermals bereit seien, den Erdenkindern mit ihrer Hilfe beizustehen.
Paruxti bekleidete die Stelle eines Boten von Tirawa, seine Stimme war der Donner. Er vereinigte in sich die vier Gehilfen von Tcuperikata, dem Abendstern. Mit Wind, Wolken, Blitz und Donner raste er über die Erde, und wo er vorbeikam, erwachte alles zu neuem Leben. In seine im Westen gelegene Hütte zurückgekehrt entzündete er ein großes Feuer und brachte den Himmelsgöttern ein Rauchopfer dar. Damit zeigte er zugleich an, daß er auf Erden alles wohlauf gefunden habe. Auf diese Botschaft hin bereiteten sich die Götter auf die Gebete und Opfer der Menschen vor, das Schöpfungsritual konnte beginnen. Auf Geheiß von Paruxti wurde der Mais enthülst und als Saatgut an die Frauen abgegeben. Vor und während der Aussaat führten die Priester das Donnerritual durch. Diese Zeremonie bezog sich in erster Linie auf den Anbau von Mais und anderen Feldfrüchten. In weiteren Zeremonien wurden alle Phasen der Schöpfung nachvollzogen, die Neugeburt des Kosmos und der Natur – zugleich der Beginn des neuen Jahres bei den Pawnee.

Die Donner- und Hako-Zeremonie

Der amerikanischen Ethnologin Alice Fletcher verdanken wir, daß vieles von den religiösen Feiern der Pawnee der Nachwelt erhalten blieb. Im Jahre 1898 konnte sie den alten ehrwürdigen Pawnee-Priester *Tahirussawichi* dazu bewegen, ihr die Riten der *Hako-Zeremonie* und die 95 dazugehörenden Gesänge in den Trichter eines

Phonographen zu sprechen und zu singen. Der Text wurde dann durch einen indianischen Dolmetscher ins Englische übersetzt.
Mit Hako bezeichnet man die Gegenstände, die bei den bis auf das letzte Detail festgelegten Zeremonien gebraucht wurden. Es waren die Trommeln, welche als rhythmische Begleitung der Gesänge geschlagen wurden, eine an einem Stock befestigte weiße Adlerdaunenfeder als Zeichen des Morgensterns, ein ebenfalls an einem Stock festgebundener Maiskolben, die *Mutter Mais*, dazu verschiedene mit Federn geschmückte Hölzer, Kürbisrasseln und vor allem die beiden Calumets, die bei den Riten eine wichtige Rolle spielten und ihr auch den Namen gaben. Alle Gegenstände wurden in einem Wildkatzenfell aufbewahrt, da dieses Tier ein Höchstmaß an Ausdauer bei der Jagd auf seine Beute aufwies. Diese durch das Wildkatzenfell symbolisierte Beharrlichkeit übertrug man auf alle Teile der Zeremonien, deren Ziele vielfältig waren. Man stellte die Kinder unter den Schutz der Mutter Mais, bat um Kindersegen und langes Leben, vor allem aber um Frieden. Die Feiern der Hako- oder Calumet-Zeremonie dauerten fünf Tage und Nächte. Über ihren Ursprung sind die Meinungen geteilt, doch glaubt man allgemein, daß sie bei den Pawnee ihre endgültige und reinste Form gefunden hat. Schon der französische Reisende Nicolas Perrot (1644–1718) berichtete von den Pawnee, sie hätten ihrem Glauben nach das Calumet von der Sonne erhalten.
Wir wollen an dieser Stelle noch einmal auf den Unterschied zwischen der Tabakpfeife und dem Calumet hinweisen. Das Calumet bestand ursprünglich aus einem Stab aus Eschenholz, konnte also gar nicht geraucht werden und war nicht identisch mit der bereits bestehenden Rauchpfeife. Auch rein äußerlich unterscheidet sich das Calumet von der Tabakpfeife. Es trägt reichen Federschmuck, die weiteren Verzierungen weisen auf die symbolische Bedeutung hin, die es im sozialen und religiösen Bereich der Indianer zu erfüllen hatte. Und noch eine Eigenart gehört zum Calumet der frühen Zeit: die Rohre traten stets paarweise auf, den kosmischen Dualismus Himmel (weibliches Prinzip, Frieden, Nacht, Mond) – Erde (männliches Prinzip, Krieg, Tag, Sonne) symbolisierend.

Die ursprüngliche Idee der Calumet-Zeremonie war die Stiftung eines Freundschaftsbundes, der Versuch, zerstrittene Stämme wieder zusammenzuführen. Die höheren Wesen, die als Herrscher über die verschiedenen Naturkräfte galten und deren Hilfe man dazu dringend benötigte, wurden in langen Gebeten und Gesängen geehrt und angesprochen. So in erster Linie die Sonne, der Adler, aber auch die Waldeule, die Ente und der Specht, deren Federn an keinem Rohr fehlen durften. Oben am Rohr war sogar ein Entenkopf mit Halsgefieder so befestigt, daß der Stab aus dem Schnabel herausschaute. Die Wildente besaß Macht über das Wasser. Mehr dem Rohrende zu befand sich der rote Kopfbalg des nordamerikanischen Spechtes als Herr des Waldes, und nie fehlte der Fächer aus Adlerfedern.

Die Calumet-Zeremonie fand ihren Weg über die Arikara zu den südlichen Sioux-Stämmen, den Zentral-Algonkin, später zu den Dakota und sogar bis zu den Blackfoot-Stämmen, wo bereits schon vieles an Ursprünglichem verlorenging. Der Federstab wandelte sich in ein Pfeifenrohr, in eine Friedenspfeife, die ebenfalls den Namen Calumet erhielt. Sie wurde in andere Rituale eingegliedert und trat auch nicht mehr paarweise auf, obgleich der symbolische Schmuck des Adlerfächers beibehalten wurde. Bei den Resten der Pawnee und Sioux-Stämme haben sich Teile der alten Zeremonie in relativ reiner Form bis heute erhalten.

Der Undank des weißen Mannes

Die verhältnismäßig friedliche Welt der Pawnee-Stämme wurde im ausgehenden 18. Jahrhundert erstmals erheblich gestört. Die Teton-Dakota drängten aus ihren waldreichen Gebieten des heutigen Minnesota nach Westen, wo sie die riesigen Bisonherden wußten. Nachdem die Arikara und Mandan durch eine verheerende Pockenepidemie stark geschwächt waren, konnten sie den Missouri überschreiten. Sie wurden zu einer ständigen Gefahr für die hier lebenden Stämme. Auch die Delawaren, auf der Suche nach einer

neuen Bleibe, setzten den Pawnee hart zu, ehe sie nach Texas auswichen. Zahlreiche zerstörte Dörfer weisen auf die Problematik hin, die durch die vertriebenen, heimatlos gewordenen Völker des Ostens auf die noch ansäßigen Stämme des mittleren Westens zukam.
Pockenepidemien, die ab Ende des 18. Jahrhunderts diese Gebiete immer wieder heimsuchten, forderten auch unter den Pawnee schreckliche Opfer. George Catlin spricht von 10000 Toten, die den Stamm auf die Hälfte zusammenschrumpfen ließen. Selbst die Tatsache, daß die Pawnee in den Indianerkriegen den amerikanischen Truppen Kundschafter zur Verfügung stellten, konnte sie nicht vor der Zwangsumsiedlung nach Oklahoma retten. Photos aus dieser Zeit, die die Pawnee frierend in Wolldecken gehüllt kurz vor dem Verlassen ihrer Dörfer zeigen, drücken die ganze Hoffnungslosigkeit dieser Menschen aus.
Wohl in Erinnerung an die geleisteten Dienste im Krieg gegen die Sioux erhielten die Pawnee 1892 das amerikanische Bürgerrecht. Ihre Zahl betrug zu dieser Zeit noch 804 Menschen, und die Statistik sieht bis 1924 nicht anders aus. Erst ab 1950 zeigen sich wieder steigende Zahlen, und heute darf man das Überleben als gesichert betrachten.

Die Indianer übernehmen das Pferd

Mit der Geschichte und Entwicklung der Völker der Prärie und Plains eng verknüpft ist das nach 1600 durch die Spanier wieder eingeführte Pferd, das von Mexiko aus und von seinen ersten Zuchtgebieten im Raum von Santa Fé (New Mexico) sich mit unglaublicher Schnelligkeit nach Norden und Osten ausbreitete und bereits 1730 den Missouri erreichte. Gegen Ende des 18. Jahrhunderts waren fast alle Prärie- und Plains-Völker beritten. Als Händler traten im Bereich der Prärien besonders die Pawnee auf, die sich laut Bericht von Zebulon M. Pike zu großartigen Pferdezüchtern, aber auch zu Meistern in Pferdediebstahl entwickelten.

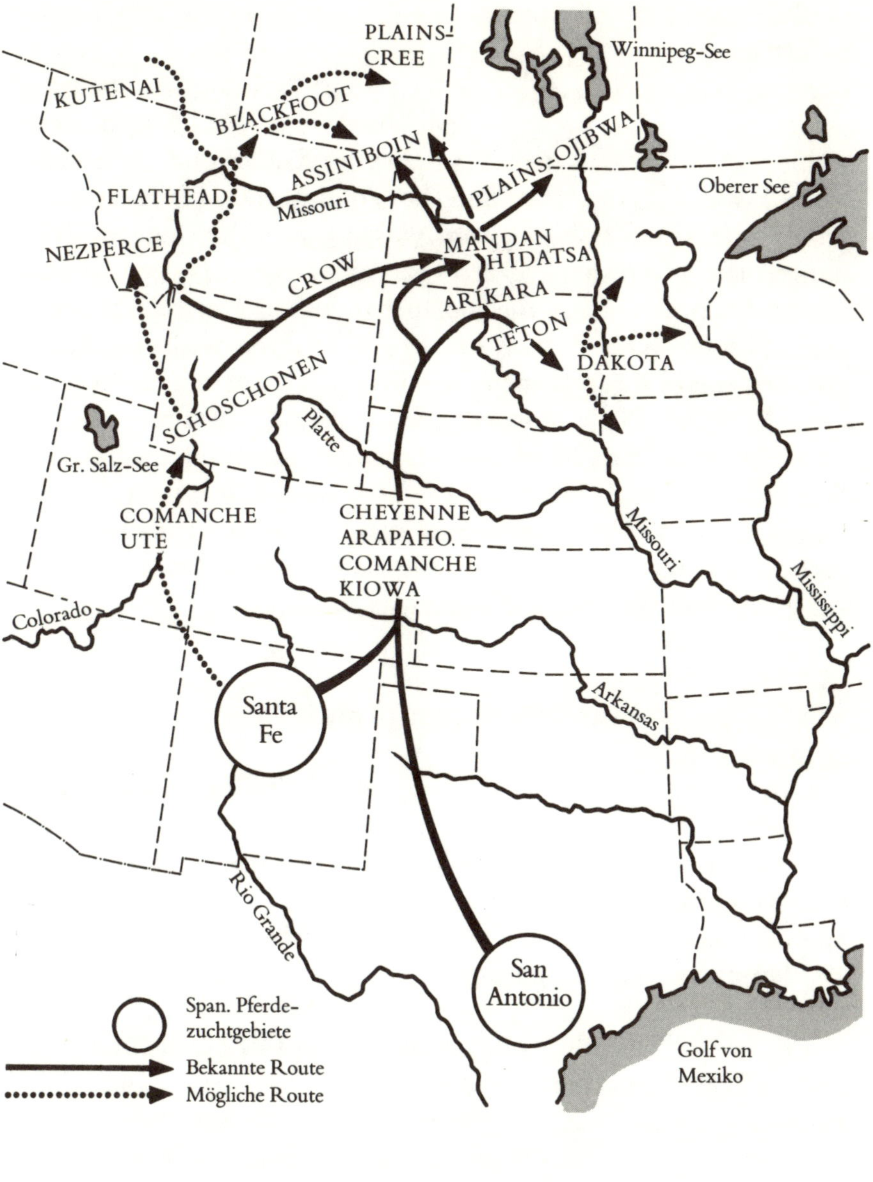

Ausbreitung des Pferdes vor 1860 (nach Evers)

Letzterer war kein kriminelles Delikt, sondern wurde als Mutprobe betrachtet.
Die Übernahme des Pferdes als Reit- und Packtier hatte tiefgreifende Folgen. Man konnte ohne Mühe dem Wild folgen, hatte weniger Probleme mit dem Transport der Kinder und alten Menschen sowie des Hausrates, und die Tipis auf den Plains konnten größer und komfortabler gebaut werden, weil die längeren Zeltstangen leicht von den Pferden gezogen werden konnten. Bis auf wenige Stämme wurden die Indianer in kurzer Zeit zu den besten und kühnsten Reitern, was sie gegenüber ihren weißen Gegnern vorübergehend sogar bevorteilte. Beim Reiten vermochten sie in schneller Folge Pfeile abzuschießen, während die umständlichen Vorderlader auf dem Pferd nur mühsam zu handhaben waren. Die Begeisterung für das Pferd und die neue Mobilität bewog einzelne Stämme, ihre Seßhaftigkeit aufzugeben und wieder zum Jägertum zurückzukehren. Daneben trug die neue Beweglichkeit natürlich viel zu einem intensiveren Kulturaustausch bei.

Erste Expeditionen in die Prärien

Die Betrachtung der Sioux-Stämme der Prärie führt uns nun in das Gebiet des mittleren Missouri, der als Wasserstraße bis in die Nähe der Rocky Mountains schon seit Ende des 18. Jahrhunderts eine große Faszination ausgeübt hat. Zahlreiche Expeditionen und Händler versuchten aus den unterschiedlichsten Gründen, auf dem «Schlammstrom», wie ihn die Indianer nennen, in den Nordwesten vorzustoßen.
Der charakterlich recht zwielichtige Manuel Lisa brach schon 1807 mit Kielbooten auf, um im Gebiet des Missouri weitere Biberflüsse zu entdecken und mit den dortigen Indianern Handelsbeziehungen anzuknüpfen. Verschiedene Pelzhandelsgesellschaften versuchten, dem Fluß entlang Stationen zu errichten, ganz abgesehen von Händlern, Reisenden und Abenteurern, die auf eigene Faust das gefahrvolle Unternehmen wagten.

Die berühmteste wissenschaftliche Expedition wurde von Meriwether Lewis (1774–1809) und William Clark (1770–1838) durchgeführt und hatte das kühne Ziel, zuerst auf dem Missouri und weiter über die Rocky Mountains den Pazifik zu erreichen. Von 1804 bis 1806 legten die wagemutigen Männer, unterstützt von der Indianerin *Sacajawea,* einer Shoshonin, mehr als 6000 Kilometer zurück und gelangten im Dezember 1805 auch tatsächlich an die Mündung des Columbia River in Oregon.
Selbst Maximilian Prinz zu Wied (1782–1867) entschied sich im Frühjahr 1833, auf eine Reise gegen Westen zu verzichten und den Missouri stromaufwärts in die Territorien «der noch freien Indianer» zu fahren. Sein Begleiter, der hochbegabte Zürcher Maler Karl Bodmer (1809–1893), brachte die schönsten und ethnographisch genausten Bilder dieser Stämme und ihrer Lebensgewohnheiten mit, welche für die Wissenschaft unschätzbaren Wert haben. Prinz Maximilian benützte als Unterlage die Karte, die Lewis und Clark vom Missouri-Gebiet angefertigt hatten.

Mandan und Hidatsa – Bodenbauer am Missouri

Ein beträchtliches Stück weiter nördlich des Lebensraumes der Pawnee, im Gebiet des heutigen North und South Dakota, lagen am Missouri die Dörfer der *Mandan* und *Hidatsa.* Die Mandan scheinen einer der ersten sioux-sprechenden Stämme in diesem Gebiet gewesen zu sein. Im Jahre 1952 führte Wesley R. Hurt im Auftrage der University of South Dakota etwa 30 Kilometer oberhalb von Pierre auf der Ostseite des Missouri umfangreiche Grabungen durch und fand dabei die bislang ältesten Siedlungen dieses Stammes. Der Platz trägt den Namen Thomas Riggs Site und wurde C-14-Messungen zufolge in der Zeit um etwa 1100–1400 n. Chr. bewohnt. Die freigelegten Grundrisse der Häuser zeigen alle die für die frühe Prärie-Dorf-Periode typische rechteckige Form mit einer durchschnittlichen Länge von 20 Meter. Ein 3 bis 5 Meter langer Gang führt in das etwa 1 Meter vertieft angelegte Innere. Die Wände wurden durch in kurzen Abständen eingerammte Pfähle gebildet, wobei die Eckpfähle erheblich dicker waren. In der Mitte erhob sich der Stützpfahl für das Dach, von dem in gerader Linie weitere Pfähle bis an die hintere Seite des Hauses gingen. Vor dem Hauptpfahl lag die Feuerstelle, um die nochmals vier Pfähle eingerammt waren, die symbolischen Charakter hatten. Wände und Dach waren vermutlich aus Zweigen und Grassoden gebaut und dann mit Erde verstrichen. Im Innern entlang den Wänden waren Vorratsgruben angelegt.

Die Siedlungen der Thomas Riggs Site bestanden aus bis zu zwanzig Häusern und zählten demnach etwa 50 bis 300 Menschen. Außerhalb der Umzäunung lagen die Anbaufelder.

Die Mandan werden, nachdem das Ackerland verbraucht war, weiter flußaufwärts gezogen sein, denn als nächste Etappe finden wir Huff Site in North Dakota auf der Westseite des Missouri. Der Platz wurde von etwa 1400–1600 n.Chr. bewohnt, wie anhand der gefundenen Keramik und Werkzeuge ermittelt wurde. Die Häuser waren auch hier noch rechteckig gebaut, und interessanterweise wurden in einigen von ihnen auch Grabstätten entdeckt, in denen die Toten mit angewinkelten Beinen beigesetzt waren.

Für die Zeit zwischen 1600 und 1797 ist ein besonders schön gelegener Siedlungsplatz belegt, etwa 25 Kilometer flussaufwärts am Westufer, der heute den Namen Slant Village trägt. Die stattliche Siedlung bestand seinerzeit aus 75 Erdhäusern und war nach alter Tradition mit Palisaden und Graben umgeben. Die State Historical Society of North Dakota hat 1935 einige der Erdhäuser rekonstruiert und führt mit der hervorragend gelungenen Anlage vor Augen, wie sich die bislang rechteckigen Häuser hier bereits zu den runden Erdhäusern gewandelt haben. Der Eingangstunnel hat sich wesentlich verkürzt.

Überfliegen wir heute das ehemalige Siedlungsgebiet flußaufwärts in geringer Höhe, so sieht die Landschaft an einigen Stellen leicht pockennarbig aus. Es sind die runden Vertiefungen der längst eingesunkenen und vermoderten Erdhäuser, die uns Lage und Aufbau der Mandan- und später auch Hidatsa-Dörfer zeigen.

Die Hidatsa waren die letzte Gruppe von Sioux, die an den Missouri kam. Aller Wahrscheinlichkeit nach zogen sie etwa 1550 aus dem nordöstlichen North Dakota über den Devils Lake Richtung Südwesten und fanden im Mündungsgebiet des Knife River eine neue Heimat. In der Literatur treten die Hidatsa unter den verschiedensten Namen wie Mönnitarier, Minitarie, Herantsa, Mahaha oder sogar Awatixa auf[52]. Zwischen 1760 und 1780 trennte sich ein Teil des Stammes und wanderte gegen Westen. Sie sind heute als Crow oder Absaroka, wie sie sich selber nennen, bekannt. Wie so oft werden innere Spannungen zu dieser Abspaltung geführt haben. Die Rückwandlung der Absaroka von einem halb seßhaften in ein Jägervolk ist ebenfalls mit der Übernahme des Pferdes zu erklären. Vegetabile Nahrungsmittel sowie Töpfereien wurden nun bei den seßhaften Missouri-Völkern eingetauscht. Die Absaroka pflanzten lediglich noch Tabak an, der von den religiösen Tabakgesellschaften für besondere Zeremonien gebraucht wurde.
Die Hidatsa wurden erst unter dem Einfluß ihrer Nachbarn, den Mandan, zu Bodenbauern. In ihrer alten nördlichen Heimat waren sie noch reine Jäger und Sammler, wobei die Erdbohne *(Falcata comosa)*[53] und die Indian Potato *(Glycine apois)* die Grundlage der pflanzlichen Ernährung waren. Die Erdbohne gleicht in der Größe der auch bei uns bekannten Limabohne, nur ist ihr Geschmack sehr viel ausgeprägter. Die indianischen Frauen holten die Bohnen aus den Vorratshöhlen der amerikanischen Feldmaus und ersetzten sie durch anderes Futter, da man die Tiere keinesfalls dem Hungertod preisgeben wollte. Indian Potatos – von den Indianern gekocht oder gebraten – waren auch bei den ersten Siedlern in Gebrauch. Der schwedische Botaniker Peter Kalm berichtet, daß seine Landsleute in New Jersey und Pennsylvania sie mit Begeisterung aßen.
Bei den Siedlungen in North Dakota befinden wir uns bereits in einer Zeit, von der wir uns aus gesicherten Berichten von Reisenden ein genaues und lebendiges Bild dieser Dorfgemeinschaften machen können. Eine etwas umstrittene Erzählung besitzen wir aus dem Jahre 1738 vom Franzosen Pierre Gaultier de Varennes de

la Vérendrye, welcher mit seinen Söhnen im Missouri-Gebiet als Pelzhändler reiste. Wirklich authentische Informationen hingegen entnehmen wir erst den Aufzeichnungen von Lewis und Clark aus den Jahren 1805/06, die später durch die Berichte und Bilder von George Catlin ergänzt wurden. Das ethnographisch genaueste Material verdanken wir dem Prinzen Maximilian zu Wied, der zusammen mit dem Maler Karl Bodmer 1833/34 einen ganzen Winter bei den Dörfern der Mandan und Hidatsa verlebte und durch den persönlichen Kontakt und vor allem die warmen menschlichen Beziehungen Karl Bodmers zu den Indianern ein für die Wissenschaft grundlegendes Werk hinterlassen konnte.

Mih-Tutta-Hangkusch – das Hauptdorf der Mandan

In nächster Nähe von dem befestigten Handelsposten Fort Clark, in dem die kleine Reisegesellschaft überwinterte, lag das stattliche Mandan-Dorf *Mih-Tutta-Hangkusch,* von einigen Amerikanern Mitutanku geschrieben. Der Name Mih-Tutta-Hangkusch bedeutet in der Sprache der Mandan «Das südliche Dorf», da weiter flußaufwärts, also Richtung Norden, noch ein zweites Dorf lag. Die stattliche Siedlung, wunderschön und strategisch günstig auf einer Anhöhe über einer Flußbiegung gelegen, zählte etwa 60 Erdhäuser. Nicht weit davon gegen Nordwesten befanden sich die Bestattungsplattformen. Jedes Haus hatte einen Durchmesser von ungefähr 15 Meter. Die Kuppel aus gebogenen Stämmen junger Bäume wurde auch hier wieder von vier etwa 3 Meter hohen, miteinander verbundenen Stützpfosten getragen, wie wir sie bei den Pawnee als Stütze des symbolisch gedachten Himmelsgewölbes finden. Nach Werner Müller bilden sie «... das Modell der religiösen Vorstellungen... jene uralte Kosmogonie hat diese Architektur geschaffen, als sinnliches Gewand innerer Geschichte und Erfahrungen». Die Pfähle der Außenwand waren etwa 2 Meter hoch. Die ganze Holzkonstruktion war mit dicht geflochtenen Weiden- oder Binsenmatten belegt und mit Erde beworfen. Den etwas vertieft angelegten Innenraum erreichte man durch einen kurzen Tunnel. Die Tür bestand aus einem mit Fell bespannten Rahmen, doch gab es kurz hinter dem Eingang noch eine aus Weiden geflochtene Wand von ungefähr 2 Meter Höhe, die zusätzlich als Windschutz diente. Sogar die Pferde hatten ihre Bleibe hinter einer Abschrankung an einer Seite des Erdhauses, wo sie gegen Diebe und im Winter gegen Kälte geschützt waren. In der Mitte befand sich die mit Steinen ausgelegte Feuerstelle, darüber in der Kuppel die Rauchöffnung, die bei schlechtem Wetter mit dem Bullboot geschlossen wurde. Dieses runde, sehr leichte Boot bestand aus einer Konstruktion von Weidenzweigen, die mit einem Bisonfell überspannt war. Das Boot wurde im ganzen Gebiet des mittleren Missouri von den Frauen zur Überquerung der Flüsse benutzt, um unter anderem auch das Brennholz heranzuschaffen. – In gebührendem Abstand rings um die Feuerstelle waren die «Betten» aufgestellt. Es waren aus dickem Leder hergestellte, kastenförmige Gebilde auf vier Beinen, deren Vorderseite eine Öffnung hatte, durch die man auf ein Lager von Fellen gelangte. Karl Bodmer verdanken wir die einzige, bis in das Detail ausgearbeitete Zeichnung des Innern eines Erdhauses, die uns auch einen Eindruck von der komfortablen Größe vermittelt.

Den alten Kern des Dorfes bildete ein runder Platz von etwa 50 Meter Durchmesser, in dessen Mitte sich ein eigenartiges Gebilde befand, von dem uns Bodmer eine Skizze hinterlassen hat. Es besteht aus mehreren, etwa 2 Meter hohen, kreisförmig angeordneten Brettern, die im oberen Drittel durch einen Strick zusammengehalten wurden und so einer Tonne gleichen. Ringsum am Boden sind Bisonschädel angeordnet. Auf Darstellungen von Catlin fehlen diese Schädel, dafür scheint auf seinen Bildern etwas aus der Tonne herauszuragen. Es wird sich um *Einsamer Mann* handeln, den Kulturheros der Mandan, welcher meist durch eine Zeder dargestellt wurde. Tonne und Zeder erinnern an die Zeit, in der «Einsamer Mensch» oder «Erster Mensch» noch unter den Mandan am Missouri lebte. Am gegenüberliegenden Ufer aber hatten weiße (?) Menschen ihren Wohnsitz, die das Wasser auf der india-

Die «Arche» nach einer Skizze von Karl Bodmer

nischen Seite so hoch steigen ließen, daß alles Land überschwemmt wurde. Der Erste Mensch gab den Mandan den Rat, eine Arche in Form einer Tonne zu bauen. Alle, die darin Platz fanden, entgingen dem Untergang, während die übrigen in den Fluten ertranken. Zum Andenken an die Fürsorge des Ersten Menschen stellten die Mandan in ihren Dörfern eine kleine Nachbildung der Arche auf, und jedes Jahr wurde im Rahmen der *Okipa-Zeremonie* ein grosses Fest zur Erinnerung an die Errettung gefeiert. Die vier Tage dauernde Zeremonie, die wir der Sonnentanz-Zeremonie der Plains-Völker gleichsetzen können, fand zur Zeit der Sommersonnenwende im stets nördlich des Dorfplatzes gelegenen Zeremonialhaus und auf dem Platz selber statt. Sie stand unter der Leitung des Okipa-Machers und der Okipa-Gesellschaft. In Schauspielen und pantomimischen Tänzen, in denen Erster Schöpfer, Erster Mann, der gefleckte Adler *Hoita* und die Tänzer als die verschiedenen Tierarten maskiert auftraten, wurde die ganze Schöpfungsgeschichte der Mandan dargestellt. Die Selbstkasteiungen der Bisontänzer am vierten Tag, die sich wie die Teilnehmer am Sonnentanz mittels zweier durch die Haut in Rücken oder Brust gestoßenen Hölzchen an Lederriemen im Gebälk des Festhauses aufhängen ließen, gehen auf die Fesselung von *Quellenjunge,* einer mythologischen Figur, zurück. Als Bisontänzer wurden nur besonders ausgesuchte junge Männer zugelassen, da man sich von ihrer Tapferkeit im Ertragen der harten Tortur eine besonders erfolgreiche Bisonjagd erhoffte.

Rechts vom Zeremonialhaus befand sich im Dorf Mih-Tutta-Hangkusch das Haus von *Mató Tõpe,* dem berühmten Häuptling der Mandan. Fünfzehn weitere Häuser waren im Kreis um den großen Platz geordnet. Sie lagen ziemlich eng aneinander, lediglich zwischen dem sechsten und siebten, und dann wieder zwischen dem fünfzehnten und dem Zeremonialhaus, war ein deutlicher Abstand zu bemerken. Außerhalb dieses Ringes standen die restlichen Häuser, bei denen man ebenfalls eine deutliche Trennung in zwei Hälften beobachten konnte. Die Linie verlief von Süd nach Nord, so daß sich je eine Ost- und Westhälfte ergab. Diese Teilung finden wir im gesamten Dorfleben. Auch beim Zeremonialhaus, Okipa genannt, wurde der westliche Teil von der Westhälfte des Dorfes, der östliche von der Osthälfte gebaut. Vor dem Aufrichten der vier Trägerpfosten warf die Westhälfte Bisonwolle, die Osthälfte Maiskolben in die Löcher.

Heiraten durfte man nur einen Partner aus der andern Dorfhälfte, und auch bei der Bisonjagd, bei der die Tiere in einen Korral getrieben und dort erschossen wurden, zogen die Jäger eine Längslinie. Die Tiere der linken Seite gehörten dem Westdorf, die anderen dem Ostdorf. Die Clans der Dorfhälften betrugen auf der einen Seite vier, auf der anderen Seite drei, so daß sich zusammen wieder die heilige Sieben ergab.

Diese Teilung in zwei Hälften (die wir übrigens auch bei den Hidatsa haben) findet ihre Erklärung in einer Mythe der Mandan, in der es heißt, daß Erster Schöpfer und Einsamer Mann zwei Erdhälften schufen. Die Mitte der Erde liegt einige Kilometer unterhalb des alten Platzes von Slant Village. Dort erheben sich aus sandigem Grund einige 20 bis 30 Meter hohe ausgewaschene Felskuppen, nicht weit von einer wenig befahrenen Straße. Ein indianischer Freund machte uns auf den schönen und stillen Ort aufmerksam.

Wir finden bei den Mandan und Hidatsa, aber auch bei andern

benachbarten Stämmen des mittleren Missouri, wie etwa den Arikara, Iowa, Kansa, Missouri, Omaha, Osage, Oto, Ponca, Santee, Wichita und Winnebago, eine Vielfalt von Gerätschaften und ein gut entwickeltes handwerkliches Können, das fast ausschließlich in den Händen der Frauen lag. Die Töpfereien wiesen in Form und Musterung eine starke Verwandtschaft zu jenen der Pawnee auf. Für das Einbringen der Ernte wurden Körbe geflochten, ebenso war das Verweben von Bisonwolle bekannt. Unter Weben verstehen wir in diesem Falle das sogenannte «Fingerweaving», das als Vorstufe des Webens bezeichnet wird. Man hängte die Kette senkrecht an einen Ast, ohne sie unten zu befestigen. Der Schuß wurde um jeden Kettfaden geschlungen und die Arbeit von oben nach unten ausgeführt. Die ganze Technik stand eigentlich dem Flechten näher als dem Weben. Die so entstandenen Bänder fanden als Gürtel, Schärpen und Tragbänder Verwendung und ergaben aneinandergenäht Vorratssäcke.

Die Kleidung, Stirnbänder, Mokassins und alle Dinge, die für den Alltag und die Feste dienten, wurden mit Quill-, später mit Perlstickerei verziert. Man schmückte damit auch Behälter für heilige Objekte, die Pfeifenrohre, Pfeifentaschen und Tabakbeutel, Messerscheiden und Nabelamulette. Diese kleinen Ledertäschchen, oft in Schildkrötenform, enthielten die Nabelschnur und wurden einem Neugeborenen als Schutzamulett um den Hals gehängt oder an der Kindertrage angebracht. Bei den Mandan und Hidatsa benutzte man statt der Kindertrage mehrheitlich Ledersäcke. Typisch für die Kleidung der Völker der Prärie und Plains aus gegerbtem Leder waren Lederfransen. Die Kleidungsstücke wurden zusätzlich noch mit Hermelinschwänzen und Quasten aus Menschen- oder Pferdehaar geschmückt. Später waren klappernde Utensilien in Form von Geschoßhülsen, Fingerhüten usw. eine sehr beliebte zusätzliche Dekoration. Da die indianische Kleidung keine eingearbeiteten Taschen kannte, war man auf Beutel oder Taschen zum Umhängen angewiesen. Die Mokassins hatten eine dicke Sohle aus Bisonleder, doch können wir dies nicht generell für alle Präriervölker sagen.

Unentbehrliches Kleidungsstück für den langen, kalten Winter war die Bisonrobe, auf deren gegerbter Lederseite der Mann Szenen aus seinem Leben als Jäger und Krieger darstellen konnte. Die Frauen trugen kleinere Roben, die sie sich selber bemalten. Allerdings beschränkten sie sich streng auf geometrische Muster. Für den täglichen Gebrauch gab es auch unbemalte Roben, zu denen man Kapuzen trug. Die Fellmalerei finden wir im gesamten Bereich der Plains und Prärie. Zum Bemalen verwendete man außer Bison auch Felle von Hirsch und Elch. Die Malereien werden in drei Hauptgruppen aufgeteilt: Kalenderartige Stammesgeschichten, auch Wintercounts genannt; religiös-symbolische Darstellungen; Historienmalereien. Eine Art von Wintercount wurde in Uhrzeigerrichtung spiralförmig vom Mittelpunkt her aufgezeichnet. Jedes Jahr, das in einer direkten Beziehung zu einem außergewöhnlichen Ereignis im Stammesleben stand, wurde durch ein besonderes Zeichen dargestellt. Alte weise Männer bestimmten die Auswahl der Motive. Wurden die Aufzeichnungen außen begonnen, stellte man damit das letzte Jahr in den Mittelpunkt.

Bei den Kiowa wurden als Abweichung Sommer und Winter getrennt dargestellt. Dafür dienten zwei immer wiederkehrende Zeichen vor den einzelnen Jahren. Der Winter hatte ein schwarzes Rechteck als Symbol der toten Vegetation, der Sommer das Bild einer Medizinhütte, fester Bestandteil der sommerlichen Zeremonien.

Bei den religiös-symbolischen Darstellungen handelte es sich vorwiegend um die Wiedergabe von Träumen und Visionen, die im Zusammenhang mit der Stammesreligion und den Kulten der Geheimbünde standen. So wurde zum Beispiel das Tipi, in dem die heilige Pfeife aufbewahrt wurde, mit mythischen Wesen bemalt, etwa der Sonne, Schlangen, Donnervogel und der Zeremonialpfeife.

Den breitesten Raum nimmt die Historienmalerei ein. Außer den Bisonroben, auf denen der Träger Höhepunkte aus seinem persön-

lichen Leben darstellte, wurden auch Jagdhemden und Zelte mit besonderen Heldentaten bemalt. Die strengen und kritischen Augen der Stammesangehörigen sorgten dafür, daß die Malereien der Wahrheit entsprachen.
Wenn der Frühling nahte und große Eisschollen den Missouri hinuntertrieben, kehrten die Familien der Mandan und Hidatsa aus den Winterquartieren im Wald in ihre Dörfer zurück. Die Wintersiedlungen bilden eine bis heute nicht völlig abgeklärte Eigenheit der beiden Stämme. Sicher waren die etwas kleineren Erdhäuser besser warmzuhalten, die Bäume gaben Schutz vor den Winterstürmen, und der Weg zum Holzsammeln war nicht so weit. Werner Müller führt noch einen anderen Grund an: «...eher dürften hier die Zwänge einer vergangenen Kulturepoche liegen, die dem Saisonnomadismus der Minnesota-Dakota ähneln mit seinem Hin und Her zwischen Sommerdorf und Winterjagdgebiet.» Prinz Maximilian berichtet, daß bei weitem nicht alle Familien in das Winterdorf zogen und ein ständiges Kommen und Gehen zwischen Sommer- und Winterwohnsitz war.
Sobald es der Boden erlaubte, zogen die Frauen hinaus auf die Felder, verbrannten die Stoppeln und trockenen Stauden der letzten Ernte, lockerten den Boden sorgfältig und legten dann je sieben Maiskörner in die Erde, die danach aufgehäufelt wurde. Neben dem Mais wurden Bohnen gepflanzt und rings um das Feld Sonnenblumen ausgesäht. Die diversen Kürbissorten und der Tabak bekamen ihre eigenen Felder. Hatte der Mais eine gewiße Höhe erreicht, rüsteten sich die Männer für die Jagd. Hier zeigt sich nun ein Unterschied zwischen den Stämmen. Während die Hidatsa – ein Überbleibsel aus alter Zeit – gemeinsam auf die Bisonjagd zogen, betrieben die Mandan die Gemeinschaftsjagd nur, wenn eine größere Herde in der Nähe des Dorfes vorbeizog. Man versuchte sie dann in den bereits erwähnten Kral zu treiben. Andere Tiere, wie etwa Gabelbock oder Bären, wurden von einzelnen Männern oder kleinen Gruppen gejagt. Neben Fleisch müssen die Mandan – obwohl keine Fischeßer – den Wels geschätzt haben, da man seine Gräten in allen Schichten der Abfallhaufen bei den Dörfern fand.

37 Porträt des Piegan «Iron shirt». Litographie von K. Bodmer 1833

38 Der heilige Pfeifensteinbruch, von R. Cronau (1855– ca. 1935)

39 Dorf der Yankton-Sioux, von Seth Eastman

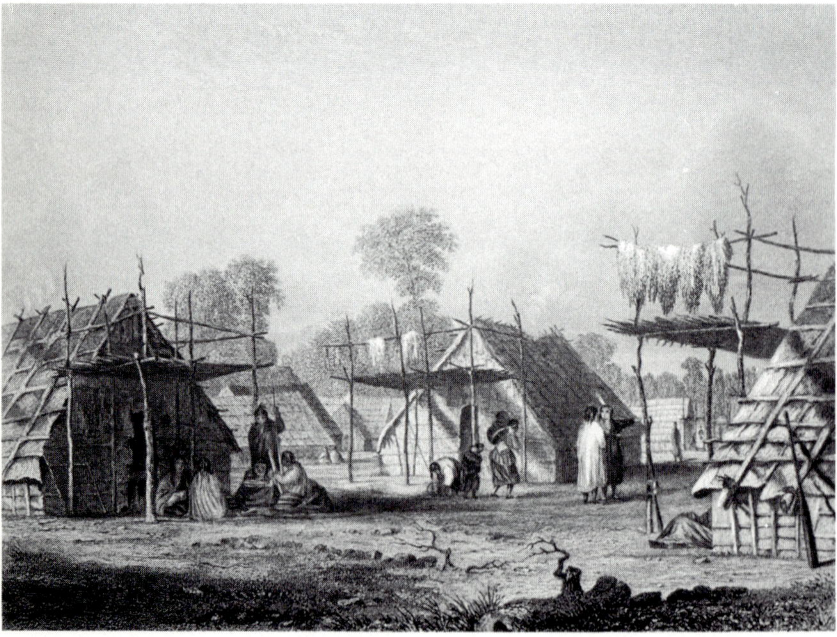

Für die Konservierung der Feldfrüchte kannte man zwei Methoden: das einfache Trocknen und das kurze Überbrühen mit nachfolgendem Lufttrocknen. An hohen Gestellen wurde das in Streifen geschnittene Fleisch getrocknet. Ein Teil dieses Fleisches wurde mit Steinhämmern oder in Mörsern zerstoßen, mit getrockneten Kräutern und Beeren vermischt und mit ausgelassenem Fett zu einer festen Masse verbunden. Diese Dauernahrung wird allgemein mit *Pemmikan* bezeichnet, einem Wort aus der Sprache der Cree, das «Fett-Fleisch» bedeutet. Pemmikan war über weite Teile von Nordamerika bekannt. Die Vorräte wurden in genial angelegten Vorratsgruben aufbewahrt: 2 bis 3 Meter tiefe Gruben in Form eines umgekehrten Trichters. Die Öffnung betrug etwa 1 Meter im Durchmesser, der Boden 3 Meter. Mittels eines mit Tritten versehenen jungen Baumstammes gelangte man in die Tiefe, legte die Grube mit Häuten aus und lagerte dann die Vorräte ein. Den Wänden entlang lagen die mit Pemmikan gefüllten Falttaschen aus Rohhaut, Parflêche genannt, die von den Frauen meist mit geometrischen Mustern bemalt waren. (Die Rohhautbehälter wurden auch außerhalb der Vorratsgruben gebraucht). Dann füllte man die Grube mit Maiskörnern, getrockneten Kürbissen und allen andern Vorräten, die man bis zur nächsten Ernte oder als Reserve für magere Zeiten benötigte. Die Öffnung wurde mit Haut verschlossen, über die eine Lage trockenes Gras und nochmals Haut kam. Den Abschluß bildete eine Schicht Erde zur Tarnung.

Männer- und Frauenbünde der Prärie-Indianer

Wie fast alle Stämme der Prärie und der Plains hatten auch die Mandan und Hidatsa ein ausgeprägtes Bundwesen. Lange Zeit glaubte man, das gesamte Bundwesen beruhe auf der Altersklassenordnung, hatte doch Prinz Maximilian seinen besonderen Schwerpunkt auf diese Altersbünde gelegt. Der amerikanische Ethnologe Robert H. Lowis konnte schon 1916 nachweisen, daß die Bünde nach Altersklassen auf die Mandan zurückgingen und von dort über die Hidatsa zu den Blackfoot, Arapaho und Gros Ventre gelangten[54].

Neben diesen Altersbünden kannte man auch die Kriegerbünde, in der Literatur meist als Militärgesellschaften bezeichnet.

Bei den Mandan kamen die Knaben mit etwa zehn Jahren in den *Bund der törichten Hunde.* Die Väter mußten ihre Söhne in die Gesellschaft einkaufen, das heißt, sie tauschten ein Pferd, eine Decke, später Pulver und Blei, gegen das dem Bund zugehörende Lied, den Tanz und die Knochenflöte. Diese Dinge blieben Eigentum des jungen Menschen, bis er sie später an einen Buben weitergab und sich in die nächste Gesellschaft einkaufte. Dies war die *Krähenbande,* der man vom zwanzigsten bis zum fünfundzwanzigsten Lebensjahr angehörte. Dann folgte der *Kriegerbund.* Hier waren die Pfeifen aus den Flügelknochen des Kranichs hergestellt. Dazu besaßen seine Mitglieder eine mit Rabenfedern geschmückte Stange, welche bei einem Kampf in den Boden gesteckt wurde und von ihren Besitzern verteidigt werden mußte. Die vierte Gesellschaft war der *Hundebund,* welcher sich vermutlich aus dem Wolfsbund der Pawnee entwickelt hatte und bei fast allen Prärie-Stämmen zu finden war. Seine Mitglieder übten eine Art Polizeifunktion innerhalb des Stammes aus. Bei der Bisonjagd hielten sie die Jäger zusammen, damit nicht etwa ein Einzelner die Tiere zu früh aufschreckte und dadurch das ganze Unternehmen in Frage stellte. Karl Bodmers Bild des Hundetänzers *Péhriska Ruhpa* mit seinem fantastischen Kopfschmuck aus mehreren hundert Raben- und Eulenfedern wurde eine der meist publizierten Darstellungen in der Indianerliteratur. Im *Bund der Bison* waren nur ganz außergewöhnliche Männer vereint. Sie durften die genaue Nachbildung eines Bisonkopfes tragen, dessen Augen, durch die der Träger schauen konnte, mit einem Blechring eingefaßt waren. Als große Ausnahme finden wir in dieser Gesellschaft auch eine Frau, deren Aufgabe es war, beim Tanz dem Tapfersten erfrischendes Wasser zu reichen. Die Männer über fünfzig waren in der Gesellschaft der *Schwarzschwänzigen Hirsche* zusammengefaßt. Als besonderes Attribut trugen sie einen Kranz mit den Krallen des Grizzly um den

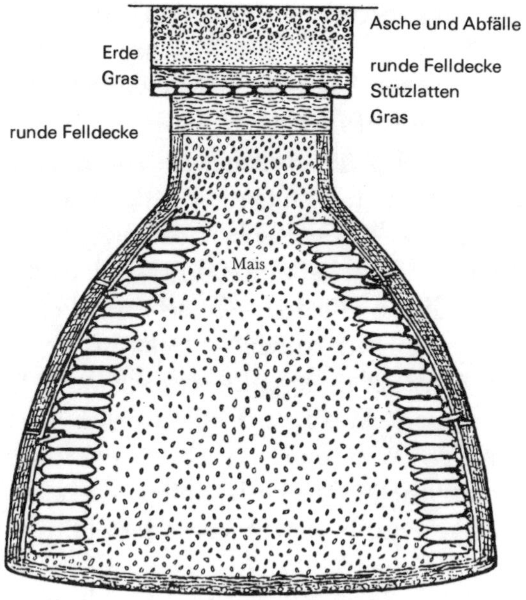

Vorratsgrube der Mandan und Hidatsa

Kopf. Zu dieser Gesellschaft gehörten ebenfalls zwei Frauen, die für Erfrischungen und das Festessen zu sorgen hatten.

In alle diese Gesellschaften konnte man nur durch Einkauf kommen, doch mußten sämtliche Mitglieder ihre Einwilligung dazu geben.

Die Frauen der Mandan und Hidatsa waren gemäß ihrer bedeutenden Stellung in einer matrilinear ausgerichteten Gesellschaft ebenfalls in Altersbünde eingeteilt. Die jungen Mädchen kamen zuerst in den *Flintenbund,* wie das mandanische Wort *Eruhpa-Mih-Ochatä* in der Übersetzung heißt. Wie benannte sich diese Gesellschaft wohl vor dem Aufkommen des Gewehres? Auch hier mußte der Vater seine Tochter einkaufen. Als besonderes Kennzeichen trugen die Mitglieder in den Haaren am Hinterkopf einige Adlerdaunenfedern. Dann folgte der *Flußfrauenbund,* in mandan *Passan-Mih-Ochatä* (Passan = Fluß, Mih-hä = Frau, Ochatä = Bund, Gesellschaft). Die Frauen trugen ein weißes Stirnband, das nach der linken Seite abstand und dort mit Gras umwickelt war. Bei ihren Tänzen steckten sie sich zusätzlich über der Stirn eine Adlerfeder in das Band. Die darauffolgenden *Heufrauen*, die *Chan-Mih-Ochatä*, hatten keine besonderen Abzeichen, trugen aber bei ihren Festen die besten Kleider und sangen dazu das «Skalplied». Die älteren Frauen waren in der Gesellschaft der *Weißen Bisonkühe* vereinigt. Karl Bodmer hinterließ ein Bild, auf dem die turbanähnlichen Kopfbedeckungen aus dem sehr seltenen Fell der weißen Bisonkuh, in die je ein Federbusch gesteckt ist, deutlich erkennbar sind. Am Kinn bemerkt man senkrechte schwarze Striche, und ein Auge ist blau bemalt. Weiß ist die Farbe von *Wakan-Tanka*, das meist mit «Großer Geist» oder «Höchstes Wesen» übersetzt wird. Bei den Mandan wurden weiße Bisonfelle auch als Opfer für den «Herrn des Lebens» auf hohen Stangen dem Himmel entgegengehalten.

All diese Bünde besaßen gesellschaftlichen Charakter oder hatten bestimmte soziale Funktionen zu erfüllen. Die Frauenbünde können wir als Nachahmung der Männerbünde ansehen. Die Mitglieder des Flußfrauenbundes und der Heufrauen tanzten den Skalptanz, bei dem sie die von ihren Männern erbeuteten Skalpe an langen Stangen mitführten. Die Männer schlugen auf großen Rahmentrommeln den Takt, und beide Geschlechter hatten ihre Gesichter geschwärzt.

Die *Geheimgesellschaften* hingegen waren religiöse Bünde, zu denen der Beitritt nur einem beschränkten Kreis möglich war. Man erwartete von den Mitgliedern ganz besondere Fähigkeiten, die im Bereich des Magisch-Visuellen und der Krankenheilung lagen. Die Informationen über diesen intimsten Bereich des gesellschaftlichen Lebens sind verständlicherweise sehr lückenhaft, da die Indianer nicht gewillt waren, weißen Menschen darüber Auskunft zu geben. Da Geheimgesellschaften bei den Mandan und Hidatsa so gut wie gar nicht vorkamen, übernahmen Frauenbünde die magische Beeinflußung des Wachstums auf den Feldern oder die Zeremonien zum Heranlocken des jagdbaren Wildes.

Die Bünde der Hidatsa, in die man sich ebenfalls einkaufen mußte, weisen einige Abweichungen auf, auch die Namen variieren. So hieß der erste Bund, in den die etwa siebenjährigen Knaben eintraten, der Bund des *gekerbten Stockes* (Notched Stick Society). Ganz allgemein dienten die Gesellschaften den Knaben der Vorbereitung auf ihre spätere Funktion im Stammesleben und der körperlichen Ertüchtigung. Bowers[55] berichtet von organisierten Diebereien, welche als Übung für spätere Raubzüge galten. Bei diesen «Raubzügen» im eigenen Dorf wurden die Bewohner zuerst orientiert, und in der folgenden Nacht versuchten die Knaben, mit Farben und Zeichen ihres Bundes bemalt, in kleinen Gruppen unter der Leitung eines Jungen, der eine ausgestopfte Maus auf dem Kopf trug, lautlos in ein Erdhaus einzudringen. Man mußte etwas Eßbares erwischen, was gar nicht so einfach war, da die Bewohner ja gewarnt waren. Oft ließen sich die kleinen Diebe durch das Rauchloch in die Hütte herab, wo sie von der Familie erwartet wurden. Konnte ein Dieb gefaßt werden, band man ihn an einen Pfosten, und seine Kameraden hatten ihn mit Geschenken freizukaufen. Ein Einbruch in dasselbe Haus wurde so oft wiederholt, bis er endlich erfolgreich war. In diesem Fall bereitete die Hausfrau den Dieben sogar ein kleines Festmahl, doch durfte dieses Erdhaus dann nie wieder bestohlen werden.

Im täglichen Dorfleben war Diebstahl eine Unmöglichkeit, jedes persönliche Eigentum war unantastbar. Sollte es trotzdem einmal geschehen, sorgte die Dorfpolizei für die Bestrafung und Wiedergutmachung. Sie konnte sogar zur Peitsche greifen, einen reuigen Sünder aber auch beschenken, woran sich der Bestohlene oftmals noch selber beteiligte. Sonstige Streitigkeiten wurden meist durch den Häuptling geschlichtet, indem er die Friedenspfeife zwischen die Kontrahenten hielt und beschwichtigend auf sie einsprach. Im allgemeinen herrschte Frieden in den Gemeinschaften, ernsthafter Streit oder gar Mord waren eine Seltenheit.

Gerüst- und Baumgräber

Die verbreitetste Form der Totenbestattung in den Prärien und Plains war zweifellos die Gerüstbestattung und spätere Zweitbestattung, also die Beisetzung der Knochen. In waldreichen Landschaften konnte das Baumgrab, eine Plattform auf starken Ästen hoher Bäume, das Totengerüst ersetzen. Bei den Mandan bemalte man das Gesicht des Verstorbenen mit roter Farbe, kleidete ihn in seine besten Kleider und gab ihm die persönlichen Gegenstände, bei einem Mann Waffen, Pfeife und Tabak und seine Ehrenzeichen, bei einem Kind das Spielzeug an die Seite. An manchen Orten waren Toten-Mokassins mit verzierten Sohlen üblich. Der Tote bekam seine vorläufige Ruhestätte in einer Umhüllung aus Fell oder in einem einfachen Holzsarg. Die Totengerüste standen stets in Nähe der Dörfer, da man mit seinen Toten einen innigen Kontakt behalten wollte und sie oft zu einer stillen Zwiesprache besuchte.

Die Belassung des Leichnams auf Gerüsten oder Bäumen war unterschiedlich lang, ebenso wie das weitere Prozedere einen ganzen Katalog von Formen enthält. Bei den Mandan wurden, nachdem die Gerüste zusammengebrochen waren, die gereinigten Skelette in einem Grab unter einem Erdhügel beerdigt. Nur die Schädel behielt man zurück. Sie bekamen ihren Platz in einem Kreis von Schädeln, die in einem Rund von etwa zehn Meter Durchmesser um einen kleinen Erdhaufen mit je einem männlichen und weiblichen Bisonschädel lagen. Ein hoher Medizinpfahl schützte die heilige Stätte. Jeder Kopf wurde auf ein Büschel von frischem Sagebrush *(Artemisia tridentata)* gelegt[56], das man nach Möglichkeit stets erneuerte. Man trug auch Schüsseln mit einer guten Mahlzeit zu den Schädeln und unterhielt sich mit ihnen, als wäre man noch mit seinen lebenden Familienangehörigen zusammen. Dieser Schädelkult soll auch bei den Hidatsa, den ihnen verwandten Crow und den Assiniboin üblich gewesen sein. Auf die Bedeutung der Knochen als Sitz einer Knochenseele haben wir schon bei den Natchez hingewiesen.

Trotz der am weitesten verbreiteten Zweitbestattung war, wenn der Verstorbene es vorher ausdrücklich gewünscht hatte, auch eine direkte Erdbestattung möglich, die mit allen Ehren durchgeführt wurde. Die Omaha begruben ihre Toten möglichst noch am selben Tag. Die Leichen wurden in ihre besten Gewänder gekleidet, in ein Bisonfell eingewickelt und in Hockerstellung mit dem Gesicht nach Osten beigesetzt. Ein Hügel bezeichnete die Grabstätte. Bei den Ponca und Osage hingegen wurden Steine über dem Grab aufgehäuft.
Die Erdbestattung konnte unter Umständen aber auch eine große Mißachtung ausdrücken, die man bösen Menschen, Selbstmördern oder Feinden entgegenbrachte. Ihre Erdgräber wurden nicht gekennzeichnet und sollten rasch der Vergessenheit anheimfallen.

Stämme östlich des Missouri

Die weiter südlich der Mandan und Hidatsa im Raum des mittleren Missouri lebenden Sioux-Stämme, wie die Iowa, Missouri, Omaha, Osage, Oto, Ponca und Winnebago, waren mehrheitlich patrilinear ausgerichtet, zeigten daneben aber starke kulturelle Beeinflussungen der Pawnee. Sie betrieben in erster Linie Ackerbau und wohnten ebenfalls in Erdhäusern, die in der Bauart etwas voneinander abwichen.
Die östlichen Sioux-Stämme der Präriekultur finden wir im Gebiet zwischen den Großen Seen und dem Missouri. Im Land der Yankton, in der «Prärie du Chien» in Minnesota, liegt auch der «Heilige Pfeifensteinbruch», ein über ein Quadratkilometer großes Gelände, das bei den Indianern von jeher als Friedenszone galt; hier hatte jede kriegerische Handlung zu unterbleiben. Das rötlich gefärbte Gestein, ein Aluminiumsilikat, bekam den Namen *Catlinit* nach G. Catlin, der den Ort als einer der ersten Weißen beschrieben hat. Das weiche Material eignet sich vorzüglich zum Schnitzen von Pfeifenköpfen, da es erst nach längerer Berührung mit der Luft hart wird.

Um den Steinbruch haben sich die mannigfaltigsten Mythen gebildet, denen fast allen der Glaube gemeinsam ist, der Stein habe seine rote Farbe durch Indianerblut erhalten.
Die Yankton gehören zu den Dakota, welche sich in die zentralen «Nakota» und die westlichen «Lakota» aufteilen. Gesamthaft nennen sie sich *Ocheti schakowin* («Sieben Ratsfeuer»). Die sieben Stämme heißen Wahpekute, Wahpeton, Mdewkanton und Sisseton – zusammen bilden diese vier die Santee –, Ihankton – in der neueren Literatur die Yankton –, Yanktonai – früher Ihanktonna genannt – und Teton. Etwa Mitte des 17. Jahrhunderts löste sich ein Teil der Yanktonai und zog nordwestwärts. Diese Gruppe ist uns heute als Assiniboin bekannt, die aufgrund ihrer kulturellen Entwicklung zu den Plains-Indianern zählen. Die meisten dieser Völker bewohnten das Erdhaus; mit Sicherheit ist es bei den Yankton und Yanktonai nachgewiesen.
Fassen wir noch einige Gemeinsamkeiten der vier Santee-Stämme zusammen. Der Boden ihres Lebensraumes eignete sich ausgezeichnet für den Anbau der auch im mittleren Missouri-Gebiet üblichen Feldfrüchte, wobei G. F. Will und G. E. Hyde eine besondere gelbe Maissorte mit eingestreuten schwarzen Körnern hervorheben. Neben den Gemüsen konnten die Indianer, wie die Stämme des benachbarten östlichen Waldlandes, an den Seen Wildreis ernten und in den Wäldern Ahornzucker gewinnen. Auf den freien Grasflächen wuchsen die beliebten Prärierüben *(Psoralea esculenta)*. Gejagt wurden in erster Linie Hirsch und Elch, daneben natürlich auch der Bison. Die zahlreichen Seen und Flüsse boten eine reiche Auswahl schmackhafter Fische, die aus den Seen mit Netzen und aus den Flüssen mit Speeren gefangen wurden.
In der wärmeren Jahreszeit zog man in ein leichtes Sommerhaus mit Giebeldach, dessen Wände aus mit Maisblättern durchflochtenen Binsenmatten bestanden. Ein flaches Vordach über dem Eingang gab Schutz vor der Sonne; auf ihm trocknete die Hausfrau zugleich einen Teil der Ernte. Im Winter zogen die Familien dann in ihre kleinen und einfachen Erdhäuser (Werner Müller spricht von «degenerierten Ablegern der Missouri-Hütte»). Für die Her-

stellung ihrer einfachen Töpfereien mischten die Santee fein zerstoßene Steine unter den Ton und drückten die Muster mit dem Paddel ein. Vor dem Brennen wurden die Gefäße mit Leim überstrichen.

Neben Tongeschirr fanden auch kleine Holzkrüge Verwendung, die man am Gürtel trug und jederzeit zum Einsammeln von Beeren oder zum Trinken zur Hand hatte. Löffel aus Bisonhorn vervollständigten das Eßgeschirr der alten Zeit. Für die Vorratshaltung woben die Frauen Säcke aus Zedern- und Lindenfasern, und selbstverständlich waren Birkenrindebehälter überall in Gebrauch.

Im Gegensatz zu den Missouri-Völkern waren Kindertragen üblich, die von den Frauen mit einem Band über der Stirn getragen wurden. Als typisch für die Kleidung dieser Stämme galten enganliegende Lederhemden und Leggings, die vorn zusammengenäht waren. Die Mokassins wurden aus einem Stück genäht und hatten deshalb auch eine weiche Sohle. Die praktische lederne Bekleidung der Frauen bestand aus einer Bluse und einem Wickelrock, verziert mit applizierten Bändern in Quillarbeit. Dazu trugen sie ihre Haare zu einem Zopf geflochten auf dem Rücken, während die Männer es im Nacken und über der Stirn kurz schnitten und die restlichen Haare zu zwei bis vier Zöpfen verflochten. Ein dreimal um den Kopf geschlungenes Band vervollständigte diese originelle Haartracht.

Die vier Stämme der Santee betrachten sich als ältesten Teil der Sieben Ratsfeuer. Durch den Minnesota-Aufstand im Jahre 1862, wo sich die Santee gegen die Weißen erhoben und der mit der Erhängung von 36 Indianern endete, wurde die Konföderation weitgehend zerstört. Reste der Stämme leben heute in zwei kleinen Reservaten in Minnesota.

Von den aus Europa eingeschleppten Krankheiten, wie Masern, Scharlach, Cholera und Pocken, die immer wieder im Indianerland wüteten, waren die großen Pockenepidemien in der zweiten Hälfte des 18. Jahrhunderts besonders folgenschwer. Ganze Dörfer wurden ausgelöscht oder Stämme so reduziert, daß Widerstand gegen die Weißen unmöglich war. Viele Indianer glauben heute, daß die verheerende Krankheit von den Weißen bewußt in die indianischen Siedlungen gebracht wurde. Im Jahre 1837 erreichte eine neue Welle der Pocken auch die friedlichen Dörfer der Mandan, der fast die ganze Bevölkerung zum Opfer fiel. Die wenigen Überlebenden flüchteten sich zu den Hidatsa, die einst mit emsigen Leben erfüllten Siedlungen zerfielen, und bald hatte das Präriegras die Felder und Gärten überwuchert.

Catlin hat den ganzen Untergang der Mandan in bewegten Worten geschildert. Nach seinem Bericht verschied Mató Tópe aus Gram freiwillig inmitten seiner Lieben. Ein Sohn gleichen Namens starb, wie wir bei Fr. Dockstader erfahren, erst im Jahre 1861. Doch muß der berühmte Häuptling noch einen weiteren Sohn gehabt haben, denn Werner Müller zitiert in seinem schon mehrfach erwähnten Buch «Glauben und Denken der Sioux» eine Stelle aus «W. Matthews, The Catlin Collection of Indian Paintings»: «... Eines Tages erschien auch ‹Auffliegender Adler›, ein Sohn von Mató Tópe, jenem Häuptling, dem Catlin ein ganzes Kapitel seines Mandanberichtes widmet. Auffliegender Adler war damals ein Mann in mittleren Jahren, sein Vater über 30 Jahre tot. Die Erinnerung konnte also nicht mehr tief sitzen.» Matthews zeigte ihm das Bild seines Vaters aus dem Werke Catlins. Er fährt fort: «... Der Besucher gab kein Zeichen von Bewegung, obwohl er das Bild lange anstarrte...» Da wurde Matthews zu irgendeinem Geschäft hinausgerufen. Als er für einen Augenblick wieder in das Zimmer trat, fand er Auffliegenden Adler weinend und laut mit dem Bild sprechend. Auf Zehenspitzen verließ er wieder den Raum.»

Reste der Hidatsa leben heute zusammen mit Überlebenden der einst so stolzen Stämme der Arikara und Gros Ventre auf der Fort Berthold Reservation in North Dakota. Dort starb auch am 6. Januar 1975 die letzte reinblütige Mandanfrau.

Die Plains

Flora und Fauna

Der Übergang von der Prärie zu den Plains ist fließend und zeigt zugleich die Schwierigkeiten, denen man sich bei der Abgrenzung zweier Landschaftsräume gegenübersieht. Weite Gebiete haben heute durch Beweidung und Umwandlung in Ackerland ihren ursprünglichen Charakter verloren.

Verfolgen wir die Plains von Süden nach Norden, befindet sich in Texas das Edwards-Plateau, dem sich die High Plains angliedern. Das nördlichste Gebiet ist das sogenannte Missouri-Plateau. Im Westen bilden die Rocky Mountains die natürliche Grenze. Nur im Staate Wyoming greift das Wyoming-Becken (auf etwa 2200 Meter) zwischen den Laramie Mountains und den Bighorn Mountains als westlicher Ausläufer der Plains tief in das Felsengebirge hinein. Im nordwestlichen Nebraska schiebt sich zwischen Niobrara River und Platte River nochmals ein breiter Keil Prärielandschaft in die Plains.

Der Charakter der Plains oder Kurzgrassteppe ist gekennzeichnet durch hartes, niedriges Gras und kleine, spärlich verteilte Büsche, zu denen sich weiter gegen Westen mehr und mehr Kakteen aus der Familie der Opuntien und Echinocereen[57] gesellen. Im Wyoming-Becken haben wir es mehrheitlich mit Zwergstrauchsteppe zu tun, in der Sagebrush-Arten dominieren.

Wie grüne Inseln ragen aus den unendlichen Weiten die Waldgebiete der nördlichen Hochebenen, der den Indianern heiligen Black Hills in South Dakota, der Wichita Mountains und des Edwards-Plateaus hervor, neben einem Waldstreifen, der sich von Oklahoma bis nach Texas hinein zieht. Im südöstlichen New Mexico und westlichen Texas hingegen beherrschen wüstenartige Gebiete, der wegen seiner glühenden Hitze gefürchtete Llano Estacado, die Landschaft, die zu einer der wasserärmsten Zonen des Kontinents zählt.

Die überwältigende Grenzenlosigkeit der Grasländer brachte schon den deutschen Reisenden Balduin Möllhausen (1825–1905), der dieses Gebiet noch mehr oder weniger unzerstört erleben durfte, zum Schwärmen. In seinem Buch «Bilder aus dem Reiche der Natur»[58] lesen wir: «... Und an das Meer wird man auf Schritt und Tritt gemahnt, abwechselnd durch unabsehbare ebene Flächen an schlummernde Gewässer, dann wieder durch regelmäßige, fortlaufende Hügelreihen an den wogenden Ozean, dem ein mächtiger Wille plötzlich Stillstand gebot. Zur nächtlichen Stunde tritt diese Ähnlichkeit noch schärfer hervor. Es ist als ob der Geist des Meeres auf den Stätten seiner ehemaligen Tätigkeit umgehe... Soweit das Licht des Mondes eine Fernsicht ermöglicht, ist kein Schatten wahrnehmbar... Dem Osten entsteigen glanzvolle Sternbilder und tauchen im Westen wieder in die weitgeschweifte Linie des Horizontes hinab.»

Beim Lesen der romantischen Beschreibungen vergißt man, daß sich das von Saskatchewan bis nach Texas hineinziehende Grasland infolge Fehlens nennenswerter Gebirgsquerketten schutzlos den Naturgewalten ausgesetzt ist. Im Winter können die arktischen Stürme ohne jeden Widerstand über das Land toben, Temperaturen bis –30° sind keine Seltenheit. Während des Hochsommers liegt das Gebiet unter einer brütenden Hitzeglocke, wird oft von Sandstürmen und schweren Gewittern heimgesucht und ist die Geburtsstätte der gefürchteten Tornados.

Die Plains waren das Kerngebiet des Bisons; deshalb liest man in alten Berichten oft von Buffalo Plains. Zahlreiche Geographen und Ökologen vertraten lange Zeit die Ansicht, die Plains hätten sich durch Grasfeuer, das von Indianern bei der Bisonjagd entzündet wurde, entwickelt. Inzwischen ist wissenschaftlich erwiesen, daß es sich hier um ein naturökologisches Grasland handelt. Die Baumlosigkeit entstand höchstwahrscheinlich schon im Eozän, als sich die

Rocky Mountains erhoben und die östlich von ihnen gelegenen Gebiete in den Regenschatten der gewaltigen Gebirgsketten kamen.
Der Bison aus der Familie der Rinder und verwandt mit dem europäischen Wisent, bevölkerte die Plains in zu Millionen zählenden Herden. Es muß hier nochmals auf die falsche Bezeichnung *Büffel* hingewiesen werden, die sich aus dem englischen *buffalo* ableitet und leider von einem Großteil der Autoren übernommen wurde. Neben dem Bison finden wir einige aus den Prärien vertraute Tiere, etwa das Pronghorn, den Coyoten und eine kleinere Gattung des Präriehundes, den weißschwänzigen *Cynomys leururus.* Die Franzosen gaben diesem Erdhörnchen seines eigenartigen Kläffens wegen den Namen petit chien, aus dem über das englische prairie dog dann die Bezeichnung «Präriehund» wurde. Hinzu kamen Wölfe, Schwarzbären, Pumas und verschiedene Hirscharten.
Im Winter waren die sturmumtosten Hochebenen, ausgenommen ein bewohntes Gebiet im Süden, weitgehend menschenleer. Erst im Frühjahr kamen die Indianer aus ihren Winterquartieren in den Tälern entlang der westlichen Berge und den schützenden Waldgebieten zur Bisonjagd in die offenen Plains.

Die Entwicklung der Plains-Kultur

Anfang des 18. Jahrhunderts vollzog sich auf den Plains ein grundlegender Wandel. Wir wiesen bereits darauf hin, mit welcher Begeisterung sich die Indianer das Pferd zu eigen machten, nachdem sie ihre anfängliche Scheu vor dem *großen Hund*[59] überwunden hatten. Aus umherziehenden Wildbeutern entwickelten sich innerhalb weniger Jahrzehnte kühne Reiter, seßhafte Bodenbauer (wie etwa die Cheyenne), wurden freiwillig zu nomadisierenden Jägervölkern, die die Plains als ständigen Aufenthaltsort wählten und nun fast ausschießlich von der Bisonjagd lebten.
Der zweite entscheidende Faktor kam aus dem Osten, wo die ständig weiter nach Westen vordringenden Weißen eine wahre

Kettenreaktion auslösten. Versprengte Teile der Algonkin und Sioux kamen nach harten Kämpfen auf der Suche nach einer neuen Heimat in Gebiete, die bereits von ackerbautreibenden Völkern bewohnt waren. Diese setzten sich energisch gegen die Eindringlinge zur Wehr; oft wurden sie überrannt oder mußten selber in Nachbargebiete ausweichen, bis ihnen auch dort der Boden durch nachdrängende Indianer streitig gemacht wurde. Zu diesen Gruppen, die sich nach und nach auf den Plains einfanden, gesellten sich Reste südöstlicher Stämme, die unter militärischer Bewachung nach Oklahoma abgeschoben worden waren und sich dort nicht einleben konnten. Auch Überlebende der großen Pockenepidemien fanden ihren Weg in die westlichen Grasländer.
Es waren also Gemeinschaften aus sehr verschiedenen kulturellen Hintergründen, die ihre Lebensweise den neuen Bedingungen anpaßten. Die Indianer der Pflanzerkulturen mit ihrer festen Sozialordnung und ihrem hochentwickelten Kultsystem gehörten ebenso dazu wie die Sammler und Jäger mit einer flexiblen Sozialstruktur und den unterschiedlichsten Jagdriten. Sie alle prägten die «historische Plains-Kultur» der Pferdenomaden und Bisonjäger, die nicht nur eine Spätentwicklung, sondern auch eine Sonderentwicklung darstellt.

Der Bison wird zur Lebensgrundlage

Allen diesen Gruppen gemeinsam ist die vollständige Abhängigkeit von der Bisonjagd. Das Fleisch, die Innereien und das Knochenmark der Tiere dienten der Ernährung, das Fell und das gegerbte Leder zur Herstellung von Kleidung, Schuhwerk und Tipis, die Mägen als Wasserbehälter. Aus der ungegerbten Haut stellten die Frauen Parflêches und Riemen her, und die Wolle wurde zum Zusammendrehen von Stricken gebraucht. Die unzerreißbaren Sehnen ergaben Nähmaterial und Bogensehnen, den unentbehrlichen Leim gewann man aus gekochten Klauen; Hirn und Leber wurden zum Gerben verwendet. Knochen verarbeitete man zu

Schabern, Spachteln, Ritzinstrumenten und Pfriemen. Bisonhörner wurden als Schmuck auf einer Pelzkappe getragen, auch schnitzte man aus ihnen die begehrten Hornlöffel, und die Klauen wurden an den bei Tänzen gebrauchten Rasselstäben angebracht. Sogar den trockenen Bisonmist sammelte man sorgsam, da er im Winter in baumlosen Landstrichen das einzige Brennmaterial darstellte.

Diese Plains-Periode währte nur die kurze Zeitspanne von etwa 1750 bis 1850, hat aber wie keine andere das Klischeebild des Indianers in Europa geformt[60]. Sie wurde zum Sinnbild des indianischen Überlebenskampfes schlechthin, der durch die Ausrottung des Bisons, die schrecklichen Epidemien, Alkohol und die überlegenen Waffen der Weißen von vornherein zum Scheitern verurteilt war und mit dem Massaker am Wounded Knee 1890 sein grausames Ende fand.

Eine Karte der Plains gegen Ende des 18. Jahrhunderts zeigt folgende Verteilung, wobei wir uns nur auf die bekanntesten Stämme beschränken: Im Norden die Blackfoot, Plains-Cree und Gros Ventre der Algonkin-Sprachfamilie, die Teton-Dakota, Crow und Assiniboin aus der Sprachfamilie der Sioux. Im mittleren Gebiet die Algonkin sprechenden Arapaho und Cheyenne. Im Süden die Kiowa-Apache aus der Athapasken-Sprachfamilie und die Comanche aus der Sprachgruppe der Shoshonen, die zur Uto-Aztekischen Sprachfamilie gehören. Die Comanche, die schon zu Anfang des 18. Jahrhunderts eine dominierende Rolle zu spielen begannen und die wir zu den bedeutendsten nomadisierenden Bisonjägern der Plains rechnen dürfen, werden einer der beiden Schwerpunkte unserer Betrachtungen bilden.

Die Comanche

Sie selber nennen sich *Nemen* – «Volk» – und lebten bis Anfang des 17. Jahrhunderts in den Bergen am Südrand des Wyoming-Bekkens. Über ihre Herkunft und ihr Leben vor diesem Zeitraum

stellt man nur sehr vage Vermutungen an. Das harte Leben in den Bergregionen prägte das Äußere dieser Menschen. Im Gegensatz zu den Indianern des Ostens waren sie dunkelhäutiger und gedrungen, die Männer selten über 165 Zentimeter groß, die Frauen etwas kleiner. Der Alltag im Winter war ein ständiger Kampf um die Nahrungsbeschaffung, um das nackte Überleben. Man ernährte sich von Kaninchen und andern Kleintieren, Wurzeln und getrockneten Beeren, und nur selten gelang es, ein Wapiti zu erlegen.
Im Sommer, wenn die großen Bisonherden gegen Norden zogen, wurde das Leben leichter. Die Jäger versuchten, einen Teil der Tiere abzudrängen und über einen Steilhang zu jagen, wo sie zu Tode stürzten. Diese uralte Jagdmethode war auch im steinzeitlichen Europa bekannt. Eine andere Jagdart war das Treiben in einen aus Steinen und gefällten Bäumen errichteten Korral, wo die Bisons mit Pfeilen erschossen wurden.

Die Comanche gehörten zu den ersten Völkern, die spätestens Mitte des 17. Jahrhunderts das Pferd übernahmen und neben den Apache die wagemutigsten Reiter wurden. Begeistert von ihrer neuen Mobilität, drangen sie immer weiter nach Süden vor, drängten die dort lebenden Plains-Apache nach Westen ab und wurden ab 1750 zu den eigentlichen Herrschern der südlichen Plains, damit aber auch zum Schrecken der spanischen Siedler im Gebiet des heutigen Texas und New Mexico. Einige tausend Nemene verhinderten das Vorrücken der Spanier aus dem südwestlichen Raum und zerstörten dadurch ihre Absicht, ganz Nordamerika unter spanische Herrschaft zu bringen. Dies ist um so erstaunlicher, als die Comanche selbst in ihrer besten Zeit nie mehr als etwa 12000 Menschen zählten.

Während die westlichen Apache ständig unter den Angriffen der Comanche zu leiden hatten, gehen die Berichte über das Verhältnis zu den östlichen Caddo-Stämmen auseinander. Laut La Farge trieben die Nemene mit ihnen Handel und hatten ein durchaus freundschaftliches Verhältnis zu ihren Nachbarn; andere Quellen behaupten das Gegenteil.

In ihrer alten Heimat lebten die Comanche verstreut in Verwandtschaftsgruppen, eine Lebensweise, die sie auch auf ihren neuen Lebensraum in den südlichen Plains übertrugen. Jede Gruppe besaß ihr abgegrenztes Jagdgebiet, auf dem geeignete Lagerplätze für die Tipis, Wasser und genügend Weidegrund für die Pferde vorhanden sein mußten. Nur im Sommer trafen sie sich zu den großen Festen. Ein eigentliches Clansystem oder eine Stammesherrschaft haben die Comanche nie gekannt. In der amerikanischen Literatur steht für Gruppen das Wort «Band», welches zum Teil auch im deutschen Sprachraum als Bande auftaucht. Einigen Autoren zufolge teilen sich die Comanche in dreizehn eigenständige Gruppen. Zu den südlichen gehören unter anderen die «Penateka», als Honigesser oder Waldvolk übersetzt, da sie die südlichen Waldgebiete des Edwards-Plateaus bewohnten. Ihnen schlossen sich im Norden die Nokoni an, deren Jagdgebiet sich von den mit niedrigem Eichenwuchs bedeckten Cross Timbres bis gegen Santa Fé erstreckte. Im Llano Estacado, aber noch mehr auf den weiten und endlos scheinenden Ebenen des Panhandle, jagten die Kwahari oder Kwahadi. Der gegen 200 Kilometer lange Palo Duro Canyon mit seinen bizarren Steinformationen bot ihnen einen sicheren Unterschlupf.

Das Leben im Tipi

Wie alle Völker der Grasländer bewohnten auch die Comanche das Zelt, für das meist das Sioux-Wort «Tipi» verwendet wird, übersetzt «in ihm zu leben». In der alten Bergheimat war es noch klein, denn beim Wechsel des Wohnplatzes mußten seine Stangen vom Hund, dem treuen Begleiter des Menschen seit seiner Einwanderung aus Asien, als Travois (Tragschleife) gezogen werden. Nach der Übernahme des Pferdes wurden die Travois länger und damit auch die Zelte größer und bequemer.

Grundsätzlich unterscheiden wir Dreipfahl- und Vierpfahl-Tipi, wobei sich diese Bezeichnung auf die jeweils zuerst aufgestellten Grundpfähle bezieht. Die Gesamtzahl der Stangen variierte zwischen vierzehn und dreißig. Bei den Pflanzervölkern des Missouri

1 Bepackter Hund, 2 Pferde-Travois, 3 Hunde-Travois

und Platte River, die das Tipi nur als sporadisches Jagdzelt gebrauchten, war das Dreipfahl-Tipi üblich. Wir finden es auch als Dauerbehausung bei den Plains-Cree, Plains-Ojibwa, Assiniboin, Cheyenne, Kiowa, Apache, Shoshoni, Arapaho und Teton-Dakota.

Das Vierpfahl-Tipi, eleganter in der Form, aber nicht ganz so widerstandsfähig, war Merkmal der Blackfoot, Ute, Crow, Sarsi und Comanche, im Großen Becken bei den Nez Percé, Kutenai und Flathead.

Für ein kleines Jagdtipi benötigte man sechs bis acht Bisonfelle, für ein Wohnzelt ungefähr vierzehn. Die annähernd 60 Menschen Raum bietenden Ritualtipis mußten natürlich aus weit mehr Häuten zusammengenäht werden. Das langwierige Enthaaren und Gerben der Felle, das Nähen der Zeltdecke, die Errichtung eines Tipis sowie seine Inneneinrichtung war Aufgabe der Frauen. Nur beim Aufstellen der Grundpfähle halfen die Männer mit. Vor dem gemeinsamen Nähen einer Zeltdecke lud eine Frau ihre Freundinnen zu einem Essen ein. Wurde die Einladung angenommen, galt dies als Zusage zur Mithilfe. Unter der Leitung einer erfahrenen und im Wesen ausgeglichenen Frau, die nur gute Gedanken für ihre Arbeit mitbrachte, konnte mit dem Nähen begonnen werden. Ohne diese Voraussetzungen wäre das Tipi nicht sturmfest gewesen, und auch der Rauchabzug hätte nicht funktioniert. Als Nähmaterial dienten die besonders langen und sehr zähen Rückensehnen des Bisons.

Die Comanche errichteten ihre sauber geglätteten Grundpfähle genau nach Nordosten, Südosten, Nordwesten und Südwesten, banden sie etwas unterhalb der Spitze mit Lederriemen zusammen und versenkten sie leicht in die Erde. Nun konnten die restlichen Stangen angelehnt werden. Es ergab sich so ein Durchmesser von 5 bis 8 Meter, der jeweils der Höhe des Tipis am Kreuzpunkt der Stangen entsprach. Sorgfältig wurde die konisch genähte Zeltdecke von hinten nach vorn darübergelegt und über dem Eingang, der stets nach Osten lag, mittels kleiner Holzpflöcke zusammengefügt. Zwei Klappen an der Spitze des Tipis dienten zum Regulieren des Rauchabzugs und konnten mittels zweier Stangen außerhalb des Zeltes geschlossen werden. Ringsum wurde die Behausung dann mit Steinen beschwert und mit Grasstücken abgedichtet. Im Sommer rollte man die Zeltdecke von unten her etwas auf und hatte so eine ideale Durchlüftung. Form und Dekoration der «Tür» variierte stark. Sie reichte von einer einfachen, unverzierten Haut bis zu mit schutzbringenden Bemalungen versehenen rechteckigen oder ovalen Lederklappen.

Ein sorgfältig gegerbtes Lederzelt war sehr hell, fast weiß, aber es war nicht wasserdicht. Daher mußte es bei geschlossenen Klappen von innen mit einem schwelenden Feuer intensiv geräuchert werden. Dieses Räuchern verhinderte auch das Hart- und Brüchigwerden beim Trocknen nach heftigem Regen. Nicht mehr benutzte Zeltdecken wurden später noch zu regendichten Kleidungsstücken und Mokassins verarbeitet.

Das Tipi strömte Wärme und Geborgenheit aus. Die indianische Frau versuchte es auch im Innern so bequem und praktisch wie möglich einzurichten. Mittelpunkt war die etwas vertieft angelegte Feuerstelle, hinter der sich bei fast allen Stämmen ein kleiner «Familienaltar» befand – ein sauber gehaltener kleiner Platz, auf dem zu Ehren der höheren Mächte Süßgras, Sagebrush oder Zedernrinde als Rauchopfer verbrannt wurden. In halber Höhe war ringsum eine Art Vorhang aus Leder angebracht. Er diente der Wärmeisolierung und dem zusätzlichen Regenschutz, hatte aber auch die Aufgabe, die Schatten der Bewohner nach außen unsichtbar zu machen, um einem eventuellen Feind keine Auskunft über die Anzahl der anwesenden Männer zu geben.
Anfänglich werden die Indianer ihre Bisonroben als Schutz gegen die Kälte im Tipi aufgehängt haben. Daraus entwickelten sich später die praktischen Innenbehänge, hinter denen man auch das Sattelzeug, Kleidung und Vorräte aufbewahren konnte. Bei den nördlicheren Plains-Stämmen wurden die Vorhänge vom Tipibesitzer mit Ereignissen aus seinem Leben, von den Frauen mit geometrischen Mustern bemalt.
Die Schlafstätten bestanden aus mehreren Lagen Fellen, die direkt auf den Boden gelegt wurden. Nur die Arapaho kannten ein niedriges, hölzernes Gestell. Oft war eine zusätzliche Ruhestätte für einen Gast vorgesehen. Tagsüber dienten die Schlafstätten zum Sitzen. Sie wurden mit Rückenlehnen ergänzt, die so gearbeitet waren, daß ihr unteres Ende zugleich als Sitzfläche diente. Diese Lehnen waren aus mit Sehnen zusammengebundenen Weidenruten wie eine Matte hergestellt und konnten zum Transportieren einfach aufgerollt werden. Die elastischen und äußerst bequemen Lehnen wurden mittels starker Lederriemen an ein dreibeiniges hölzernes Gestell gehängt. Alle Bestandteile konnten je nach Geschmack ihres Besitzers verziert werden.
Das Leben im Tipi war gewissen, von allen Stämmen akzeptierten Regeln unterworfen. Eine offene Tür zeigte jedermann an, daß er ohne Bedenken eintreten durfte. War die Türöffnung geschlossen, vorab im Winter, mußte man sich mit Rufen oder Hüsteln be-

merkbar machen und auf die Aufforderung zum Eintreten warten. Zwei sich kreuzende Stecken vor der Tür gaben zu verstehen, daß die Bewohner nicht gestört zu werden wünschten oder abwesend waren. Nie wäre es jemand eingefallen, in dieses Zelt einzudringen. Generell saßen die Männer auf der Nordseite des Tipis, die Frauen auf der Südseite, und die Kinder hielten sich in Nähe des Eingangs auf. Das Familienoberhaupt hatte seinen Platz dem Eingang gegenüber, neben ihm sein Sohn oder ein zu ehrender Gast.

Während die Comanche ihr Lager ohne ein festes System errichteten, bildeten die Gruppen anderer Stämme einen Lagerkreis, in dem die Tipis jeder Familie, aber auch die Zeremonial- und Versammlungstipis ihren festen Platz innehatten. Fand sich ein ganzer Stamm zu einem Lager zusammen, wurde der große Zirkel aus mehreren Kreisen gebildet, in denen jeder Clan oder jede Gruppe die Tipis aufstellte.

Noch nicht eindeutig geklärt ist die Bedeutung der Tipiringe, die man im gesamten Gebiet entlang der Rocky Mountains von Edmonton (Kanada) bis nach New Mexico findet. Der Behauptung, es handle sich um die Steine zum Beschweren der Tipis, kann nur mit Einschränkung zugestimmt werden, da bei vielen Ringen Überreste von Feuerstellen oder Vorratsgruben fehlen. Die Funktion zahlreicher Ringe in North Wyoming sowie am Smith River und Sun River in Montana, die wie Räder mit Speichen ausgelegt sind und einen Durchmesser bis 25 Meter aufweisen, werden im religiösen Bereich zu suchen sein.

Die Comanche wie auch die andern umherschweifenden Plains-Völker kannten weder Töpfern, Weben noch Flechten, waren aber in der Fell- und Knochenbearbeitung und dem Herstellen von Waffen äußerst geschickt und erfahren. Da jede Familie für ihren materiellen Bedarf selber aufkam, lag das Arbeitspensum der Frau oft an der Grenze ihrer Leistungsfähigkeit, denkt man nur an die mühsame Bearbeitung der Felle; aber auch die Herstellung von Rohlederbehältern war eine anstrengende Arbeit.

Die Kleidung der frühen Zeit war sehr einfach. Im Sommer trugen die Männer einen Lederschurz und beide Geschlechter Mokassins aus weichgekautem Wildleder mit Bisonledersohle. Als die Comanche ein Reitervolk wurden, arbeitete man die Schäfte der Mokassins bis an die Hüften. Die Winterbekleidung bestand aus der warmen, schweren Bisonrobe, die ebenfalls von den Frauen in etwas kleinerer Form getragen wurde. Daneben ergaben aber auch Felle von Bären und Wölfen, für die Kinder die leichteren Kaninchen- oder Hasenfelle, solide Winterumhänge. Anstelle von Fellmützen, die erst viel später auftauchten, zog man sich die Umhänge bis über den Kopf. Die Füße waren in aus Bisonfell gearbeiteten «arctic boots», die bis an die Knie reichten, selbst gegen große Kälte bestens geschützt. Die frühen Lederkleider der Frauen waren mit Lederfransen oder Büscheln von Pferdehaar verziert. Borstenstikkerei war nicht bekannt, und auch die Perlstickerei erschien erst spät unter dem Einfluß von Nachbarstämmen der Prärie.

Wie alle Indianer zupften auch die Comanche sorgfältig ihre spärlichen Barthaare mit einer aus Knochen gefertigten Pinzette aus und beseitigten sogar noch die Augenbrauen. Dafür trug man die Haare lang oder zu Zöpfen geflochten, die mit Fell- oder Lederstreifen noch verstärkt wurden. Die Frauen hielten ihre Haare kürzer und färbten den Mittelscheitel rot.

Vereinzelt traf man im 19. Jahrhundert auf Tatauierungen oder künstliche Narben, die sich vor allem die Männer auf Gesicht oder Brust beibrachten, um kämpferischer auszusehen. Die Bemalung der Gesichter, eine Sitte, der die Frauen mit derselben Begeisterung wie die Männer frönten, war der Fantasie jedes einzelnen überlassen, hatte aber eine bestimmte soziale, magische und zeremonielle Bedeutung. Die Herstellung von Farben gehörte zum festen Wissen eines jeden Indianers. In den Prärien und Plains wurde Schwarz aus wilden Weinbeeren gewonnen, Rot aus Bisonbeeren, die zusammen mit Ampferwurzel *(Rumex crispus)* gekocht wurden, und ein leuchtendes Gelb aus Blütenblättern der wilden Sonnenblume. Der Farbextrakt wurde mit Fett und feiner Erde gemischt und diese Paste auf Gesicht und Körper aufgetragen.

Bei den Comanche war Schwarz die Farbe des Krieges und des Todes. Die fantastische Aufmachung mit schwarzer Gesichtsbemalung bei Kriegszügen wurde durch einen aus einem Bisonskalp mit Hörnern hergestellten Kopfputz noch verstärkt. Er durfte allerdings nur von besonders tapferen Männern getragen werden. Die bei den nördlicheren Stämmen als besondere Auszeichnung getragene Federhaube und Federschleppe trat bei den Comanche relativ spät in Erscheinung und blieb das Privileg weniger hervorragender Krieger.

Die Eßgewohnheiten der Comanche erinnern uns in manchem stark an die Inuit und stammen zum Teil noch aus der Zeit, als die Gruppen in den Gebirgstälern im Winter unter äußerst harten Bedingungen lebten. Oft fehlte das nötige Brennmaterial, so daß man die magere Jagdbeute ungekocht essen mußte. Daneben nahm man aber auch den pflanzlichen Mageninhalt eines frisch erlegten Bisons und die gestockte Milch im Magen eines Kälbchens roh zu sich, trank frisches Blut und schätzte rohe Leber als besondere Delikatesse. Auf diese Weise versorgten sich die Menschen reichlich mit den nötigen Vitaminen und Mineralstoffen. Die warmen Gerichte kochten die Frauen mittels glühender Steine in einem Lederbeutel, der an einem hölzernen Gestell aufgehängt war. Auch der Magen eines Bisons wurde, mit Fleisch aufgefüllt, auf gleiche Art als «Kochtopf» gebraucht. Unter günstigen Bedingungen wurde das Fleisch über einem offenen Feuer geröstet. Der Genuß von Hundefleisch war bei den Comanche streng verpönt. Der Hund war ein Cousin des Coyoten, der in der Mythologie eine Art Spitzbubenrolle innehatte und laut Angaben einer angesehenen Medizinfrau einmal Menschenfleisch gefressen haben soll. Da Kannibalismus, entgegen manchen Behauptungen, von den Nemene völlig abgelehnt wurde, war Hundefleisch tabu; selbst der Coyote wurde nur seines Felles wegen gejagt. Obwohl Fleisch den Hauptanteil der Ernährung bildete, wurden etwa zwei Dutzend Wildgemüse und Früchte gegessen. Diese Zahl liegt fast höher als der Gebrauch von Gemüsen und Früchten eines heutigen Durchschnittsamerikaners.

Zweiundzwanzig Heilpflanzen kannte man für die Bekämpfung von Krankheiten, unter denen Lungenentzündung, Rheuma und

Darmerkrankungen zu den häufigsten gehörten. Pemmikan bildete neben getrockneten Beeren und Früchten die vollwertige Dauernahrung sowie den Notvorrat und war zudem mit dem Honig wilder Bienen besonders für Kinder eine richtige Schleckerei.

Waffen und Geräte

Zur Herstellung seiner Jagdgeräte, also Bogen, Pfeil und Lanze, wandte der Comanche viel Geduld und Sorgfalt auf, da von ihrer Qualität und Zuverlässigkeit oft das Überleben abhing. Die aus dem Holz des Osage orange geschnitzten Bogen wurden den umständlichen Vorderladern noch lange vorgezogen, da man mit ihnen wesentlich schneller und lautlos schoß. Ein geschickter Schütze konnte durch indirektes Schießen den Gegner mit einem Pfeil von oben treffen.

Das Holz für den Bogen wurde sorgfältig ausgewählt, auf die richtige Länge und einen rechteckigen Querschnitt zugeschnitten und danach intensiv mit Fett eingerieben. Nach dem Trocknen verstärkte man die Außenfläche mit einem aufgeleimten Lederstreifen oder – was noch wirksamer war – mit einer Schicht zerfaserter Tiersehnen mit Leim. Dies ergab eine größere Elastizität und schützte das Holz vor dem Splittern. Das Griffstück in der Mitte wurde noch extra mit Lederstreifen oder Sehnen umwickelt. Mit einem Stück Sandstein glättete der Bogenbauer seine Arbeit und brachte an beiden Enden je eine Kerbe an, in der die Sehne befestigt wurde. Oft bekam der Bogen auch Verzierungen; man bemalte ihn oder ritzte kleine Muster ein. Auch Schlangenhaut wurde aufgeleimt: die Schnelligkeit der Schlange sollte sich auf den Bogenschützen übertragen.

Zur Herstellung der etwa 65 bis 70 Zentimeter langen Pfeile war ein möglichst gerader Stock ohne Seitenzweige notwendig. Während des Lagerns wurden eventuelle Krümmungen durch Beschweren korrigiert. Zum Ausgleich der letzten Unebenheiten wurde das Holz so lange durch einen mit einem Loch versehenen

Knochen gezogen, bis es die gewünschte Dicke hatte. Danach polierte man die Pfeile und brachte kleine Rillen an, um ein Verziehen zu verhindern. Die Spitze bestand in frühen Zeiten aus Stein, später aus Metall. Zum Schluß erhielten die Pfeile ihre Befiederung, in der Regel drei halbe Federn, wobei speziell die Comanche darauf achteten, daß Adler- und Bussardfedern nicht blutbefleckt waren. Jeder Mann versah zudem seine Pfeile mit einem persönlichen Zeichen und opferte viel Zeit, um sie nach dem Gebrauch wieder in seinen Besitz zu bekommen. Vor dem Überqueren der Flüsse wurden die Pfeile sogar an das andere Ufer geschossen, um sie vor Nässe zu schützen.

Die Comanche bestrichen ihre Pfeile mit dem Gift der Klapperschlange oder verwendeten ein Gift aus dem Absud verschiedener Kräuter[61]. Zum Schießen auf Tiere mußte die Pfeilspitze senkrecht stehen, um zwischen die Rippen eindringen zu können, im Krieg mit einem Gegner waagrecht. Der Bogen wurde in einem ledernen Futteral, die Pfeile in Köchern aufbewahrt. Nur auf der Jagd oder im Kampf hielt der Jäger einen Vorrat Pfeile in der Hand, die den Bogen hielt, einen weiteren oft noch zwischen den Zähnen.

Für den Nahkampf gebrauchten die Comanche Keulen in den verschiedensten Ausführungen. Fast alle bekannten Modelle bestanden aus einem federnden Stab, dem vorn ein runder oder eiförmiger Stein mittels Rohhaut eingesetzt war. Eine andere Art hatte Ähnlichkeit mit unseren früheren Kriegsflegeln. An einem längeren Stiel hing ein in Leder eingenähter schwererer Stein. Gewöhnlich waren diese Waffen am hintern Ende mit einem Pferdeschweif verziert.

Der in der Literatur immer wieder zitierte Tomahawk, eine Bezeichnung, die für die Säbel- und Kugelkopfkeulen der östlichen Wald- und Prärie-Stämme verwendet wurde, war eigentlich eine Axt und keine Waffe. Tomahawk, im Algonkin *tamähakan* und ähnlich, heißt Schneiden, bezeichnet also eine indianische Steinaxt. In der Kolonialzeit übertrug man das Wort auf eine Waffe, nämlich auf die von den Europäern eingeführte Stahlaxt, die dann auch von den Indianern übernommen wurde.

Wie im europäischen Rittertum spielte bei den Reitervölkern der Plains die Lanze ihre Rolle als Angriffswaffe. Nach Catlin waren die Lanzen der Comanche etwa 4 Meter (14 Fuß) lang[62]. Die Spitze bestand anfänglich aus Stein oder Knochen, später aus Stahl. Catlin erwähnt sogar Toledo-Klingen – jedenfalls waren es Messerklingen oder Spitzen von spanischen (mexikanischen) Degen. Sie wurden in den Schaft eingelassen und hier mit nasser Rohhaut umwickelt, die sich beim Trocknen zusammenzog und die Spitze festhielt. Der Schaft war reich mit Federn, Roßhaarbüscheln oder Skalplocken verziert.

Obwohl die Comanche keine eigentliche Militärgesellschaften kannten, gab es eine besondere Elitegruppe, die Lanzenträger, aus denen sich meist die Führer eines Kriegstrupps rekrutierten. Ihre Lanzen waren noch reicher geschmückt, und im Kampf stießen sie die Waffe neben sich in den Boden, um zu dokumentieren, daß sie nicht von diesem Platz weichen würden. Die Lanze war darüber hinaus bei der Bisonjagd in Gebrauch. Am Sattel der Crow war eine besonderer Transportbehälter angebracht, in den man die Lanze stecken konnte, ähnlich dem Prinzip unserer Fahnenträger.

Der sichere Schutz, den der lederne Schild dem Indianer gegen die Pfeile seiner Gegner bot, bestand nicht nur in seiner soliden Qualität, sondern auch in seiner magischen Abwehrkraft, die er durch Malereien und Anhänger in Form von Vogelbälgen, Federn, Krallen und Pferdehaaren erhielt. Aufgemalte oder angehängte Zähne eines Bären konnten zeigen, daß der Besitzer des Schildes ein großer Jäger war und die Angriffslust eines Bären besaß, oder ein befestigter Skalp wies ihn als mutigen Krieger aus.

Besonders sorgfältig wurde die Herstellung eines Schildes vorbereitet. Zuerst erflehte man die Hilfen von «Oben», vom Großen Geheimnis oder bei den Blackfoot, Crow und Comanche von der Sonne, durch die sich der Große Geist offenbarte. Dann schnitt der «Schildmacher» aus der dicken Nackenhaut des Bisons ein kreisrundes Stück von etwa einem Meter Durchmesser heraus. Notfalls wurde auch auf die Brusthaut zurückgegriffen. Die Helfer hatten inzwischen eine Grube ausgehoben und mit glühenden Steinen ge-

füllt. Die Haut wurde so darübergelegt, daß noch ein Stück über den Rand hinausragte, und ringsum mit Steinen beschwert. Ein kleines Stück blieb offen, damit Wasser auf die heißen Steine gegossen werden konnte. Diesen Vorgang wiederholte man so oft, bis sich die Haut durch die aufsteigenden Dämpfe auf etwa die Hälfte zusammengezogen hatte. Dabei war man bemüht, eine gleichmäßige Wölbung zu erreichen. Die durch das Schrumpfen entstandenen Unebenheiten wurden durch Klopfen und Schaben ausgeglichen. Der Schild hatte nun seine Feuerprobe zu bestehen. Man hängte ihn an einen Baum und schoß aus verschiedenen Entfernungen Pfeile auf ihn ab. (Die findigen Comanche wußten sich auch gegen die Weißen zu schützen. Mittels eines hölzernen Ringes und Sehnen hielten sie mehrere Häute übereinander zusammen, die sogar der Kugel eines Vorderladers standhielten.)
Nach der Prüfung erhielt der Schild eine Tragschlaufe, mit der man ihn über den linken Unterarm streifen konnte. Die Symbole zur Bemalung erhielt sein Besitzer durch eine Vision, dazu kamen Zeichen, die ihren Platz in der Stammesmythologie hatten. Durch die Bemalung, meist unter Aufsicht des Medizinmannes, wurde die Ausstrahlung eines Schildes so mächtig, daß zum Beispiel die Comanche ihn außerhalb des Lagers aufbewahrten. Anderseits mußte man den Schild mit einem Überzug gegen den Einfluß böser Mächte schützen. Ebenso hatten die Frauen sich von ihm fernzuhalten, speziell menstruierende Frauen, die im allgemeinen während dieser Periode als unrein galten.
Verständlich ist, daß die Indianer nach der Übernahme des Pferdes auch den spanischen Sattel mit den ihnen zur Verfügung stehenden Mitteln zu kopieren begannen. Genaugenommen ist der Sattel afrikanischen Ursprungs. Mit den Mauren kamen Pferd und Sattel auf die Iberische Halbinsel und traten von dort dann ihren Weg nach Amerika an. Beim Rahmensattel, wie die indianische Nachbildung genannt wird, wurden zwei Bretter hinten und vorn durch hohe Bügel oder Hörner verbunden. Diese Zwiesel genannten Gebilde bestanden meist aus dem Horn des Gabelbocks. Das ganze Gestell wurde mit Rohhaut überzogen und in der Mitte,

von Zwiesel zu Zwiesel, ein breites Rohlederband gespannt, was einen elastischen Sitz ergab. Am Sattel wurden Riemen und hölzerne, lederüberzogene Steigbügel angebracht. Beim Modell, das von den Frauen und als Packsattel benutzt wurde, waren die Zwiesel etwas höher. Sie waren geeignet zum Aufhängen der Kindertragen und Parflêches, ebenso wurden die Stangen des Travois an ihnen befestigt. Zaunzeug und Satteltaschen wurden allerdings nicht von allen Stämmen übernommen. Auch von den östlichen Völkern wurde der Rahmensattel benutzt; der englische Sattel fand keinen Anklang.

Die zweite Sattelart, der sogenannte Kissensattel, scheint eine rein indianische Erfindung zu sein. Er bestand aus einem Ledersack, der durch Abschnüren in zwei seitliche, mit Hirschhaaren oder Moos gefüllte Kissen und ein ungepolstertes Mittelstück unterteilt wurde.

Beide Arten waren natürlich mit einem einfachen Sattelgurt versehen, dazu kam eine Satteldecke. Die Blackfoot benutzten mit Vorliebe das Fell eines Puma. Sporen wurden von den Indianern nicht verwendet.

Die verwegenen Comanche brachten am Kissensattel und Pferdehals noch je eine aus Roßhaar geflochtene Schlinge an, die es dem Reiter ermöglichte, sich an die Seite des Pferdes zu hängen. So war er durch den Pferdeleib geschützt und konnte unter dem Pferdehals auf den Gegner schießen. Auf der Darstellung von Bodmers wild-bewegtem «Pferderennen der Sioux bei Fort Pierre» reiten die Indianer ohne Sattel und tragen kurze Peitschen in den Händen. Gewöhnlich besteht der Griff der Peitschen aus einem fein geschnitzten Knochen, an dem einige Lederschnüre befestigt sind.

Der Indianer bestieg sein Pferd von rechts, im Unterschied zu den Europäern, die früher ihr Schwert an der linken Seite trugen, was ihnen ein Besteigen von rechts verunmöglichte. Natürlich hatte jeder Stamm seine besonderen Merkmale bei den Verzierungen an Sattel, Zwiesel, Zaunzeug und Schwanzriemen. Besonders die Crow und Blackfoot waren darin wahre Meister, und sogar die breiten Steigbügel der Frauen waren reich mit Perlstickerei ver-

ziert. Das Völkerkundemuseum in Berlin-Dahlem besitzt ein Bild von Catlin, auf dem nicht nur der Crow-Reiter, sondern auch sein Pferd eine Federhaube trägt. Bei den Blackfoot, Cheyenne und Crow durften außergewöhnliche Pferde bei besonderen Anlässen eine Maske tragen. Im Indianermuseum der Stadt Zürich ist eine der seltenen Masken der Blackfoot zu sehen, die mit Perlstikkerei und gelben Roßhaarbüscheln verziert ist und über der Stirn ein Bisonhorn trägt.
Die Sorgfalt, mit der ein Indianer sein Pferd schmückte, zeigt uns die Wertschätzung, die er ihm entgegenbrachte. Auch wenn ein Mann mehrere Pferde besaß, hatte er sein Lieblingstier, auf das er sich bei der Jagd und bei kriegerischen Handlungen fest verlassen konnte. So ist es verständlich, daß bei vielen Stämmen diese Pferde am Grabe ihres Besitzers mit Pfeilen getötet wurden.

Familie und Glaube

Das unruhige Nomadenleben der Comanche und die harte Umwelt forderten von jedem Stammesmitglied Selbstdisziplin und diktierten gewisse Verhaltensregeln, denen sich alle unterzuordnen hatten. So galt eine Familie mit ein bis zwei Kindern als ideal, ja man sah diese Zurückhaltung als durchaus positiv an. Auch eine kinderlose Frau war geachtet, für sie gab es stets die Möglichkeit, ein Waisenkind anzunehmen.
In einer Gesellschaft, in der das jägerisch-kriegerische Element dominierte, war die Geburt eines Knaben natürlich ein besonderes Ereignis, und schon während seiner Kindheit wurde er in vielem bevorzugt. Doch waren die Mädchen keinesfalls geringgeschätzt, und man wendete bei ihrer Erziehung und Ausbildung große Sorgfalt an.
Die Entbindung erfolgte in einem besonderen Tipi unter Assistenz einer Medizinfrau. Nach der Geburt wurde die Nabelschnur an einen Strauch in der Nähe aufgehängt. Blieb sie dort, bis sie vermodert war, stand dem Kind ein langes und glückliches Leben be-

vor. Männern war der Zugang zum Geburtstipi verboten, nur der Großvater durfte «im Vorbeigehen» nach dem Geschlecht des Kindes fragen.

Probleme schuf die Geburt von Zwillingen, und nicht alle Familien reagierten gleich darauf. Waren es zwei Jungen, überwog meist die Freude, doch zwei Mädchen wurden oft ausgesetzt, oder der Mutter gelang es, ein Kind zu verheimlichen und eine Ziehmutter in einem entfernten Tipi zu finden. Damit war auch das Leben der andern Tochter gerettet. Waren es ein Knabe und ein Mädchen, hatte meist nur ersterer eine Überlebenschance. Frühe Berichte geben an, daß niemals ein schwachsinniges oder deformiertes Kind zu sehen war.

Neben der Muttermilch wurde zur Entwöhnung schon früh eine leichte Fleischbrühe gegeben, später kam ein Brei aus aufgeweichtem Pemmikan oder ein Beerenmus hinzu. Das Kind kam nach einigen Tagen in eine Kindertrage, eine Lattenwiege, die – wie schon ihr Name sagt – aus zwei nach oben leicht auseinanderlaufenden Latten bestand, die durch zwei Querlatten verbunden waren. Der vorn verschnürte Ledersack war mit Riemen an den Längslatten befestigt. Am Fußende und rings um die Kopföffnung war das Leder mit Rohhaut verstärkt. Nachts lag das Baby zwischen den Eltern in eine steife Rohhaut eingewickelt, so geschützt konnte es nicht erdrückt werden. In alten Quellen wird auch von Tragsäcken aus Bärenfell ohne Gestell berichtet, die aber sicher nur in kalten Gebirgswintern gebraucht wurden.

Die tägliche Hygiene verursachte der Mutter manches Kopfzerbrechen. Nach Möglichkeit wurde der Säugling täglich kalt gebadet, schon um ihn abzuhärten. Anstelle von Windeln verwendete man weiches, trockenes Moos oder Flechten und zum Pudern der zarten Haut ein Pulver aus getrockneten Cottonwoodwurzeln oder Bisondung, das man leicht erwärmte. So gehörte ein Haufen trockener Bisonfladen neben dem Tipi zum alltäglichen Bild eines Lagerplatzes.

Um dem Kind das Zahnen zu erleichtern, rieb man das Zahnfleisch mit pflanzlichen Mitteln ein oder gab ihm junge, geröstete

Mäuse zu essen. Die Arapaho ließen ihre Kinder auf einen Knorpel beißen und verfütterten an sprachlich gehemmten Nachwuchs den amerikanischen Wiesenstärling[63], während andern Stämmen allein sein Zwitschern als Anregung zum Sprechen genügte. Die Gros Ventre hingegen gaben nur die Eier des Vogels in die Kindernahrung. Das Erlernen der komplizierten Stammessprache, bei dem die Eltern und Verwandten mit großer Geduld mithalfen, war speziell für einen Mann später von Bedeutung, da sein Ansehen mit einer gewandten Redeführung enorm wuchs.

Die erste Namengebung stand oft mit einem Traum der Mutter in Verbindung, die auf diese Weise von einem übernatürlichen Wesen einen passenden Namen für ihr Kind erhielt. Aber auch ein angesehener Jäger und Krieger konnte dem Kind einen Namen geben, der im Zusammenhang mit einer besonderen Tat von ihm stand. Die Kraft, die diesem Namen innewohnte, sollte dem Kind später als Ansporn dienen. Namen von berühmten Medizinmännern oder -frauen galten als Gewähr für ein gutes und ausgefülltes Leben. Bei Krankheit durfte man den Namen wechseln, um die Krankheitsdämonen irrezuführen. Bei beiden Geschlechtern waren außerdem Necknamen üblich und sehr beliebt.

Die Kindererziehung war trotz aller strengen Vorschriften für Reinlichkeit und Selbstdisziplin frei von körperlichen Strafen, doch mußte gelegentlich ein «Fürchtemacher» in Aktion treten. In allen Regionen war die Eule als Kinderschreck verbreitet, was seinen Ursprung im Eulenruf feindlicher Krieger gehabt haben mag, die sich vor einem Überfall mit Eulenrufen verständigten. Doch gab es noch weitere wirksame Mittel, die von einem nicht greifbaren, unheimlichen Wesen über den Whippoor-will *(Caprimúlgus vociferus)*[64] mit seinem geheimnisvollen Ruf bis zu maskentragenden Männern reichte, die manchmal von ratlosen Eltern zu Hilfe gerufen wurden.

Die Buben erhielten schon früh Pfeil und Bogen, mußten sich in Wettkämpfen bewähren und wurden, kaum konnten sie gehen, schon auf ein Pferd gesetzt. Die Mädchen spielten mit Puppen, kleinen Tragwiegen und der Nachbildung eines Tipis und wurden

für Hilfeleistungen herangezogen. So begann für beide Geschlechter ein langsames Sicheinspielen in die Erwachsenenwelt.
Unter der Anleitung erfahrener Männer lernten die Knaben in kleinen Gruppen das geräuschlose Anschleichen an eine Jagdbeute oder an einen imaginären Feind, das Einfangen und Zureiten eines Mustangs, sie lernten schwimmen und durften bald einmal selbständig Jagdzüge auf Kleingetier organisieren. Eiskalte Bäder gehörten zur Abhärtung wie freiwilliges Auspeitschenlassen, um sich gegen Schmerzen widerstandsfähiger zu machen. Das Leben des heranwachsenden Knaben hatte verschiedene Höhepunkte, und schon die erste größere Jagdbeute wurde besonders gefeiert. Eigentliche Initiationsriten waren bei den Comanche für beide Geschlechter unbekannt, doch versuchte ein Junge spätestens in der Zeit seiner geschlechtlichen Reife durch eine Vision seinen persönlichen Schutzgeist, seine Medizin zu finden, ohne die er nicht in der Lage gewesen wäre, sein Leben ausgefüllt und sinnvoll zu gestalten.
In dieser Zeit bezog der angehende Krieger und Jäger bereits ein eigenes kleines Tipi und hatte strenge Tabus einzuhalten. Sie bezogen sich auf Nahrung, aber auch auf die Schwester, mit der jeder Verkehr gemieden werden mußte. Bei den Vorbereitungen stand dem jungen Menschen ein Medizinmann helfend zur Seite. Sie begannen mit einem Bad, das der inneren und äußeren Reinigung diente, dann erhielt er eine Bisonrobe, eine Knochenpfeife, Tabak und Feuerzeug und machte sich, nur mit einem Lederschurz und Mokassins bekleidet, auf den Weg zu dem vorgesehenen Ort seiner Visionssuche. Er lag an der Südseite eines Hügels, von der man weit nach Ost und West blicken konnte, und nach Möglichkeit neben dem Grab eines Medizinmannes. Viermal mußte der Gang dorthin mit Gebeten und Rauchen unterbrochen werden. Nachts ruhte der Junge nach Osten ausgestreckt, bis über den Kopf eingehüllt in das Bisonfell. Am Morgen erwartete er sitzend die aufgehende Sonne. Das Fasten, Beten und Rauchen dauerte im allgemeinen vier Tage, während deren er durch eine Offenbarung die Medizin – *Puha* – erhielt, die sein alleiniges Geheimnis bleiben soll-

40 Blick in eine Vitrine des stammeseigenen Museums der Blackfoot in Browning, Montana

41 Mädchenkleid der südlichen Cheyenne aus Leder mit Quillarbeit und Perlenstickerei

te. Mit ihr verbunden waren gewisse Zeremonien und Verbote sowie kleine geheime Utensilien, die in einem Medizinbeutel unter dem Lendenschurz getragen wurden. Auch ein Lied oder ein Tanz konnten dazugehören.

Bei den Comanche waren mit der Visionssuche keinerlei Klage- und Bittgesänge oder Selbsttorturen verbunden, wie sie weitherum bei andern Stämmen üblich waren. Der Comanche glaubte, daß die Geistwesen freiwillig zu ihm kämen und ihre Güte und Hilfe nicht herbeigezwungen werden könne. Die Visionssuche blieb nicht auf die Jugend beschränkt. Auch später begab man sich in die Einsamkeit, um durch seinen Schutzgeist erneut Kraft für wichtige Entscheidungen oder Leistungen zu empfangen.

Bei vielen Prärie- und Plains-Stämmen war es üblich, beide Geschlechter schon im Kindesalter zur Suche nach einer Vision anzuhalten. Die junge, angehende Comanchefrau hatte bei ihrer Mutter oder weiblichen Verwandten eine regelrechte Lehre zu absolvieren, denn die Fellbearbeitung, die Herstellung von Kleidung und Behältern, die Kenntnisse für die Küche und das Zubereiten von Pemmikan erforderten lange Erfahrung. Hinzu kam die Hilfe bei der Wartung jüngerer Geschwister, beim Wasser- und Brennholzholen und die Beerenernte. So war ein Arbeitstag oft mehr als ausgefüllt. Die sexuelle Aufklärung erfolgte, soweit das bei den Nemene noch nötig war, meist durch die Großmutter.

Wenn auch bei den patrilinear ausgerichteten Comanche die Frau längst nicht die Rolle im Stammesleben spielte wie bei den mutterrechtlich ausgerichteten Völkern des Ostens, wurde einer Frau, die in allen für den Indianer wichtigen Tugenden wie Fleiß, Geschicklichkeit, Hilfsbereitschaft und Großzügigkeit erzogen worden war, doch große Achtung entgegengebracht.

Frauen und Mädchen verbrachten die Tage während ihrer Menstruation in einem besonderen Tipi und durften weder Fleisch essen noch ihr Gesicht waschen. Auch Haarpflege war verboten. Bevor die Frauen in die Gemeinschaft zurückkehren durften, hatten sie ein Bad in fließendem Wasser zu nehmen, auch im Winter, wo sie oft zuerst das Eis forthacken mußten.

Während bei den Dakota oder Cheyenne die Regeln für die sexuelle Verhaltensweise extrem streng waren, wurden sie bei den Comanche recht großzügig gehandhabt. Allerdings legte man bei einer Frau einen etwas strengeren Maßstab an. Der voreheliche Verkehr wurde geduldet, dennoch schlich sich ein junges Mädchen lieber unerkannt bei Dunkelheit in das Tipi des jungen Mannes, den sie verführen wollte.

Fanden zwei junge Menschen Gefallen aneinander, fragte der junge Mann nicht selber bei den Eltern seiner Auserwählten an, sondern schickte einen Verwandten mit Pferden und Geschenken zu ihrem Tipi, wo man nach höflichem Hin und Her zum Kernpunkt des Anliegens kam. Es lag im Ermessen der Familie, den Antrag anzunehmen, das junge Mädchen hatte keinen Einfluß darauf. Auf jeden Fall war dem Freier zu raten, sich schon vorher mit dem Bruder der Braut in Verbindung zu setzen, der ein gewichtiges Wort mitzureden hatte.

Eine Ehe wurde ohne große Formalitäten geschlossen, und die junge Frau zog in das Tipi ihres Mannes, das sie später oft mit ein oder zwei weiteren Frauen teilen mußte. Bei den Nemene war Polygamie üblich. Nach Möglichkeit heiratete ein Mann noch die Schwestern seiner Frau, weil man annahm, sie verständen sich besser untereinander als fremde Frauen. In der Regel nahm ein Mann auch die Witwe seines verstorbenen Bruders zu sich, oder zwei Brüder hatten zusammen dieselben Frauen. Durch diese Formen des Zusammenlebens waren die Familiengruppen zwar eng miteinander verbunden, ihre Genealogie jedoch war kaum noch durchschaubar.

Heiratete ein Mann in ein anderes Lager, halfen die neuen Verwandten dem jungen Paar nach besten Kräften, ein eigenes Tipi aufzustellen und einzurichten. Die Tatsache, daß die Comanche kein Schwiegermutter-Tabu kannten, erleichterte den Verkehr zwischen den Generationen wesentlich.

In frühen Zeiten waren Brautkäufe nicht üblich und auch gar nicht möglich. Schliefen zwei junge Menschen miteinander, galten sie als ein Paar.

Eine etwas barbarisch anmutende Sitte wird von den Blackfoot und Comanche berichtet. Ein eifersüchtiger Ehemann schnitt seiner untreuen Frau die Nasenspitze ab.

Alte Männer, die nicht mehr aktiv an der Jagd oder an Kriegszügen teilnehmen konnten, hatten ihr eigenes Tipi, Smoke Lodge genannt, das Knaben und Frauen streng verschlossen blieb. Dort saßen die Alten am Abend zusammen, sprachen von ihren früheren Taten und Abenteuern und ließen die Tabakpfeife herumgehen. Die Runde war meist nicht sehr groß. Jagdunglücke, Kriegszüge und unheilbare Krankheiten rissen immer wieder Lücken in die männliche Bevölkerung, ihr Durchschnittsalter lag wesentlich unter dem der Frauen.

Die Bestattungsarten zeigen das zwiespältige Verhältnis, das die Nemene dem Tod gegenüber hatten. Auf der einen Seite hatte man Angst vor bösen Geistern, die von einem Schwerkranken Besitz ergriffen und die auch nach seinem Tod noch im Körper saßen. Eine Rückkehr des Verstorbenen in diese Welt mußte also mit allen Mitteln verhindert werden. Hingegen wollte man geehrten Familienmitgliedern, von denen man annahm, sie hätten ihre wahre Lebenserfüllung noch nicht gefunden, eine Rückkehr erleichtern. Diese Wiedergeburt mußte nicht unbedingt in einem Menschen stattfinden, ihr Geist konnte auch in einem Tier, zum Beispiel in einem edlen Pferd, eine neue Bleibe finden.

Der Verstorbene wurde, noch bevor er erkaltet war, in seine besten Kleider gehüllt und die Leiche in Hockerstellung fest verschnürt. Das Gesicht bemalte man rot, die Augen wurden mit einer Schicht rotem Ton fest verschlossen. Dann wickelte man den Toten in eine Rohhaut, die nochmals verschnürt wurde. So gesichert konnte er seiner letzten Ruhestätte übergeben werden.

Das Erdgrab, in dem der Tote, nach Westen schauend, sitzend beigesetzt wurde, lag westlich des Lagerplatzes, damit sein Geist die sinkende Sonne in das Jenseits begleiten konnte. Oft wurden die Grabbeigaben, die dem ehemaligen Besitzer die Rückkehr ins Leben erleichtert hätten, zerbrochen. Wollte man ein Grab geheim halten, wurde es mit Gräsern bepflanzt. Es sind aber auch Steinhügel überliefert, bei denen zur Erinnerung an einen berühmten Krieger ein Pfahl mit daranhängendem Mokassin errichtet war.

Der Medizinmann fand seinen Ruheplatz an der Südseite einer Erhebung, dort, wo die Sonne am höchsten steht, denn von ihr hatte er seine außergewöhnliche Kraft erhalten. Das Kleinkind wurde in seiner Lattenwiege beigesetzt. Oft lagen die Gräber in schwer zugänglichen Schluchten oder Felsspalten, die mit großen Steinen verschlossen wurden. Die Lage der Leichen war hier keinen festen Regeln unterworfen, ja, man fand sogar Tote, die mit dem Gesicht nach unten beigesetzt worden waren. Hierbei scheint es sich um von eigenen Stammesmitgliedern Erschlagene zu handeln. Wir finden diese Praktiken auch bei andern Stämmen der Plains. In späterer Zeit tauchten, wohl unter dem Einfluß östlicher Stämme, vermehrt Gerüstbestattungen oder Baumbestattungen auf. Klare Hinweise auf eine Zweitbestattung findet man nicht.

Die Trauerriten umfaßten Klagegesänge, das Abschneiden der Haare (bei nahen Verwandten schnitten die Männer ihr Haar links ab) und einen Trauertanz um ein Feuer. Die Berichte über Selbstverstümmelungen gehen weit auseinander und reichen vom Abhacken eines Fingers, dem Aufritzen der Haut und weiteren schweren Verwundungen, speziell bei Witwen, bis zu der Behauptung, die Comanche hätten keine Selbsttorturen gekannt. Starb ein Familienoberhaupt, wurde das Tipi und alle Gegenstände verbrannt, ja, unter Umständen zog eine ganze Gruppe an einen anderen Lagerplatz.

Die Vorstellung von einem Jenseits entsprang einem sehr realistischen Wunschdenken. Es war ein liebliches Tal im Westen, überstrahlt von Sonne und Wärme, belebt von unzähligen Jagdtieren und frei von Sorge und Schmerz. Dort trafen alle in ewiger Jugendfrische zusammen, und es herrschte Friede und Eintracht.

Jede Bande hatte einen Häuptling für zivile Angelegenheiten, man könnte auch sagen einen Friedenshäuptling, der dieses Amt aufgrund besonderer Fähigkeiten ausübte. Seine Kompetenzen waren aber beschränkt. So konnte er zum Beispiel Familienoberhäuptern nie direkte Befehle erteilen. Gemeinsame Beschlüsse wurden von einer Art Stammesrat am Ratsfeuer gefaßt. Die Befehlsgewalt eines Kriegshäuptlings endete mit dem Abschluß des Unternehmens. Seine Anweisungen waren absolut bindend, da er seine Berufung durch eine Vision erhalten hatte. Priester gab es nicht, da ja jeder Mensch seine eigene Medizin besaß und danach trachten mußte, sie nicht durch Verletzungen von Tabus unwirksam zu machen. Doch lebten in jeder größeren Gemeinschaft einzelne Männer und Frauen (sie werden allgemein als Medizinmänner und -frauen bezeichnet), die durch außergewöhnliche Visionserlebnisse ganz starke Puha besaßen, weshalb sie auch *Puhakut* genannt wurden. Sie hatten gute Kenntnisse in der Heilkunst und waren sicher ausgezeichnete Menschenkenner, da ihre Erfolge vorwiegend bei psychosomatischen Krankheiten zu verzeichnen waren.

Die Glaubensvorstellungen der Comanche lassen sich nicht unter dem Begriff Stammesreligion zusammenfassen. Die zum Teil weit auseinander wohnenden Gruppen entwickelten sehr verschiedene Formen der Auseinandersetzung mit der übersinnlichen Welt. Das weite Spektrum galt für alle Bereiche des religiösen Lebens, seien es die sehr komplizierten Zeremonien zu Ehren von Adler und Biber oder die von Rasseln und Trommeln begleiteten Kriegstänze oder der Bisontanz. Selbst innerhalb einer Gruppe konnte sich ein Mensch seine ganz eigenen Gedanken über sein Verhältnis zum Puha oder ein Leben nach dem Tod machen und sie an Familienmitglieder weitergeben. Dies mag auch die wiedersprüchlichen Berichte früher Reisender erklären, soweit sie sich überhaupt mit diesem Thema auseinandersetzten.

Sitz der hohen geistigen Macht war die Sonne, doch stand sie zu weit entrückt am Himmel, um als direkter Schutzgeist in menschliche Schicksale eingreifen zu können. Die Schutzgeister, die man verehrte und von denen man sein Puha empfing, wohnten in der Mutter Erde, in Tieren, Pflanzen, Felsen und im Rollen des Donners. Adler und Bison genossen besondere Achtung. Ihnen allen wurde die nötige Ehrfurcht erwiesen, um sich ihr Wohlwollen zu erhalten.

Daneben gab es zwergenartige, böse Wesen, kaum größer als eine

Hand, die mit Opfergaben besänftigt werden mußten. Steinerne Pfeilspitzen, die man bisweilen fand, rührten von ihrer Tätigkeit her, nichtsahnende Menschen hinterrücks zu beschießen.
Konrad Preuss zitiert einen interessanten Aufsatz, der auf ungedruckte Aufzeichnungen von Jose Fernando Ramirez zurückgeht. Es handelt sich um die Darstellung eines Sonnenkultes bei den Comanche. Leider ist aus dieser Quelle nicht ersichtlich, ob er bei allen Gruppen durchgeführt wurde. Das Fest fand Mitte August statt und sollte den lang ersehnten Regen herbeirufen. Im Mittelpunkt stand der Glaube, daß an diesem Fest ein Mensch durch den ersten Strahl der aufgehenden Sonne getötet wurde. Weiter pflanzte man eine junge Pappel (sicher ein Cottonwood-Baum), schnitt seine Äste ab und befestigte oben am Stamm eine aus Leder geschnittene Sonne. Unten wurde ein etwa sechsjähriger Knabe angebunden. Acht Tage fastete man und tanzte um den Baum herum, und «die Sonne hauchte dem Knaben ihren Odem ein und stellte seine Kräfte her». Nach Preuss präsentiert das Kind wahrscheinlich eine neue Sonne und ist ihre Verkörperung; der «vom Sonnenstrahl getötete Mensch» ist die alte Sonne, die von der neuen Sonne selbst zu Tode gebracht wird[65].
Die Selbstverständlichkeit, mit der der Comanche sich als Bestandteil der Natur betrachtete, kommt besonders eindrucksvoll in einer seiner Schöpfungsmythen zum Ausdruck. Der große Geist nahm sieben Dinge, um den Menschen zu formen: Die Erde für den Körper, den Tau für das Blut und das klare Wasser für die Augen. Die Schönheit entnahm er seinem eigenen Abbild, das Licht der Augen von der Sonne, den Atem vom Wind und die Kraft von der Gewalt des Sturmes. Dieser erste Mensch war ein Riese, und sein Kopf reichte bis in den Himmel. Doch harte Arbeit und schmale Kost ließen ihn bald auf normale Größe zusammenschrumpfen.

Selten wurde schon in alten Berichten ein Volk mit so vielen Superlativen bedacht wie die Comanche, und auch heute noch schwelgen Autoren in der Schilderung von tollkühnen Reiterkunststücken, grausamen Riten und Skalpjagden. Dadurch ist eine objektive Betrachtung dieser Menschen in bezug auf ihr Verhalten in außergewöhnlichen Situationen erschwert. Der Weg der Comanche aus ihren alten Wohngebieten in Wyoming nach Süden ging selbstverständlich nicht ohne Kämpfe vor sich und prägte bis zu einem gewissen Grad den Charakter der Menschen. Die späteren Ausfälle nach Westen zeigen, daß sie auch weiterhin kriegerische Auseinandersetzungen als Selbstbestätigung brauchten.

Am Lagerfeuer wurden die Geschichten vom Kämpfen auf der Wanderung in die neue Heimat erzählt, man ehrte die Helden, und in den jungen Männern erwachte ganz natürlich der Wunsch, es ihnen gleichzutun. Auch von ihrer eigenen Tapferkeit sollten spätere Generationen voller Stolz berichten können. So fanden sich immer wieder kleine Gruppen zusammen, die einen Überfall auf das Lager eines fremden Stammes oder ein Dorf versuchten. Dabei ging es vielmals nur um den Raub von Pferden und um das Erlangen eines «Coup», eines Schlages. Dies erforderte besonderen Mut, galt es doch einen Gegner zu berühren, ohne ihn zu töten. Einen Toten zu berühren wurde auch gezählt, galt aber viel weniger und durfte je nach Stamm, so zum Beispiel bei den Comanche nur zweimal, bei den Crow viermal ausgeführt werden. Bei allen Coups war es wichtig, daß ein Kamerad die Tat sah und zu Hause bestätigen konnte.

Die höchste Ehre holte sich, wer den Gegner zuerst berührt hatte. Im allgemeinen berührte man ihn mit der Hand, aber auch das Berühren mit einem Coup-Stab, einer Lanze oder Peitsche war zulässig. Die Zahl der Coups konnte in Form von Adlerfedern am Stab angebracht werden. Bei den Plains-Stämmen finden wir noch die mannigfaltigsten Formen, ihre Heldentaten öffentlich anzuzeigen. Aus der Weise, wie Federn von Bussard und Adler in das

Haar gesteckt wurden, ob sie sogar gefärbt oder eingekerbt waren, ersah man die Art und Anzahl der Coups. Die Bemalung der Leggings mit farbigen Streifen konnte ebenfalls Auskunft über die Kriegstaten geben, die sich auch auf die Verwundung von Feinden und später auf Pferderaub erstreckte.
Die auf dem Coup-System beruhende Kampfweise der Indianer, die sich meist auf Zweikämpfe beschränkte, forderte nie so zahlreiche Opfer wie Kriege zwischen den Weißen.

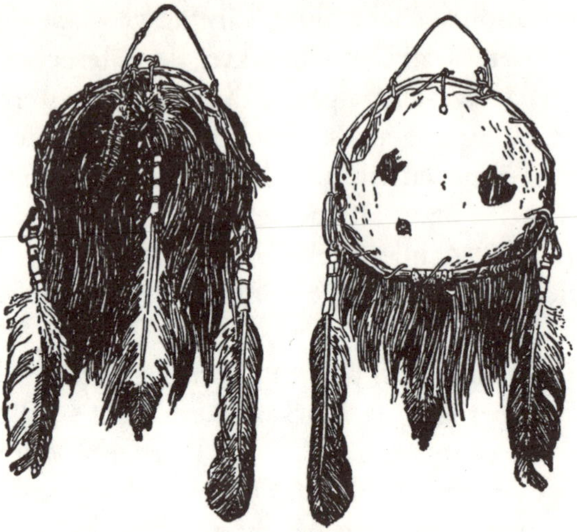

Auf einen Reifen gespannter federgeschmückter Skalp,
Vorder- und Rückseite

Die Wissenschaft neigt heute immer mehr zu der Ansicht, das *Skalpieren* hätte sich vor der Kontaktnahme mit den Weißen in Nordamerika auf ein kleines Gebiet im Südosten beschränkt. Der Glaube, das Haar sei der Sitz der Seele, der Lebenskraft, spielte auch in der religiösen Welt der Indianer eine erhebliche Rolle und erklärt, weshalb das Abziehen der Kopfhaut zu kultischen Zwekken im Südosten unter dem Einfluß der mittelamerikanischen Hochkulturen praktiziert wurde. (Es sei hier noch einmal daran

erinnert, daß Skalpieren auch in der Alten Welt seit Herodot bekannt war.)
Erst als die weißen Invasoren in Nordamerika anfingen, Skalpprämien auszusetzen, verbreitete sich der Brauch von Osten her sehr schnell unter den Indianern der Prärie und Plains. So entstand bei den nachrückenden Weißen der Glaube, die Bewohner der Grasländer hätten schon immer skalpiert. Der Skalp erreichte auf den Plains nie den Status eines Coup, und bei den Blackfoot wurde zum Beispiel die Gewinnung eines Gewehrs weit höher eingestuft.
Der Europäer machte den Skalp zur Handelsware, führte die notwendigen Messer ein und sorgte mit Skalpprämien dafür, daß die schreckliche Sitte im 18. und 19. Jahrhundert ein unvorstellbares Ausmaß annahm. Wir besitzen alte Zeitungsinserate, in denen man Skalpjäger gegen die Indianer anwarb und ihnen hohe Prämien für einen Männer-, Frauen- oder Kinderskalp in Aussicht stellte. Aber auch die Indianer wurden zur gegenseitigen Skalpjagd aufgehetzt, ebenso wie weiße Skalpe von politischen Gegnern honoriert wurden[66].
Die Kriegsgefangenen mußten bei einigen Stämmen Spießrutenlaufen oder wurden vereinzelt an den Marterpfahl gestellt[67]. Dort hatten sie noch einmal Gelegenheit, ihren Mut zu beweisen. Bestand der Gefangene die ihm auferlegten Torturen ohne Schmerzensäußerung, war dies auch ein Beweis für die Tüchtigkeit der Krieger, einen derart tapferen Mann gefangen zu haben.
In den meisten Fällen wurden die Gefangenen jedoch adoptiert, und es sind uns zahlreiche Berichte erhalten, in denen sich auch weiße Frauen weigerten, in die Zivilisation zurückzukehren, nachdem sie einige Jahre unter Indianern gelebt und dort geheiratet hatten. Greifen wir das Beispiel der Mutter des bekannten Comanche-Häuptlings *Quanah Parker* heraus. Am 18. Mai 1836 unternahm ein größerer Trupp Comanche einen Angriff auf eine kleine, erst seit drei Jahren bestehende Siedlung aus Illinois eingewanderter Weißer. Ein Teil der Farmer wurde niedergemacht, einige konnten fliehen, und die Indianer nahmen wenige Gefangene. Unter ihnen befand sich die neunjährige Cynthia Ann Parker

und ihr drei Jahre jüngerer Bruder John. Die Kinder kamen in zwei verschiedene Gruppen, und Cynthia wurde von der Familie des Häuptlings Pahauka am Canadian River aufgenommen. Dort sah sie etwa vier Jahre später ein Händler mit seinem Delawaren-Führer und hätte sie gern losgekauft. Doch der Häuptling weigerte sich. Das Mädchen wuchs zu einer begehrten Schönheit heran und heiratete mit achtzehn Jahren den Häuptling Peta Nocona. Sie gebar ihm drei Kinder, der älteste Sohn hieß Quanah, sein jüngerer Bruder Pecos und die kleine Schwester Topasannah. Quanah war etwa sechsjährig, als wiederum weiße Jäger das Comanche-Lager besuchten und Cynthia fragten, ob sie nicht mit ihnen zurückkehren wolle. Doch sie beteuerte die Liebe zu ihrem Mann und ihren Kindern und wies alle gut gemeinten Angebote zurück.
Bei den Kämpfen, die immer wieder zwischen Amerikanern und Comanche aufflammten, kam es am 18. Dezember 1860 zu einem brutalen Angriff von 40 Texas-Rangers, unterstützt von 21 U.S. Kavalleristen unter der Führung von Ranger Captain Sul Ross auf das Lager des Häuptlings Peta Nocona. Der Angriff erfolgte so überraschend, daß gleich zu Anfang eine größere Anzahl Indianer getötet wurde. Bei der Verfolgungsjagd wurde der Häuptling von Sul Ross erschossen, eine Tat, mit der er sich noch dreißig Jahre später in einem Brief an den Gouverneur von Texas brüstete. Cynthia wurde mit ihrer kleinen Tochter gefangengenommen und zu Verwandten gebracht, die seinerzeit den Überfall auf die weiße Siedlung überlebt hatten. Augenzeugen berichten, daß Cynthia sehr unglücklich war; nie sah man sie lachen, immer wieder versuchte sie zu fliehen. Nach vier Jahren starb Topasannah, die «Kleine Prärieblume», an Fieber. Von diesem Tag an verweigerte Cynthia jede Nahrung und verschied bald darauf aus Gram und Heimweh.
Ihr Sohn Quanah, der dem Massaker entkommen war, wuchs zu einem tapferen Krieger heran und sollte schmerzlich miterleben, wie eine Gruppe der Comanche nach der andern kapitulieren mußte. Sein Volk, die Kwahadi-Comanche, zog sich in den Llano Estacado zurück, ein Gebiet also, das für die Weißen nicht gerade

verlockend war. Nach Beendigung des Bürgerkrieges strömten die Weißen in Scharen gegen Westen und begannen mit der systematischen Ausrottung des Bisons, der Nahrungsgrundlage der noch freien Indianer.
Quanah war inzwischen Häuptling geworden und entschloß sich in dieser Eigenschaft, zuerst einmal gegen die Bisonjäger vorzugehen. Mit 250 Kriegern, einzelne Quellen sprechen von 700 Männern, unter ihnen auch Kiowa und Cheyenne, zog er gegen das große Jagdlager bei Adobe Walls und wagte am 27. Juni 1874 den Angriff. Der Überfall endete mit einer Niederlage, denn die schlecht bewaffneten Indianer waren den weittragenden Sharps rifles ihrer Gegner nicht im mindesten gewachsen. Sie mußten sich zurückziehen und ritten nun in kleinen Trupps über das Land, um den weißen Jägern das Leben schwer zu machen.
Stück für Stück brach die indianische Welt in den südlichen Plains zusammen. Die Truppen der USA begannen, in einem immer enger werdenden Kreis die Stämme in die Knie zu zwingen und schafften sie in Reservationen, wo sie bald wieder ausbrachen, da keine Nahrungsmittel vorhanden waren.
Am 30. September 1874 vernichtete Colonel Mckenzie das Dorf des Kiowa-Häuptlings Lone Wolf im Palo Duro Canyon. Sämtliche Tipis wurden verbrannt und über 1000 Pferde erschossen. Der darauffolgende schwere Winter trieb weitere Gruppen in die Reservation; pro Tag wurde ihnen eine Mahlzeit ausgeteilt. Die Führer brachte man in ein spezielles Gefangenenlager am Cache Creek. Hier nahm man ihnen alle Waffen ab und verkaufte die Pferde an die Soldaten.
Am 2. Juni 1875 kam – von Hunger getrieben – auch Häuptling Quanah mit 400 Kwahadi und 1500 Pferden nach Fort Sill, dem Hauptquartier von Colonel Mckenzie. Bedingungslos mußte er sich ergeben. Der Häuptling genoß beim Militär aufgrund seiner hervorragenden Eigenschaften eine gewisse Anerkennung, die es ihm später ermöglichte, für sein Volk einigermaßen annehmbare Bedingungen auszuhandeln. Die einst nomadisierenden Comanche begannen zaghafte Versuche mit der Landwirtschaft, doch wurde

dieses Programm 1887 durch das «General Allotment» abrupt unterbrochen. Die Reservation wurde aufgelöst und das Land an weiße Siedler freigegeben. Den Comanche aber, das heißt jeder Familie, wurde ein etwa 65 Hektar großes Stück Land von schlechter Qualität an anderer Stelle zugewiesen.
Als sich in den Jahren 1889 bis 1892 die Geistertanzbewegung ausbreitete, hielt Quanah seine Leute zurück; er glaubte nicht an den kugelsicheren Schutz der Geistertanzhemden. Der neue, von Quanah unterstützte Peyote-Kult (vgl. auch S. 386) hingegen brachte den entwurzelten Menschen ein gewißes Gefühl der Zusammengehörigkeit. Im Gegensatz zu Alkohol (die Comanche nahmen allerdings nie Whisky als Tauschmittel) übt dieses Halluzinogen eine beruhigende Wirkung aus, führt sanfte Visionen herbei und vertreibt für einige Stunden Angst und Einsamkeit.
Schon 1875 wurden in der zuständigen Indianeragentur in Oklahoma nur noch etwa 1400 Comanche gezählt, deren Zahl durch Krankheit ständig weiter abnahm. Bei den 3000 Comanche, die heute bei Lawton leben, handelt es sich keinesfalls mehr um reinblütige Nemene. Längst haben sich die wenigen Überlebenden mit den Resten anderer Stämme gemischt, und nur noch der Name erinnert an die kühnen Beherrscher der südlichen Plains.

Die Blackfoot

Der Stammesbund der Blackfoot aus der Sprachfamilie der Algonkin setzte sich aus den Stämmen der *Kainah* (Blood-Indians), *Piegan* (Pikunni) und *Siksika* zusammen, die sich nochmals in je sieben Bünde aufteilten. Die frühen Wohngebiete der Blackfoot sollen Anfang des 17. Jahrhunderts noch in den großen Wäldern der heutigen Staaten Ontario und Manitoba gelegen haben, der Heimat vieler Algonkinstämme, doch ist sich die Wissenschaft über den genauen Standort nicht einig.
Zu Beginn des 18. Jahrhunderts zogen die Kainah Richtung Westen auf die Grasländer und die Rocky Mountains zu, mußten sich

ihren Weg aber durch die Gebiete der schon berittenen Shoshoni hart erkämpfen. Von hinten wurden sie durch die ebenfalls nach Westen vorstoßenden Piegan bedrängt, die sich ihrerseits durch die Plains-Cree und Assiniboin bedroht fühlten. Beide Stämme hatten durch kanadische Händler schon früh Feuerwaffen erhalten. Erst als die Blackfoot selber in den Besitz von Pferden und Gewehren kamen, gelang ihnen die Festsetzung im Gebiet des heutigen Montana und des kanadischen Saskatchewan und Alberta. Wie weit der spanische Einfluß ging, zeigt, daß die Blackfoot zusammen mit dem Pferd zuerst auch eine Art Panzer übernahmen. Er war bei ihnen lediglich aus Leder, verschwand aber schon in der ersten Hälfte des 18. Jahrhunderts.

Das Territorium der Blackfoot hatte zu Anfang des 19. Jahrhunderts seine größte Ausdehnung und reichte von den Rocky Mountains bis zum Mündungsgebiet des Milk River in den Missouri und von Saskatchewan bis hinunter in den heutigen Yellowstone Nationalpark. Den Namen Blackfoot erhielten die drei Stämme durch ihren Brauch, die Mokassins schwarz einzufärben, nach einer andern Version durch die Wanderung über die verbrannte Grassteppe.

Prächtige Lederkleidung und Schmuck

Ein Blackfoot-Lager mit seinen malerisch gekleideten Menschen und bunt bemalten Tipis muß einen großartigen Anblick geboten haben. Der Maler Catlin hat seine Eindrücke folgendermaßen zu Papier gebracht: «Es gibt vielleicht, mit Ausnahme der Krähen-Indianer (Crow), keinen Stamm in Nordamerika, der sich bequemer und prächtiger kleidet, als die Schwarzfüße. Beide Stämme unterscheiden sich wenig hinsichtlich der Kostbarkeit und Eleganz des Kostüms, sowie der Stoffe, obgleich die Näherei und die Verzierungen mit Stacheln des Stachelschweines, die einen Hauptschmuck ihrer Staatskleider bilden, bei jedem Stamme verschieden ist, so daß jeder, der sich mit diesen Moden etwas vertraut gemacht hat, sogleich danach den Stamm zu bestimmen vermag. So bestand z.B. die Kleidung des erwähnten Häuptlings, den ich zeichnete, in einem Hemde oder Tunika aus zwei Hirschhäuten, mit dem Halsteile abwärts und so aneinandergefügt, daß die Hinterläufe zusammengenäht waren und die Nähte längs des Armes von den Schultern bis zu den Handknöcheln hinliefen. Jede Naht war mit einer zwei Zoll breiten, sehr schönen Stickerei von Stacheln des Stachelschweines bedeckt, und von dem unteren Rande derselben, von der Schulter bis zur Hand, hingen Fransen von schwarzem Haar, das er den von ihm getöteten Feinden geraubt hatte. Die Beinkleider bestanden aus demselben Stoff, und von der Hüfte bis zum Fuße hinab war ein Streifen von gleicher Breite, und auf gleiche Weise mit Stacheln und Haarlocken verziert, angebracht.»

Auch der Schmuck und die Abzeichen verdienen spezielle Erwähnung. Sie konnten ein Statussymbol sein, wie das Halsband aus Bärenkrallen, das seinen Träger als besonderen Jäger auswies. Man jagte den Bären mit Vorliebe nach dem Winterschlaf, während welchem seine Vorderkrallen mit weißen Spitzen bis 12 Zentimeter lang werden konnten. Die Bisonhörnerkappe mit einer Schleppe von Federn des Gold- oder Steinadlers war Attribut eines hervorragenden Kriegers. Nicht jeder Schmuck war ein Rangabzeichen oder hatte eine symbolische Bedeutung. Man trug den Zierat auch aus reiner Freude an Farben und Formen. Als Material dienten Muscheln, Knochen, Vogelschnäbel, Federn, Pferde- und Menschenhaar, später Glasperlen und metallene Gegenstände, die zu allen Arten von Ketten, Ohr- und Haargehängen sowie Bein- und Armschmuck verarbeitet wurden.

Die Festkleider der Frauen waren mit hoch im Kurs stehenden Wapitizähnen verziert. Für beide Geschlechter war ein langer Brustschmuck aus dünnen Röhrenknochen sehr beliebt, die bei den Männern horizontal, bei den Frauen vertikal auf dünne Lederriemen aufgezogen wurden. Bei den Tänzen gaben sie einen besonderen rhythmischen und optischen Effekt.

Das Familienleben der Blackfoot wies nur wenige Abweichungen zu den bei den Comanche beschriebenen Formen der Plains-Völ-

ker auf. Eine Hochzeit wurde eventuell etwas aufwendiger vorbereitet, indem man sich gegenseitig Geschenke machte. Die bei allen Indianern heiliggehaltene Gastfreundschaft wurde sehr gepflegt, und das gemeinsame Rauchen der Pfeife garantierte jedem Gast seine Unantastbarkeit. Die Gesellschaft der «Fish-Eater» der Kainah aß Fisch, den sie in Reusen fing. Pferde und Hunde wurden nur in äußersten Notzeiten geschlachtet.
Die Blackfoot und Crow waren die einzigen Plains-Indianer, die Tabak anbauten. Die Crow besaßen sogar eine Tabakgesellschaft, deren Mitglieder unter Durchführung komplizierter Riten den Tabak in einem besonderen Garten aussähten. Die von beiden Stämmen angepflanzte *Nicotiana multivalsis* diente nur zeremoniellen Zwecken und wurde bei den Blackfoot pulverisiert, zusammen mit Fleisch, als Opfer in den Fluß geworfen. Bei zeremoniellen Handlungen rauchte man eine andere Sorte, die *Nicotiana quadrivalsis.*
Mit dem Tabakopfer wurden die Wasserungeheuer besänftigt, die in Form von gehörnten Riesenschlangen (die Gestalt wechselt von Stamm zu Stamm) den Menschen in die Tiefe ziehen konnten. Diese Monster lagen in ständiger Fehde mit dem «Donnnervogel», der in den Plains als großer Adler mit geschlossenen Augen durch die Lüfte zog. Öffnete er sie, schossen die Blitze über den Himmel, und das Donnern seiner Schwingen ließ alt und jung erzittern. Er war gefürchtet und verehrt, denn er brachte auch den langersehnten Regen und ließ die Beeren groß und süß werden. Im Herbst zog er mit den andern Vögeln in Richtung Süden, kam aber in jedem Frühjahr zurück, um die neu erwachende Natur anzukündigen. Wir finden den Donnervogel, symbolisiert durch die verschiedensten Zeichen, durch ganz Nordamerika bis nach Südamerika hinunter. Dort tritt an die Stelle des Stein- oder Goldadlers dann der Kondor.
Jeder der drei Blackfoot-Stämme bildete eine unabhängige Einheit, einen gemeinsamen Oberhäuptling hat es nie gegeben. Man kannte auch kein erbliches Häuptlingstum. Den Rang eines Häuptlings innerhalb einer Gruppe erreichte man nur durch außergewöhnli-

che Führungseigenschaften sowie Erfahrung als Jäger und Krieger. Bestimmend für alle Entscheidungen war ein Stammesrat, dem er vorstand. Eine zahlenmäßig große Gruppe konnte mehrere Häuptlinge haben, deren Aufgabenbereich je nach Begabung und Wissen verschiedene Schwerpunkte hatte.
In die im Aufbau recht komplizierten Altersbünde mit für unsere Ohren fantasievoll klingenden Namen mußten sich die Männer nach und nach einkaufen. Die Bezeichnung der Bünde wechselte von Stamm zu Stamm, ebenso wie ihre Aufgaben variierten. Sie bezogen sich im allgemeinen auf den sozialen Bereich, die Einhaltung von Ordnung im Lager und auf der Jagd sowie im *Bund der Bisonstiere* auf die Erhaltung der Stammestradition. Bei den Kainah und Siksika existierten auch Frauenbünde, die aber nie die Bedeutung der Bünde ihrer weiter östlich lebenden Schwestern erhielten.
Bei den Bestattungsarten überwogen die Gerüst- und Baumbestattungen. In seltenen Fällen wurde ein Mensch in einem Tipi oder einer Höhle beigesetzt, eine Form, die bei fehlenden Grabbeigaben schon als eine Art Aussetzung angesehen werden darf. Wissler berichtet daneben von kleinen Holzhäuschen auf Hügeln, in denen berühmte Häuptlinge oder Krieger ihre letzte Ruhe fanden[68].

Heilige Bündel und Sonnentanz

Den langen Winter verbrachten die Blackfoot gruppenweise im Schutz der Täler und zwischen Bäumen, die Schnee und Sturm abhielten und das Leben im Tipi etwas erleichterten. Im Frühjahr, wenn der Ruf der nach Norden ziehenden Wildgänse das Erwachen der Natur ankündigte, wurde es auch im Lager lebendig. Man rüstete sich zur Wanderung in die sommerlichen Jagdgebiete. In der letzten Nacht vor dem Aufbruch versammelten sich die Männer zum Kriegstanz, mit dem man dem Großen Geheimnis für den gut überstandenen Winter dankte. Der zweite Teil des Tanzes war als Bitte um Mut und Kraft gegen eventuelles Unheil im kommenden Jahr zu verstehen. Inmitten der Tanzenden

42 Kindertrage der Sioux, vollkommen mit Perlen bestickt
43 Mit Perlen bestickter Überzug einer Tasche

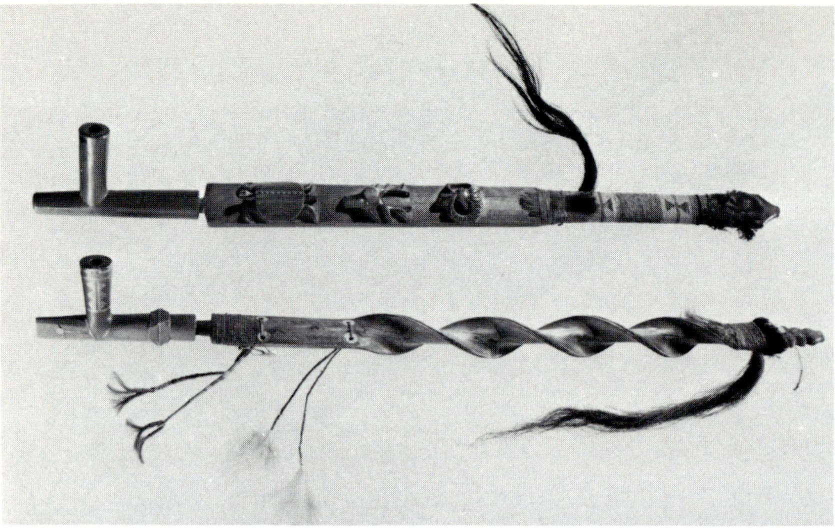

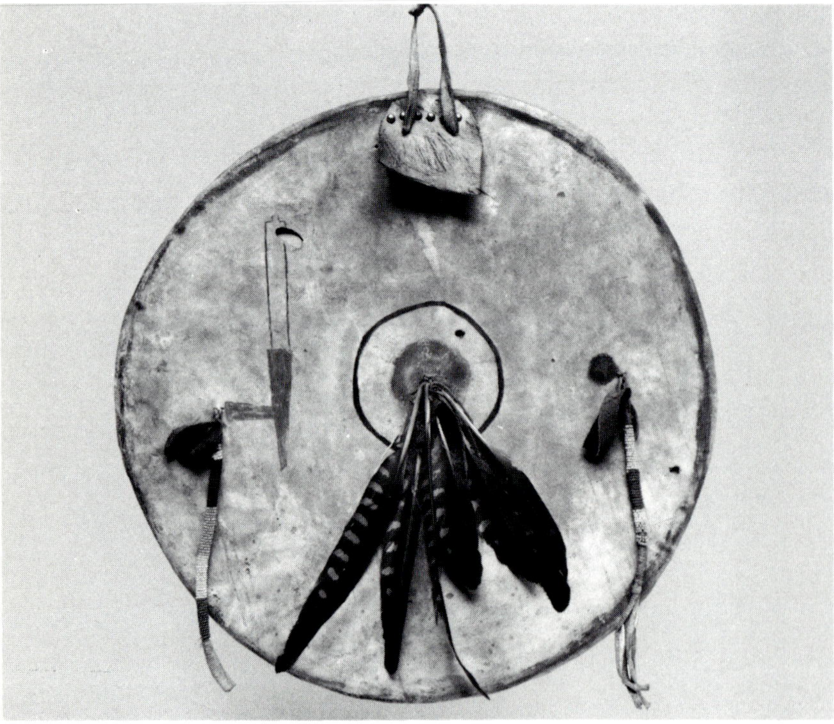

44 Zwei Kalumet der Sioux mit Pfeifenköpfen aus Catlinit
45 Schildüberzug der Crow aus Bisonleder. Die aufgemalte Pfeife ist laut Weygold das Abzeichen eines Kriegsanführers

brannte ein riesiges Feuer, in dem die Familien, die während des Winters einen Angehörigen verloren hatten, die Kleider und Bisonroben des Toten und große Fleischstücke verbrannten. Die Verstorbenen waren unsichtbar anwesend und beobachteten, ob alle Regeln genau eingehalten wurden, ähnlich wie wir es bei den Maidu in Kalifornien wiederfinden werden.
Am andern Morgen wurden die Tipis abgebrochen, die Zeltdekken am Boden ausgebreitet, nach einem besonderen Schema zusammengelegt und auf den Packsätteln befestigt. Der restliche Hausrat fand seinen Platz auf dem Travois. Der «Feuermann» füllte seinen Feuerträger, ein Stück hohlen Birkenstamm, mit glühenden Holzstücken und reichlich Zunder und regelte die Luftzufuhr sparsam mit einem Verschluß. Dieses kostbare Gut trug er den ganzen Tag bei sich, um abends am Lagerplatz jedem Tipi etwas Glut abgeben zu können.
In der Zeit bis zum Juni richtete sich die Wanderung der einzelnen Gruppen nach dem Zug der Bisonherden mit ihren jungen Kälbern, deren weiches Leder man neben Antilopenfell für die Bekleidung der Frauen und Kinder brauchte. Anfang Juni vereinigte sich jeder Stamm zur Durchführung seines bedeutendsten Festes in einem großen Lager, in dem die Tipis in einem nach Osten offenen Kreis aufgestellt wurden. Die Nahrungsbeschaffung für eine derartige Menschengruppe war nicht einfach und erforderte, daß die drei Stämme ihre Lager weit voneinander entfernt aufstellen mußten und jeder Stamm den «Sonnentanz» für sich allein feierte.
Nach eingehenden Forschungen von Leslie Spier[69] kam diese Zeremonie mit den algonkinschen Cheyenne und Arapaho nach dem Westen. Von den südlichen Cheyenne wurde die mehrere Tage dauernde Zeremonie «Fest in der Neulebenshütte» genannt, eine Bezeichnung, die dem Grundgedanken des Festes am weitesten entgegenkommt. Die Arapaho, Cheyenne und Gros Ventre führten in ihrer Zeremonialhütte mit den nur ihnen gänzlich bekannten Texten die gesamte Schöpfungsmythe auf, durch die die Erde mit Pflanzen und all ihren Kreaturen nach einer urzeitlichen Katastrophe wieder neu geschaffen wurde. Werner Müller prägte den

Ausdruck «Neulebensfeier». Der Name Sonnentanz entstand wahrscheinlich durch einige Sioux-Stämme, die beim Tanz in die Sonne starrten, und auch die Ponca nannten ihn «Tanz des in die Sonne Sehens». Nach und nach wurde die Bezeichnung Sonnentanz auf alle Stämme übertragen, nicht ohne Schuld der Fachliteratur, und muß heute akzeptiert werden.

Die Blackfoot übernahmen den Sonnentanz erst Anfang des 19. Jahrhunderts, die Kainah sollen ihn 1818 zum erstenmal durchgeführt haben. Dem ausgeprägten indianischen Individualismus entsprechend integrierten die verschiedenen Stämme die Zeremonien in ihre bereits bestehenden religiösen Bräuche und paßten sie ihren Gepflogenheiten an.

Bei den Blackfoot spielten die verschiedenen Medizinbündel eine zentrale Rolle, die sie auch in der Sonnentanzzeremonie beibehielten. Die historisch ältesten und mit größter Kraft versehenen Biberbündel durften ursprünglich nur in Notzeiten und unter Abhaltung mehrtägiger Gesänge und Riten geöffnet werden. Man schrieb ihnen u. a. die Wirkung zu, Bisonherden anzulocken. Ihr Inhalt konnte aus einem Vogelbalg, Krallen, einem Bisonschwanz, Pfeilspitzen, Süßgras und Sagebrush bestehen; wichtigster Inhalt aber war stets die heilige Röhrenpfeife. Um die Wirkung des Bündels noch zu verstärken, legte man Bisonschädel in der Steppe nieder, die den Herden den Weg in die Nähe des Lagers weisen sollten. Später wurde das Biberbündel im Frühjahr und Herbst zur Tabakaussaat und -ernte geöffnet, da man die Pfeife in den Zeremonien zu Ehren der Biber rauchte, die nach Glauben des Stammes dem Initiator des Bündelkultes einst den ersten Tabaksamen schenkten. Aus den Biberbündeln entwickelten sich unter Annahme des neuen Kultes die Sonnentanzbündel, die ebenfalls das heilige Pfeifenrohr enthielten. Diese Bündel wurden durch Medizinmänner in besonderen Tipis gehütet. Sie sind nicht identisch mit Medizinmännern oder -frauen, die aufgrund ihrer Erfahrung und durch Visionen in der Lage waren, Kranke zu heilen. Es kam allerdings vor, daß eine Person beide Funktionen ausübte.

Neben diesen Stammesbündeln gab es heilige Bündel, die Besitz eines einzigen waren und die man samt den mit ihnen verbundenen Ritualen und Tabus nur durch Gegengaben in Form von Pferden usw. erwerben konnte. Je mehr Macht einem Bündel zugesprochen wurde, um so schwieriger war es, in seinen Besitz zu gelangen.

Im engsten Zusammenhang mit den Bündeln stand die Bemalung des Tipis eines Bündelinhabers, ja Bemalung, Bündel und die damit verbundenen religiösen Handlungen bildeten eine Einheit. Die Malereien waren in erster Linie religiöse Motive und gaben den Inhalt von Visionen oder Träumen eines Zeltinhabers wieder. Der magische Schutz der Malereien gegen Krankheit und sonstige Schicksalsschläge fand seine Ergänzung in der Kraft des Bündels. Wurde es weitergegeben, ging auch die Bemalung an den neuen Besitzer über.

Hauptmotive der Zeltmalereien waren in erster Linie Naturphänomene. Die Zeltspitze war stets schwarz gefärbt. Weiße Kreise bezeichneten Sterne, bei denen man bekannte Konstellationen wie den Großen Wagen, Orion, Plejaden u. a. m. erkennen konnte. Manchmal tauchte auch das Sonnenmotiv auf. Der untere Zeltrand war dunkel, bisweilen gelb oder rot gefärbt. Weiße Kreise symbolisierten hier vom Himmel gefallene Sterne. Im Zwischenbezirk malte der Eigentümer seine Erlebnisse. Dies konnten weitere Himmelskörper, das Erdsymbol, der Donnervogel und die verschiedensten Tierpaare sein, von denen das männliche Tier auf der Südseite, das weibliche auf der Nordseite dargestellt war.

Bei den Blackfoot gab es im Zusammenhang mit der Durchführung des Sonnentanzes eine Besonderheit. Die Leitung der Zeremonie lag in den Händen einer Frau, einer Medizinfrau. Sie konnte in einer schweren Notlage oder bei der Heilung eines Patienten das Gelübde geleistet haben, im folgenden Jahr den Sonnentanz zu leiten. Natürlich war nur eine mit außergewöhnlichen weiblichen Tugenden und Fähigkeiten ausgestattete Frau in der Lage, das mit vielen Entbehrungen verbundene Amt auszuüben. Als erstes mußte sie ein Sonnentanzbündel erwerben. Schon allein das war mit erheblichen Opfern verbunden, und die damit übernommenen Tabus mußten von ihrer ganzen Familie eingehalten werden. War im Hochsommer nach der großen Jagd die Zeit für die Zeremonien gekommen, suchte die Frau nach einem geeigneten Festplatz. Schon vorher hatte sie Familie und Freunde gebeten, ihr mindestens 100 Bisonzungen zu besorgen, die später gekocht einen Teil der Opfergaben und der Festmahlzeit bildeten. Auch sandte man Boten zu andern Stämmen und lud sie ein, mit Abordnungen an dem Ereignis teilzunehmen.

Für die Frau begann eine aufreibende Zeit. Von Anfang der großen Zeremonien an durften weder sie noch ihr Mann Nahrung zu sich nehmen. Während vier Tagen führte sie das ganze Lager – gleich einer großen Prozession, die immer wieder mit Beten, Gesängen und dem Verweilen in der Schwitzhütte unterbrochen wurde – zum Festplatz, den man am vierten Tag erreichte. Am nächsten Morgen schlugen junge Männer in der Umgebung die passenden Bäume für die Zeremonialhütte. Der Mittelpfahl, ein besonders gut und gerade gewachsener Baum, wurde kriegsmäßig angegriffen, seiner Äste beraubt, unter dem Kriegsruf gefällt (= getötet) und mit Triumph zum Festplatz geschleift. Rings um den Mittelpfahl rammten die Männer im nötigen Abstand neun oben gegabelte junge Stämme ein, die man mit Querstämmen untereinander und mit dem Mittelpfosten nach oben verband. Die Wand wurde bis auf den nach Osten liegenden Eingang mit jungen, belaubten Ästen verkleidet. Das Dach ließ man offen, damit die Sonne hineinscheinen konnte.

Währenddessen fand im Tipi der Medizinfrau die feierliche Öffnung des Sonnentanzbündels, des sogenannten *Natoasbündels* statt. Die Frau wurde in ein kostbares, nur während des Sonnentanzes getragenes Gewand aus Wapitileder gekleidet. Der eindrucksvolle Kopfputz bestand aus Adlerfedern und Hermelinfellen. Dazu trug sie einen heiligen Grabstock. Am Abend zog die Frau mit ihrem Gefolge zur inzwischen fertiggestellten Sonnentanzhütte.

Bei den acht bis zehn Tage dauernden Zeremonien, die immer wieder mit Fasten und Aufenthalt in der Schwitzhütte unterbrochen wurden, tanzten die Männer der verschiedenen Bünde um

Sonnentanz-Hütte der Arapaho.
Die Verkleidung ist nur angedeutet.

den Mittelpfahl, stellten in Pantomimen ihre Taten dar und warfen für jede der geschilderten Episoden ein Stück Holz in das Feuer, das beim Pfahl unterhalten wurde. Je höher die Flamme stieg und den oben am Pfahl befestigten Bisonschwanz erreichte, um so mehr wurde der Betreffende gefeiert.

Die mit dem Sonnentanz verbundenen Selbsttorturen, bei denen sich einige Männer aufgrund von Gelübden der Sonne weihten, haben Teile der Blackfoot höchstwahrscheinlich von den Arapaho übernommen. Diese Opferhandlung wurde bei den Kainah mehr praktiziert als bei den Piegan, während sie bei den Siksika ganz fehlte.

Die Teilnehmer boten einen außergewöhnlichen Anblick und waren bis auf das Durchziehtuch nackt. Die weißbemalten Körper hatten auf Gesicht, Schulter und Armen blaue Punkte, auf den Armen zudem noch blaue Wellenlinien. Auf Brust und Rücken sowie am Kinn symbolisierten Kreise die Sonne, auf der Stirn war die Sichel des Mondes zu sehen. Um den Hals trugen die Tänzer Ketten aus Dentaliumperlen mit Schmuck aus Federn und Skalphaar.

Ein Gehilfe band nun an Hand- und Fußgelenken noch Büschel von Sagebrush fest, ein anderer brachte auf Brust und Rücken je zwei parallel laufende Schnitte an. Durch die Brustwunden wurde je ein Riemen gezogen und am Mittelpfahl befestigt. An den Riemen der Rückenschnitte hing über der linken Schulter eine Trommel. Der Tänzer schritt nun zum Mittelpfahl, verrichtete seine Gebete, ging langsam wieder zurück und lehnte sich mit seinem ganzen Körpergewicht rückwärts, bis die Riemen sich spannten und an den Wunden zerrten. Während der ganzen Zeit blies der Mann auf einer aus einem Röhrenknochen des Adlers hergestellten Pfeife. Nach vielen Stunden riß er zuerst die Trommel und dann sich selber mit letzter Kraft von den Riemen los und sank erschöpft zu Boden. Im Tipi wurden die Wunden mit heilkräftigen Kräutern bedeckt, und voll Stolz konnte er später seine Narben zeigen, die ihn als besonders tapferen Mann auswiesen.

Das Zusammentreffen eines ganzen Stammes bot außer den großen kultischen Ereignissen Gelegenheit für weitere bedeutsame Handlungen, wie etwa den Einkauf in den nächsthöheren Altersbund, eine Namengebung oder gar den Erwerb eines heiligen Bündels.

In den religiösen Bereich gehörte ferner das Reifenspiel, bei dem ein mit Netzwerk versehener Reifen über den Boden gerollt wurde. Mit einem Wurfstab mußte versucht werden, in die Mitte des Netzes zu treffen. Das Netz nimmt Bezug auf die mythische Spinne, deren Gewebe ein Erdsymbol ist. Das Reifenspiel bildet eine gewisse Parallele zu dem im Südosten bekannten Chungke-Spiel mit einer Steinscheibe, dort Symbol der Sonne.

Der glückliche Besitzer eines Steinfetisches *(inskim)* fand Zeit, mit einem Tabakopfer die seinem Steinfetisch innewohnende Kraft, Bisonherden anzuziehen, zu erneuern. Der kleine rötlichbraune Stein war bisonähnlich geschnitzt und ermächtigte seinen Besitzer, eine Gruppe nach erfolgreicher Jagd in sein Tipi einzuladen. Bei den benachbarten Crow spielten schön gefärbte und polierte Steine, die zum Teil als Schmuck getragen wurden, eine noch größere Rolle. Man glaubte gar an männliche und weibliche Steine, die zusammen Nachkommen zeugen konnten.

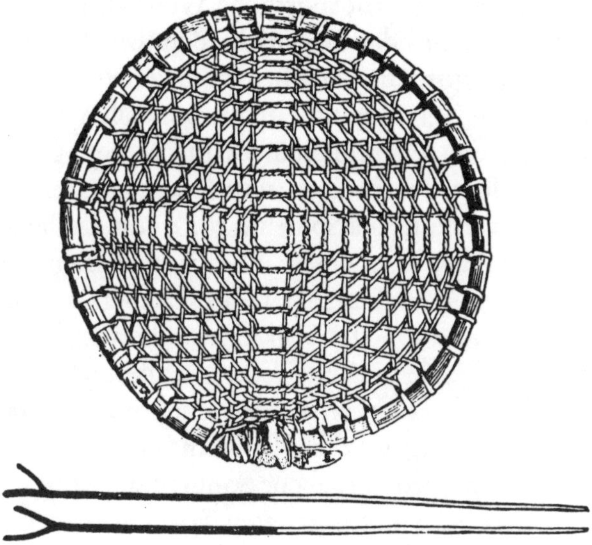

Reif mit Netz aus Rohhaut und Wurfstäbe

Auch für den Erwerb einer guten Tabakpfeife war die Gelegenheit günstig, denn es gab nur wenige Männer, die die Kunst des Pfeifenschnitzens verstanden. Die älteste Form der Pfeife für den nicht zeremoniellen Gebrauch entwickelte sich aus dem Calumet, dem heiligen Pfeifenrohr. Sie bestand aus einem hölzernen Stiel und dem aus Stein geschnitzten Kopf, der gerade aufgesetzt war. Später trat die sogenannte Micmac-Pfeife in den Vordergrund. Der abgewinkelte Pfeifenkopf wurde meist aus grauschwarzem Steatit geschnitzt, den der Hersteller nachträglich noch tiefschwarz einfärbte. Daneben verwendete man hellere Chlorit- und Sandsteinarten. Catlinit trat bei den Blackfoot erst im 19. Jahrhundert in Erscheinung. Große Geschicklichkeit und Geduld wurde zur Herstellung der Pfeifenrohre aufgewendet, die mit Ritzzeichnungen und Quill verziert, schraubenförmig gewunden oder durchbrochen gearbeitet wurden. Der Rauchkanal verlief bei letzteren durchlaufend auf einer Seite.

Die Vorliebe der Indianer für sportliche Wettkämpfe, seien es Pferderennen, Wettrennen oder Bogenschießen, bei denen auch Wetten abgeschlossen wurden, kam beim Stammestreffen ebenso auf die Rechnung wie ihre Freude an humorvollen und ironischen Geschichten, die von «Geschichtenerzählern» mit großem schauspielerischem Talent vorgetragen wurden. Es waren meist ältere Männer und Frauen mit viel Spürsinn für dramatische Effekte, deren Erzählungen aber stets einen moralisch-ernsten Hintergrund hatten. Neben einem reichen Schatz an Mythen und halbhistorischen Erzählungen besaß jedes Volk eine Fülle von humoristischen Geschichten, welche die immer wieder geäußerte Meinung widerlegen, der indianische Mensch hätte wenig Sinn für Humor und könnte nicht, so unbeschwert fröhlich sein wie andere.
Der hier nur knapp wiedergegebene Sonnentanz ist in unterschiedlichsten und meist sehr komplizierten Formen in den Plains und zum Teil auch in den Prärien zu finden, fehlt aber z.B. bei den Mandan, Ponca, Pawnee und Wichita sowie bei vielen Süd-Sioux und den Comanche völlig.
Die Weißen sahen im Sonnentanz eine gefährliche Zeremonie, eine «Vorbereitung zum Kampf», und verboten 1883 unter fadenscheinigen Argumenten die religiöse Handlung in allen Reservationen. Als der Demokrat F.D. Roosevelt 1933 zum neuen Präsidenten gewählt wurde, befand sich unter seinen Mitarbeitern auch der engagierte Ethnologe John Collier. Seinem Einsatz haben die Indianer manche Lockerung engstirniger Verordnungen zu verdanken, so auch die Aufhebung des Sonnentanz-Verbotes. Er wird heute wieder vielerorts als Höhepunkt des indianischen Jahres gefeiert, hat aber einiges von seiner ursprünglichen Bedeutung eingebüßt, die Selbsttorturen sind bis auf wenige Ausnahmen ganz verschwunden.
Überlebt hat auch die Schwitzhütte, die durch den ganzen Kontinent bis nach Mexiko in Anwendung ist und deren Ursprung man in Sibirien vermutet. Sie dient der Therapie bei Krankheiten ebenso wie der rituellen Reinigung und ist fester Bestandteil der Vorbereitungen für religiöse Feierlichkeiten oder der Suche nach einer

Vision. Nach Überlieferungen des Oglala-Sioux *Schwarzer Hirsch* werden die Weidenzweige, mit denen die kleine Kuppel geformt wird, so in den Boden gesteckt, daß sie die vier Weltviertel markieren. Der Platz der glühenden Steine in der Mitte symbolisiert die Mitte des Kosmos. Früher wurden die Hütten mit Bisonhäuten überdeckt, heute greift man zu modernem Plastikmaterial oder, wie wir auch erlebten, alten Steppdecken und Wolldecken. Die Hütte bietet vier Männern Platz, die mit Sagebrushzweigen Wasser auf die heißen Steine spritzen und durch Schwitzen in den aufsteigenden Dämpfen ihre innere und äußere Reinigung vollziehen.

Die Zeichensprache

Bei dem regen Verkehr der Stämme untereinander, dem Kommen und Gehen bei Festen, Zufallsbegegnungen auf der Jagd, wo man nie wußte, ob Freund oder Feind – wie sollte hier eine Verständigung bei der Verschiedenheit der indianischen Sprachen vor sich gehen?

Dies geschah durch die im ganzen Prärie- und Plains-Gebiet verbreitete Zeichensprache, eine geniale «Erfindung», über die schon frühe Händler und Reisende zu berichten wußten. Auch Prinz zu Wied beschreibt auf mehreren Seiten die verschiedenen Zeichen, welche hauptsächlich mit der Hand gemacht wurden und sogar erlaubten, ganze Geschichten zu erzählen. Daneben erfüllten sie zudem die Aufgabe, sich auf einem Kriegszug lautlos miteinander zu verständigen.

Jeder Stamm hatte seine besonderen Erkennungszeichen. So war das der Blackfoot die Geste für Mokassin und Schwarz, für die Comanche das Zeichen für Indianer und Schlange. Das Zeichen für Eule setzte sich ebenfalls aus zwei verschiedenen Bewegungen zusammen. Zuerst deutete man mit Händen und Schultern das Flattern eines Vogels an. Es folgte das Zeichen für große Augen: Mit Daumen und Zeigefinger formte man je einen Kreis und hielt ihn vor die eigenen Augen.

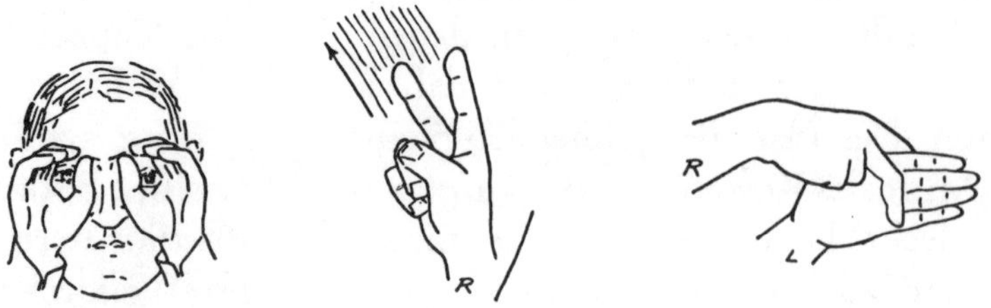

Eule Pawnee Zu Pferd

Beispiele der Zeichensprache

Die Zeichensprache übernahm aber auch neue Begriffe, wie etwa Kaffee, welcher durch den Kontakt mit den Weißen in den indianischen Wortschatz kam. Man zog die linke Hand, Handfläche nach oben, gegen den Körper und führte mit der rechten darüber mahlende Bewegungen aus.

Musik und Tanz

Die Erforschung der Musik der nordamerikanischen Indianer setzte leider erst in einer Zeit ein, in der die Stämme schon in Reservate gedrängt worden waren. Die Indianer verhielten sich den Forschern gegenüber verständlicherweise abweisend und wollten nicht ohne weiteres ihre Lieder den geheimnisvollen «Maschinen», die ihre Stimme einfingen, preisgeben. Es waren in der Regel nur getaufte Indianer, die sich schließlich bereit erklärten, dazu einige Medizinmänner, die hofften, das kulturelle Gut ihres Volkes auf diese Weise der Nachwelt erhalten zu können.
Bei den nordamerikanischen Indianern ist der Melodienträger die menschliche Stimme; Mehrstimmigkeit ist fast unbekannt. Die Melodien sind meist absteigend. Vielfach wird hier der Ausdruck Treppenmotiv verwendet, indem die Stimme in einer gewissen Höhe beginnt und sich stufenweise absenkt. Der deutsche Musik-

wissenschaftler Carl Stumpf (1848–1936) spricht sogar von einer Terrassenmelodik, doch trifft diese Art mehr für die Plains und Prärien zu. Der Rhythmus ist mit verschiedenen Taktlängen oft sehr kompliziert und wird mit Trommeln oder Rasseln geschlagen. Unter den Trommeln dominiert die tamborinartige, mit einem Fell bespannte Form. Daneben gibt es bei den Irokesen und ihren Nachbarn die sogenannte Wassertrommel. Sie besteht gewöhnlich aus einem mit Fell bespannten, ausgehöhlten Baumstamm, der im oberen Teil angebohrt ist. Hier kann man Wasser einfüllen und die Öffnung mit einem Zapfen verschließen. Je nach Wasserstand läßt sich die Tonhöhe variieren. In der American Nativ Church werden Wassertrommeln aus Ton und sogar Metall verwendet. Die Indianer der Nordwestküste benutzen quadratisch gearbeitete Kastentrommeln aus Holz, die zum Teil sehr schön bemalt sind. Bearbeitet werden alle Typen mit dem Schlegel und nie mit der Hand. Der Schlegel kann auch die Form einer Rassel haben, was dann einen Doppeleffekt ergibt.
Das Spektrum der Rasseln ist breit. Speziell in den Plains ist ein kleiner birnenförmiger Lederkörper mit Griffholz üblich, der als Nachbildung einer Kürbisrassel angesehen werden kann. Besonders begehrt sind Rasseln aus einem ausgehöhlten Bisonhorn, ebenfalls mit einem Holzgriff versehen. Auf die Rasseln aus Schildkrötenpanzern wiesen wir schon bei den Maskentänzen der Irokesen hin. Im Südosten und Nordwesten finden wir auch Stücke, die aus zwei Muschelschalen bestehen und mit Lederriemchen zusammengefügt sind. Mehrheitlich im Südwesten, aber auch bei den Pawnee und Süd-Sioux, stellt man Rasseln in verschiedenen Größen aus Kürbissen her. Zum Klappern dienen immer Maiskörner oder Steinchen. Einen künstlerischen Höhepunkt bilden die aus Zedernholz und größtenteils figürlich geschnitzten Rasseln der Nordwestküstenindianer dar. Daneben werden Muschelschalen aus der Familie der Pecten sistrumartig auf einen Bügel aufgereiht und im Tanzrhythmus geschüttelt. Eine besondere Art Rhythmusinstrumente bilden ferner die mit Hirsch- oder Antilopenhufen behangenen Tanzgürtel, Kniebänder und Rasselstäbe.

Weit verbreitet in den Grasländern sind Schrapper (amerikanisch: moraches), ein mit Kerben versehener und meist in einem Tierkopf endender Stab, den man auf eine Trommel oder ein Gefäß stellt. Mit einem zweiten Stab streicht man im gewünschten Rhythmus über die Kerben. Trommel oder Gefäß dienen hier als Resonanzkörper. Das Geräusch entspricht in etwa der sapo cubano unserer modernen Unterhaltungskapellen.

Eine Sonderstellung nehmen die Flöten ein, die ihre weiteste Verbreitung wiederum in den Prärien und Plains haben, vereinzelt aber auch bei anderen Stämmen gefunden werden. Die eine Form ist ein blockflötenähnliches Instrument aus Holz mit sechs Grifflöchern und einem verschiebbaren Vorsatz. Es wird vor allem bei der Liebeswerbung gebraucht. Die kleine Knochenpfeife hat ihre Aufgabe mehr im religiösen Bereich, dient aber auch als Signalpfeife.

Die Lieder lassen sich in religiöse Gesänge, in Liebes-, Kampf- und Arbeitslieder, zarte Kinderlieder und bei den Völkern der Nordwestküste sowie einzelnen im Südosten in Begrüßungslieder einteilen. Sie haben feste Texte und Liedformen und besonders bei religiösen Liedern zahlreiche Wiederholungen. Reine Arbeitslieder kennt man wenig. Beim Maisstampfen der Frauen gibt der Stampfer den Rhythmus der monotonen Weise an. Tanzlieder beschränken sich oft auf die Wiederholung einer einzigen Silbe, ähnlich unserm Lalala. Lieder zu Tänzen werden von einer Gruppe außerhalb der Tänzer gesungen.

Den Kriegs- und Jagdtänzen mit ihren lebhaften und genau festgelegten Schritten und Sprüngen innerhalb vorgeschriebener Tanzfiguren stehen die religiösen Tänze gegenüber, die oft verhaltener, physisch aber trotzdem sehr anstrengend sind. In diesem Zusammenhang muß ein Gruppentanz der Sioux-Frauen erwähnt werden, der nur aus einem Fußwippen im Rhythmus der Trommeln besteht. Der Oberkörper bleibt unbeweglich. Dazu wird in sparsamen und würdigen Gesten der Adlerfächer bewegt. Er ist aus den Handschwingen des Adlers hergestellt und gehört auch zu den Requisiten vieler Schamanen.

Die Stämme haben im Laufe der Jahrhunderte für die verschiedenen Anlässe eine Fülle von Gruppen- und Solotänzen entwickelt, von denen zahlreiche, trotz der schweren Lebensbedingungen in den Reservationen, von Generation zu Generation weitergegeben wurden und überlebt haben. Wer je das Glück hatte, durch indianische Freunde an einem Pow-wow abseits der Touristenplätze teilzunehmen, wird von der Freude und dem Eifer fasziniert gewesen sein, mit denen sich jung und alt ihren tagelangen Tanzfesten hingeben.

Das Leben ohne Bison

Der Engländer Anthony Hendry kam 1754 auf der Suche nach neuen Pelzsammlern für die Hudsons Bay Company wohl als erster weißer Händler zu den Blackfoot. Die gut berittenen Indianer machten einen großen Eindruck auf ihn, und in dem Bericht an seine Auftraggeber wies er speziell auf die vielen Pferde hin, die alle Habe trugen und dadurch die Frauen entlasteten. Bedauernd mußte er allerdings mitteilen, daß die Blackfoot sich in keiner Weise überreden ließen, für die Company auf Pelztierjagd zu gehen.
Ein wichtiges Ereignis bildete der Besuch von Catlin im Jahre 1832. Seine reich bebilderten und objektiven Berichte wurden später noch durch Prinz zu Wied und Karl Bodmer ergänzt. Dies war schon die Zeit der ersten kleineren Auseinandersetzungen zwischen Blackfoot und weißen Jägern.
Im Jahre 1852 wurden in Montana die ersten Goldfunde gemacht. Die von allen Seiten einströmenden Abenteurer kümmerten sich wenig um die Rechte der Ureinwohner.
Die verschiedenen Verträge, unter ihnen der vom Judith River von 1855, wurden meist mißachtet, und die Rachezüge einiger Indianer gaben dem Militär den gewünschten Vorwand, tüchtig zurückzuschlagen. So kam es am 23. Januar 1870 zu dem Massaker am Marias, bei dem die Truppen von Oberst Baker das Dorf von Häuptling Bärenkopf vernichteten. Die Indianer waren durch die Pocken schon stark dezimiert und dachten gar nicht an eine Verteidigung. Gegen 400 Blackfoot, darunter viele Frauen und Kin-

der, wurden getötet, die Leichen und Tipis auf einen Haufen geworfen und verbrannt. J.W. Schultz schreibt: «Mehrere Jahre später betrat ich den Schreckensort wieder. Füchse und Wölfe hatten die Knochen der so grausam Hingemordeten verschleppt, und sie starrten mir auf Schritt und Tritt entgegen. Wieder und wieder fragte ich mich: Wie konnte so etwas geschehen? Was waren dies für Männer, für Soldaten, die wehrlose Weiber und Kinder einfach niederknallten? Sie hatten nicht einmal die Entschuldigung, betrunken gewesen zu sein. Auch ihr Führer war nüchtern. Sie waren weder aufgeregt, noch drohte ihnen irgendeine Gefahr. Kaltherzig, mit klarem Willen, schossen sie nieder, töteten die Verwundeten und verbrannten danach die Leichen. Ich will darüber aber nicht mehr reden. Denke ein jeder selbst darüber nach und versuche es zu verstehen.»[70]

Aus den großen Kriegen von 1875/76 mit der bekannten Schlacht am Little Big Horn zwischen den vereinigten Sioux und Cheyenne unter Grazy Horse und dem geistigen Führer Sitting Bull sowie den Truppen von General Custer hielten sich die Blackfoot geschickt heraus. Trotz aller Rückschläge und Demütigungen fühlten sie sich noch immer an den Vertrag vom Judith River gebunden.

Von etwa 1879 an machten sich die Folgen der Massenvernichtung des Bisons schon bis nach Kanada bemerkbar. Nur noch vereinzelte Tiere erschienen auf den Grassteppen, und als Folge traten regelrechte Hungersnöte auf, denen im Winter 1883/84 auch 600 Blackfoot zum Opfer fielen. Die katastrophale Lage wurde einige Jahre später durch den Ethnologen George Bird Grinnel (1849–1938) etwas gemildert. Grinnels Name ist jedem Amerikanisten bekannt. Neben Sammlungen von Mythen und Märchen der Blackfoot, Cheyenne und Pawnee lieferte er auch andere wertvolle Informationen über Lebensformen dieser Völker; sie sind in verschiedenen Büchern der Nachwelt erhalten. Grinnel hörte von den Leiden der Piegan, setzte sich in Washington energisch für seine indianischen Freunde ein und erwirkte regelmäßige Lebensmittelsendungen an die Blackfoot.

Wenig später durchstreifte Grinnel zusammen mit J.W. Schultz den westlichsten Teil des Blackfoot-Gebietes in den Rocky Mountains, das zu der 1874 gegründeten Reservation in Montana gehörte. Er war so begeistert von dieser Bergwelt, daß er seinen ganzen Einfluß daran setzte, das Land in seinem natürlichen Zustand zu belassen und es weiterem Spekulantentum zu entziehen. Im Jahre 1895 konnte er mit den Blackfoot einen für die Indianer günstigen Kaufvertrag über das Gebiet abschließen, das heute unter dem Namen Glacier National Park bekannt ist. Grinnel sorgte auch weiterhin für seine Freunde, welche ihn aus Dankbarkeit in ihren Stamm aufnahmen.
Die Blackfoot mußten noch viel Unrecht in Kauf nehmen, da die Regierung unfähige und korrupte Beamte in die Reservation schickte. So war der Winter 1912/13 besonders hart. Der Agent behielt die für die Indianer bestimmten Nahrungsmittel für sich oder verkaufte sie an weiße Farmer. In diesem Winter starben weitere 200 Indianer den Hungertod; 1921 zählte man noch 3000 Blackfoot in Montana.
In Kanada verlief die Konfrontation zwischen Weißen und Indianern anfänglich nicht ganz so hart wie in den USA. Erst im Jahre 1845 führte die Regierung Forschungen zur Besiedlung der westlichen Plains durch. Hauptmann John Palliser (1817–1887) und etwas später die Expedition von Henry Hind und J. Dawson brachten ähnliche Ergebnisse zurück: Sie teilten das durchforschte Gebiet deutlich in bebaubares und unfruchtbares Land ein. Mit diesen Trupps gelangten auch die ersten Missionare zu den nördlichen Blackfoot. Unter den «Schwarzröcken», wie sie genannt wurden, konnte Albert Lacombe (1827–1916) die größten Erfolge auf seinem Gebiet verzeichnen. Es gelang ihm sogar, die verfeindeten Blackfoot und Cree zu versöhnen. Premierminister Alexander McDonald (1815–1891) erklärte 1867 Kanada zum Dominion, kaufte der Hudsons Bay Company deren nordwestliche Rechte ab und schaffte damit eine staatliche Grenze zu den Expansionsgelüsten der USA.
Im Jahre 1884 ließen sich die ersten weißen Siedler in dem neu er-

schlossenen Gebiet nieder. Um eine Konfrontation zwischen Indianern und den in das Land einströmenden weißen Siedlern zu verhindern, schloß die Regierung Friedens- und Kaufverträge mit den Indianern ab. Die kanadische berittene Polizei sorgte dafür, daß die Weißen sich an die Verpflichtungen hielten.[71] Erst, als sich die Versorgungslage durch das Ausbleiben des Bisons rapid verschlechterte, mußte die Regierung eingreifen, um die hungernden Indianer von den weißen Siedlungen fernzuhalten. Man richtete Reservationen ein und versuchte mit Hilfe einiger Missionare eine langsame Umschulung auf Landwirtschaft. Unter den Blackfoot zeichnete sich Häuptling Crowfoot als besonders einsichtig aus. Er erkannte, daß sich sein Volk den neuen Umständen anpassen mußte, wollte es überleben. Doch Mißerfolge und Ungerechtigkeiten, wie die weitere Verkleinerung des Reservatbodens zugunsten weißer Farmer, ließen die neuen «Bodenbauer» bald einmal den Mut verlieren. Viele versanken schon damals in Apathie oder ergaben sich dem Alkohol.

Die Existenzgrundlage eines kleinen Teils der Blackfoot bildet heute hüben wie drüben eine bescheidene Landwirtschaft und etwas Viehzucht, die ihnen mehr liegt. Ein Teil arbeitet außerhalb der Reservate, zum Beispiel als Straßenbauer. Doch viele gehören zur namenlosen Masse der arbeitslosen Sozialempfänger, haben entweder resigniert oder engagieren sich in einer modernen Indianerbewegung.

Ein wiedererwachendes Selbstbewußtsein manifestiert sich in dem großartigen stammeseigenen Museum in Browning, Montana, inmitten ihrer Reservation. In dem Museums-shop bemerkt man mit Freude, daß noch einige der alten handwerklichen Fähigkeiten erhalten sind. Das Angebot der *Blackfoot Crafts Association* zeigt traditionelles Schaffen in Verbindung mit modernen Stilelementen. Die Genossenschaft verhilft zudem vielen Frauen zu einem bescheidenen Verdienst.

Wandert man durch den kleinen Ort, fällt auf, wie wenig rein indianische Gesichter noch zu sehen sind. Anscheinend war die Mischung mit weißem Blut doch stärker, als allgemein angenommen

wurde. Es sind aber fast ausschließlich indianische Frauen, die Weiße heiraten, und nicht umgekehrt.
Im Jahre 1970 lebten über 10000 Blackfoot aller Stämme in Montana, davon etwa 6500 auf der Reservation, während im kanadischen Alberta etwa 8000 Menschen auf acht Reservationen verteilt sind.

Stämme am Rande der Rocky Mountains

Am Schluß des Kapitels über die Plains-Völker soll noch kurz auf einige westliche Nachbarstämme – auch Plateau-Völker genannt – hingewiesen werden, die wir nur bedingt zu den Plains-Völkern zählen dürfen. Ihre Stammesstrukturen und Lebensweise zeigen viele Parallelen auf, doch gibt es vor allem im zeremoniellen Bereich gewisse Abweichungen.
Die zur Sprachfamilie der Algonkin gehörenden Gros Ventre of the Prairies, auch Atsina genannt, kannten ebenfalls ein nach Alter ausgerichtetes Bundwesen. Um eine Vision zu erhalten, stiegen die jungen Männer auf die Spitze eines Berges und riefen ihre Gebete gegen den Himmel, wenn sich das erwartete Ereignis nicht einstellen wollte. Nicht jeder erlangte eine Vision, doch war dies kein Prestigeverlust; sie war bei den Atsina nicht so lebenswichtig wie bei ihren Nachbarn.
Die im westlichen Montana lebenden Flathead – ein irreführender Name, denn die Abflachung der Stirnpartie beim Kleinkind war bei ihnen unbekannt – gehörten zur Sprachfamilie der Inland- oder Binnen-Salish. Die Flathead standen kulturell zwischen den ausgesprochenen Fischervölkern des Nordwestens und den Bisonjägern der Plains, von denen sie vermutlich in die Berge verdrängt worden waren. Die Flathead konnten ihre Kinder strafen, wenn die Drohung mit Eulen und Fürchtemachern nichts nützte, eine kaum bekannte Praktik unter den Indianern Nordamerikas. Zwischen dem zehnten und sechzehnten Lebensjahr wurden für beide Geschlechter die Pubertätsriten durchgeführt, deren Beginn bei den Mädchen durch die erste Menstruation festgelegt war. Ein

Mädchen ersehnte sich eine Vision, doch blieb sie ihm versagt, war sein Ansehen deshalb nicht geringer. Ganz anders beim Knaben. Die verschiedenen Stationen seiner Reife wiesen sich durch Härte aus. Sie umfaßten u. a. Fasten auf einem Berggipfel und das anschließende Hinunterlaufen vor einem großen, rollenden Stein, den ein Gehilfe kurz nach ihm in Bewegung setzte. Die Reinigung in der Schwitzhütte, das nachfolgende Bad in kaltem Wasser und die innere Reinigung durch Erbrechen (man kitzelte dazu den Rachen mit einem Stöckchen) mußten einige Male wiederholt werden. Von dem in der Vision erscheinenden Schutzgeist, in den meisten Fällen in Tiergestalt, lernte der junge Mensch einen Gesang, durch den er sich später immer wieder mit ihm in Verbindung setzen konnte. Zu dem mehrere Jahre dauernden Reifeprozeß gehörten auch die Einführung in die Stammesgeschichte und Mythologie der Flathead.
Ähnliche Pupertätsriten kannte man auch bei den im nördlichen Teil von Idaho bis nach Kanada hinein lebenden Kutenai oder Kootenai, die eine eigene Sprachfamilie bilden. Auf den Seen ihres Gebietes verwendeten sie Rindenboote, weshalb sie von ihren Nachbarn, den Nez Percé, auch Wasservolk genannt wurden.

Nez Percé – Volk der Berge

Die *Nez Percé* gehören wohl zu den bekanntesten westlichen Randvölkern der nördlichen Plains. Sie sprachen einen Dialekt aus der Klamath-Sahaptian-Sprachfamilie. Die Bezeichnung Nez Percé geht auf frühe französische Trapper zurück, doch erwähnt William Clark schon im September 1805 in seinem Tagebuch: «...sie nannten sich *Chopunnish* oder Pierced Noses...» Später schreibt er: «...Die Verzierung ihrer Nasen ist eine Wampummuschel (single shell of wampum).» Keiner der späteren Reisenden oder Händler hat diese Verzierung je gesehen, und so bleibt diese Frage offen. Ihre Eigenbezeichnung Chopunnish läßt sich mit «Volk der Berge» übersetzen. Man rechnet die Nez Percé zwar zu den Plains-No-

maden, doch führte ihr Wandertrieb sie erst weiter, wenn die Jagdbeute an einem Ort zu gering wurde und die Wildpflanzenernte abgeschlossen war.
An jagdbarem Wild gab es das Bergschaf *(Ovis canadensis)*, den Wapiti (eine algonkinsche Bezeichnung für den großen amerikanischen Hirsch *(Cervus canadensis)*, und das in verschiedenen Arten vorkommende Mule Deer *(Odocoileus hemionus columbianus)*, oft mit Maultierhirsch übersetzt. Die Männer konnten ihren Mut auch auf der Bären- oder Pumajagd beweisen. Nur zur Bisonjagd zogen die Nez Percé in die Plains hinunter. Die aus den Bergen kommenden Flüsse waren reich an Lachsen und Bergforellen, die man gekocht oder geräuchert aß.
Bei der pflanzlichen Nahrung muß die Camas-Knolle *(Camasia esculente)* hervorgehoben werden. Camas heißt süß, ein Wort von den einst in Oregon beheimateten Chinook. Es ist eine wilde, blaublühende Hyazinthenart, welche sich bisweilen zu einem richtigen Blumenmeer ausbreiten kann. Zusammen mit Fleisch gekocht, ergaben die Knollen eine beliebte Mahlzeit.
Die Nez Percé lebten relativ lange unbehelligt in ihrem herrlichen Land zwischen Rocky Mountains und Plains. Nur das erklärt, daß sie, frei von allen Vorurteilen und bösen Erfahrungen, sogar einen Missionar zu sich holten. Der Baptisten-Missionar Henry Spalding folgte ihrem Ruf, und schon 1839 ließ sich Häuptling *Te-eka-kas* (ca. 1790–1871) von ihm auf den Namen Joseph taufen. Sein Sohn, der ihm etwa 1832 geboren wurde und ursprünglich *Yalatkit* (Rollender Donner in den Bergen) hieß, wurde ebenfalls auf den Namen Joseph getauft. Um Vater und Sohn besser auseinander zu halten, werden sie in der Geschichte Chief Joseph the Younger und Old Joseph genannt.
Als den Indianern 1863 durch den *Lapwai-Vertrag* ihr Land genommen wurde und man sie fern ihrer Heimat in ein Reservat steckte, kehrten sich Vater und Sohn zutiefst enttäuscht von der christlichen Religion ab und schlossen sich mit einem Teil des Stammes der neuen, von Smohalla gegründeten indianischen «Bewegung der Rückbesinnung» an.

Smohalla war auf der Suche nach seiner Sendung bis nach Mexiko gewandert und brachte nach seiner Rückkehr die «Botschaft von der andern Seite» mit. Die Bewegung wurde unter dem Namen «Träumer-Religion» bekannt und ist in vielem ein Vorläufer der späteren Geistertanzbewegung. Smohalla verlangte von seinen Anhängern die Rückkehr zur alten Tradition und Entsagung von weißen Konsumgütern, vor allem dem Alkohol.
Smohallas Bewegung wurde von der amerikanischen Regierung von Anfang an mit äußerstem Mißtrauen betrachtet. Man setzte Truppen gegen die aufsässigen Indianer ein, die sich außerhalb der Reservation aufhielten, um sie in die Knie zu zwingen. Häuptling Rollender Donner führte nach anfänglichen Erfolgen seine Leute gegen Kanada, wo sie sich in Sicherheit hofften. Nach einem Marsch von annähernd 3000 Kilometer wurden sie kurz vor der Grenze von General Nelson Appleton Miles und seinen Soldaten gestellt. Trotz heldenhaftem Widerstand mußten sich am 5. Oktober 1877 die hungernden Indianer ergeben. Nur 300 Menschen, mehrheitlich Frauen und Kinder, überlebten und traten den bitteren Weg in die Gefangenschaft an. Heute leben noch etwa 2000 Nez Percé auf der Northern Idaho-Reservation in der Nähe von Lewiston im Staate Idaho.

Das Große Becken

Einer der unwirtlichsten Landstriche Nordamerikas, den wir das Große Becken nennen, war vor dem Eindringen des weißen Mannes uneingeschränkter Lebensraum umherziehender kleiner Gruppen der westlichen Shoshoni, Gosiute, nördlicher und südlicher Paiute, Ute und Bannock (Bannak). Die westlichen Shoshoni dürfen wir nicht mit dem nördlichen Teil ihres Volkes verwechseln, der in den Gebirgen des südwestlichen Wyoming als Bisonjäger lebte. Von ihm spalteten sich im 17. Jahrhundert die Comanche ab. Der Name Shoshoni wurde später ausgeweitet und für eine Sprachfamilie genommen, die fast alle Stämme des Großen Beckens einschließt. Die Shoshoni-Sprachfamilie ist wiederum ein Teil der großen Uto-Azteco-Tanoan-Spracheinheit.
Das Große Becken ist der erste zu identifizierende Lebensraum der Shoshoni-Gruppen, die irgendwann einmal aus dem Norden oder Nordwesten in diese Gegend eingewandert sind. Geographisch umfaßt das Kerngebiet die heutigen Staaten Nevada, Teile von Oregon, Idaho und Utah. Im Westen bildet die Sierra Nevada, im Osten der Gebirgskomplex der Rocky Mountains die Grenze.
Bei der klaren Abgrenzung des territorialen Gebietes der wandernden Gruppen ist man auf frühe Dokumente und Berichte angewiesen, die meist sehr ungenau sind und in bezug auf Namen ein ziemliches Durcheinander anrichten. Wie sollte dies auch anders möglich sein, da sich die Lebensräume zeitweilig überschnitten und ein Fremder gar nicht in der Lage war, die verschiedenen indianischen Dialekte und Sprachen zu verstehen oder auseinanderzuhalten. Ebenso verhält es sich mit den teilweise sich widersprechenden Informationen über die Lebensweise der Menschen.

Es war eine harte Umwelt, in der sich die Wildbeuter behaupten mußten. Der größte Teil des Gebietes ist Wüste mit Trockensteppenvegetation, in der verschiedene Sagebrusharten überwiegen. Nur wo sie infolge günstigerer Wasserverhältnisse in die sogenannten Chapparals (Halbwüste) übergeht, wachsen Katzenklauenakazien *(Acacia greggii)* oder Sommerzypressen *(Kochia vestita)* neben andern Verwandten aus der Meldenfamilie und Dornensträucher. Entlang der wenigen Flüsse, die irgendwo entspringen und wieder versickern, und in feuchten Mulden zwischen den von Nord nach Süd sich hinziehenden nicht allzuhohen Bergketten finden wir einen bescheidenen Baumwuchs mit Mesquite-Bäumen oder -sträuchern, Weiden und Pinien, deren ölhaltige Früchte die Grundlage der Winterernährung vieler Gruppen bildete.

Die verschiedenen Seen im westlichen Becken und in Utah sind Überbleibsel riesiger Wasserflächen, die einst durch Schmelzwasser der letzten Eiszeit entstanden. Durch den starken Verdunstungsprozeß schrumpften die Seen auf einen Bruchteil ihrer ursprünglichen Größe zusammen und wurden zu regelrechten Salzseen. Doch selbst hier konnten einige Fischarten und Krebschen heimisch werden. Reine Süßwasserseen sind selten. Die Wüsten und Bergketten sind Lebensraum einer weit größeren Anzahl von Kleintieren, Reptilien, Vögeln und Insekten, als wir vermuten würden. In Landstrichen mit geeigneter Äsung ist überall das Pronghorn zu finden. Die Felsspalten geben Wollratten Unterschlupf, und die Weißschwanz-Eselhasen *(Lepus towsendi)* mit ihren großen Ohren sowie die Wüsten-Wollschwanzkaninchen *(Sylvilagus audobonii)* scheinen sich hier besonders wohl zu fühlen. Die Eselhasen sind berühmt für ihre meterlangen Sprünge.

Die Winter waren kalt, es schneite, und wegen der prekären Versorgungslage blieben stets nur einige Familien zusammen an einem einigermaßen geschützten Ort. Im Frühjahr trennte man sich, und es war meist nur eine Familie, die allein auf der Suche nach Nahrung über das einsame Land wanderte. Bisweilen begegneten sich verwandte Sippen, man schloß sich kurz zu einer Jagdgruppe zusammen oder besprach Familienangelegenheiten, wie etwa einen späteren Ehebund der Kinder, dann zog jeder wieder seiner Wege. Führte eine Familie Hunde bei sich, wurde ihnen in kleinen Säkken ein Teil der Habe aufgeladen. Zur Überquerung von Flüssen band man junge Stämme mit Bast zu einem Floß zusammen.

Zur Herstellung ihrer bescheidenen, etwas vertieft angelegten Behausungen, den *wickiup,* hatten die Indianer in den meisten Landstrichen nur sehr beschränkt Material zur Verfügung. Der viereckige oder rechteckige Grundriß wurde bestenfalls aus bis zu zwei Meter hohen Pfählen gebildet, die in der Mitte und in halber Höhe mit dünnen Ästen verbunden waren. Senkrecht an diese Konstruktion wurden kleine Ruten und Äste festgebunden und durch diese Wände waagrecht Gras oder Binsen geflochten, um Wind und Niederschläge besser abzuhalten. Auch die Dächer wurden aus diesem Flechtwerk hergestellt. Dies trug ihren Bewohnern (vorab im Norden) den Namen «Grashüttenleute» ein.

Die typische Bewegung der Halme beim Flechten, das Hin und Her wie bei einer sich windenden Schlange, soll laut Aussage von W.J. Hoffmann[72] der Ursprung für den Namen «Snake-Indianer» gewesen sein. Die Stammesbezeichnung für die Shoshoni in der Zeichensprache imitiert das Flechten der Grashalme. Es wurde von den Weißen falsch verstanden und trug dieser Shoshoni-Gruppe den Namen Snake ein.

Fehlte das nötige Material für den Bau der Wickiup, mußten sich die Indianer auch mit sehr einfachen Unterkünften aus buschigen Zweigen zufriedengeben, oder man richtete sich im Winter in einer Felshöhle ein. Beim ständigen Umherziehen im Sommer begnügte man sich mit einem einfachen Wetterschutz.

Die Überlebenskünstler

Natürlich war die Versorgungslage in diesen Regionen besonders stark von der Witterung abhängig. In einem Jahr mit genügend

Niederschlägen war an Wildfrüchten kein Mangel, und auch die Kaninchen und Hasen erfreuten sich größter Fruchtbarkeit. Kam jedoch eine Dürreperiode, wurden die Flüsse zu kleinen Rinnsalen, das Wild blieb aus und das Land lag verbrannt unter der glühenden Sonne.

Doch die Menschen wußten sich auch unter extremsten Verhältnissen zu helfen, gruben am richtigen Ort nach eßbaren Wurzeln und stöberten kleine Nager auf. Die Kenntnis von annähernd 100 eßbaren Wurzeln und Knollen (auch hier wieder die nahrhafte Camas-Knolle), Beeren, Samen und Nüssen mutet geradezu unwahrscheinlich an, korrigiert aber auch die irrige Ansicht von der vegetationslosen Wüste. In Höhlen in der Nähe des Großen Salzsees wurden prähistorische Steinplatten und Handwalzen gefunden, die Zeugnis dafür ablegen, daß man schon sehr früh begann, Nüsse und andere Körner für die Nahrung zu zermahlen. Eidechsen und Raupen wurden nicht verschmäht, man fing Ratten in Schlingen und Vögel in Netzen aus Indianerhanf *(Apocynum cannabium)*. Daneben entwickelten einzelne Gruppen sehr ausgeprägte, den Gegebenheiten der Landschaft angepaßte Eßgewohnheiten. Nördlich vom Großen Salzsee wurde ein weicher, diatomeenhaltiger Ton gegessen, weshalb diese Leute auch Honandika oder Erdesser genannt wurden. In den Bergen von Zentralnevada wuchs die *Pinus monilifera* im Überfluß, ihre Sammler erhielten den Namen Fichtenesser.

Die periodisch auftretenden Heuschrecken- und Grillenschwärme bildeten ebenfalls ein wichtiges Glied in der Nahrungskette. Zum Einfangen wurde ein Stück Land mit trockenem Gebüsch bedeckt und angezündet, um heiße Asche zu gewinnen. In einem Halbkreis trieb man die Insekten dann mit Hilfe von Laubbündeln und Fellen auf die Glut zu. Dort wurden sie regelrecht geröstet und entweder gleich gegessen oder mit angefeuchtetem Grassamen zu einer Art Brot verbacken. Zumindest war diese Nahrung sehr proteinhaltig.

Kleintiere fingen die Shoshoni mit Schlingen oder Fallen. Eine größere Kaninchenjagd wurde von mehreren Familien gemeinsam

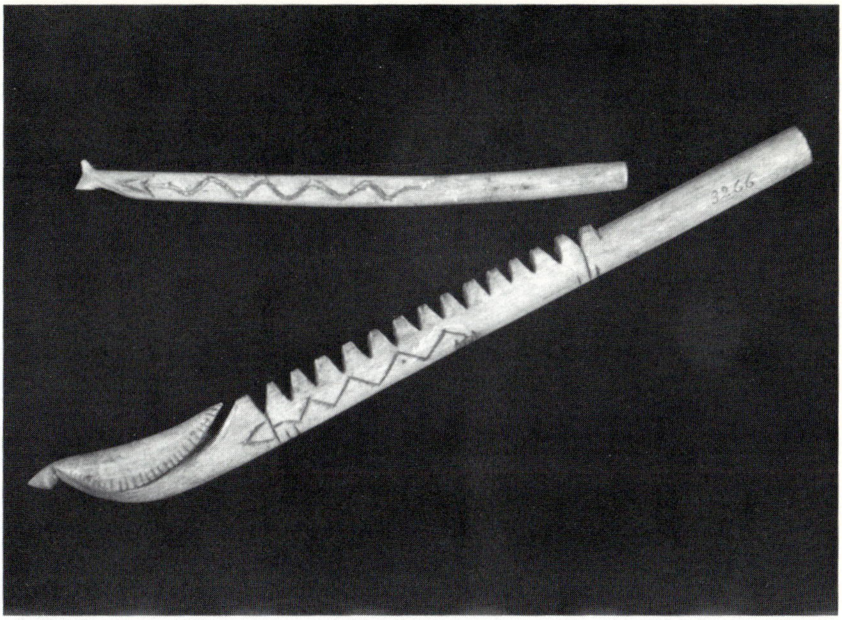

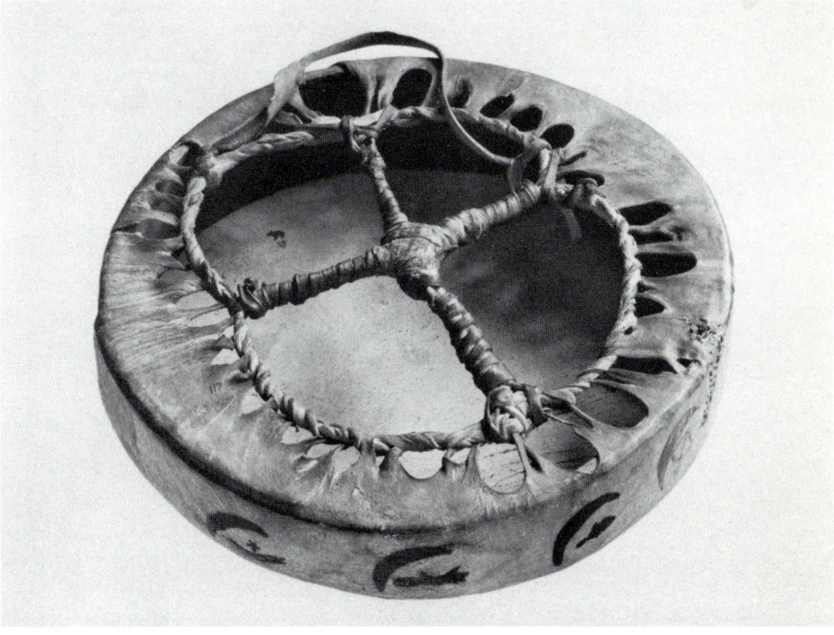

46 Schrapper, evtl. Ute
47 Rahmentrommel, ringsum mit 12 Monatszeichen bemalt

48 Geistertanzhemd

49 Zelt der Bannock
50 Porträts von Bannock-Kriegern. Zeichnung von E. Riou, nach einer Fotografie

51 Frau der Ute mit Mahlstein

unternommen; sie waren einem «Kaninchenanführer» unterstellt. Er leitete das Treiben der Tiere in die im Halbkreis gehaltenen Netze. Die Netze waren etwa 60 Zentimeter hoch und ergaben zusammengesetzt eine Länge von mindestens 100 Meter. Je mehr Familien sich zusammenfanden, um so länger wurden dic aneinanderbefestigten Netze und um so größer die Aussicht auf eine erfolgreiche Jagd. Durch Lärmen und mit Hunden trieb man, vorab in günstig gelegenen Tälern, Kaninchen oder Hasen auf die Netze zu, in denen sie sich verfingen und dann erschlagen wurden. Zur Herstellung der Netze drehten die Frauen auf ihren nackten Oberschenkeln die fadendicken Stengel einer Seidenpflanzenart *(Cuscutaceae)* zu Schnüren zusammen, die sich gut verflechten ließen.
Die Antilopenjagd wurde ebenfalls von einer größeren Gruppe durchgeführt. Sie war zugleich eines der wenigen zeremoniellen Ereignisse des Jahres. Der Schamane hatte bereits im Traum die «Antilopenlieder» vernommen, die er singen mußte, um die Tiere anzulocken. Danach schwärmten die jungen Männer aus, um die Antilopen mit wolfsähnlichem Geheul und Fackeln in einen Korral zu treiben, wo sie mit Pfeil und Bogen erlegt, aber auch mit Keulen erschlagen wurden.
Zum Töten von Tieren, die nicht für die Nahrung bestimmt waren, deren Fell man aber für die Herstellung von Kleidung benötigte, wurden die Pfeilspitzen vergiftet. Zur Herstellung des Giftes legten die Paiute den Herzbeutel einer Antilope, der mit ihrem Blut und dem zerstampften Kopf einer Klapperschlange gefüllt war, in eine kleine Erdgrube. Dort begann er zu gären und trocknete in der großen Hitze rasch zu einer festen Masse, die in Stückchen geschnitten werden konnte. Zum Vergiften der Pfeile mußten sie jeweils wieder angefeuchtet werden. Nahm man anstatt der Klapperschlange einen zerschlagenen Hornfrosch *(Phrynosoma douglasii)*, waren im Körper des Opfers kaum Giftstoffe zu finden und das Fleisch blieb genießbar. Mehr im Norden soll der Magen eines Hirsches zusammen mit Klapperschlangengift den gleichen Zwekken gedient haben[73].
Im Frühjahr fand man sich pünktlich an gewissen Gewässern ein,

um Wildenten aufzulauern, die auf dem Flug zu ihren nördlichen Nistplätzen hier einen Halt einlegten. Die Jäger setzten aus Binsen und Federn gearbeitete, recht naturalistische «Lockenten» auf das Wasser, auf die die neugierigen Tiere zuschwammen und dann getötet wurden. Alten Funden nach zu schließen muß diese Methode im Großen Becken schon seit undenklichen Zeiten angewandt worden sein.

Der materielle Besitz der wandernden Gruppen war bescheiden und beschränkte sich auf das Lebensnotwendige. Zum Aufwühlen der Erde nach eßbaren Wurzeln und Knollen benutzte man den Grabstock, der den Namen *Digger-Indianer* prägte. Doch finden wir gerade bei den Indianerinnen des Großen Beckens wunderschöne Flechtarbeiten in den verschiedensten Techniken. Die große Auswahl an Weiden, Gräsern, Bast und feinen Wurzeln ergab farblich fein abgestufte und dekorative Gegenstände, die Grundlage fast des gesamten Haushaltes waren. Geflochten wurden Matten zum Schlafen und Zudecken, kleine Kappen für die Frauen und Sandalen für die ganze Familie, dazu Vorratsbehälter und wasserdichte Körbe zum Kochen (auch diese Stämme waren Steinkocher), Schalen für Beerenmus, Schläger zum Abschlagen reifer Grassamen und eine Art Wasserflasche, die innen und außen mit Pinienharz abgedichtet war. Die südlichen Paiute kannten zudem noch eine einfache Töpferei.

Bei den Kindertragen findet man die verschiedensten Formen, die zum Teil schon stark an die kalifornischen Wiegen erinnern. Eine Art wurde aus einem gegabelten Zweig hergestellt, der an den Enden zusammengebunden war, so daß sich oben ein Bogen bildete. Der Rahmen wurde mit Querstäbchen belegt, der gebogene Schutz für das Köpfchen bestand aus einem Geflecht. Im Norden benutzte man ihn mit Leder bespannt. Ferner finden wir einen ovalen Holzrahmen oder eine V-förmige Astgabelung mit einem Geflecht, auf dem der Kindersack befestigt wurde. Daneben gab es ovale, muldenförmig geflochtene Tragen.

Die Kleidung war denkbar einfach und zweckmäßig. Die Sommerbekleidung der Frauen bestand in alter Zeit nur aus einem

Bastschurz oder einem aus Pflanzenfasern gewobenen Röckchen mit Fransen, Sandalen und einer kleinen geflochtenen Kappe, ergänzt durch Schmuck aus Muscheln, Schnecken und verschiedenen Samen und Nüssen. In alten Quellen wird von einer Kinntatauierung berichtet. Die Männer trugen zumindest in früher historischer Zeit hemdartige Lederkleider, Leggings und ebenfalls Sandalen. Robustes Leder zur Herstellung solider Mokassins war fast nicht zu bekommen. Im Sommer genügte ein einfacher Lendenschurz. Hingegen ist die Winterbekleidung aus Kaninchen- oder Hasenfell für beide Geschlechter schon sehr alt. Für die Herstellung einer Decke aus Fell mußte eine Frau ihre ganze Geschicklichkeit aufwenden. Mit einer Steinklinge schnitt sie die gereinigte Haut spiralförmig von außen nach innen in einen schmalen Streifen, der zwischen Bäumen zum Trocknen aufgehängt wurde. Die Ränder dieses mehrere Meter langen Bandes rollten sich nach innen ein und ergaben einen pelzigen Strick. Stücke dieser Pelzstricke wurden entweder in gewünschter Länge mit kleinen Fellstückchen aneinander gebunden und es entstanden die begehrten wärmenden Umhänge, oder die Fellstränge wurden zwischen in den Boden eingeschlagenen Pflöcken zu einer warmen Robe verwoben. Das spiralförmige Schneiden ist die gleiche Art, in der andere Völker aus großen Häuten ihre langen Lederriemen herstellten.

Bei den Stämmen des Großen Beckens finden wir kein institutionelles Häuptlingstum, keine festen Organisationen wie Altersbünde oder religiöse Gesellschaften. Kriege, zu deren Führung man geeignete Persönlichkeiten benötigt hätte, gab es in alter Zeit nicht.

Der sogenannte Kaninchenanführer oder -häuptling wie auch der Anführer der Antilopenjagd besaßen zwar eine gewisse Autorität, doch kann man ihre Kompetenzen nicht mit jenen des Häuptlingstums anderer Stämme vergleichen. Für die kleinen wandernden Gruppen war der Mann und Familienvater die Verkörperung der obersten Institution, die Sicherheit und Versorgung gewährleistete.

Das Fehlen aller uns geläufigen gesellschaftlichen und religiösen Einrichtungen schließt aber nicht aus, daß das Leben unter diesen einfachen und schweren Verhältnissen nicht einem genau einzuhaltenden Verhaltenskodex unterworfen war. Beginnen wir mit der Geburt eines Kindes. Eine besondere Geburtshütte gab es nicht, doch hielten sich beide Eltern an das Verbot gewisser Nahrung wie Fleisch, Fett und Salz. Auch verzichtete der Mann einige Zeit auf die Jagd, um eine geheimnisvolle weibliche Macht nicht zu verärgern. Er hätte das Verletzen dieses Tabus eventuell mit dem Verlust seiner Kraft bezahlen müssen.

Mutter und Kind badeten nach Möglichkeit. In wasserarmen Zeiten mußte ein warmes Sandbad die Reinigung ersetzen. Auch die Menstruationshütte fehlte und ist nur für die südlichen Paiute belegt. Ebenso kannte man keine Initiationsriten und Ehezeremonien. Ein Mann lebte oft mit zwei Frauen zusammen, doch hatte je nach Gegebenheit auch die Frau das Recht, mit zwei Männern eine feste Bindung einzugehen. Das Alleinleben in einer kleinen Gemeinschaft wurde als wenig sinnvoll und unnatürlich angesehen. Alte Leute, die sich den langen Wanderungen nicht mehr gewachsen fühlten, blieben in der Einsamkeit zurück, ebenso wurde mit kranken Neugeborenen verfahren, bei denen man sich keine Überlebenschancen mehr erhoffte.

Außer der Antilopenjagd gab es im Sommer noch eine zweite bescheidene Zeremonie, während der die Leute um einen Baum tanzten und Lieder über Vögel und Tiere sangen, deren Schutzgeister sie damit anriefen. Es waren Gesänge, die später in der Geistertanzbewegung auftauchten. Auch die spärlichen Geschichten der Mythenerzähler handelten von diesen Tieren, in erster Linie aber vom «Guten Bruder Wolf», der maßgebend an der Erschaffung der Erde beteiligt war, und dem ewigen Störenfried, dem Coyoten, der durch die Mythen so vieler Indianervölker geisterte.

Die Ute berichten von einem Wolf, der, mit einem Sack beladen, sich nur noch mühsam vorwärts schleppte. Als der Sack immer schwerer wurde, legte er sich nieder, und der Sack platzte. Alle Menschen der Welt quollen aus ihm heraus und wanderten an die verschiedenen Orte der Erde. Nur die Ute blieben dort, wo der Wolf sich niedergelassen hatte, in Nähe der großen Berge.

Das Zusammentreffen mehrerer Gruppen gab auch Gelegenheit

zur Durchführung der beliebten Ballspiele. Fußball und Handball waren die Domäne der Männer. Bei den Shoshoni-Gruppen hatten die Frauen ihre eigenen Spiele, wie «shinny», eine Art Hockey, mit einem Lederball und Racket gespielt, und «Doppelball», bei dem zwei kleine, durch einen Riemen verbundene Bälle mit einem Stock aufgefangen werden mußten. Bei allen Spielen waren feste Regeln einzuhalten.
Der Gastfreundschaft wurde ein hoher Stellenwert beigemessen, und größtes Ansehen genoß ein Mensch, der am meisten von seiner bescheidenen Habe verschenkte.
Die Figur eines Schamanen oder Medizinmannes und seiner Fähigkeiten ist ziemlich verschwommen. Er erhielt seine Berufung im Traum, ohne daß er sich vorher irgendwelchen strengen Prüfungen hätte unterziehen müssen. Auch Selbstkasteiungen sind nicht bekannt. Er selber war der festen Überzeugung, nach seinem Traum eine gewisse Macht über böse Geister und Klapperschlangen zu besitzen oder die Möglichkeit zu haben, verlorengegangene gute Geister zurückzurufen. Seine Rolle in der Krankenheilung ist nicht fest umrissen.

Neue Routen in das kalifornische Goldland

Bis etwa 1840 bekamen die Ureinwohner des Großen Beckens, abgesehen von einigen Reisenden und Trappern, kaum einen Weißen zu Gesicht. Im Jahre 1843 zog der Vermessungsingenieur J. Ch. Frémont (1813–1890) mit dem Kartographen Charles Preuss und dem erfahrenen Westmann Cit Carson (1809–1868) auf der Suche nach dem legendären Buena ventura-Fluß, der angeblich den Salzsee mit dem Pazifik verbinden sollte, von Norden her durch das Große Becken. Den geheimnisvollen Fluß fanden sie zwar nicht, doch erreichte die kleine Expedition nach unsäglichen Strapazen über die Sierra Nevada tatsächlich Kalifornien. Unsinnigerweise führte die Gruppe eine Kanone mit sich, die den armen Diggern den nötigen Respekt einjagen sollte. Eine spätere Expedition eröff-

nete eine weitere Route vom Salzsee über einen südlichen Paß in das gesegnete Land im Westen.
Längst waren auf dem weiter nördlich verlaufenden, 3000 Kilometer langen Oregon-Trail Ströme von Auswanderern und Abenteurern an die pazifische Küste vorgestoßen, und 1846/47 führte Brigham Young (1801–1877) seine Mormonen unter unsäglichen Opfern in das Land um den Großen Salzsee. Ausgelöst durch eine Reihe schicksalsschwerer Ereignisse wurde auch das Große Becken in den Strudel der Erschließung des Westens mit einbezogen. Im Jahre 1858 brach in Kalifornien das Goldfieber aus. Glücksritter aller Nationen durchquerten auf neu erschlossenen Wegen die Wüsten Nevadas, ohne Rücksicht auf die Belange der Ureinwohner. Man war schnell mit dem Gewehr zur Hand, ganz gleich, ob eine Gruppe Nahrung suchender Menschen oder Antilopen über den Weg liefen. Als dann noch in den Nevada Mountains Silber gefunden wurde, war das Schicksal der Indianer eigentlich schon besiegelt.
Um die Minen und die um sie neu gegründeten Siedlungen besser gegen spanisch/mexikanische Ansprüche zu schützen, wurde Nevada 1864 Staat der USA. Bereits vier Jahre später waren Arbeiter mit dem Verlegen von Eisenbahnschienen quer durch die Wüste beschäftigt, die einen Teil der transkontinentalen Eisenbahn bildeten. Wo blieb dort noch Platz für die Wanderungen der Shoshoni und Paiute zu den Weidegründen der Antilopen, zur gemeinsamen Kaninchenjagd und zur Rast an den spärlichen Wasserläufen? Die amerikanische Regierung kümmerte sich wenig um die Belange der verachteten «Digger», zumal diese weder einen mit Machtbefugnissen ausgestatteten Häuptling noch eine Organisation besaßen, die ihre Rechte hätte vertreten können. Einigermaßen bebaubares Land war bald im Besitz weißer Farmer. Die Silberminen mit ihren Siedlungen, die einigen Indianern zwar Arbeit für einen Hungerlohn boten, zerstörten die Ökologie weiter Landstriche, ganz abgesehen von Krankheiten, Alkohol und der «Western Moral», die überall Einzug hielten.
Um 1874 gründete die Regierung zwei bescheidene Reservationen

am *Walker River* und *Pyramid Lake,* die aber viel zu klein waren, um nur annähernd die alten Wanderrouten für die Jagd und die Ernte der Wildfrüchte für eine ausreichende Ernährung zu gewährleisten. Das kärgliche Leben der Ureinwohner wurde noch erbärmlicher.

Die Geistertanzbewegung

Im Jahre 1890 kam für alle geplagten Völker, vor allem für die Sioux der Plains, die ebenfalls unter mißlichen Verhältnissen in ihren Reservationen in North und South Dakota leben mußten, eine Botschaft der Hoffnung – der «Geistertanz»! Schon einmal, um 1870 herum, hatte ein Prophet aus dem kalifornischen Grenzraum die indianischen Menschen mit einer neuen Heilslehre aufhorchen lassen. Da sich seine Prophezeiungen, eine gewaltige Sintflut würde nach Abhaltung gewisser Tänze und Lieder alle Weißen verschlingen, nicht erfüllte, geriet die Lehre bald in Vergessenheit.
Nun ließ der neue Prophet *Wovoka* (ca. 1858–1932) mit der von ihm verkündeten «Geistertanzbewegung» alle Heilserwartungen neu aufleben. Wovoka, auch bekannt unter dem Namen *Wanekia,* war der Sohn des Paiute-Sehers Tavibo und lebte bis zum Tod seines Vaters um 1870 in Mason Valley in der Nähe der Walker River Reservation. Später nahm sich ein weißer Farmer, namens Wilson, des verwaisten Jungen an und gab ihm den Namen Jack Wilson. Wovoka war ein einfacher Landarbeiter und hatte hier auch die Gelegenheit, etwas Englisch zu lernen. Mit seiner späteren Frau Mary hatte er drei Töchter und einen Sohn, der schon früh verstarb. Während einer schweren Krankheit und der Sonnenfinsternis am 1. Januar 1889 erhielt Wovoka seine Visionen, in denen ihm eine göttliche Stimme seinen Auftrag erteilte.
Schwerpunkt der neuen Lehre war der Glaube an die Wiederauferstehung aller toten Indianer, die Rückkehr der Bisonherden und die Vernichtung des weißen Mannes bei einem bald drohenden Weltuntergang. Gegenseitige Liebe und Vertrauen der indianischen Menschen untereinander war genauso Pflicht wie die Ab-

kehr von allem Bösen. Ein Messias war verheißen, und das Land würde als ein Paradies neu erstehen. Dieser ideale Zustand sollte durch die Abhaltung gewisser Tänze, die den Namen «Geistertanzbewegung» prägten, erreicht werden.
Schon im Januar 1889 wurde auf der Walker Lake Reservation der erste Geistertanz zelebriert. Die nach Wovokas Weisungen abgehaltene Zeremonie war sehr einfach. Männer und Frauen hielten sich an den Händen und tanzten in langsamen Schritten links im Kreis herum. Während des Tanzes sangen sie Lieder von Wovokas Träumen und den Tieren, deren Geister ihnen Schutz gewährten und die bereits in den uralten Gesängen der Shoshoni ihren Platz hatten. Nach den sechs Tage und Nächte dauernden Tänzen, die alle sechs Wochen wiederholt werden mußten, nahmen alle ein Bad. Die Bekleidung bestand aus einem einfachen Leder- oder Baumwollhemd, dem «Geistertanzhemd», das unverwundbar macht und das jeder mit den Zeichen seiner Visionen bemalte. Hier dominierten Sterne, die Mondsichel und der Donnervogel. Die Kanten der viereckig eingesetzten Ärmel und die Nähte warem meist ausgefranst, wohl in Erinnerung an die schönen alten Lederkleider. Dazu schmückte man die Hemden mit einzelnen Federn.
Die neue Bewegung breitete sich rasend schnell aus und erreichte im Sommer 1889 auch die Sioux in ihren Reservationen in North und South Dakota. Eine von ihnen abgesandte Delegation der Teton brachte die Weisungen Wovokas allerdings in einer sehr abweichenden Interpretation zurück. In ihr war von einem Messias die Rede, der schon auf Erden weilte (Wovoka selber hatte sich nie als Messias bezeichnet) in einem von Hunger und Krankheit und von Weißen befreiten Land. Die ursprünglich frei von Ressentiments gegen die Weißen gepredigte Lehre Wovokas nahm bei den durch Hunger und Enttäuschungen über Landenteignungen aufgebrachten Sioux aufrührerischen Charakter an. Die Tänze erreichten im Sommer 1890 einen geradezu euphorischen Höhepunkt, zumal die Teilnehmer noch fest an die Unverwundbarkeit durch feindliche Gewehrkugeln glaubten.

Auch Häuptling Sitting Bull setzte sich mit seinem ganzen Einfluß für die Bewegung ein. Als er der Aufforderung nach Beendigung der Zeremonien nicht nachkam, entschloß sich die Regierung zum Handeln. Während der Verhaftung und dem sich daraus entwikkelnden Handgemenge wurde Sitting Bull, sein Sohn Crow Foot und einige ihrer Gefährten am 15. Dezember 1890 durch die Indianerpolizei erschossen. Wenig später, am 29. Dezember, starben 300 Männer, Frauen und Kinder unter dem Kugelregen des 7. Kavallerie-Regiments am Wounded Knee. Die Geistertanzhemden waren zu Totenhemden geworden.

Auch außerhalb der Sioux-Reservationen wurde der Geistertanz vorerst mit Begeisterung aufgenommen und erfaßte die Stämme der nördlichen Arapaho und Cheyenne, Hidatsa und Arikara sowie die Reststämme in Oklahoma, während die Comanche, Blackfoot, Plains Cree und Plains Ojibwa sich der neuen Religion verschlossen. Zu Auseinandersetzungen mit der Regierung kam es in den betroffenen Gebieten nirgends. Die Bewegung erlosch nach und nach und ließ ihre Tänzer enttäuscht und desillusioniert zurück.

Wovoka hatte bereits 1892 das Zeichen zur Beendigung des Tanzes gegeben, weil sich keine der erhofften Prophezeiungen einstellen wollte. Seine Visionen wiederholten sich nicht, und er setzte sich von nun an für eine Verständigung mit seinen weißen Nachbarn ein. Am 20. September 1932 verstarb er auf der Walker River Reservation und fand dort auf dem kleinen Friedhof seine letzte Ruhestätte.

Heute sind die Ureinwohner des Großen Beckens in eine Vielzahl kleiner Reservationen aufgeteilt. Etliche kann man eher als Wohnsiedlungen bezeichnen, da sie sich in Nähe von Ortschaften befinden, die einigen Arbeit bieten. Die Kinder besuchen öffentliche Schulen, für die Waisen gibt es in Carson City ein Internat. Um zu überleben, hat man sich der weißen Gesellschaft anzupassen. Die weit verstreut lebenden Menschen, deren Zahl wenige Tausend beträgt, haben kaum eine andere Möglichkeit.

Die Nordwestküste

Es ist fast unmöglich, die landschaftliche Vielfalt und Schönheit der amerikanischen Nordwestküste mit ihren wechselnden, oft schwermütigen Stimmungen in kurzen Worten zu beschreiben. Das Gebiet hat eine Längenausdehnung von etwa 1700 Kilometer und umfaßt den pazifischen Küstenraum der heutigen Staaten Oregon, Washington, des kanadischen British Columbia und Alaska bis zum 60. Breitengrad.
Der Küste vorgelagert sind Hunderte von Inseln, oft nur als Schären zu bezeichnen, daneben aber auch stattliche Inseln wie Vancouver Island mit 32000 Quadratkilometer Fläche, die Queen Charlotte Islands und das Prince of Wales Island des Alexander Archipels, der nördlichsten Gruppe. Sie alle sind Teil einer zwischen den Saint Elias Mountains und dem Küstengebirge von Washington abgesunkenen Gebirgskette.
Zahlreiche steile Fjorde schneiden tief in die felsenzerklüftete Küste ein und fangen die Flüsse auf, die von den Gebirgen hinunterströmen und durch ihren Fischreichtum berühmt sind. Nur wenig nördlich des bekannten Hafens Prince Rupert stoßen die großen Gletscher der Küstengebirge bis an das Meer vor. Doch unser Gebiet ist nicht nur eine von Wasser, Felsen und schneebedeckten Bergkulissen geprägte Landschaft, es ist auch ein Land der harzduftenden Nadelwälder mit einem urwaldartig üppigen Unterholz. Durch den warmen Alaskastrom, der Fortsetzung des Kuro Schio-Stromes, dem die Aleuten ihre gemäßigten Temperaturen verdanken, ist das Klima auch in der nördlichen Küstenregion im Winter verhältnismäßig mild, aber sehr niederschlagsreich. Die Küstengebiete bleiben dadurch zum Vorteil ihrer Bewohner weitgehend eisfrei.

In den regenfeuchten Wäldern wachsen rund 45 Baumarten, eine botanische Vielfalt, wie sie anderswo kaum noch einmal zu finden ist. Es gibt echte Tannen, Zypressen, Weidenarten, die Papierbirke, rote Erlen und großblättrige Ahornarten, um nur einige wenige zu nennen. Die Nadelhölzer dominieren, und nur der Fachmann kann ihre Arten auseinanderhalten. So ist zum Beispiel die bis nach Kalifornien zu findende Douglastanne weder eine echte Tanne noch eine Fichte, sondern ein Baum aus der Familie der Kiefern *(Pseudotsuga menziesii)*. Sie überragt an Höhe die Sequoia der kalifornischen Wälder. Die mehr als 90 Meter hohe Zuckerkiefer *Pinus lambertiana* erhielt ihren Namen von dem Botaniker David Douglas, der die bis 60 Zentimeter langen Zapfen mit den damals üblichen Zuckerhüten verglich. Der Riesenlebensbaum *(Thuja plicita)*, auch Weißzeder genannt, aus der die Indianer ihre bis 20 Meter langen Boote herstellten, und die Westliche Hemlocktanne *(Tsuga heterophylla)* werden auf Vancouver Island einzig von der großen Küstentanne überragt. Bei der immer wieder erwähnten Rotzeder handelt es sich um eine Scheinzypresse *(Chamaecyparis nootkatensis)*. Und nicht zu vergessen ist die Sitkafichte *(Picea sitchensis)*, die wir vorwiegend in den nördlichen Wäldern finden.

Im dichten Unterholz gedeihen die meisten der uns bekannten Gartenbeeren in einer verwandten, wilden Form: Erdbeeren, die himbeerähnlichen Salmonberries *(Rubus spectabilis)*, stachelbeerartige Früchte und Heidelbeeren an mannshohen Sträuchern. Die bitterlichen Soapberries *(Shepherdia canadensis)* werden von den Indianern noch immer mit besonderen Holzlöffeln zu einem eierschneeartigen Schaum geschlagen und als Beigabe zu Fisch gegessen.

Die Strände sind mit allen Arten von Lummen, Alken und Kormoranen belebt. Die steilen Uferfelsen geben Tausenden von Silber-, Bering- und Raubmöwen Unterschlupf. Die pazifischen Gewässer und Flüsse lieferten den Küstenvölkern, solange sie noch ungestört blieben, einen Überfluß an Seesäugern und edlen Fischen, so daß das Wort Hunger bei ihnen selten war. Man wagte sich, abgesehen vom Pottwal, an alle Walarten heran und jagte daneben Seehunde, Seelöwen und Delphine. Schalen- und Krustentiere waren ein zusätzlicher Leckerbissen, und Heringsrogen galt als eigentliche Delikatesse. Im Frühjahr wurden Tannenzweige in seichte Küstengewässer gelegt, zwischen denen sich die befruchteten Eier in ganzen Trauben sammelten.

5000 Jahre Leben am Wasser

Oberflächlich gesehen haben die Kulturen der Nordwestküste viele Gemeinsamkeiten. Doch vertiefen wir uns intensiver in ihre komplizierten sozialen Organisationen und in die individuelle Art ihrer Lebensweise, so merken wir rasch, daß die Stämme stark voneinander abweichende Kulturformen entwickelt haben. Noch komplizierter ist die Aufgabe, sie in eine Sprachtabelle einzuordnen. In British Columbia allein gliedern sich zehn ethnische Gruppen in vierunddreißig sprachlich verschiedene Untergruppen. Gewisse Gemeinsamkeiten erlauben uns, das betreffende Gebiet in sieben Menschengruppen aufzuteilen.

Die Wohngebiete der *Tlingit* lagen und liegen im gesamten Küstenstreifen südlich des 60. Breitengrades bis an die nördliche Grenze von British Columbia. Sprachlich gehören sie zur Na Dene-Sprachfamilie, der auch die nach Südwesten abgewanderten Apache und Navajo beizuordnen sind. Nach Krause[74] waren die Tlingit in dreizehn Stämme mit eigenen Dialekten aufgeteilt. Trotz der verschiedenen Sprachen verstanden sie sich untereinander, selbst die Gruppe der Yakutat mit sehr starken Abweichungen. Die alte Bezeichnung für die Tlingit war das russische Wort Koljuschen oder Kaljuschen, in älteren Quellen auch noch Koloschen, was wir nur der besseren Identifizierung halber erwähnen. Durch englische Forscher kam dann die Bezeichnung Tlinkit, später Tlingit auf, eine Angleichung an die Eigenbezeichnung der Indianer *lingíd* (= Menschensohn).

Die Queen Charlotte Islands sind Heimat der *Haida* oder *Skittagetan,* ebenfalls aus der Na Dene-Sprachfamilie mit den beiden Dialekten Skidegate und Masset.

Die *Tsimshian* aus der Sprachfamilie der Chinook-Tsimshian teilen sich in drei Dialekte; der eine wurde von vierzehn, der andere von sieben und der dritte von vier verschiedenen Gruppen gesprochen. Ein Teil ihrer Siedlungen lag und liegt im Gebiet von Prince Rupert und mit den Völkern der Niska und Gitksan in den herrlichen Tälern des Nass und Skeena River.

Das Wohngebiet der nördlichen und südlichen *Kwakiutl* mit drei dialektischen Einheiten aus der Wakashan-Sprachfamilie ist außerordentlich aufgegliedert und liegt südlich der Tsimshian und vor allem auf den Inseln der Queen Charlotte Strait und dem Nordteil von Vancouver Island. Im Westen dieser großen Insel sind die *Nootka* zu Hause, ebenfalls zur Wakashan-Sprachfamilie zählend, die noch mit einer Gruppe auf dem Festland vertreten sind, den Makah an der Küste von Washington.

Die südlichste Gruppe, die *Küsten-Salish,* finden wir an den Küsten von Washington, doch greift ihr Gebiet ein ziemliches Stück in das Innere dieses Staates und von British Columbia hinein. In der gleichnamigen Sprachfamilie sind sechs Dialekte bekannt.

Die *Bella Coola* sind als einziger Stamm ohne direkten Zugang zum Meer. Ihre Dörfer standen am gleichnamigen Fluß östlich der nördlichen Kwakiutl. Sprachlich gehörten sie zu den Küsten-Salish.

Wir wissen heute, daß sich die Nordwestküstenkultur mit ihren Ausläufern bis an die nördliche Küste von Kalifornien erstreckte, wo sie sich in den von ihr verschiedenen einfachen Kulturen verlor. Dennoch werden wir uns hier auf das eingangs umrissene Kerngebiet beschränken. Schon früh wurde die Sprache der heute ausgestorbenen *Chinook* als «Handelssprache» im gesamten Raum eingeführt, und Mitte des letzten Jahrhunderts gab es für weiße Händler ein English-Chinook-Dictionary. Doch war die Aussprache so schwer, daß es immer wieder zu Mißverständnissen kam. Franz Boas traf im Sommer 1890 den letzten Chinook in Oregon!

Die Ergebnisse der archäologischen Arbeiten werden uns noch manche Überraschung bereiten, obwohl nach bisherigen Grabungen bereits feststeht, daß die Nordwestküstenkultur schon vor 5000 Jahren ihren Anfang nahm. Außerordentlich ergiebige Fundorte liegen im Gebiet um Prince Rupert und am Skeena River, also im ehemaligen Wohngebiet der Tsimshian, im Tal des Fraser River, auf den Queen Charlotte Islands und am Cape Alava in Washington. Zur Auffindung alter Siedlungen benützten die Forscher Luftaufnahmen, die deutlich die auf dem Strand aus Steinen gebauten Gleitbahnen für die Boote zeigten. Allein im nördlichen British Columbia wurden bislang etwa 200 alte Siedlungsplätze entdeckt. Einige gehören zu den ältesten ständig besiedelten Orten der Neuen Welt und geben uns mit Hilfe der C-14-Methode die Entwicklungsgeschichte von 5000 Jahren wieder. Speziell im Hafengebiet von Prince Rupert wurden bis zu sechs Meter tiefe Schichten systematisch erforscht, in denen Generationen von Tsimshian ihre Spuren hinterlassen haben.
Anhand von Grabfunden kann man sich ein ungefähres Bild vom Äußeren dieser Menschen machen. Es war ein kleiner, eher untersetzter Menschenschlag mit – bei beiden Geschlechtern – gut entwickelten Oberarmknochen, die auf kräftiges Paddeln in Booten hinweisen. Die Beine sind durch das viele Sitzen im Boot leicht gekrümmt, wie es oftmals auch bei Reitervölkern festzustellen ist. Durch das Beißen von Schalentieren und das Durchkauen von Rinde zeigen die Zähne bereits bei jüngeren Menschen starke Abnutzungserscheinungen. Schon in prähistorischer Zeit wurde von Männern und Frauen ein *«Labret»*, ein Lippenpflock aus Holz, Knochen oder Stein getragen, der später bei andern Stämmen, speziell bei Frauen, zu einem Statussymbol wurde.
Die Untersuchung von Abfallhaufen mit Tausenden von Knochen zeigt, daß über 40 See- und Landtiere zur Nahrung oder für die Kleidung Verwendung fanden. Das gleiche gilt für 50 Arten von Vögeln. Zwischen allen Artifakten lagen ebenmäßige Steine, wie sie alle Steinkocher benutzten. Die technischen Hilfsmittel für Fischfang und Jagd, auch jene an Frauengeräten, wie steinerne

Spinnwirtel, Knochenschaber zum Zerfasern von Rinde, Bohrer und Ahlen, haben teilweise ein sehr hohes Alter. Auf die Herstellung von Öl aus dem Eulachon *(Thaleichthys pacificus)* müssen die Tsimshian schon früh ein direktes Monopol besessen und das begehrte Fett an Nachbarvölker abgegeben haben.

Die Siedlungsform weist die für das ganze Kulturgebiet typische Art der Häuser auf, die in einer Reihe in Front zum Wasser standen. Nur waren sie in der Zeit vor 1500 v. Chr. wesentlich kleiner. Die Giebelhäuser dienten als Winterquartier, im Sommer hatten die Familien temporäre Aufenthaltsorte, die für den Fischfang oder die Jagd besonders günstig lagen. Auch ergiebige Muschelbänke waren bei der Wahl eines Wohnplatzes ausschlaggebend.

In der Zeit um etwa 1500 bis 500 v. Chr. setzte nach und nach ein spürbarer Wandel ein. Die Menschen vermehrten sich, Siedlungen und Häuser wurden geräumiger, und es gibt Anzeichen eines sich entwickelnden Häuptlingstums. Das Haus eines Rangältesten war größer gebaut und stand in der Mitte einer Häuserreihe. Funde von Dentalium-Schnecken, Haliotis, Obsidian und Bernstein weisen auf einen sich ausbreitenden Handel mit andern Stämmen hin. Es finden sich erste Darstellungen von Tieren, die später die Funktion von Wappentieren übernahmen.

Die letzte Phase der Entwicklung setzte etwa 500 v. Chr. ein und reicht bis in die historische, bereits von den Europäern beobachtete Zeit. Die langsam sich herausbildenden sozialen Ränge dokumentierten sich in reichen Grabbeigaben, bei den Frauen Schmuck, bei den Männern alle Attribute eines großen Jägers mit geschnitzten Keulen, Waffen, Sprechstäben und weiteren Insignien ihres Ranges. Bei einem Grab waren die Wände sogar mit Seeotterzähnen ausgelegt.

Wie war es möglich, daß sich unter den extremen klimatischen Bedingungen der materielle Besitz aus Knochen, Holz, Geweih, selbst Überreste von mehr als 2000 Jahre alten Flechtarbeiten, so gut erhalten konnten? Zum einen verdanken wir die Konservierung den zahlreichen Muschelschichten, deren Kalk durch die Niederschläge ausgewaschen wurde und sich in Kalzium-Karbonat umwandelte. Diese Lösung neutralisiert die Säure der verwitternden organischen Stoffe, wie Pflanzen und Wurzeln, welche normalerweise zum Zersetzungsprozeß von Knochen u. dgl. beitragen. Andere, für den Forscher günstige Fundstätten sind mit Feuchtigkeit vollgesogene Böden, in denen sich keine Bakterien entwickeln konnten. Im kompakten Schlamm eines träge dahinfließenden Flusses überstanden derart Reste von Flechtarbeiten aus der Zeit um Christi Geburt – Reste also von nicht mehr gebrauchten Haushaltsgegenständen, die Generationen von Tsimshian-Frauen in den Fluß warfen.

Ein geradezu idealer Fundplatz befindet sich am Cape Alava im nördlichen Washington. Dort hatten die *Makah* auf natürlichen Terrassen über dem Meer seit unendlichen Zeiten ihre Siedlungen. Sie bauten ihre Dörfer stets auf den von Erdrutschen verschütteten Häusern ihrer Vorfahren wieder auf. Beim Abrutschen eines ganzen Hügels vor etwa zehn Jahren kamen die Artifakte zweier Jahrtausende zum Vorschein. Vor allem waren es die gut erhaltenen Überreste eines etwa 500 Jahre alten Dorfes, die die Archäologen auf den Plan riefen. Mit Hilfe von Studenten und jungen Makah aus einer nahen Siedlung wurde mit dem systematischen Abbau der Schichten begonnen. Auch hier waren Flechtarbeiten und Webereien durch den Lehm bestens konserviert. Faszinierend sind Steine mit Felszeichnungen von Walen, kleinen Walen im Muttertier und von menschlichen Figuren, die abseits der gefährdeten Terrassen alle Naturkatastophen unbeschädigt überstanden.

Von den Ausgrabungen im Fraser Valley sind die bis 2500 Jahre alten Steinfiguren hervorzuheben, hockende menschliche Figuren oder Köpfe mit markant oder abstrakt herausgearbeiteten Gesichtern, daneben Tiere. Viele sind als kleine Gefäße geformt, in die man figürliche Darstellungen mit einbezogen hat. Oft umschließen die Arme die kleine Vertiefung. Ihre Verwendung ordnet man mehr dem religiösen Bereich zu, doch steht hinter vielen Stücken noch ein großes Fragezeichen.

Weitere wichtige Fundplätze von Steinschnitzereien in Form von Figuren, Keulen, Schalen, Mörsern und Hämmern sind u. a. das

Gebiet um Prince Rupert, die nördliche Spitze von Vancouver Island und die Queen Charlotte Islands.

Höhepunkte handwerklichen Könnens

Im 18. Jahrhundert begannen Europäer und Russen, sich mit der nordpazifischen Küste und ihren Bewohnern zu befassen. Sie fanden Kulturen vor, die nicht nur Staunen erregten, sondern ihren bislang gemachten Erfahrungen in andern Teilen der Neuen Welt weitgehend widersprachen.

Stattliche Winterdörfer aus mächtigen Zedernplanken standen zum Schutz gegen Sturm und Überflutungen in geschützten Buchten oder ein Stück weit entfernt vom Strand über der Hochwassergrenze, doch stets in Sichtweite des Wassers. Die Häuser waren mit Giebelseite und Eingang gegen das Wasser gerichtet. Nicht selten hatten sie noch eine Plattform, die ein Stück über den Strand ragte. Der mittlere Teil des Innenraumes lag etwas vertieft, so daß ringsum eine breite Erdbank entstand. Auf ihr hatten die einzelnen Familien ihre Schlaf- und Wohnstätten, die durch Matten oder Bretter gegeneinander abgeteilt waren. Damit war auch der Innenraum bis auf die mit Steinen ausgelegte gemeinsame Feuerstelle isoliert. Zu jedem Haus gehörte ein gut abgedichteter Schwitzraum, der jedoch nur einer Person Platz bot. Durchschnittlich wohnten vier bis fünf Familien als Gemeinschaft zusammen.

Die Konstruktion der Häuser variierte von Stamm zu Stamm. So bauten die Yakutat ihre Häuser auf acht Stützpfählen; das Dach wurde nur von den vier mittleren und nicht von den Eckpfählen getragen. Die Haida integrierten ihren Wappenpfahl in die Vorderfront, wobei die Eingangsöffnung oft in das Schnitzwerk mit einbezogen wurde. Auch die Eckpfosten im Innern wiesen mächtige, bemalte Wappentiere auf. Die Nootka kannten ebenfalls geschnitzte Innenpfosten, im übrigen waren hier Flachdächer üblich. Später standen die hochragenden Wappenpfähle bei den meisten Stämmen vor dem Haus; bei den Küsten-Salish fehlen sie ganz.

(Wir schreiben mit Absicht «Wappenpfähle», da der Begriff «Totem» dem wahren Sinn der Pfähle nicht entspricht.) Fast alle Stämme bemalten die Hausfronten mit großflächigen, stilisierten, oft im Doppelprofil dargestellten Tierfiguren.

Beim Stamm der Snohomish am Puget Sound fiel das Dach von der Vorderseite des Hauses schräg nach hinten ab. Auch bei der Inneneinrichtung finden wir Abweichungen. Die Schlafräume hatten untereinander keine Verbindung, dafür besaß jede Familie eine eigene Tür nach außen. Über den erhöhten Schlafstätten war ein kleiner Hängeboden für Vorräte und Kleider, der durch eine Leiter zugänglich war. Eine Bemalung der Hausfront oder der inneren Pfosten ist nicht überliefert. Bei allen Haustypen gab es einen verschließbaren Rauchabzug im Dach.

Der große Bedarf an profanen Dingen, Schnitzereien, Schmuck usw. sowie das unterschiedliche Material, das fast überall in reichem Maße zur Verfügung stand, förderten die Entwicklung eines regelrechten Berufshandwerkertums. Beim Flechten und Weben waren auch die Frauen mit einbezogen, womit deren sozialer Status erheblich anstieg. Berühmte Künstler wurden mit der ganzen Familie in das Haus ihres Auftraggebers eingeladen, wenn die Vollendung eines kostbaren Objektes es verlangte.

Die Nordwestküstenkultur ist eine «Holzkultur», basierend auf dem unvorstellbaren Reichtum der Wälder. Fehlte die passende Holzart, blieb die Möglichkeit, sie auf dem Wasserweg heranzuschaffen. So bei den Tlingit und Eyak, wo gewisse Baumarten bereits fehlten. Das Fällen der Bäume mit dem Steinbeil war ein mühsamer Prozeß, deshalb wurden Stahläxte später zu einem der begehrtesten Tauschartikel. Zur Herstellung von Brettern trieb man Hartholzkeile in den gefällten Stamm. Manchmal mußte von der andern Seite her mit weiteren Keilen nachgeholfen werden. Die Bretter wurden stets etwas dicker als benötigt gespalten. Durch das Glätten mit der Ellbogenaxt erhielten sie dann die gewünschte Stärke. Bei dieser Axt steht die Klinge waagrecht zu dem abgewinkelten Stiel. Mit ihr gelingt es den indianischen Künstlern noch heute, eine gleichmäßig glatte Fläche zu erarbeiten, Pfähle zu

Bemalte Holzkiste der Tsimshian

runden und die gröberen Vorarbeiten für die Schnitzereien zu leisten. In der nächsten Phase der Schnitzarbeit wird das Handbreitbeil oder Beitel (engl. adze) benutzt, und für die Feinarbeit verschiedene Messer mit gekrümmter Klinge. Es ist bemerkenswert, daß indianische Künstler ihr Werkzeug bis in unsere Tage auf dieselbe Art herstellen. Sehr eindrücklich wird dies in der großen indianischen Lehrwerkstätte in Ksan bei Hazelton am Skeena River vorgeführt. Selbst Klingen, früher aus Stein, werden aus Feilenstahl von Hand gehämmert und gefeilt. Zum Schlagen benutzen die Männer noch immer den runden Steinhammer ohne Stiel, einen «stone mauls». Früher wurden die fertigen Arbeiten mit Haifischhaut oder dem Stengel der Cattail *(Typha latifolia)*, unsern Kanonenputzern verwandt, geglättet. Heute wird dafür Schmirgelpapier verwendet.

Mit den hier aufgezählten Werkzeugen kann ein indianischer Künstler oder Handwerker so ziemlich alles vom Wohnhaus bis zum Eßlöffel herstellen. Stolz aller Hausfrauen waren die mit Malereien oder Schnitzereien sehr dekorativ verzierten wasserdichten Vorratskisten, deren vier Wände aus einem Stück Holz gearbeitet wurden. Das vorbereitete Brett erhielt innen in gleichem Abstand drei konisch zulaufende Einkerbungen, durch die es möglich war, das Holz über Dampf im rechten Winkel abzubiegen. Die beiden Enden wurden vernäht oder mit Holzstiften verbunden. Dieses Wandstück befestigte man mittels Pflöcken auf dem mit einer Einkerbung versehenen Boden. Ein solider Deckel mit Rand schloß die Kiste sorgfältig ab. Die Kisten dienten auch dem Transport von Handelsware, etwa Trockenfisch oder Öl.

Ein gewissenhafter Handwerker ließ sich auf seinem Unterarm ein bestimmtes Längenmaß eintatauieren, das ihm ein exaktes Arbeiten erleichterte.

Höhepunkt handwerklichen Könnens waren die aus Zedernstämmen gearbeiteten seetüchtigen Boote, mit denen man sich, wie zum Beispiel die Nootka zur Waljagd, weit auf das Meer hinauswagte. Vorwiegend dienten sie dem Fischfang in Küstennähe und dem Verkehr der Siedlungen untereinander. Jeder Stamm hatte seine eigenen Formen. Als besonders zuverlässig galten die Boote der Haida, die bis zu 20 Meter lang waren und 50 Leuten Platz boten. Mit ihnen fuhren die Indianer sogar zum mehr als 1000 Kilometer entfernten Puget Sound. Ihre speziellen Transport- und Kriegskanus standen hoch im Kurs, und gern tauschte man Kisten von geräuchertem Fisch, Decken und andere Kostbarkeiten gegen das Kanu eines berühmten Bootsbauers.

Die Herstellung erforderte viel Zeit und wurde meist von zwei Männern vorgenommen. Ein astfreier Stamm wurde der Länge nach geteilt, mit der Schnittfläche nach unten gelegt und entrindet. Der nächste Arbeitsgang verlangte absolute Genauigkeit. In größeren Abständen wurden dünne Löcher in das Holz gebohrt, in die gleich lange schwarze Stäbchen gesteckt wurden. Nun begann die Aushöhlung mit der Ellbogenaxt von der Schnittfläche her. Ab einer gewissen Tiefe war Aufmerksamkeit geboten, denn sobald man auf die schwarzen Stäbchen stieß, war die gewünschte Wanddicke erreicht. Nach dem Glätten der Innenwände füllte man den Bootsraum mit Wasser, das mit glühenden Steinen laufend erhitzt wurde, um das Holz weich und formbar zu machen. Die Thompson-Salish warfen Lachsköpfe in das siedende Wasser. Das auskochende Öl verband sich mit dem Holz und machte es geschmeidig und wasserabweisend.

Dann folgte die zeitraubende Arbeit der Ausweitung des Bootsrumpfes, indem man immer längere Querhölzer zwischen die Seitenwände trieb. War die gewünschte Breite erreicht, begann die Bearbeitung der Außenfläche. Der Bug, bei einigen Stämmen auch das Heck, wurde separat hergestellt und mit dem Bootskörper fest verleimt. In der Regel war der Bug kunstvoll geschnitzt und bemalt und lief in einen großen Tierkopf aus. In das Boot kamen Sitzbänke. Ein schwarzer Schutzanstrich außen verhinderte das Eindringen von Bohrwürmern.

Allein bei den Unterstämmen der Küsten-Salish am Puget-Sound gab es fünf verschiedene Arten von Booten, vom kleinen «Zweisitzer» über ein leichtes Boot für Frauen bis zum prächtigen Fahrzeug für große Gesellschaften. Hier überwog die Bemalung innen rot und außen schwarz. Wasserschöpfer aus Zedernrinde fehlten in keinem Boot.

Zur Fortbewegung benutzten alle Völker Krückenruder, so genannt nach dem krückenähnlichen oberen Abschluß. Die Form des Blattes variierte. Bei den Kwakiutl und Tlingit ist sie unten spitz, bei den Haida rund.

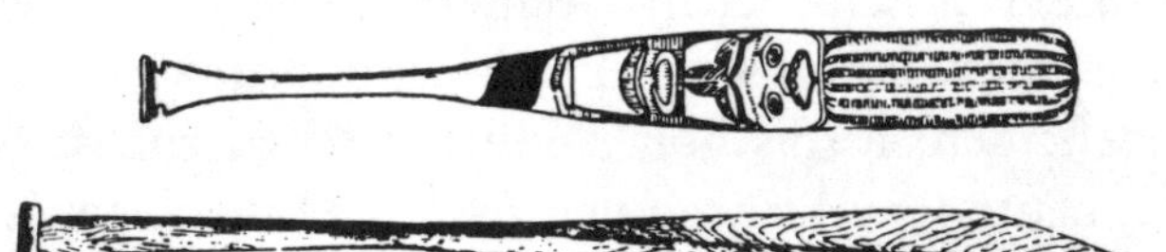

Ein Steuer nach europäischer Art war unbekannt. Meist führte eine ältere Frau am Heck das Stechpaddel. Wir lesen darüber bei Friederici: «Bei den Tlingit war dies eine feste Sitte; bei allen ihren Kriegsunternehmungen wurden die großen Piraguas von einem alten Weibe gesteuert und kommandiert. Ihre Autorität scheint bei solchen Gelegenheiten nahezu absolut gewesen zu sein; Meares erlebte es, daß eine solche Amazone mit Pagajen-Schlägen (Pagajen = Stechruder, der Autor) und Messerstichen die Disziplin aufrecht erhielt, ohne daß auch nur einer der vielen in den Booten anwesenden Männer etwas dagegen einwendete oder dem in so rauher Weise gezüchtigten Geschlechtsgenossen zu Hilfe eilte. Kapitän Vancouver lernte einen «alten Drachen» (a most excessive scold) von ähnlichem Temperament kennen.»[75]

Die Flechtkunst war bei den Völkern der Nordwestküste besonders hoch entwickelt. Speziell unter den Haida und Tlingit befanden sich wahre Meisterinnen, was aber die Fähigkeiten der Frauen anderer Stämme nicht herabmindern soll. Das verwendete Material bestand in erster Linie aus Wurzelfasern und Rindenbast, hinzu kamen je nach Vorkommen Schilf, Binsen und Weiden. Fasern und Bast wurden in heißem Wasser geschmeidig gemacht und zugleich eingefärbt, soweit dies bei der verschiedenen Tönung des Materials überhaupt noch nötig war. Geflochtene Körbe mit Tragriemen aus Ahornrinde dienten zum Einsammeln von Muscheln und Beeren, andere Behälter für die reichen Vorräte. Die wasserdichten Körbe zum Kochen erhielten einen geflochtenen Deckel.

Der Bedarf an Matten allein für die Inneneinrichtung der Häuser war sehr groß. Auch die Segel wurden aus verschiedenen Matten zusammengesetzt, allerdings ist die Benützung von Segeln in voreuropäischer Zeit umstritten. Es ist hier nicht möglich, auf den Reichtum der verschiedenen Flechtarten und Muster einzugehen, von denen jeder Stamm seine charakteristischen Merkmale besaß.

Die geflochtenen, formschönen Hüte aus Zedernbast oder Wurzelfasern, heute Prunkstücke der großen Museen, gehören zu den außergewöhnlichen Gepflogenheiten dieser Stämme. Die Formen sind sehr verschieden. So waren zum Beispiel die Hüte der Nootka konisch mit einer birnenförmigen Spitze, wie sie uns Johann Wäber auf dem Porträt einer Nootka-Frau anschaulich zeigt. Dockstader bildet in seinem Band «Indian Art in America» einen Hut der zu den Tlingit gehörenden Sitka ab. Das gut erhaltene Stück,

Hut der Tsimshian

zwischen 1850 und 1875 erworben, trägt an seinem oberen Ende vier zylinderförmige Aufsätze, aus denen ein Hermelinfell hängt. Die Aufsätze zeigen die Anzahl der gegebenen «Potlatch» (vgl. S. 321) an. In weiten Gebieten trugen Männer und Frauen konisch geflochtene Hüte mit Tiermalereien, die zugleich ein guter Wetterschutz waren. Im Norden finden wir hölzerne Zeremonialhüte mit Tierwesen, meisterhaft aus einem Stück Holz herausgeschnitzt. Die Kopfbedeckungen der Frauen einiger Gruppen am Puget Sound bestand in einer geflochtenen Kappe aus Weidengeflecht, die bei windigem Wetter noch mit einem Kinnband gehalten wurde.

Die Kleidung war dem relativ milden Klima angepaßt, wobei festzuhalten ist, daß die Menschen ungeheuer abgehärtet waren. Im Sommer trugen die Frauen nur einen kurzen Grasrock, der durch einen mit Muscheln verzierten Bast- oder Ledergürtel gehalten wurde. Männer und Kinder sollen in früheren Zeiten während der Sommermonate nackt gegangen sein. Hier sei an ein Bild von Paul Kane «The Medicine Mask Dance» erinnert, auf dem die Männer neben den Masken nur eine äußerst dürftige Bekleidung tragen. Im Winter und bei zeremoniellen Anlässen trug man Kleidungsstücke aus verwobenen weichen Bastfasern. Die Küsten-Salish woben aus Hundehaar und der Wolle der Bergziege warme Decken und eine Art Poncho.

Legende vom Ursprung der Chilkat-Decken

Berühmt wurden die Decken der zu den Tlingit gehörenden Chilkat, ein Stamm mit großen, kräftigen Menschen, die weiter im Landesinneren am gleichnamigen Fluß wohnten. Ihre Decken waren ebenfalls aus Bergziegenwolle hergestellt, bei alten Stücken waren noch Muster mit figürlichen Darstellungen aufgemalt.

Nach einer Legende wurde der erste Mantel von einer Frau gewoben, die mit *Gonaqadet,* dem mächtigen Meergeist, verheiratet war. Einst beherbergte *Yetl,* der Rabe, den Meergeist in seinem Heim und erhielt als Abschieds- und Dankesgeschenk von ihm einen schönen Mantel. Yetl, der mythische Helfer der indianischen Menschen im Nordwesten, brachte den Mantel den Chilkat-Frauen und lehrte sie, selber solche Mäntel zu weben. Die ursprünglich sehr einfachen Muster wurden mit der Zeit etwas vielfältiger, doch der Durchbruch zu den heute so berühmten Chilkat-Decken erfolgte erst während eines äußerst strengen Winters. Birket-Smith erzählt die Entstehung folgendermaßen: Überall herrschte größte Not, und die Menschen konnten infolge des hohen Schnees nicht aus ihren Häusern. «Während des Müßiggangs, wobei die Nerven aller infolge des Hungers zum Zerreißen gespannt waren, saß ein Mädchen Tag um Tag und starrte auf die Trennwand im Hintergrund des Hauses, auf welcher die Wappenzeichen ihres Geschlechts gemalt waren, bis sie sich zuletzt von diesem Anblick so besessen fühlte, daß sie nur noch Entspannung beim Weben eines Tanzrockes fand, der wider alle Regeln diese Zeichen wiedergab, deren Darstellung bis dahin Vorrecht der Männer gewesen war. Da sie einige Zeit nachher mit dem Sohn eines hochstehenden Häuptlings verheiratet wurde, nahm dieser den Rock unter den Geschenken entgegen und wurde darüber so glücklich, daß er mehrere Sklaven als Ausdruck seiner Anerkennung tötete... Der Rock wurde weit und breit berühmt und als Vorbild für viele andere. Später wurden Darstellungen dieser Art auf die großen Tanzmäntel übertragen.»[76]

Gleich der Aufteilung der Malereien in den Plains und Prärien wurde auch hier die figürliche Darstellung stets von den Männern ausgeführt, während die geometrischen Muster Domäne der Frauen waren. Für die neue Art der Tanzmäntel hatten die Männer deshalb die Hälfte des Bildes zuerst auf ein Brett aufzumalen, von wo es durch die Weberin dann ganz auf den Mantel übertragen wurde. Mit der Zeit gab man die Mäntel als besondere Auszeichnung oder als Geschenk weiter, und oft wurde der Reichtum einer Familie an der Zahl der Mäntel gemessen. Wo der Ursprung der Technik liegt, die ein Mittelding zwischen Weben und Flechten ist, konnte noch nicht befriedigend geklärt werden.

Die meisten Gruppen der Salish, zum Teil auch die benachbarten Kwakiutl, hielten Hunde ausschließlich ihrer Haare wegen. Die Tiere wurden wie Schafe geschoren, die Haare gewaschen, gefärbt und dann versponnen, wobei die Salish besonders große und schön geschnitzte Spindelscheiben verwendeten. Nach Haeberlin[77] haben die Snohomish zur Herstellung ihrer Decken auch Entenfedern verwendet. Die weichen Flaumfedern wurden mit einem Stock locker geschlagen, dann mit den flaumigen Fasern des Weidenröschens vermischt und so versponnen. Der Faden für die Kette wurde aus den Fasern einer Nesselart gewonnen. Die derart verwobenen Decken waren den Bergziegendecken ähnlich, nur war ihre Grundfarbe etwas dunkler.

Der Webstuhl der Salish ist ein stehender Rahmen mit je zwei waagrechten Verstrebungen unten und oben, wobei die beiden inneren die Kette spannen. Mit einer sogenannten Netznadel, auf die der Faden aufgewickelt ist, fährt man durch die Kette und verschlingt oder verknotet dabei den Faden. Man spricht bei dieser Technik von Maschenstoff. Bei den einfachen Mustern der Salish dominieren Zickzacklinien und Quadrate. Heute werden einfache Spinnräder verwendet, doch der eben beschriebene Webstuhl ist immer noch in Gebrauch. Die soliden und farblich sehr fein abgestimmten Webereien der Salish-Frauen sind heute ein begehrter Verkaufsartikel.

Im Bereich von Schmuck und Verschönerung des Körpers entwikkelten sich zum Teil ausgefallene Schönheitsvorstellungen. Die Gesichtsmalerei wurde im Alltag wie bei religiösen Anlässen angewendet. Rote Farbe mit Tran, im Süden mit Hirschfett vermischt, wurde als Wetterschutz auf das ganze Gesicht aufgetragen. Im Gegensatz zu den vorwiegend geometrischen Mustern anderer Kulturen zeigt sich hier eine Vorliebe zu Darstellungen von Tieren, in erster Linie natürlich die eigenen Wappentiere. Es fällt auf, daß die Bemalung oft als untere Linie die Augenbrauen benutzt. Starke und geschwungene Augenbrauen galten als besonders schön, und man konnte sie, wie zum Beispiel mit zwei sich wölbenden Walen auf der Stirn, noch besonders unterstreichen. Die Bemalung in Schwarz, Ocker, Blau, Grün und Weiß wurde mit den Fingern, kleinen Bürsten oder geschnittenen Stempeln aufgetragen.

Tatauierung und Kopfdeformation

Die Körpertatauierung ist speziell bei den Haida Brauch gewesen. Bei großen Festen gingen die Männer nackt und die Frauen nur mit einem kurzen Röckchen bekleidet, damit man die «Rangabzeichen» auch gebührend bewundern konnte. Es wird von einer Frau berichtet, die auf der Brust den Kopf eines Bibers, auf den Oberarmen den Kopf eines Adlers oder Donnervogels und auf beiden Unterarmen bis auf die Hände je einen Heilbutt eintatauiert trug. Auf den Schienbeinen waren je ein Frosch und nochmals ein Donnervogel zu sehen. Es handelt sich hier also um einen ganzen Familienstammbaum.

Bei den Nisqually wurden Mädchen anläßlich ihrer Initiationsfeier tatauiert. Die ornamentalen Muster brachte man mit einem Stachelbeerdorn und Holzkohle an Armen und Unterschenkeln an.

Die Freude, mit Schmuck zu imponieren, zeigt sich auch an den großen, dekorativen Ohranhängern, für die sich die Haliotis besonders gut eignete. Daneben liebte man Ketten aus Haifischzähnen und farbigen Steinen und auch Nasenringe aus geschnitzten Knochen oder Dentaliumschnecken quer in der Nasenscheidewand. Nachdem Alaska zu den USA gekommen war, verarbeite-

Mann und Frau der Haida mit Tatauierungen
(nach Mallery)

ten indianische Künstler mit Vorliebe amerikanische Silberdollars, und speziell die Frauen trugen je nach Rang mehrere Ringe an Armen und Fingern.

Eine besondere Art von Statussymbol, der Lippenpflock (Labret), war einmalig für Nordamerika. Wie wir schon bei den prähistorischen Fundstätten hinwiesen, wurde er damals von beiden Geschlechtern getragen. Später war er nur noch weibliches Privileg. Einem jungen Mädchen wurde im Alter von etwa zwölf Jahren die Unterlippe durchbohrt und ein dünner Stift aus Elfenbein oder Silber eingesetzt. Nach der Verheiratung versuchte die junge Frau durch Einfügen eines etwas dickeren Stiftes die Öffnung zu vergrößern. Mit der Zeit trug sie eine kleine, mit Silber oder Haliotis eingelegte Holzscheibe von etwa drei bis vier Zentimeter Breite in der Unterlippe. Krause schreibt, je größer diese Scheibe war, um so mehr stieg das Ansehen. Deshalb wird auch von handfesten Auseinandersetzungen berichtet, die zwischen eifersüchtigen und eitlen jungen Frauen ausgetragen wurden. Schon Ende des 19. Jahrhunderts war dieser sonderbare Schmuck nur noch bei älteren Frauen zu finden, die jüngeren begnügten sich mit einem Stift.

Bei einigen Salish- und Kwakiutl-Stämmen und den Chinook kannte man die Sitte der Kopfdeformation, ähnlich wie sie schon bei den südöstlichen Waldstämmen beschrieben wurde. Salish und Chinook wendeten dieselbe Methode mit einem Brettchen an. Die Kwakiutl hingegen schnürten den Kopf mit einem festen Band, was sich mehr auf die Verlängerung des Hinterkopfes auswirkte.

Da die ersten Fotografen noch alte Frauen mit Kopfdeformationen antrafen, muß die Sitte bis Mitte des 19. Jahrhunderts üblich gewesen sein.

Das starke, tiefschwarze Haar wurde von den Männern offen getragen, von den Frauen zu einem Zopf verflochten. Doch keine Regel ohne Ausnahme. Die Frauen am Puget Sound und im südlichen Küstengebiet fanden sich mit zwei Zöpfen schöner, in die je nach Bedarf noch Fellstreifen mit eingeflochten wurden. Die Männer dort trugen das Haar hochgebunden in einem Knoten am Hinterkopf, die Nisqually-Männer wiederum flochten zwei Zöpfe. Wuchs das Haar «über den Gürtel», wurde es geschnitten. Frauen sollen ihr Haar grundsätzlich nie geschnitten haben. Es fällt auf, daß die Männer der nordpazifischen Küste einen spärlichen Oberlippenbart hatten.

Das Lachsvolk

In der Ernährung stand bei sämtlichen Stämmen der Fisch an erster Stelle, allem voran die edlen Salmarten. Im nördlichen Gebiet wurde vornehmlich der Chinook- oder Königssalm *(Oncorhynchus tshawytscha PF)* gefangen. Weiter gegen Süden zeigt sich der etwas kleinere Pink Salm *(Oncorhynchus gorbuscha PF)* und im Puget Sound der Coho- oder Silbersalm *(Oncorhynchus kisutch PF)*.

Als letzten wollen wir noch den Chum- oder Dog-Salm *(Oncorhynchus keta PF)* erwähnen.

Die Fische wurden frisch gegessen oder als Vorrat geräuchert. Bei den meisten Stämmen zerlegten die Fischer die Tiere gleich am Ufer und warfen die Gräten ins Wasser zurück, wo sie nach ihrem Glauben wieder zu Fischen wurden. Für den etwa zwei Meter langen Heilbutt waren besonders starke Angelhaken nötig. Die Stämme des nördlichen Gebietes fertigten sie aus zwei Teilen, mehr im Süden bestanden sie aus einem über Dampf zu einem Bogen geformten Stück. Die Spitze, an der ein Köder aus Tintenfisch befestigt war, bestand aus Knochen. Die Tlingit und ihre Nachbarn schnitzten magische Figuren an ihre Angelhaken; Salish, Nootka und ihre Nachbarvölker hingegen brachten keine Verzierungen an. Der Lachs wurde ebenfalls mit der Angel oder auch mit der Harpune gefangen. Rationellere Methoden bestanden aus kunstvoll geflochtenen Reusen oder über den ganzen Fluß gezogenen Wehren. Aber auch Netze wurden verwendet.

Im Frühling zogen in den Flüssen des mittleren British Columbia die Eulachon zu ihren Laichplätzen. Die zur Familie der Lachse gehörenden Fische sind so ölhaltig, daß sie direkt als Kerze verwendet werden konnten, was ihnen auch den Namen Kerzenfisch eintrug. Da er im Norden nicht vorkam, war er ein begehrter Handelsartikel. Man gebrauchte ihn nicht nur als Lichtspender, sondern kochte das Öl aus, welches in Vorratskisten aufbewahrt und gehandelt wurde. Das Öl fand Verwendung zum Kochen und Konservieren von Beeren, Früchten und Fleisch. Andere Fische, wie Forellen, Kabeljau und Hering, dienten der Abwechslung des Küchenzettels. Meermuscheln und -schnecken hingegen wurden eifrig gesammelt, da neben ihrem Fleisch vor allem die Schalen für die Schmuckherstellung wichtig waren.

Die Nootka besaßen das Monopol für die in weiten Teilen Nordamerikas begehrten Dentaliumschnecken. Mit einem langen Stab, der am unteren Ende strahlenförmig endete, konnte man in flacheren Gewässern die senkrecht auf dem Meeresgrund stehenden Gehäuse leicht aufnehmen.

An großen Meersäugern wurden in erster Linie Robben erlegt. Dazu benutzten die Jäger Harpunen oder wie die heutigen Robbenjäger Keulen. Den Seeotter jagte man nur seines Felles wegen. In voreuropäischer Zeit diente es zur Verzierung der Festkleidung, später hauptsächlich als Tauschartikel gegen die begehrten Eisenpfannen und Werkzeuge.

Der Wal-Häuptling

Die aufwendige, oft mehrere Tage dauernde Waljagd wurde nur von den Nootka, Makah und Quileute (Wakashan-Sprachfamilie) durchgeführt. An dem Unternehmen beteiligten sich immer mehrere Boote, die unter Leitung eines Wal-Häuptlings standen, der sich mit Gebeten auf seine verantwortungsvolle Aufgabe vorzubereiten hatte. Dazu begab er sich an einen stillen Ort außerhalb der Siedlung, wo unter einer Unterdachung besonders geschnitzte Holzfiguren und die Schädel seiner Wal-Häuptlings-Vorfahren aufbewahrt wurden.
Gejagt wurde mit Harpunen, die an langen Leinen aus Walsehnen befestigt waren, und Lanzen. Erst wenn der Häuptling mit seiner Harpune das Tier getroffen hatte, durften die andern Jäger ihre Waffen werfen. An den Leinen waren insgesamt bis 50 Schwimmer aus aufgeblasenem Seehundsfell befestigt, die den Wal am Absinken hindern sollten und anzeigten, wo sich das getroffene Tier befand.
Bei der nur sekundär betriebenen Landjagd fanden verschiedene Arten von Fallen, Pfeil und Bogen sowie stumpfe Pfeile für Vögel Verwendung. Für die Bärenjagd bauten die Chilkat eine Falle ähnlich dem Typ der Nordoststämme, bei der ein mit Steinen beschwerter Baumstamm dem nach dem Köder suchenden Bären auf das Genick fiel und ihn sofort tötete. Kleintiere wurden in Schlingen gefangen, und die begehrte Bergziege erlegten die mehr im Landesinnern wohnenden Gruppen mit besonders kräftig gearbeiteten Bogen und Pfeilen.

Die Ernte und das Sammeln der pflanzlichen Nahrung erstreckte sich so ziemlich über das ganze Jahr. Im Frühjahr gesellten sich Sprößlinge verschiedener Kräuter hinzu, die zum Teil als Wintervorrat getrocknet wurden. Beeren bewahrten die Frauen entweder mit Tran gemischt auf, oder zerstampften sie zu einem Brei, der in kleinen Fladen getrocknet und im Winter aufgeweicht in einer Suppe verkocht wurde. Als Beigabe zu Fischgerichten röstete oder kochte man die Wurzeln von Adlerfarn, Schilf und wilden Sonnenblumen, aber auch die Knollen verschiedener Lilien- und Zwiebelgewächse. Durch die Russen lernten die Völker später die Kartoffel kennen, welche mit unterschiedlichem Erfolg angepflanzt wurde.

Die Konservierung geschah in erster Linie durch Räuchern oder Lufttrocknen, bei dem allerdings oft mit einem schwachen Feuer nachgeholfen werden mußte. Teilweise gab es kleine Schuppen, in denen der Vorrat an Stangen hing. Zum Trocknen schnitt man den Lachs an der Rückenseite auf und entfernte Eingeweide, Kopf, Schwanz und Rückgrat. Die Fischteile wurden dann mit einem Längsstock und dünnen Querstöckchen durchbohrt, damit sie sich nicht zusammenrollten. Dasselbe Prinzip wendete man beim Räuchern an, das in einer speziellen Rauchhütte, zumindest unter einem Wetterschutz geschah.

Muscheln, nie roh gegessen, wurden von den Frauen geröstet und auf Streifen von Zedernrinde aufgezogen. Die verschiedenen Arten von Kochen und Garen und die Rezepte der indianischen Hausfrauen würden ein ganzes Kochbuch füllen. Gekocht wurde in den uns schon geläufigen wasserdichten Körben oder in Ledersäcken. Daneben kannten alle Stämme die verschiedensten Arten von Kochen in Erdlöchern, die bis 1,5 Meter tief sein konnten und immer außerhalb des Hauses lagen. Die unterste Schicht bestand aus glühenden Steinen, dann wurde die Höhlung mit Blättern oder Zederngrün ausgekleidet und der Korb mit Fisch, Fleisch, Gemüse usw. hineingesetzt. Zwischen die abschließenden Zweige kamen nochmals glühende Steine. Fische in Kräuter eingewickelt wurden auch direkt auf glühenden Steinen geröstet, gebackene Farnwurzeln waren speziell als Beigabe zu frischem Lachsrogen beliebt. Zur Getränkebereitung gab es genügend aromatische Kräuter, die auch in der Krankenheilung Verwendung fanden.

Zum Haushalt gehörten hölzerne Eßschüsseln und Löffel, je nach Rang der Familie mehr oder weniger verziert. Für zeremonielle Anlässe, bei denen eine eigentliche Festgesellschaft verköstigt werden mußte, besaß der wohlhabende Gastgeber hölzerne Festschüsseln, die bis zu drei Meter lang sein konnten, bei den Kwakiutl alter Tradition entsprechend in Kanuform gearbeitet. Sie waren mit Figuren geschnitzt, die Wappentiere des Besitzers zeigten. Großes Ansehen genoß der Besitzer von vier zusammengehörenden Schüsseln, deren Schnitzereien die Vertreter der übernatürlichen Mächte von Meer, Land, Wald und Himmel symbolisierten.

Mit hölzernen Schöpflöffeln wurde die Festmahlzeit, meist geräucherter oder getrockneter Salm und Heilbutt, in etwas kleinere Schüsseln aufgeteilt, um die sich vier bis sechs Leute gruppierten. Aus ihnen reichten Mitglieder des Hauses dann die Mahlzeit auf die persönlichen Teller der Gäste. Dazu servierte man Öl in kleinen Behältern, in die der Fisch vor dem Essen eingetaucht wurde. Die Ölbehälter, in Kanuform oder als Fisch gearbeitet und mit Bemalungen oder Einlagen von Haliotis, waren neben den aus Horn geschnitzten Zeremoniallöffeln gehütete Prunkstücke der Familien. Einige der großen Festschüsseln erhielten eine derartige Berühmtheit, daß sie besondere Namen bekamen.

Geburt – Initiation – Heirat

Ohne die genauen Aufzeichnungen von Franz Boas, der den größten Teil seines Lebens den Völkern der Nordwestküste, speziell den Kwakiutl widmete, wäre die Wissenschaft heute nicht in der Lage, sich von den längst zerstörten Kulturen ein nur annähernd genaues Bild zu machen. Allerdings mutete sich auch Boas nach zwölf längeren Besuchen bei den Kwakiutl noch nicht zu, eine erschöpfende Stammesmonographie über dieses Volk zu schreiben, was erklärt, wie kompliziert allein der gesellschaftliche Aufbau der Kwakiutl war.

Doch können wir diese Schwierigkeiten auf jeden Stamm übertragen, dessen Mitglieder einem ihr ganzes Leben umfassenden Verhaltenskodex unterworfen waren. Schon während der Schwangerschaft hatten die Frauen viele Verbote in bezug auf Speisen und Umgang mit Personen einzuhalten, die von Region zu Region verschieden waren. Man legte alle Armreifen und Ringe ab, nahm besondere Bäder und trank Aufgüsse von Kräutern, die eine Geburt erleichtern sollten. Die Niederkunft erfolgte in einer separaten Hütte, und nur weibliche Verwandte durften sich der jungen Mutter nähern und sie umsorgen.

Bei den Kwakiutl kam das Kind in eine Trogwiege, ein Bodenbrett mit fast senkrecht stehenden Seitenwänden. Die Nootka und Makah benutzten den sogenannten Einbaumtyp, eine aus einem Stück gearbeitete Trogwiege, die einem Kanu ähnelte. Sie besaß oft einen kleinen Lattenrost, damit das Kind trocken lag. Auch die Wiegen der Bella Coola sahen bootsförmig aus, waren aber aus zwei Stücken zusammengesetzt. Diese hölzernen Trogwiegen eigneten sich besonders gut zur Bemalung mit Wappentieren der Eltern und wurden im Haus nach Möglichkeit aufgehängt. Bei den Tlingit finden wir eine Kindertrage aus gebogener Birkenrinde und am Puget Sound schließlich die südliche Form, eine Matte in einem Rahmen aus Weidenzweigen.

Schwere Probleme schuf bei den Nootka die Geburt von Zwillingen. Die Eltern mußten sich für zwei Jahre in einer Hütte außerhalb des Dorfes niederlassen und sich jeder frischen Nahrung, vor allem des Lachses, enthalten. Der Vater färbte sein Gesicht ein Jahr lang rot und sang beim morgendlichen Bad besondere Lieder, welche die Lachse anlocken sollten. Zwillinge standen nach Glauben der Nootka in einer besonderen Beziehung zu den Lachsen. Kamen die Fische und hörten die Lieder, stand ein besonders gutes Fangjahr in Aussicht. Blieben sie aus, mußten die Kinder getötet werden. Überlebende Zwillinge waren später mit erheblichen Kräften ausgestattet. Schwärzten sie ihr Gesicht, erhielten sie die Macht, das Wetter zu beeinflussen. Allerdings war ihnen für immer das Fangen von Lachsen untersagt, und sie durften die frischen Fische auch nicht berühren.

Ein Kind erhielt nach seiner Geburt zuerst einen liebevollen Kose- oder Necknamen, und erst bei der Initiationsfeier wurde der persönliche Name verliehen. Ein Mann konnte im Laufe seines Lebens mit dem Erwerb besonderer Privilegien noch weitere Namen erhalten, die sein Ansehen enorm steigerten. Das Einsetzen der ersten Menstruation war bei allen jungen Mädchen ein einschneidendes Ereignis. Bei den Tlingit mußte die angehende junge Frau mehrere Monate in einer abgeschiedenen Hütte verbringen. Sie trug besondere Kleidung aus Bast, dazu war ihr die Berührung der Haare streng verboten. Man hatte zu diesem Zweck kleine Knochenkratzer oder einen dreizinkigen Kamm. Nach dieser Klausur wurden alle Kleidungsstücke verbrannt.

Eine besonders eindrucksvolle Feier wird uns durch Franz Boas von den Nootka überliefert. Das betreffende Mädchen saß auf der Plattform vor dem Haus, flankiert von zwei Männern in Masken und federverzierten Kleidern des Donnervogels. Eine Gruppe von Tänzern und Sängern ohne Masken lief zum Wasser, wobei bei dem Hin und Her ganz bestimmte Schritte und Gesten eingehalten werden mußten. Nachdem der Jungfrau Wasser über die Füße gegossen war, wurde eine mit den Figuren des Donnervogels bemalte Holzplatte vor das Mädchen hingestellt und die andern Seiten mit Matten verhangen. Dort mußte es, abgeschirmt von den Blicken der Männer, mehrere Tage verbringen, während rund herum das Fest mit Tänzen und Gesängen abgehalten wurde.

Eine Heirat war nur in die andere Dorfhälfte gestattet, und man war bestrebt, nicht unter seinem Rang zu heiraten. Ein wohlhabender Mann konnte sich zwei bis drei Frauen leisten, doch der Brautpreis war beträchtlich. Umgekehrt war es einer Tlingit-Frau aufgrund ihrer gewichtigen Stellung im Stamm gestattet, mit zwei Männern zu leben. Bei den Chilkat wurden bei einer Heirat gleich

Holzplatte mit Donnervogel und Walen für die
Initiationsfeier der Nootka-Mädchen (nach Boas)

ein Knabe und ein Mädchen adoptiert. Starb der Mann zu früh, heiratete die Frau ihren Adoptivsohn, umgekehrt der Vater seine Adoptivtochter. Die Chilkat erklärten dies mit der Begründung, ihre Frauen seien nicht so fruchtbar.
Von ehelichen Zerwürfnissen, Eifersuchtsszenen und Trennungen blieben auch diese Menschen nicht verschont.

Die Reise über den Totenfluß

Eine Aufstellung von Bestattungsarten ist insofern schwierig, als mehrere Formen gleichzeitig nebeneinander zu finden sind. Fast überall wurde der Leichnam durch eine Öffnung in der Wand oder im Dach hinausgebracht, keinesfalls durch die Tür. Dies hätte den Tod eines weiteren Familienmitgliedes zur Folge gehabt. Eine Ausnahme bilden Mitglieder gewisser Tanzgesellschaften der Kwakiutl, deren Mitgliedschaft mit dem erblichen Anrecht auf ein Wappentier aus den Ursprungsmythen verbunden war. Das Erscheinen dieses Wappengeistes, der den Verstorbenen in Empfang nahm und forttrug, wurde in einer Aufführung mit einem Maskentänzer und Trauergesängen dramatisch dargestellt. Nachdem der Tänzer eine figürliche Darstellung des Verstorbenen durch die Tür getragen hatte, schwand auch die Angst, den Toten selber hindurchzutragen. Beim Tod eines Schamanen bei den Haida wurde der Leichnam durch das Rauchloch seines Hauses gezogen, also jenen «Geisterpfad», auf dem zu Lebzeiten der Schutzgeist zu ihm gelangte.

Die Erdbestattung scheint mit wenigen Ausnahmen im gesamten Gebiet die älteste Form gewesen zu sein, die zum Teil noch funktionierte, als schon andere Beisetzungsarten übernommen wurden. Über den Gräbern mit hölzernen Sargkisten wurden kleine Überdachungen oder regelrechte Holzhäuschen in Giebeldachform errichtet. Diese Überdachungen behielt man auch bei, als die Toten später in Sargkisten auf Bäumen oder Pfählen ihre letzte Ruhe fanden.

Als eine Sonderform der Grabkistenbestattung dürfen wir die Kanubestattung ansehen, deren Zentrum bei den Küsten-Salish zu liegen scheint. Sie war aber auch bei den Makah zu finden, und eigenartigerweise noch einmal hoch im Norden bei den Tena am unteren Yukon. Der liebevoll geschmückte Tote wurde in das Kanu gelegt, das seinen Platz ebenfalls auf Bäumen oder Pfählen bekam. Bei Stämmen an der Küste von Oregon wurden sogar mehrere Leichen nacheinander in großen Kanus beigesetzt, um auf der letzten Reise den Totenfluß überqueren zu können.

Die Leichenverbrennung hat ihren Schwerpunkt bei den Haida, Tlingit, Bella Coola und einigen Kwakiutl-Gruppen und als relativ späte Form bei den Tsimshian am Skeena River. Tlingit und Tsimshian bewahrten die Knochenreste in einer bemalten Holzkiste auf, während die Haida sie als Überbleibsel eines geliebten Menschen im Haus behielten.

Die Neubeisetzung von Gebeinen in einer sekundären Bestattung finden wir vor allem bei den Nootka, Bella Coola und Haida. Die Nootka setzten die Knochen erneut in einem Sarg bei, behielten die Schädel aber im Haus und bewahrten sie in speziellen Kisten auf. Besondere Ehrungen wurden den Schädeln großer Häuptlinge und Jäger zuteil, die anläßlich eines Totenerinnerungs-Potlatch ge-

Kanu-Bestattung (nach H. C. Yarrow)

zeigt wurden und danach ihren endgültigen Platz in einer Ahnenschädel-Kiste bekamen.
Noch im 18. Jahrhundert besaßen die Nootka richtige Beinhäuser, deren Knochen und Schädeln man nach erfolgreicher Jagd Opfer brachte, da sie die Waljagd magisch beeinflussen konnten. Die Sitte der Haida, die Überreste eines Toten in der hinteren Höhlung eines Erinnerungspfahles beizusetzen, leitet über zu dem Brauch, die ganze Leiche eines Häuptlings in einer Sargkiste stehend im hinteren Teil des Pfahles zu deponieren. Noch zu Zeiten von Franz Boas wurden die Kisten auch in Querbalken zwischen zwei Pfählen beigesetzt, ja es wird von Konstruktionen berichtet, welche die Grabkisten ganzer Familien aufnahmen.
Salish im Gebiet des unteren Fraser River schnitzten mit größter Vollendung richtige Porträtfiguren des Verstorbenen als Grabpfosten und verzierten auch die Planken ihrer Grabhäuschen mit Tierfiguren. Es ist umstritten, ob sich die späteren großen Wap-

penpfähle aus Grabpfosten entwickelt haben, die wir übrigens auch in andern Teilen von Amerika und Sibirien finden. Bei den Haida könnten sich die Begräbnispfähle auch aus den geschnitzten Hauspfosten entwickelt haben. Diese imponierenden Totendenkmäler behielten ihre dominierende Stellung noch bei, als später die Wappenpfähle vor den Häusern auftauchten.

Eine Besonderheit bei den Haida und Tlingit ist die Beisetzung ihrer Schamanen an einsamen und abgeschiedenen Orten. Man findet ihre Gräber auf sturmumtosten Felsen der Küstengewässer oder auf besonders exponierten Hügeln, von wo ihre Seele ungehindert fortfliegen konnte. Der Leichnam war auf einfache Art einbalsamiert und in Rinde gewickelt. Beide Völker glaubten, daß ein Schamane nicht verbrennen kann.

Das soziale Gefüge

Der gesellschaftliche Aufbau der Nordwestküstenvölker ist einer der kompliziertesten in ganz Nordamerika. Auch für unsere frühen Informanten von James Cook bis Franz Boas war es schwer oder gar unmöglich, sich in diesem verflochtenen gesellschaftlichen Gefüge zurechtzufinden, zumal es in der zweiten Hälfte des 19. Jahrhunderts schon starken Erschütterungen ausgesetzt war. Die Stämme kamen mit den Errungenschaften unserer Kultur in Berührung, und Missionare verlangten, daß man die Wappenpfähle als heidnisches Machwerk verheize, um damit den Weg für ihre Arbeit vorzubereiten.

Auf der andern Seite versuchten Schamanen und traditionsbewußte Führer mit allen Mitteln, den Zerfall der gesellschaftlichen Formen und der damit verbundenen religiösen Praktiken aufzuhalten. Als später durch Krankheit und Alkohol die Bevölkerung stark zusammenschrumpfte, füllten die einzelnen Lineages oder Moieties ihren Bestand durch Menschen anderer Gruppen auf. Dadurch wurden die sozialen und gesellschaftlichen Gemeinschaften noch weniger überschaubar.

Generell läßt sich sagen, daß die Stämme im Norden matrilinear, im Süden mehrheitlich patrilinear ausgerichtet waren. Beschränken wir uns bei der Behandlung dieses schwierigen Gebietes auf einige Beispiele aus dem Norden.
Bei den Stämmen der Tlingit, Haida und Tsimshian waren aufgrund der matrilinearen Ausrichtung die soziale Stellung, besondere Privilegien und Erbrecht auf die Lineage der Mutter fixiert. Mit Lineage, in diesem Fall Matri-Lineage, bezeichnet man eine Blutsverwandtschaft, die auf einen bekannten, nachweisbaren Vorfahren zurückgeht. Die Angehörigen einer Lineage hatten ihre besonderen Wappentiere, die aber lediglich einen Schutzgeist darstellten. Häuptling einer Lineage war der Ranghöchste eines Großhauses, dessen Stellung erblich war. Alle Angehörigen der Lineages bei den Haida und Tlingit gehörten zudem einer festen Stammeshälfte, der «Moiety» an. Bei den Haida waren es die Raben- und Adler-Moiety. Die Mitglieder dieser Moieties besaßen gemeinsam einen mythischen Vorfahren, sei es ein Tier oder ein übernatürliches Wesen. Die Tsimshian hingegen kannten keine Moieties, sondern nur einen Clan, den man als erweiterte lokale Verwandtschaftsgruppe bezeichnen kann. Auch sie beriefen sich auf einen gemeinsamen mythischen Vorfahren. Zum Clan gehörten zum Beispiel auch die Angeheirateten. Haida und Tlingit besaßen trotz ihrer Einteilung in Lineages und Moieties auch Clans!
Alle hier kurz aufgeführten Gruppen hatten ihren festen Aufgabenbereich. Die Moiety regelte die Heirat in die andere Moiety (Heiraten innerhalb derselben Gruppe waren verboten), schlichtete Streitigkeiten und achtete auf die strenge Einhaltung von Vorschriften in bezug auf den Verkehr der beiden Hälften untereinander. Die Raben-Moiety mußte der Adler-Moiety beim Hausbau behilflich sein, und auch die Beerdigung wurde von der Gegenseite durchgeführt. Ebenso fiel die Ausrichtung eines Potlatch in den Aufgabenbereich dieser Institution. Die Lineages sorgten vor allem für die Einhaltung der komplizierten erbrechtlichen Gesetze, bei denen es nicht nur um die Weitergabe von materiellem Besitz, sondern auch von Liedern und Tänzen ging.

Der Aufgabenbereich eines Clans als politische Einheit lag in erster Linie auf wirtschaftlichem Gebiet und umfaßte die gemeinsame Jagd, die Pflege der Handelsbeziehungen, aber auch die Durchführung von Kriegshandlungen. Ein Clan hatte je nach der sonstigen sozialen Struktur eines Stammes unterschiedliche Bedeutungen und Aufgaben. Bei einigen Stämmen fehlte er ganz.

Neben dieser Zugehörigkeit zu einer Lineage, Moiety oder Clan gab es noch eine ausgeprägte Rangordnung, die auf Erbschaft und Besitz beruhte und sich in Adlige, Gewöhnliche und Sklaven aufteilte, um es mit Worten aus unserer Begriffswelt auszudrücken.

Führer bedeutender Lineages konnten sich im Laufe der Zeit große Macht, materiellen Besitz und Privilegien aneignen, die ihnen eine bedeutende Vorrangstellung einräumten. Durch Heiraten unter den Wohlhabendsten bildete sich mit der Zeit ein Stand mit großem materiellem Besitz heraus, der sich von den «Gewöhnlichen» unterschied. Mitgliedern dieses zweiten Standes war aber immer der Aufstieg in den Adel möglich, da durch außergewöhnliche Kriegstaten oder durch unverhofften Erwerb von Besitz ihr Prestige ebenfalls stieg und damit die Chance, ein Potlatch abzuhalten und die Tochter eines Adligen zu heiraten. Die dritte Kategorie bildeten die Sklaven, die nichts anderes als Kriegsgefangene waren und die man als Arbeitshilfen hielt. Sie waren selber eingebracht oder gekauft und stellten einen beträchtlichen Wert dar. Aufstiegsmöglichkeiten hatten sie nicht, und auch die Kinder ihrer Ehen blieben Sklaven, ein Ausdruck, der eigentlich mehr mit «Leibeigene» übersetzt werden sollte.

Im allgemeinen war das Verhältnis zwischen Sklaven und den andern Ständen gut, ja es bildeten sich zum Teil richtige Freundschaften. Dies hinderte jedoch einen wohlhabenden Mann nicht, anläßlich eines Potlatch einen Sklaven töten zu lassen, um seinen Reichtum unter Beweis zu stellen. Die Zugehörigkeit zum Adel oder Gewöhnlichen war vollkommen unabhängig von der Mitgliedschaft in einer Moiety oder Lineage.

52 Haida-Haus mit Wappenpfahl, Museum of Anthropology, University of British Columbia in Vancouver

53 Adlermaske der Kwakiutl

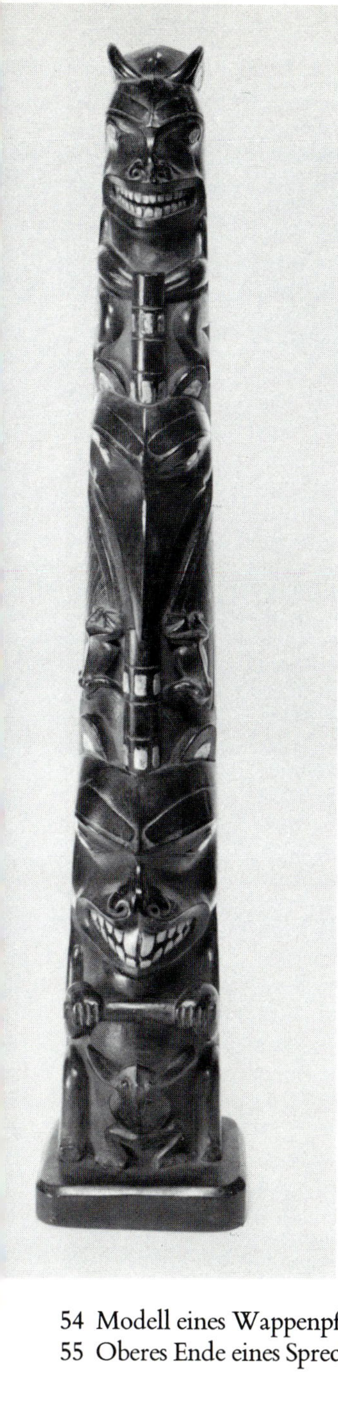

54 Modell eines Wappenpfahls aus Argillite, Haida
55 Oberes Ende eines Sprecherstabes der Kwakiutl

56 Doppelpfeife der Tsimshian, von einem Zwölfjährigen geschnitzt
57 Kwakiutl-Indianer beim Schnitzen eines Wappenpfahles

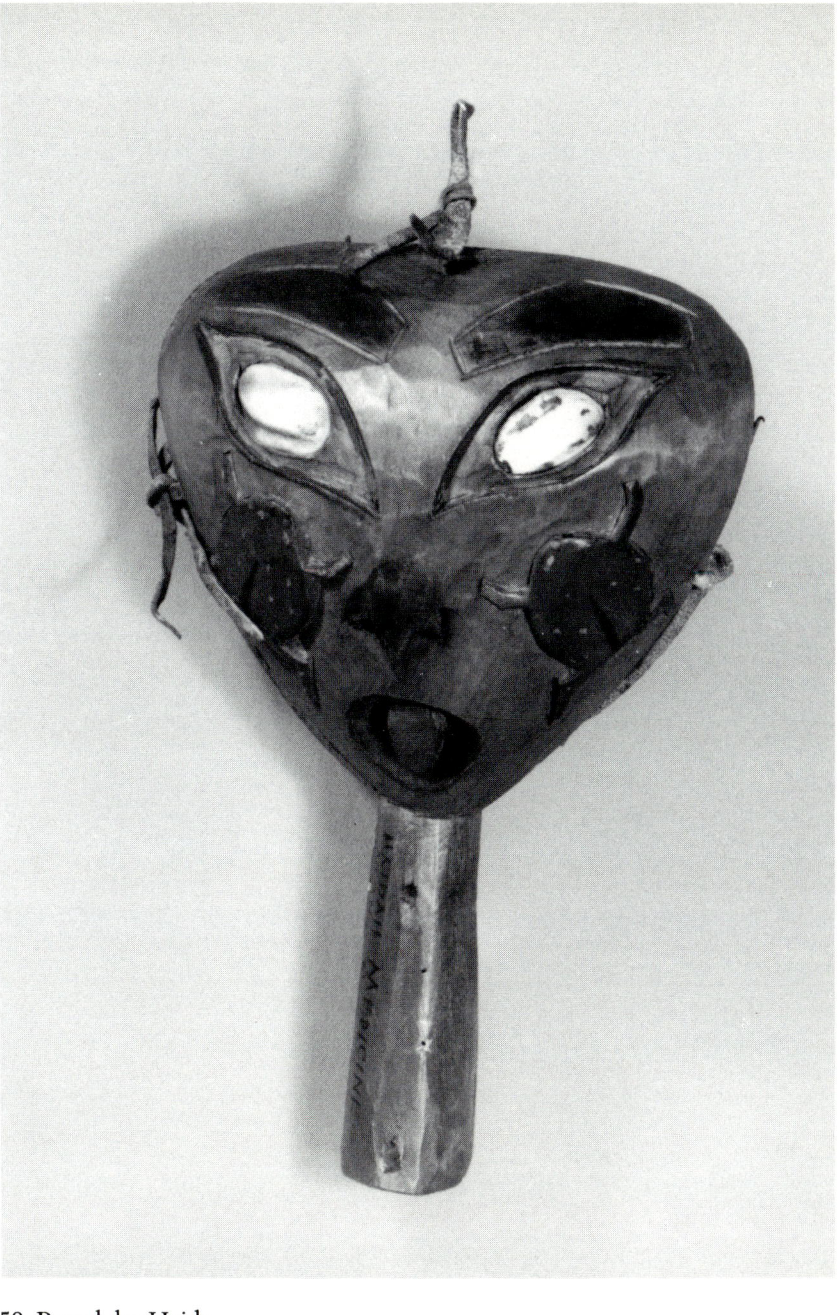

58 Rassel der Haida

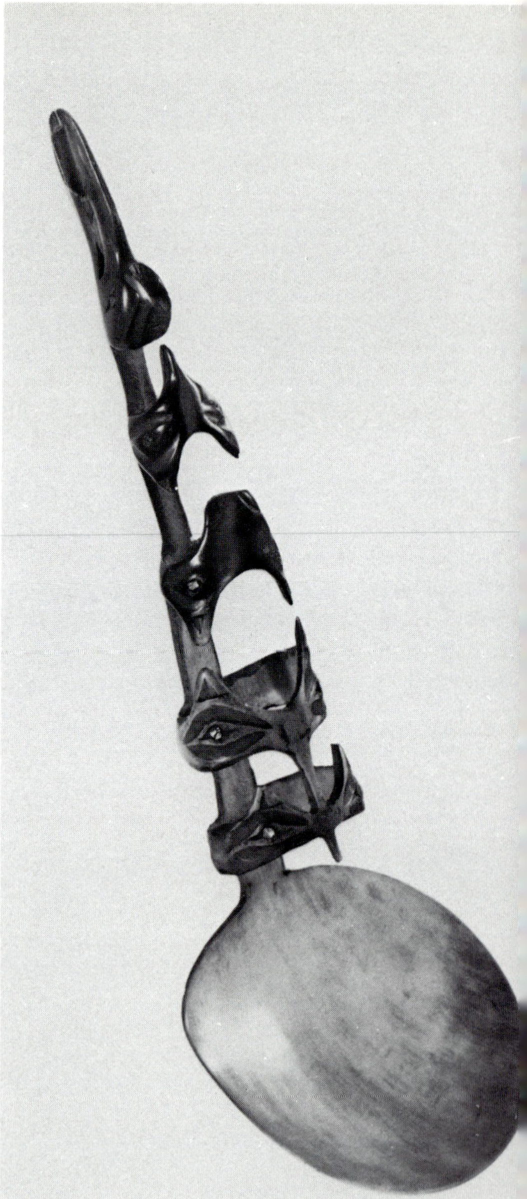

59 Steinhammer aus Dolerit der Cowichan
60 Hornlöffel der Tlingit

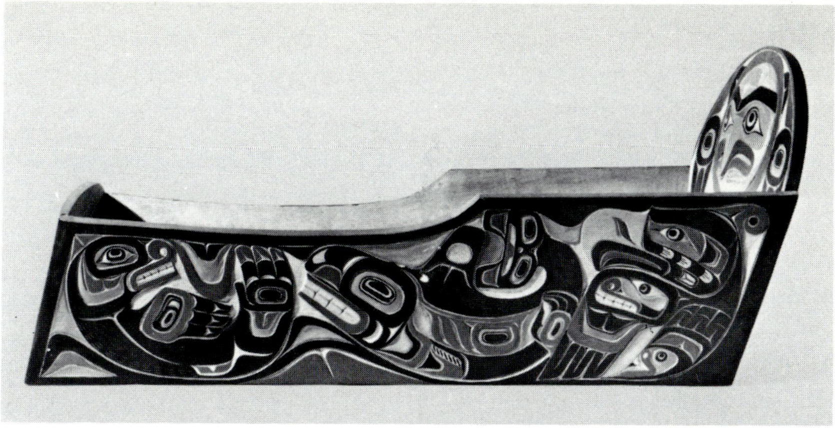

61 Geschnitzte Kindertrage der Kwakiutl
62 Holzschüssel mit Deckel in Form einer Scholle, Nordwestküste

63 Grabfigur auf einem indianischen Friedhof in Ksan, British Columbia

Der Potlatch

Höhepunkt des gesellschaftlichen Lebens war der «Potlatch», ein Ereignis, das sich aus bescheidenen, mehr religiös ausgerichteten Anfängen später zu riesigen Festen entwickelte, bei denen viel von den ursprünglichen Ideen verlorenging. Das Wort Potlatch kommt von dem Chinook-Wort «patshatl», was «weggeben» bedeutet. Dennoch können wir bei den Chinook nicht nach den Anfängen des Potlatch suchen. Das Wort hat sich lediglich eingebürgert, weil Chinook die allgemeine Verständigungssprache war. Jeder Stamm hatte später seine eigene Bezeichnung für das Fest.
Leonhard Adam[78] glaubt den Ursprung in einer Präventivhandlung der Tlingit gefunden zu haben, nach deren Glauben in einer Gemeinschaft unsichtbare männliche und weibliche Wesen leben. (Vor ihm hatte schon Krause auf diese Tatsache hingewiesen.) Die *Nakutsati* genannten Geister können andere Menschen krank machen oder sogar töten. Durch das Verteilen von Geschenken an einer Initiationsfeier sicherte man sich nicht nur das Wohlwollen der Dorfgemeinschaft gegenüber einem jungen Menschen, sondern man beschenkte dabei auch die Nakutsati, welche unerkannt als Stammesgenossen dabei waren und so moralisch daran gehindert wurden, etwas gegen den Kandidaten zu unternehmen. Auch Albert Niblack[79] wies schon 30 Jahre früher auf diese Theorien hin.
Die Verlagerung der ursprünglichen Idee des Potlatch auf die spätere Form der großen prestigehaltigen Geschenkfeste können wir vielleicht in der kriegerischen Veranlagung der Tlingit suchen, bei denen sich ein besonders angesehener Krieger berufen fühlte, mit einem Potlatch sein Ansehen zu festigen. Kriegerische Auseinandersetzungen kamen an der relativ dicht besiedelten Nordwestküste häufig vor. Die Tlingit besaßen schon in voreuropäischer Zeit richtige hölzerne Stäbchenpanzer und Helme mit fantastisch geschnitztem Aufsatz, die sie viel größer erscheinen ließen.
Als später mit den Weißen Krankheiten, Alkohol und Gewehre ihren Einzug hielten, nahm die Bevölkerung so rapide ab, daß Kriege untereinander sinnlos wurden. Die Männer suchten deshalb

nach neuen Möglichkeiten, sich auszuzeichnen. In der Anhäufung von Reichtümern, beziehungsweise deren Weggabe in einem Potlatch, wurde diese Voraussetzung geschaffen. Es war daneben eine Gelegenheit, sich einen höheren Rang oder sogar die Führerschaft einer Lineage zu sichern. Dies forderte natürlich Widersacher heraus, mit noch größerem Reichtum zu prunken, ja die Geschenke ganzer Feste sinnlos zu zerstören. Man spricht in diesem Fall von einem Rivalitäts-Potlatch. Doch kann diese Art als letzte Phase der Entwicklung angesehen werden.

Schon vorher hatten andere Völker das Fest aufgenommen und in ihre eigenen Stammesgewohnheiten integriert. Gründe für die Abhaltung eines Potlatch gab es genügend: Die Geburt eines Kindes, alle andern Familienanlässe bis zur Durchbohrung des Ohres oder der Nasenscheidewand anläßlich eines Initiationsritus bis hin zu den Totenfeierlichkeiten. Im Vordergrund stand bei vielen Stämmen die Verleihung eines neuen Namens an den Gastgeber. Wohlhabende Gäste waren verpflichtet, innerhalb absehbarer Frist ebenfalls ein Potlatch abzuhalten.

Die Abhaltung eines Potlatch setzte lange Vorbereitungen voraus. Ein besonderes Haus wurde gebaut und bemalt und die Vorräte für die Verpflegung der oft mehr als 100 Gäste angelegt. Vor allem mußten die zu verschenkenden Kanus, Waffen, Körbe, Schmuck, Decken und Kupfer in genügendem Maße vorhanden sein, die später nach einem ganz besonderen Schema je nach sozialem Rang der Gäste verteilt wurden. Prächtig geschnitzte Empfangsfiguren standen am Strand, um zusammen mit der Familie des Gastgebers die Boote mit den Gästen willkommen zu heißen. Später traten anstelle der kostbaren Decken der Chilkat und Salish die Wolldekken der Hudson's Bay Company, die nach und nach zu einer regelrechten Werteinheit wurden: 800 Decken entsprachen einem Boot. Die roten und blauen Decken wurden auch zu dekorativen Umhängen verarbeitet. Zum Beispiel wurde ein Donnervogel in Rot auf eine dunkle Decke appliziert und seine Umrisse mit Hunderten von kleinen Perlmuttknöpfen benäht. Diese Kleidungsstükke werden noch heute zu zeremoniellen Anlässen getragen.

copper der Tsimshian

Bei der Aufzählung der Geschenke fiel das Wort Kupfer (engl.: copper). Über den Ursprung einer großen Kupferplatte erzählen die Nimpkisch, ein Stamm der Kwakiutl auf Cormorant Island, folgende Mythe: «Semtlae, ihr Held, findet eines Tages in einem Fluß eine Kupferplatte und versteckt sie in der Höhlung einer Zeder. Am nächsten Morgen will es nicht hell werden, und auch die nächsten Tage bleiben dunkel. Semtlae holt nun seinen Fund aus dem Versteck, und als er die Kupferplatte aus dem Baum herauszieht, wird es wieder hell auf der Erde. So ließ er das Kupfer am Wasser liegen.»

Auch bei andern Stämmen finden wir Mythen, die das Kupfer mit dem Tageslicht in Zusammenhang bringen. Eduard Seler macht darauf aufmerksam, daß Kupferplatten nicht nur ein Zeichen des Reichtums, sondern auch ein Symbol der Sonne sind[80].

Nur sehr vermögende Vorsteher einer Lineage konnten eine solche Platte erwerben, welche später den Wert von annähernd 8000 Decken besaß. Die copper hatten eine besondere Form. Im unteren

Teil war meist ein T-förmiges Gebilde erhaben herausgearbeitet, oben befand sich, eingeritzt oder gemalt, das Familienwappen. Die Platten wurden wie Persönlichkeiten behandelt, erhielten einen eigenen Raum und regelmäßig ein Schüsselchen mit Nahrung.
Diese Dokumentation von Reichtum und Macht, die man einfach verschenkte und später auch vernichtete, verstieß völlig gegen die Denkart der Weißen, so daß die Regierung den Potlatch kurzerhand verbot. Das letzte Fest veranstaltete Daniel Cranmer 1921 auf Village Island. Dreißig Jahre später wurde das Verbot zwar wieder aufgehoben, doch war die innere Struktur der Stämme schon so zerstört, daß kein Bedürfnis mehr vorhanden war. Vor allem fehlten auch die materiellen Mittel.

Religion und Kunst – Welt der Geister und Masken

Auch die Religion, oder besser gesagt die «Welt des Übersinnlichen», ging im Land am nördlichen Pazifik eigene Wege. Zwar begegnet uns in den verschiedenen Mythen eine Art Höchstes Wesen, doch trat es nicht überall gleich stark in Erscheinung. Hingegen finden wir die Gestalt des Raben als eine Art vermenschlichtes Wesen in vielen Schöpfungsmythen. Er holte die Menschen einst aus einer Muschel hervor und sorgte mit vielen guten und listigen Taten, daß den Bewohnern der Erde geholfen wurde. Die außerordentliche Stellung, die man ihm beimaß (nicht zu verwechseln mit dem Raben als Wappentier), zeigt sich in den mannigfaltigen Darstellungen, in denen er zusammen mit andern zauberkräftigen Wesen – etwa dem Wolf – vorkommt.
Während des ganzen Jahres hatte sich der Mensch mit Geistwesen und vor allem mit den Schutzgeistern der Tiere auseinanderzusetzen. Nach seinem Glauben waren gewisse Tierarten unsterblich, ja sie nahmen nur vorübergehend die Gestalt von Tieren an, um dem Menschen als Nahrung zu dienen. Am besten ist dies am Beispiel der Lachse darzustellen. Sie wohnten im Winter als Menschen in großen Dörfern im Meer, hatten ihre eigenen Lebensgewohnheiten

und zogen nur im Frühsommer ihr Lachskleid an, um die große Reise flußaufwärs anzutreten. Es war deshalb außerordentlich wichtig, nach dem Fang die Fischskelette mit Kopf und Schwanz dem Wasser zurückzugeben. Nur so konnten sie sich nach ihrer Rückkehr in die Meeresbehausungen wieder in Lachsmenschen zurückverwandeln, und der Kreislauf im Frühjahr begann von neuem.

Doch nicht nur die Lachse machten diesen Wandel durch. Auch andere Land- und Seetiere wechselten ihre Gestalt und gaben Anlaß zu den unzähligen Legenden, die wiederum fester Besitz der verschiedenen Lineages waren. Mit Ausnahme gewisser Lachszeremonien, die mit dem Fang der ersten Tiere und deren Begrüßung wie bei hochgestellten Persönlichkeiten einsetzten, oder den mit Wal- und Fischfang verbundenen Riten und Empfangsliedern am Strand, wurden die großen religiösen Feste im Winter durchgeführt.

Kehrten die Familien im Herbst in ihre Winterdörfer zurück, begann die große heilige Zeit des Jahres, die Zeit der Geheimbünde und Tanzgesellschaften. Welche Bedeutung diesen Winterfesten zukam, zeigt die Tatsache, daß während ihrer Durchführung die gewöhnliche Stammesorganisation ganz in den Hintergrund rückte und an ihre Stelle die Geheimbünde traten, zu denen jeder Erwachsene gehörte. Ihre Mitglieder hatten als gemeinsame Ahnen und Schutzgeister ein nichtmenschliches Wesen, sei es ein Tier oder eine mythische Gestalt, welches nur von ihnen mit Masken und Tänzen in dramatischen Aufführungen dargestellt werden durfte.

Die Aufnahme eines «Novizen» in einen Bund stellte eines der wichtigsten Ereignisse im Leben des jungen Menschen und einen Höhepunkt für den Bund selber dar. Zwar war der junge Mann durch eine gewisse Erbfolge berechtigt, dem Bund beizutreten (dies konnte der Vater beantragen, oder er trat an die Stelle eines Verstorbenen), doch musste er seine Zugehörigkeit vorher in einer dramatischen Vorführung unter Beweis stellen. Sie zeigte, wie der Geist des Bundes nach und nach von ihm Besitz ergriffen hatte. Erst dann konnte die Initiationsfeier mit allem Prunk begangen

werden, und seine Aufnahme wurde offiziell verkündet. Oft veranstaltete der Vater bei dieser Gelegenheit ein Potlatch.
Nicht überall war die Aufnahme in einen Geheimbund durch feste Erbfolge geregelt. Ein junger Mann konnte nach langem Fasten während einer Vision einen bestimmten Tiergeist erblicken, der Ahnengeist eines Bundes war und so die zukünftige Mitgliedschaft zu diesem Bund bestimmte. Die Aufgaben der Bünde waren mannigfaltig. Sie umfaßten Besänftigungslieder und -tänze für bestimmte Tierarten, Fabelwesen und mythische Verkörperungen von Naturgewalten, die Darstellungen von Legenden um See- und Landungeheuer und Heldentaten von Vorfahren. Die Aufführungen fanden beim Schein flackernder Feuer in den großen Gemeinschaftshäusern oder im Haus eines Potlatchgebers statt und müssen von einer geradezu überwältigenden und spannungsgeladenen Atmosphäre gewesen sein. Man arbeitete mit Marionettenfiguren; die kostümierten Darsteller trugen bewegliche Masken, durch die sie sich abwechselnd in Tiere und Menschen verwandelten, Vogelgestalten klapperten mit riesigen Schnäbeln, Geistwesen schwebten an Schnüren durch die Luft und Figuren verschwanden durch Öffnungen der aufgebauten Kulissen oder durch einen unterirdischen Gang. Durch im Raum verteilte Sprachrohre erschallten Geisterstimmen, die zusammen mit Rasseln und Trommeln die Szenen noch akustisch untermalten.
Bei den Kwakiutl waren die Geheimbünde in verschiedene Ränge aufgeteilt, deren höchster nur reichen Häuptlingen und Schamanen offenstand. Auf Vancouver Island war der nobelste der *Hamatsa,* der Kannibalenbund, der dem «Kannibalen am Nordrand der Welt» gewidmet war und seinen Mitgliedern gestattete, Menschenfleisch zu essen. Allerdings ist diese Interpretation sehr umstritten. Eventuell geriet der Initiant nach tagelangem Fasten in der Einsamkeit in einen derart ekstatischen Zustand, daß er nach seiner Rückkehr in die wartende Festgesellschaft sich in einem andern Menschen festbiß. Nach Glauben der Bundmitglieder war er bereits im Wald vom Kannibalengeist verschlungen und selber zu ihm geworden. Jetzt mußte er durch eine Reihe kom-

plizierter Zeremonien wieder in einen Menschen zurückverwandelt werden.
Der Kannibalenbund war auch bei den Nootka, Bella Coola und einigen Tsimshian vorhanden. Äußeres Kennzeichen der Mitglieder war ein aus rotgefärbtem Zedernbast geflochtener Stirnreifen.
Die hier aufgeführten Bünde ersetzten gewissermaßen die fehlenden Priester, die an andern Orten die Verbindung zwischen Menschen und dem Überirdischen herstellten und aufrechterhielten.
Dafür gab es mächtige Schamanen, Männer und seltener Frauen, die ihre Rolle in der Krankenheilung spielten, aber auch vor wichtigen Entscheidungen bei der Jagd oder kriegerischen Ereignissen und bei persönlichen Anliegen konsultiert wurden. Man erwartete von den Schamanen, daß sie in die Zukunft schauen, das Wetter beeinflussen und Fische anlocken können. Aber auch böse Beeinflussungen wurden ihnen zugesprochen. Da sie für ihre Dienste gut bezahlt wurden, gehörten sie meist zu der wohlhabenden Klasse.
Ein Anwärter erhielt die Berufung durch einen Traum oder durch Visionen. Doch mußte er sich zuerst härtestem Fasten in der Einsamkeit unterziehen, ehe sein persönlicher Schutzgeist ihn mit der außergewöhnlichen Macht ausstattete, auch später wieder mit dem Geist in Verbindung zu treten. Trotzdem sammelte der angehende Schamane noch einige Zeit bei einem älteren Kollegen als Gehilfe die nötigen Erfahrungen. Dies scheint um so verständlicher, als neben den genauen Kenntnissen der Heilkräuter und der Behandlung einfacher Knochenbrüche auch viele magische Tricks erlernt werden mußten, neben den Gesängen und Tänzen, mit denen die Krankheitsursache ergründet wurde.
Von den vielen Heilpraktiken möchten wir nur einige erwähnen: Der Schamane saugte mit einem knöchernen Röhrchen die Krankheit aus dem Körper heraus, oder er nahm sie mit den Händen und legte sie in Form eines Gegenstandes in kaltes Wasser. Eine weitere Heilmethode basierte auf dem Glauben, daß bei einer schweren Krankheit die Seele den Kranken verlassen habe. Der Schamane wurde beauftragt, sie mittels eines «Seelenfängers» wieder einzufangen und dem Kranken zurückzugeben. Diese Seelen-

fänger waren schön geschnitzte kleine Knochenbehälter, die an beiden Enden sorgfältig mit einem Pfropfen verschlossen wurden. Natürlich mußte der Schamane mit seiner Kleidung, einem wirkungsvollen Kopfputz oder einer Maske, neben vielen Amuletten, das Besondere seines Status unterstreichen. So unterschiedlich seine Kleidung auch sein mochte, Rassel und Kastentrommel, bemalt mit den Zeichen seines Schutzgeistes, und eine hölzerne, zwei- bis viertönige Flöte gehörten zu seinen wichtigsten Utensilien.
Die Schnitzkunst und Malerei der Nordwestküste hat ihre geistige Grundlage im gesellschaftlichen Aufbau der Stämme sowie dem Wunsch jedes einzelnen, seine Wappentiere im gesamten Lebensbereich, also auf Hausfronten, Wappenpfählen, Haushalts- und Jagdgegenständen, zu präsentieren. Daneben umfaßt die Kunst den sakralen Komplex mit den religiösen Festen der Tanzgesellschaften und Geheimbünde, zu deren Gestaltung die großartigen Tier- und Menschenmasken, Aufsätze, Rasseln, Trommeln, Sprechstäbe, Amulette und gemalten Mäntel gebraucht wurden.
In der Holzschnitzkunst, sei es die plastische Darstellung oder die Gestaltung im Halbrelief, werden Tiere und menschliche Figuren in naturalistischer, aber mehrheitlich in stark stilisierter Form dargestellt. Einige Tierarten nehmen dabei eine absolut vorrangige Stellung ein. Unter den großen Seesäugern ist es besonders bei den Haida der Schwertwal (Raubwal). Nach ihrem Glauben sind die «Meerleute», die Schwertwale, wie sie in eine Raben- und Adler-Moiety eingeteilt und leben mit einem Häuptling in Dörfern unter den Felsen. Bei den Landtieren dominieren Bär, Biber und Wolf, bei den Vögeln vor allem der Rabe, dann Adler, Habicht und Kormoran, während wir den Seeotter vergebens suchen werden. Dafür finden wir kleine Tiere, wie Frosch, Libelle und bei den Haida sogar den Rufous-Kolibri, hier Wappentier mehrerer Lineages der Adler-Moiety. Fast alle Holzschnitzereien wurden bemalt, um ihre Ausdruckskraft zu verstärken.
Die charakteristischen Merkmale der betreffenden Tiere wurden nach alter Tradition in übersteigerter Form dargestellt, wie zum Beispiel beim Biber die großen Nagezähne, beim Bären das gefähr-

liche Gebiß, zwischen dem die Zunge herausschaute, und beim Schwertwal eine überdimensionale Rückenflosse. Da oft nur wenig Fläche zur Verfügung stand, wie zum Beispiel bei der Gesichtsmalerei, beschränkte man sich auch hier auf die eben angeführten typischen Merkmale. So wies ein auf die Stirn gemalter Vogelschnabel eindeutig auf den Wappenvogel des Trägers hin. Neben diesen klar zu identifizierenden Tieren gibt es mythische Wesen, halb Tier, halb Mensch, oder Tierfiguren, die aus zwei Tierarten zusammenkomponiert sind, wie der «Grizly des Meeres», ein Seeungeheuer, halb Bär, halb Wal.
Die mächtigen Wappenpfähle, auf denen die Ahnentiere des Besitzers und seiner Hausgemeinschaft, aber auch wichtige Ereignisse in Form anderer Wesen dargestellt waren, hatten ihr Verbreitungsgebiet fast ausschließlich im Norden. Nur Adligen und einem Vorsteher einer Lineage war es gestattet, einen Pfahl errichten zu lassen.
Es ist unmöglich, die Vielzahl der Pfähle genau zu interpretieren, da – abgesehen von den eindeutigen Wappentieren – gewisse Ereignisse aus dem Leben des Auftraggebers oder eine Legende in Form einer besonderen Figur wiedergegeben wurden, deren Sinn nur dem Besitzer und Künstler bekannt war. Dazu wurde jedem Schnitzer eine gewisse künstlerische Freiheit eingeräumt, lediglich das Wappentier des Besitzers hatte seinen Platz an der Spitze. In seltenen Fällen war die Spitze allerdings noch von drei bis vier «Wächtern» gekrönt, die bei nahender Gefahr Warnrufe ausstiessen.
Für die Ausarbeitung aufwendiger Pfähle engagierte der «Meister» einige geschickte Handwerker des Dorfes, von denen jeder einen besonderen Abschnitt als Auftrag bekam. Die Fertigstellung der wichtigsten Teile und die Bemalung lag jedoch in seinen eigenen Händen.
Skeptiker möchten den Beginn der Wappenpfähle erst in den Anfang des 19. Jahrhunderts legen, da in Cooks Berichten nirgends von Pfählen zu lesen ist. Dagegen ist einzuwenden, daß Cook gerade die Gebiete der Haida, Kwakiutl und Tsimshian nie besucht

hat. Von dem Berner Maler Johann Wäber (anglisiert: John Webber), der Cook begleitete, besitzen wir jedoch eine vorzügliche Zeichnung von 1778 aus dem Innern eines Nootkahauses mit Schnitzereien an Decken- und Stützbalken, von denen eine deutlich als *Tsonoqa* («Wilde Frau aus dem Walde») erkenntlich ist, wie wir sie auch auf den Außenpfählen anderer Stämme finden.

Neben den Wappenpfählen wird die geheimnisvolle Welt der Masken den Betrachter am meisten in ihren Bann ziehen. Unmöglich, ihre Vielfalt und ihre Aufgaben innerhalb der Zeremonien nur annähernd zu beschreiben. Alte Fotos aus den achtziger Jahren des letzten Jahrhunderts vermitteln uns ein wenig von der Stimmung, die von diesen Festen mit den maskierten und kostümierten Darstellern ausging. Keine Maske gleicht der andern. Wir finden menschliche Gesichter mit aufgeklebten Haaren, deren Augen durch Schnüre beweglich sind, andere mit beweglichem Unterkiefer. Die südlichen Kwakiutl kennen Doppelmasken, bei denen mittels Bastschnüren sich das Gesicht vierteilen läßt und dahinter ein zweites Gesicht zum Vorschein kommt. Wieder andere werden durch Vorsätze auf eine Grundmaske zu einem Menschen, Raben, Wolf oder *Boswus*, dem Wilden Mann aus dem Walde. Bei den mythischen Tierwesen sind es Wolf, Bär (hier trug der Tänzer ein ganzes Bärenfell), doch vor allem Vögel mit riesigen aufklappbaren Schnäbeln und großen Behängen aus Zedernbast. Die Bemalung ließ die Masken beim flackernden Feuerschein doppelt lebendig erscheinen. Bei alten Stücken ist die Farbe sehr sparsam aufgetragen (im Unterschied zu vielen neuen Masken) und läßt die schöne Struktur des Holzes noch durchschimmern. Schamanen oder Häuptlinge trugen bei besonderen Anlässen kostbare Aufsätze, deren geschnitzte Gesichter von weiteren Schnitzereien mit reichen Einlagen von Haliotis umgeben sind. Oben befindet sich ein Kranz von stehenden Schnurrborsten des Walrosses.

Vorerst verwirrt steht der Europäer vor der Malerei einer Hausfront oder den raumfüllenden Ornamenten, mit denen die Sitzbank des Häuptlings oder eine Holzkiste versehen ist. Zwar entdecken wir bald einmal ein tierähnliches Wesen, das Gesicht erkennbar an der spitz zulaufenden mandelförmigen Ummalung der Augen, doch finden wir augenartige Ornamente auch an Stellen, an denen sich normalerweise Gelenke befinden sollten. Diese Augen aber unterscheiden sich von richtigen durch ihre runde oder ovale Form. Dennoch hat sich der Begriff «Augengelenke» eingebürgert. Um sie korrekt zu malen, benutzte der Künstler öfters Schablonen aus Zedernrinde.

Ein weiteres Charakteristikum ist die Zerschneidung eines Tierkörpers zur Darstellung oder die Doppelprofilbildung. Beim ersten wird der Körper von der Stirn bis zum Schwanz der Länge nach aufgeschnitten und die beiden Hälften nach den Seiten auseinandergeklappt. So erhalten wir ein symmetrisches Bild, dessen senkrechte Mitte die natürliche Mittellinie der Körperunterseite bildet. Die zweite Art der Tierdarstellung ist die Doppelprofilbildung, bei welcher der Körper einschließlich des Kopfes in zwei Hälften geschnitten ist. Wir haben hier also ein doppelköpfiges Wesen vor uns.

Die Vorliebe dieser Künstler, einen Raum vollkommen auszufüllen, tritt in dem sogenannten Röntgenblick zutage. Man malt außer den bewußten Augenornamenten auch Knochen, unter Umständen ein ganzes Skelett, in ein Tier oder eine weitere Figur und ein Merkmal einer Tierart in ein Gliedmaß des Haupttieres. Als Farben dominieren schwarz und rot.

Bei den Haida, Tsimshian und Tlingit finden wir die schönsten Beispiele stilisierter Kleinplastik in Form von Rasseln, Knochenschnitzereien als Amulette und Schmuck und vor allem aus Bergziegenhörnern geschnitzte Löffel, bei denen die Figuren wunderbar aus der natürlichen Krümmung des Hornes herausgeschnitten sind. Die Schnitzereien der Haida aus Argillite, einem schwarzen Talkschiefer, der nur auf den Queen Charlotte Islands gefunden wird, haben als frühstes Datum den Beginn des 19. Jahrhunderts. Vor dieser Zeit wurden aus dem schwarzen Stein nur Amulette geschnitzt. Spätere Schnitzereien, kleine Wappenpfähle, Pfeifen, Schalen usw. kamen der großen Nachfrage nach Erinnerungsstükken entgegen. Auch Museen begannen Aufträge zu vergeben, und wir finden unter diesen Objekten großartige Arbeiten bekannter Künstler.

Durch die Idee der kanadischen Museen, befähigte Holzschnitzer zur Restaurierung alter Wappenpfähle heranzuziehen und neue Pfähle in Auftrag zu geben, erhielt diese Kunst ganz allgemein eine Wiederbelebung. In Familien, in denen diese Fähigkeit eine lange Tradition hat, sitzen jetzt oft zwei Generationen zusammen, um der großen Nachfrage der Fremden nachzukommen. Natürlich sind diese Arbeiten meist richtige Serienproduktionen, doch geben sie den Menschen einen bescheidenen Verdienst.

Daneben hat sich eine künstlerische Elite herausgebildet, die auch auf dem Gebiet der Malerei, Silberschmiedekunst und des neuen Siebdrucks weit über die Landesgrenzen berühmt ist. Beschließen wir diesen Abschnitt mit dem Ausspruch eines Tlingit-Künstlers: «Die Hand ist das Werkzeug der Seele.»

Die Sitka, nach andern Autoren die Yakutat, waren wahrscheinlich die ersten Indianer, die mit Weißen, in diesem Fall mit Russen, in Verbindung kamen. Es war die Expedition von Vitus Bering 1741, deren zweiter Kommandant der Flotte, Alexei Tschirikoff, bis an die Küste von Alaska vorstieß. In Anbetracht des unbekannten Landes schickte der Kommandant zuerst ein Boot zur Erkundung aus, dessen Mannschaft nicht zurückkehrte. Auch ein zweites Fahrzeug verschwand ohne jede Spur. Als dann zwei große Boote mit Indianern auftauchten, die einen drohenden Eindruck machten, entschloß sich Tschirikoff schleunigst zur Umkehr. Der Spanier Juan Perez, der von Süden her bis nach Nootka Sound gelangte, traute sich ebenfalls nicht, an der wilden, abweisenden Küste an Land zu gehen.

Im Jahre 1778 steuerte dann James Cook seine kleine Flotte durch die Inselwelt und brachte von seinen Landexkursionen das erste völkerkundliche Material nach Europa, ganz zu schweigen von den großartigen Zeichnungen seines Begleiters Johann Wäber.

Die genaue Vermessung der ganzen pazifischen Küste von Südkalifornien bis Alaska in den Jahren 1790–1795 ist jedoch das Verdienst von Kapitän George Vancouver (1758–1798). Er gab der langgestreckten Insel, auf der die Spanier 1789–1795 sogar ein Fort unterhielten, seinen Namen «Vancouver Island», setzte sich über alle spanischen Besitzansprüche hinweg und erklärte das ganze Festland mit den Inseln zum Eigentum der britischen Krone.

Zur selben Zeit überquerte Alexander Mackenzie (1755–1820) in seiner schon legendär gewordenen Expedition die Rocky Mountains und erreichte am 18. Juli 1793 mit seinen Leuten ein bewohntes indianisches Dorf auf der Westseite des Gebirges.

Mackenzie beschreibt in seinem Tagebuch sehr genau die stattlichen Menschen und zeigt sich äußerst beeindruckt von den Häusern mit den imponierenden Wappenpfählen und dem reich verzierten Hausrat.

In allen frühen Berichten werden die Bewohner der Nordwestküste als abgehärteter, gesunder Menschenschlag geschildert. Doch dies sollte sich bald ändern. Die Spanier schleppten die Pocken und Syphilis ein. Weitere, für Europäer durchaus harmlos verlaufende Krankheiten wie Masern und Grippe forderten unter der Bevölkerung viele Opfer. Die zuerst friedlichen Kontakte mit den Besatzungen der immer häufiger auftauchenden Handelsschiffe endeten später in brutalen Übergriffen der weißen Handelspartner. Auch die Scharmützel der Spanier, Russen und Engländer unter sich, bei denen es um den Anspruch auf das Land mit seinem unermeßlichen Holzreichtum und die kostbaren Felle ging, wurden zum Teil skrupellos auf dem Rücken der Ureinwohner ausgetragen.

Für England wurde die Lage recht kompliziert, als 1839 die Hudson's Bay Company die ganze Küste Alaskas von den Russen pachtete und damit den gesamten Handel mit den Indianern an sich riß. Auch weiter südlich gründete die mächtige Company große Handelsstationen, von denen sich eine zum heutigen Vancouver entwickelte. Es folgten die weißen Einwandererströme und die Besiedlung von British Columbia. Die Zerstörung der indianischen Gesellschaftsstruktur und die immer mehr um sich greifenden Krankheiten, zu denen jetzt noch die Tuberkulose kam, schlug sich in deprimierenden Bevölkerungsrückgängen nieder. Zählte man zum Beispiel 1840 noch 7000 Haida in 30 Dörfern, waren es 1898 nur noch 1000 Menschen. Auch bei den andern Stämmen zeigte sich das gleiche traurige Bild; eine offizielle Zahl gibt für das Jahr 1900 noch 23000 Indianer für das Küstengebiet an.

Wie auch in den USA, ist die indianische Bevölkerung Kanadas seit den dreißiger Jahren wieder im Ansteigen. Doch damit wachsen auch die Probleme. Die alte Sozialstruktur ist zerstört. Man muß Arbeit in den Fischkonservenfabriken annehmen oder sich als Holzfäller und in der Zellulose-Industrie verdingen, wo die Konkurrenz durch weiße Arbeitnehmer infolge der steigenden Arbeitslosigkeit immer größer wird. Damit nimmt auch das Alkoholproblem zu.

In einigen Siedlungen besitzen Familien zusammen einen kleinen

Fischkutter, der einen bescheidenen Verdienst gewährleistet. Doch der Fischbestand hat durch die ausländischen Fangflotten stark abgenommen, und Scharen von Hobbyfischern aus aller Welt machen den Ureinwohnern ihre Fischgründe an Seen und Flüssen streitig.

Im Jahre 1926 wurde die *Native Brotherhood of British Columbia* gegründet. Als geschlossene Organisation ist sie mit gewissen Machtbefugnissen ausgestattet und richtet sogenannte Indian Center ein, in denen sich die Indianer, vor allem die Jugend, treffen und ihre Freizeit sinnvoll ohne Alkohol verbringen können. Die Gesellschaft veranstaltet auch Zusammenkünfte für Alkoholiker und versucht, Ärzte und Psychiater zu diesen Meetings einzuladen. Daneben vermittelt sie Adressen von Helfern für Familien, in denen schwere soziale Probleme vorhanden sind. Bei Stammestreffen wird die alte Tradition, soweit noch vorhanden, bewußt gepflegt. Seit Ende der sechziger Jahre versucht sich die Brotherhood auch in der Politik Gehör zu verschaffen.

Ein wichtiger Schritt in die Zukunft war die im Frühjahr 1980 nach Ottawa einberufene Versammlung von mehr als 400 Häuptlingen und Stammesältesten, deren Ziel die Errichtung eines unabhängigen Staats- und Regierungsapparates für die 300000 in Kanada registrierten Indianer ist. In 41 Resolutionen werden sehr konkrete Forderungen in bezug auf gleiche Rechte mit der weißen Bevölkerung Kanadas, Rechenschaftsberichte über die von Ottawa verwalteten Gelder, Landansprüche, Fischereirechte, Schulen für indianische Kinder und vieles mehr gestellt. Es bleibt abzuwarten, wie die Regierung in Ottawa auf die berechtigten Wünsche reagiert.

Kalifornien

Flora und Fauna

Das Wohngebiet der kalifornischen Indianer ist in etwa identisch mit dem heutigen Bundesstaat und läßt sich in mehrere parallel laufende Landschaftsräume einteilen: die zergliederte Küste mit zahlreichen kleinen Inseln, von denen die Gruppe des Santa Barbara-Archipels wegen ihrer zoologischen und botanischen Seltenheiten und archäologischen Funde seit jeher das Interesse der Wissenschaft weckte; die Ketten der Küstengebirge und schließlich das Kernstück des Landes, das große Längstal mit den lebenswichtigen Flüssen Sacramento- und San Joaquin River. Im Osten schließt die Sierra Nevada mit ihrem Reichtum an Mischwald und in höheren Lagen der Koniferenzone mit den oft mehrere tausend Jahre alten Sequoia gigantea und dichten Zedern- und Tannenbeständen den Lebensraum der Kalifornier ab. Auch das nördliche Kalifornien weist reiche Waldbestände auf, bei denen die Nadelhölzer überwiegen. In Mittel- und Südkalifornien treten dann die Mischwälder in den Vordergrund, deren Eichenarten die Grundlage der kalifornischen Sammlerkulturen bildeten. Daneben wachsen Ahornarten, Roßkastanie *(Aesculus californica)*, an den Flußläufen Weiden, Eschen und Haselnußsträucher. Die Halbwüstenvegetation an den Gebirgshängen der Küstenketten gleicht den Chapperals des Großen Beckens. In reinen Trockengebieten haben sich verschiedene Sukkulenten und die amerikanische Agave dem extremen Klima angepaßt. Auch Fächer- und Strauchpalmen gehören zu den einheimischen Gewächsen.

In der Tierwelt finden wir Bekannte aus benachbarten Regionen, daneben zahlreiche Spezies, die uns die teilweise schon recht tropische Zone vor Augen führen. Darunter fällt der kalifornische Kondor *(Gymnogyps californicus)*, der jetzt allerdings vor dem Aussterben gerettet werden muß, zahlreiche Wachtel-, Tauben- und Rebhuhnarten, die hier ihre nördlichste Grenze haben, und vor allem die zauberhaften, oft nur wenige Gramm schweren Kolibris.

Unter den Säugetieren leben neben Waschbären noch ein graubrauner Katzenfrett *(Bassariscus astutus)* als typischer Bewohner dieses Landstriches. Die Küstengewässer sind Aufenthalt der Delphine und See-Elefanten, und viele Wal-Arten ziehen aus dem arktischen Meer die Küsten Kaliforniens entlang, um in den stillen Lagunen des Südens ihre Jungen zur Welt zu bringen.

Verwirrende Sprachenvielfalt

Der kalifornische Raum war gleich wie die Nordwestküste eines der dicht besiedeltsten Gebiete Nordamerikas und stand auch mit seiner Vielzahl an Sprachfamilien, Unter- und Splittergruppen seinem nördlichen Nachbarland nicht nach. Man rechnet, daß ungefähr 10 Prozent der indianischen Bevölkerung zur Zeit der Entdeckung hier lebte. Diese Sprachenvielfalt ist um so erstaunlicher, als wir es in Kalifornien mit einer relativ homogenen Kultur zu tun haben. Später eingewanderte Gruppen müssen sich also den wirtschaftlichen Gepflogenheiten der schon ansässigen Stämme angepaßt haben und wuchsen nach und nach mit ihnen zu einer Kultureinheit zusammen.

Zu den einheimischen Sprachfamilien zählen die *Hoka* mit den Stämmen der Karok, Chimariko, Shasta und Yana im Norden, den Pomo an der mittleren sowie den Esselen und Chumash mehr an der südlichen Küste ihres Gebietes.

Die Sprachfamilie der *Penuti* in Zentralkalifornien umfaßt die Maidu, Miwok, Yokuts und an der Küste die Costano. Zahlenmäßig stellten sie den größten Anteil der alten Bevölkerung.

Die dritte einheimische Sprachfamilie der *Yuki* mit dem gleichna-

migen Stamm und den Wappo bildeten kleine Enklaven zwischen penuti- und hoka-sprechenden Gruppen.
Shoshoni-sprechende Stämme werden höchstwahrscheinlich erst vor etwa 800 Jahren aus dem Großen Becken in das südliche Kalifornien eingewandert sein, dehnten ihre Wohngebiete aber bis an die Küste aus und besiedelten auch die Inseln des Santa Barbara-Archipels. Von diesen Stämmen möchten wir die Mono, Serrano, Gabrielino und Luiseño erwähnen.
Als südlicher Zweig der großen Na Dene-Sprachfamilie seien noch die Hupa genannt, die von Norden her in das nordwestliche Kalifornien einwanderten.

Kugeldachhütten und weitere Hausformen

Die bodenständigste Behausung war die Kugeldachhütte, ein Gerüst von geflochtenen Zweigen oder Stangen mit einer Bedeckung von Gras- oder Binsenmatten. Mehr im Norden kannte man auch eine Abdeckung mit Rindenplatten. Die Hütten, teils ebenerdig, teils etwas versenkt angelegt, dienten je nach Größe ein oder mehreren Familien als Unterkunft.
Andere Behausungen zeigen Beeinflussungen aus dem nord/nordöstlichen Kulturbereich. Dazu gehören die versenkten, mit Gras und Erde bedeckten Kegeldachhütten, die man von ihrer Konstruktion her eigentlich als Erdhäuser bezeichnen müßte. In die Wohnhäuser gelangte man durch eine «Dachtür», in die geräumigen Zeremonialhäuser durch einen Gang mit Tür. In kleiner Form diente dieser Typ als Schwitzhütte. Die Kegeldachhütten finden wir in weiten Teilen Zentralkaliforniens verbreitet und in einer ebenerdigen, mit Rinde bedeckten Form auch im nördlichen Küstengebirge.
Bei den Häusern im Nordwesten Kaliforniens macht sich ein gewisser Einfluß der Nordwestküstenkultur bemerkbar. Wir finden hier, wie zum Beispiel bei den Hupa, Karok und Yurok, ein rechteckiges Giebeldach-Bretterhaus, dessen Eingang in einem runden

Wohnhaus der Hupa (nach Krause)

Loch an der Vorderseite bestand – für alte Leute ein unbequemer Einstieg. Das Haus konnte ebenerdig oder soweit vertieft angelegt sein, daß nur noch das Bretterdach aus der Erde herausschaute. In dieser Form diente es bei den Shasta und Hupa als Männerschlafhaus.

Die einfachere Art von Männerschlafhaus war eine rechteckige Erdgrube, deren sehr flaches Giebeldach oft nur mit Erde beworfen wurde. Der Ausstieg erfolgte mit einer Leiter durch die Dachluke.

Eine Sonderform ist das Wohnhaus der Chimariko, rund oder oval aus Rindenplatten gebaut, dessen Giebeldach durch einen über zwei Pfosten gelegten Firstbalken gestützt wurde. In der Wand befand sich eine kleine viereckige Tür.

Die Inneneinrichtung war äußerst einfach. Zum Schlafen diente eine Lage von Nadelstreu mit einem Fell, das am Ende zu einer Nackenstütze zusammengerollt werden konnte.

Die hier aufgeführten Haustypen dienten generell als Winterunterkünfte. Zum Umherschweifen im heißen Sommer genügte ein Gerüst mit einem Sonnendach aus Zweigen oder ein Windschutz.

Vorratsbehälter für Eicheln der Miwok (nach Krause)

Die Eichelsammler

Die fruchtbaren Böden in den Tälern der Vorgebirge der Sierra Nevada und des Küstengebirges, die Flüsse mit der Möglichkeit zur Bewässerung und das auch im Winter relativ milde Klima hätten alle Voraussetzungen für die Entwicklung einer ackerbautreibenden Bevölkerung erfüllt. Doch wissen wir, daß – abgesehen von den Küstenstämmen, bei denen der Fischfang im Vordergrund stand – sämtliche Gruppen von der Sammelwirtschaft lebten, die ihr nicht nur im Sommer einen Überfluß an Nahrung bescherte, sondern auch einen ausreichenden Wintervorrat gewährleistete. Die Ernte dieses Reichtums der Natur war weit weniger arbeitsaufwendig als die jährliche Bestellung von Feldern und ihre Aberntе. Der Fischreichtum der Flüsse und zahlreiche Wildarten stellten zwar eine gewisse Ergänzung dar, doch lag der Schwerpunkt eindeutig auf der Ernährung mit Eicheln, Nüssen, Samen, Früchten und Wurzeln.
Die Auswahl der Erntefrüchte war so reichhaltig, daß hier nur einige wenige Schwerpunkte hervorgehoben seien. Die Eicheln kamen, je nach Lage, in verschiedenen Arten vor: die Taleiche *(Quercus lobata)*, die schwarze kalifornische Art *(Qu. californica)* und die

im Süden immergrüne *Quercus agrifolia.* Die Früchte wurden mit langen Stangen abgeschlagen und von Frauen und Mädchen in großen Körben an einem Stirnband in die Dörfer gebracht. Im Süden waren hängemattenartige, eng geknüpfte Netze gebräuchlich. Nach dem Trocknen bewahrte man die Ernte in geflochtenen Behältern auf einer Plattform auf.
Gesammelt wurden ferner Nüsse, Roßkastanien, Samen von wildem Hafer, Gräsern und Samenkörper einer Wasserrose *(Nymphaea polysepala),* die mit Schöpfgeräten von der Wasseroberfläche abgenommen wurden. Zum Ernten benutzten die Frauen flach geflochtene Samenschläger mit Stiel, mit denen sie die Körner direkt in die Körbe schlugen. Wurzeln wurden auch hier mit dem Grabstock aus der Erde geholt, darunter Camasknollen, Liliengewächse und die größte Zwiebelfrucht *(Chlorogalum pomeridianum),* auch Seifenwurzel genannt, die nicht nur ein beliebtes Gemüse war, sondern deren Saft auch zum Betäuben von Fischen diente.
An frischer Nahrung gab es im Frühjahr jungen Klee, den man gleich auf der Wiese aß. Später folgten die verschiedenen Pflanzensprößlinge und die Beeren der Wälder. Zum Würzen standen der Hausfrau verschiedene Kräuter zur Verfügung, darunter ein salzhaltiges Gras und der Saft der Zuckerkiefer.
Die Weiterverarbeitung der Eicheln bis zum backfertigen Mehl war sehr aufwendig. Die Früchte mußten einzeln aufgeschlagen und leicht geröstet werden, damit sie sich in steinernen Mörsern oder auf Steinplatten mit einem Stein- oder Holzstößel leichter zermahlen ließen. Die Eicheln enthalten 35 Prozent hochwertige Stärke, neben Zucker, Fett und Eiweiß, sind also ein ideales Nahrungsmittel. Die Entfernung der bei einigen Eichelarten und Kastanien vorkommenden Bitterstoffe (Tannin) geschah durch Auslaugen. Ein Korb oder eine Vertiefung in sauberem Sand wurde mit einer Schicht von angefeuchtetem Mehl gefüllt und immer wieder mit heißem Wasser übergossen, das nach und nach die Bitterstoffe auswusch. Neben Eicheln wurden alle Nußkerne, Kastanien, Pflaumenkerne, wilder Hafer und Manzanitabeeren (eine Bärentraubenart) als Mehl verwendet. Es wurde entweder zu Sup-

pe und Brei gekocht oder zu Brot und Kuchen verbacken, wobei sich je nach Zutaten die verschiedensten Geschmacksrichtungen ergaben. Zum Backen benutzten die Frauen Erdöfen, in denen die Brotlaibe zwischen Grasschichten lagen. Auf diese Art konnten auch Kastanien und Seifenwurzeln zwei Tage unter Luftabschluß geröstet werden und verloren so ihre schädliche Wirkung. Für Reiseproviant buk man kleine Fladen auf sonnenheißen Felsen.

Die Vorliebe der kalifornischen Völker, alles in Form von Mehl weiter zu verarbeiten, erstreckte sich sogar auf Fleisch und Fisch. Im Erdofen geröstetes Fleisch und Lachs wurden zu einer mehlartigen Substanz verrieben; von den Shasta und Maidu wird dies auch von Hirsch- und Lachsknochen berichtet. Daneben bereiteten die Frauen das Fleisch auch im Kochkorb zu, und es wurde wie Fisch als Dauervorrat getrocknet.

Zum Entfachen eines Feuers benutzte man einen Bohrer aus Weiden- oder Cottonwood-Wurzelholz. Ein geübter Mann benötigte nicht mehr als 20 Sekunden dazu.

Die Yurok und Hupa bauten Tabak an und handelten ihn, denn dem wilden Tabak begegnete man mehrheitlich mit Mißtrauen. Die Kalifornier waren eher zurückhaltende Raucher, doch spielten die tubenförmigen Tabakpfeifen im zeremoniellen Bereich eine Rolle. Bei einigen südlichen Stämmen aß man die zerkleinerten Blätter mit Muschelkalk oder nahm die Mischung mit Wasser als Schlaftrunk zu sich.

Samenschläger der Hupa (nach Krause)

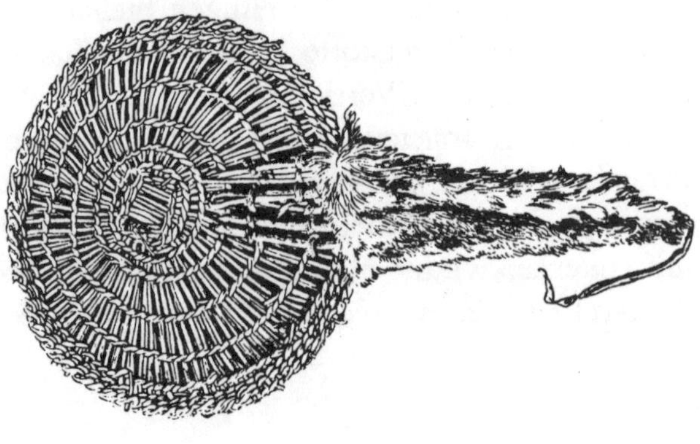

Jagd und Fischfang

Speziell bei den Jagdmethoden stellen wir starke Einflüsse aus dem Gebiet der nördlichen und östlichen Jägerkulturen fest. Für die Einzeljagd auf Elch und Hirsch kleidete sich der Jäger in ein Fell mit ausgestopftem Tierkopf und Geweih. Er rieb sich mit Kräutern ein und beräucherte alle Utensilien mit einem Feuer aus grünen Fichtenzweigen. Geschützt durch Büsche, kroch er so nah wie möglich an seine Beute heran, um den tödlichen Pfeil abzuschießen. Die Pfeilspitzen wurden aus Obsidian, Feuerstein oder Muscheln hergestellt.

Neben dem Hetzen der Tiere bis zur Erschöpfung durch eine Gruppe von Jägern ist noch das Einkreisen durch Feuer oder das Jagen über eine Felswand bekannt. Am häufigsten trieb man die Tiere in einen Korral. Kleintiere wurden im allgemeinen mit Pfeil und Bogen erlegt, örtlich auch mit Hilfe von Fangnetzen. Im Südosten trat zusätzlich noch ein bumerangähnliches Wurfholz in Aktion.

Bei der Jagd auf Wasservögel bediente man sich unter anderem langer Sperrnetze über der Wasseroberfläche, setzte Lockenten aus und schreckte die Vögel mit Lärm auf. Sie verfingen sich in den Netzen und konnten dann erschossen werden.

Im nördlichen Kalifornien weist der Fischfang natürlich besonders starke Parallelen zu den Nordwestküstenvölkern auf. In den Flüssen wurden die Lachse mit Wehren zum «Speeren» zusammengetrieben, und die Frauen stellten mehrere Formen von Reusen her. Das Errichten von Plattformen mit einem Sonnenschutz über dem Wasser war vorwiegend bei den Hupa, Yurok, Wintun, Shasta und Yokuts üblich. Eine am ausgelegten Netz befestigte Rassel kündete dem Fischer eine Beute an. Nachts wurde der schlafende Mann durch das Reißen an einer Schnur geweckt, die das Netz mit seiner Hand verband. Die Betäubung der Fische durch Giftstoffe der zerstampften Seifenwurzelzwiebel stellt in Kalifornien eine Besonderheit für die gesamte nordamerikanische Westküste dar.

Die Chumash an der südlichen Küste besaßen seetüchtige Plankenboote, deren Fugen mit Erdpech (Asphalt) verstrichen waren. Sie boten 4 bis 8 Menschen Platz, die ihr Fahrzeug geschickt auf das Meer zur Jagd auf Seesäuger lenkten. Im Norden waren lediglich Einbäume in Gebrauch. Für die Überquerung von Flüssen und Seen im Binnenland genügte ein Floß aus zusammengebundenen Schilfrohrwülsten.

Überragende Flechtkunst der Frauen

Die Flechtkunst der kalifornischen Indianerinnen erreichte in ihrer Vielfalt eine für ganz Nordamerika einmalige Vollendung. Die Flechtarbeiten wurden im Norden mehr in Doppelfadentechnik hergestellt, im Süden überwog die Spiralwulsttechnik. Die Arbeiten der Pomo-Frauen, die beide Techniken kannten, gelten bis heute als das Großartigste auf diesem Gebiet, seien es die bezaubernden Miniaturkörbchen, die glocken- oder trichterförmigen Tragkörbe oder meterhohe Vorratskörbe und Geschenkkörbchen, die für die Hochzeit verwendet wurden und außen mit farbigen Federchen und kleinen Muschelscheiben besetzt waren. Berühmt sind die in Doppelfadentechnik hergestellten Kappen der Hupa-Frauen mit ihren feinen Mustern in Rotbraun und Schwarz auf hellem Grund. Sie wurden auch als Trinkschalen benutzt. Außer wasserdichten Körben zum Kochen, flachen Schalen zum Rösten von Samen, Trichtern und Kellen stellten verschiedene Stämme auch tellerähnliche Unterlagen für ein Würfelspiel her.
Jede Region besaß ihre besonderen Merkmale in bezug auf Muster und Farben: schwarze geometrische Motive auf hellem Grund, Treppenmuster, schräg laufende Bänder aus Dreiecken und Rhomben zusammengesetzt, im südlichen San Joaquin Tal sogar stilisierte Menschenfiguren.
Einfache Töpfereien gab es nur vereinzelt im Süden. Hingegen hat die Steinschnitzerei in Kalifornien eine weit in die prähistorische Zeit zurückreichende Tradition. Schon um 5000 v. Chr. gebrauch-

64 Ringspiel der Mohave, nach einer Zeichnung von B. Möllhausen (1825–1905)
65 Schwitzhütte aus dem nördlichen Kalifornien

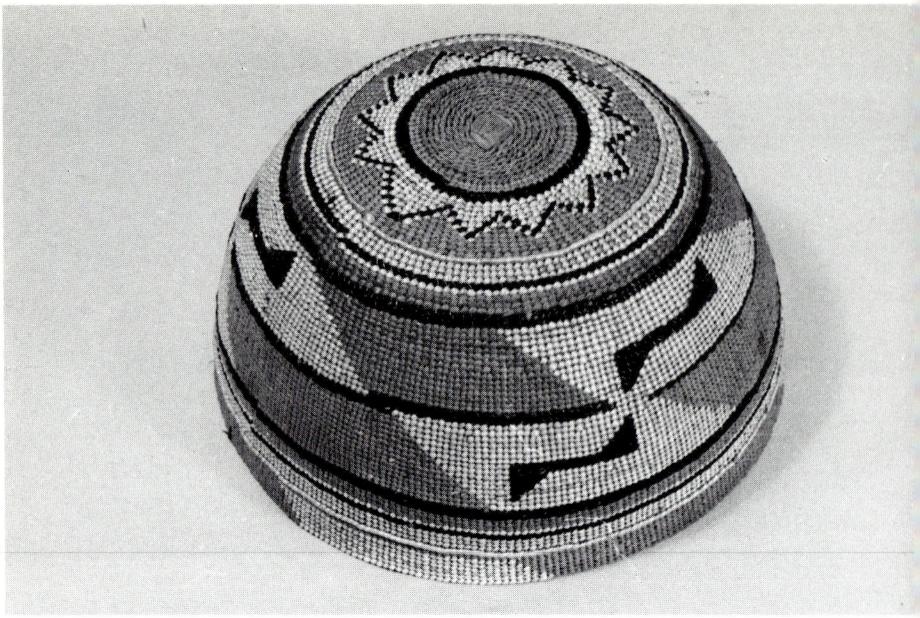

66 Geflochtener Frauenhut der Hupa
67 Tanzgürtel aus Nordkalifornien

68 Trogwiege der Hupa

69 Wasserdichter Korb mit Kochstein und Halter der Hupa

70/71 Angehörige von Stämmen aus Kalifornien und dem Südwesten von B. Möllhausen

te man flache Mahlplatten mit Handsteinen, die in der mittleren Periode ab 2000 v. Chr. von Mörsern und Stößeln abgelöst und in ähnlichen Formen bis in die historische Zeit hinein benutzt wurden. Ausgrabungen in Südkalifornien brachten hervorragende Schnitzereien aus Speckstein (Steatit) ans Tageslicht, Fischfiguren, Gefäße und Rauchröhren (tubenförmige Tabakpfeifen), die mit in Asphalt eingelegten Perlen verziert sind. Sie werden den Chumash und Gabrielino zugeordnet.

Muschelgeld

Als Besitz und Tauschobjekt spielte das Muschelgeld in Kalifornien eine erhebliche Rolle; speziell die Pomo waren einer der Hauptlieferanten. Das Grundmaterial bestand aus verschiedenen Bivalve-Arten, wie zum Beispiel *Saxidomus aratus*, die an manchen Stränden in reichen Mengen vorkamen. Sie wurden gebrochen, gerundet und poliert und durchbohrt auf Schnüre aufgezogen. Der Wert variierte je nach Größe und Aussehen. Ebenfalls hoch im Kurs standen kleine zylindrische Perlen aus einer in verschiedenen Farbnuancen vorkommenden Glimmerart, die auch zu Schmuckketten verarbeitet wurden und einen Teil der Grabbeigaben bildeten. Aus dem Norden handelte man ganze Stränge aus Dentaliumschnecken ein, deren Wert dem Muschelgeld ebenbürtig war. Zur Aufbewahrung dieses kostbaren Besitzes benutzten die Kalifornier sorgfältig geschnitzte, mit einem Schlitz versehene, längliche Behälter aus Elchhorn.

Die gesellschaftliche Ordnung

A. L. Kroeber hat in seinem 900seitigen Werk über die kalifornischen Indianer versucht, die Vielfalt ihrer sozialen Organisationen, Lebensgewohnheiten und religiösen Praktiken darzustellen. Wir können hier lediglich auf einige generelle Punkte ihrer gesellschaftlichen Organisation hinweisen. Die soziale Organisation der Kalifornier basiert auf der Familie als unterster Einheit, die in einer Wohngemeinschaft Eltern, Kinder und zum Teil auch unverheiratete und verwitwete Geschwister der Eltern umfaßte. Der Familie stand ein Familienoberhaupt vor, dessen Amt erblich war.

Im Erbrecht der patrilinear ausgerichteten Familie war der Besitz gewisser Fischgründe, Jagdgebiete, aber auch geistiges Eigentum wie zeremonielle Lieder, Tänze und Erzählungen festgelegt. Mehrere Familien schlossen sich zu kleinen Siedlungen zusammen. Oft waren es Weiler, die sich um ein größeres Dorf gruppierten und deren Namen sie annahmen. Im Norden bestanden diese autonomen Lokalgruppen aus etwa 200 Menschen, im Süden waren sie bedeutend kleiner. Hier war auch die Besitzverteilung anders geregelt. Ganze Familiengruppen besaßen einen gemeinsamen Landstrich, auf dem die Rechte zum Sammeln und Jagen unter die einzelnen Familien aufgeteilt wurden.

Die Befugnisse des Führers einer Lokalgruppe waren im allgemeinen sehr begrenzt. Ausnahme bilden die Yokuts, bei denen sich aus den Vorstehern stammesähnlicher Lokalgruppen eine Art erbliches Häuptlingstum entwickelte. Abweichungen gab es auch bei den Miwok, Maidu und Pomo, in deren Gruppen ein religiöses, ziviles und für die Kriegführung verantwortliches Oberhaupt in einer Person verschmolzen war und dadurch eine gewiße Machtposition innehatte.

Hauptsächlich im südlichen Kalifornien waren die Lokalgruppen in Moieties geteilt, die sich wiederum in Lineages und Clans unterteilten. Bei den Miwok, Yokuts und Salina gab es Moieties ohne Clans, und im oberen San Joaquin Tal fehlten alle diese Institutionen. Die Aufgaben der Moieties lagen im rituellen Bereich, ähnlich wie an der Nordwestküste.

Die Pomo

Als Beispiel für den Lebenszyklus einer kalifornischen Gruppe wählen wir die Pomo, deren Kernland das Gebiet des Russian Ri-

ver, die Flußtäler der Küstengebirge und die Gegend um den Clear Lake war. Zu Beginn der historischen Zeit verzeichnete man 479 Siedlungen mit 75 Hauptdörfern, in denen 7 Hauptdialekte gesprochen wurden.
Das warme Klima erlaubte den Menschen ein Minimum an Kleidung. Die Männer gingen nackt oder schlangen sich ein Stück Hirschleder um die Hüften, die Frauen trugen einen zweiteiligen Schurz aus Bast, Rehleder oder Fellstreifchen an einem Ledergürtel. Im Winter gab der aus Kaninchenfell gearbeitete Umhang genügend Wärme. Schön geflochtene, oft mit Muschelperlen verzierte Stirnbänder ersetzten die an andern Orten üblichen Frauenkappen. Die Männer hielten das Haar mit einem geknüpften Netz zurück. Sandalen und eine Art Leggings aus Binsenfasern wurden nur in der kalten Jahreszeit getragen Mehr im Süden wurden die Sandalen aus Yuccafasern hergestellt. Auch im Alltag schmückten sich beide Geschlechter mit Halsketten aus geschliffenen Muscheln, kleinen Knochenschnitzereien und bunten Federn. Die Männer trugen mit Vorliebe Ohrgehänge mit Vogelknochen und anderm bunten Zierat und in der Nase ein Stäbchen aus Haliotis.
Die Gesichtstatauierung beschränkte sich bei den Frauen auf das Kinn; Männer brachten sich einzelne Motive auch an andern Körperteilen an. Körperbemalung war dem religiösen Bereich vorbehalten.

Trennung in Männer- und Frauenhäuser

Im Winter lebten die Pomo nach Geschlechtern getrennt, ein Brauch, der bei vielen Stämmen üblich war. Frauen und Kinder hatten ihre eigene Behausung, die auch als Küche und zum Essen diente. Im Gegensatz zu den meisten Gruppen wurden die Behälter für Eicheln, Mehl usw. auch im Frauenhaus aufbewahrt.
Aufenthaltsraum der Männer war das Schwitzhaus, das nicht nur der täglichen Reinigung, sondern auch zum Schlafen diente. Frauen war der Zutritt streng verboten. In seinem Aufbau glich es dem Tanz- oder Versammlungshaus (auch Zeremonialhaus genannt)

und bestand aus einer im Durchmesser etwa 20 Meter großen, erdbedeckten Hütte mit einem Mittelpfahl, um den sich 8 Pfähle gruppierten. Sie waren mit Latten untereinander zu einer Wand verbunden. Der Eingangstunnel lag nach Süden und war durch zwei Türen verschlossen. Doch gab es in Form des Rauchloches in der Mitte der Decke noch einen Ausgang, der für Geistwesen reserviert war. Reine Zeremonialhäuser wurden nur in größeren Dörfern errichtet. In ihnen war dem Eingang gegenüber der Platz für den Trommler und die Tänzer; der Häuptling, der Vortänzer und die Sänger befanden sich in der Mitte des Raumes, wo auch das Feuer brannte. Bedeutsame Feste wurden nur im Winter abgehalten.

Trotz der zeitweisen Trennung spielte sich ein großer Teil des Familienlebens im Frauenhaus ab. Eine Frau unterstützte den Wunsch nach einem Kind durch Trinken aus besonderen Quellen und Sitzen auf Steinen, deren mythische Kraft als erwiesen galt. Die Regeln bei der Geburt des Kindes waren selbst innerhalb der Pomo unterschiedlich. Das Wasser, in dem das Kind sein erstes Bad bekam, mußte sofort aus der Geburtshütte entfernt werden. Die Mutter nahm Nahrung nur mit Stäbchen zu sich und durfte das Haar nicht mit den Händen berühren. Mutter und Kind blieben 6 Wochen in der Hütte, doch auch der Vater durfte sie für 4 Tage nicht verlassen, was einer gemäßigten Art der Couvade (Männerkindsbett) entspricht.

Das Kleinkind kam in eine trogförmige Korbwiege aus Weiden- oder Haselnußzweigen, die meist mit einem Sonnenschutz versehen war und in der das Kind mehr saß als lag. Daneben waren auch flache Rahmen mit einem Geflecht und Kopfschutz in Gebrauch. Die Namengebung erfolgte nach einem Jahr oder nach der Entwöhnung des Kindes von der Muttermilch. In den meisten Fällen war es der Name eines verstorbenen Verwandten, der ausschließlich von den Eltern gebraucht werden durfte. Für alle andern Mitglieder der Wohngemeinschaft war nur die Nennung eines Necknamens erlaubt.

Bei Beginn der Geschlechtsreife eines Knaben setzte ein gewisser

Unterricht in Geschichte und Mythen der Pomo ein. Der Knabe mußte fasten und wurde anläßlich der Verleihung eines neuen Namens in einen Männerbund aufgenommen. Bei dieser Feier erhielt der junge Novize Pfeil, Bogen und das traditionelle Haarnetz.

Das Einsetzen der ersten Menses bei einem jungen Mädchen war von vielen Tabus begleitet, die eine Frau bis zum Klimakterium während dieser Tage einhalten mußte. In einer abgesonderten Hütte hatte sie sich jeder Arbeit, besonders jener des Flechtens zu enthalten, und auch ihr Mann durfte in dieser Zeit nicht auf die Jagd gehen. Für das junge Mädchen gab es nach Beendigung der ersten Abgeschiedenheit ein kleines Fest mit Geschenken.

Außergewöhnliche Initiationsriten bei den Mädchen

Sehr viel aufwendiger gestalteten die südlichen Shoshoni die Initiationsfeiern, die zu Ehren mehrerer Mädchen eines Clans ausgerichtet wurden. Zu Beginn der Zeremonien mußten sie kleine Kugeln aus gepreßtem Tabak zu sich nehmen, die oft ein starkes Erbrechen zur Folge hatten. Inzwischen war eine Grube mit heißen Steinen und einer Schicht Gras ausgelegt, auf die sich die Mädchen für drei Tage legen mußten. Auf den Unterleib bekamen sie je zwei flache, erwärmte Steine, und das Gesicht wurde gegen Fliegen mit einer geflochtenen Schale geschützt.

Drei Tage lang tanzte die ganze Dorfgemeinschaft um die Grube, nachts die Männer und am Tage die Frauen. Nach Beendigung dieser gewiß nicht leichten Prüfungen wurden die Mädchen geschmückt und bekamen durch die Frau des Häuptlings ihre erste Gesichtsbemalung.

Die Heirat ging bei den Pomo zwar nicht ohne einen gewissen Geschenkaustausch vor sich, doch war die Eroberung eines Mädchens bei weitem nicht mit dem materiellen Aufwand an der Nordwestküste zu vergleichen. Ein Freier kam mit Geschenken zu den Eltern seiner Auserwählten, die ihm – falls er ihnen genehm war – ihrerseits ein Geschenk überreichten. Dieser Austausch war eher ein Akt der Höflichkeit und des guten Willens, sich gegenseitig Sympathie zu bekunden. Bei den östlichen Pomo gab es allerdings strengere Regeln, welche die verschiedenen Besuche der Elternpaare und die Überreichung von Geschenken festlegten. Heiraten in ein anderes Dorf war ebenso üblich wie der Verbleib im eigenen, doch durfte der Ehegatte nicht aus der Verwandtschaft stammen. Die nördlichen Pomo hatten ein strenges Schwiegermutter-Tabu einzuhalten. Ihr Leben lang mußte die Frau ihr Gesicht vom Schwiegersohn abwenden oder gar verhüllen.

Angst vor der Totenseele

Beim Betrachten einer Karte über die Verbreitung der Bestattungsarten fällt auf, daß im nördlichen Bereich unter Einfluß der Nordwestküstenkultur die Erdbestattung überwog, während sonst – abgesehen von einem Gebiet im Süden – überall die Kremation durchgeführt wurde. Der Verstorbene blieb vier Tage im Haus, um der Seele genügend Gelegenheit zum Fortgehen zu lassen. Diese Tage waren mit Wehklagen und Trauergesängen ausgefüllt. Auch die Pomo verbrannten ihre Toten mit den Gegenständen ihres persönlichen Gebrauchs und streuten von Zeit zu Zeit Eichelmehl über den Leichnam. Eine Witwe brannte ihr Haar aus Kummer ab oder schnitt es kurz.

Die große Furcht vor der Totenseele, die nach dem Glauben der kalifornischen Indianer weiterlebte (eine Ausnahme bilden hier die Miwok und Yokuts), kommt in dem Brauch zum Ausdruck, alles persönliche Eigentum des Verstorbenen zu verbrennen, sein Haus zu zerstören und den Ort des Todes sogar für eine Weile zu verlassen. Bei den jährlich sich wiederholenden Totenfeiern wurden weitere Gaben und Nahrung verbrannt, um die Seele zu beruhigen und ihre Rückkehr zu verhindern.

Eine besondere Form der Totenerinnerungsfeier fand bei den Gabrielino und Luiseño statt, bei denen mit Geschenken reich behangene Binsenpuppen, die Verstorbene verkörperten, im Rahmen

festgefügter Zeremonien mit Tänzen und Gesängen auf einem heiligen Platz verbrannt wurden.
Bei der Erdbestattung wurde der Tote in einem großen Korb beigesetzt.
Die Herrichtung der Toten war bei gewissen Stämmen Aufgabe der *berdaches* (Transvestiten), die im allgemeinen eine sehr geachtete Stellung hatten. In jeder Gruppe gab es Männer und Frauen, die sich dem andern Geschlecht zugehörig betrachteten und dies durch Kleidung und Gehabe auch äußerlich dokumentierten.

Mythen, Schutzgeister und Schamanen

Schöpfungsmythen sind in Kalifornien selten. Bei den Karok ist ein im Himmel thronendes Wesen bekannt, das Einfluß auf das Werden des Lebens nahm, während der Kulturheros der Hupa jenseits des Ozeans wohnt und der Erde ihre jetzige Gestalt gegeben hat. In der Mythologie der Maidu läßt sich der Schöpfergott vom Himmel auf ein Urmeer herab. In der Folge entstehen alle Pflanzen und Tiere sowie die Menschen aus kleinen Holzfiguren. Bei diesem Entwicklungsprozeß spielt wiederum der listige Coyote als Widersacher des Schöpfers eine wichtige Rolle.
Im Norden stand der Glaube an tierische Schutzgeister im Vordergrund. Auch Schamanen erhielten ihre Kraft direkt von einem Geist, der ihnen die Möglichkeit gab, Kranke zu heilen und ihre wichtigen Aufgaben innerhalb der Männer- und Geheimbünde, als Regenzauber-Schamanen, Bären-Schamanen, bei der Auffindung neuer Eichelwälder und bei der Kuksu-Zeremonie zu erfüllen. Bei vielen Stämmen waren die Schamanen in Klassen eingeteilt, das heißt, sie hatten ihre Funktionen nur in einem Bereich wahrzunehmen, wobei die Krankenheilung allerdings oft dazugehörte.
Bei den Yurok, teilweise auch bei den Wiyot und Yuki, übten Frauen dieses wichtige Amt aus. Eine Yurok-Frau mußte nach einem Traum, durch den sie sich zu ihrer Aufgabe berufen fühlte,

verschiedene Stationen der Reife durchlaufen, ehe sie in den Besitz außergewöhnlicher Kräfte gelangte.
In der Kaste der Schamanen finden wir zahlreiche Transvestiten, denen besondere Fähigkeiten zugesprochen wurden.
Wichtigstes Utensil der kalifornischen Schamanen war eine mit Federn geschmückte Rassel aus Kokons, mit denen sie sich in Trance versetzten. (Wir haben unter Kokons feste Hüllen ausgeschlüpfter Falter zu verstehen, die mit Steinchen gefüllt wurden.)

Der Kuksu- und Toloache-Kult

Unter den verschiedenen kultischen Veranstaltungen der Pomo, über die zum Teil nur sehr unvollkommene Informationen vorliegen, war der *Kuksu-Kult* der bedeutendste und wurde von Mitgliedern einer Geheimgesellschaft durchgeführt. Mit Kuksu bezeichnet man eine Gottheit, die zugleich Herrscher der Toten wie auch Krankenheiler ist und in einem großen Tanzhaus am Südende der Welt lebt. Es werden noch weitere Geist- und Tierwesen diesem Komplex zugeordnet. Die Zeremonie fand in jedem Winter im erdüberdeckten Tanzhaus statt, jedes siebte Jahr jedoch in einem besonders bestimmten Dorf. Die Leitung lag in Händen der Schamanen und der Mitglieder des Bundes, die in Kostümen die Gottheit selber sowie die sie umgebenden heiligen Wesen darstellten. Der Körper der Gottheit war vollkommen schwarz bemalt.
Der Anlaß zur Abhaltung der Zeremonie war selbst unter den Pomo-Gruppen verschieden. Die Initiationsfeier für einen Knaben oder seine Aufnahme in den Geheimbund kann sicher als wichtigster Grund angesehen werden. Daneben spielten Fruchtbarkeits- und Ernteriten sowie Bitten für die Gesunderhaltung der Kinder eine Rolle. Der Kuksu-Kult war in Nord- und Mittelkalifornien seit einigen hundert Jahren bekannt, natürlich in abweichenden Formen.
Unter den verschiedenen Tänzen, die entweder Teil einer Zeremonie waren oder bei andern Anlässen getanzt wurden, war der

Lole-Kilak-Tanz nur den Frauen vorbehalten, deren Stellung bei den Pomo recht bedeutend war. Sie schmückten sich mit frischen Blüten und verschenkten Früchte. Die leuchtenden Farben der Federn an den Tanzkostümen und die Gesichts- und Körperbemalung kam bei den sehr dunkelhäutigen Menschen besonders wirkungsvoll zur Geltung.

Die Männer trugen entweder einen Federrock oder ein über den Rücken hängendes, mit Federn besetztes Netz. Im Haarnetz waren Büschel von Eulen- oder Habichtsfedern befestigt, und nie durfte das breite Stirnband aus gelben Spechtfedern fehlen, das am Hinterkopf flügelartig abstand. Die Frauen trugen im allgemeinen das gleiche Tanzkostüm, doch als Kopfschmuck ein breites Band mit kleinen Anhängseln aus orangefarbenen Federn, die weit in das Gesicht hinabhingen. Die Gesichtsbemalung in Rot und Gelb war für beide Geschlechter verschieden, die Ornamente richteten sich nach dem Anlaß des Tanzes.

Der zweite bedeutende Kultkomplex im südkalifornischen Raum ist der *Toloache-Kult,* der auf der Einnahme eines Trankes aus den Wurzeln einer Stechapfelart *(Datura inoxia,* auch *D. meteloides* genannt) beruht, dessen alkaloidhaltige Substanzen starke Visionen hervorrufen. Die Einnahme von Datura als Halluzinogen und für medizinische Zwecke war in Süd- und Mittelamerika und Südkalifornien seit alter Zeit bekannt und teilweise Bestandteil uralter Religionen, ehe sich in Kalifornien aus ihnen die verschiedenen Formen des Toloache-Kultes entwickelten. Die ersten wissenschaftlichen Informationen darüber liegen von den Yokuts vor.

Der Genuß eines Toloache-Trankes war selbstverständlich nur einem bestimmten Personenkreis vorbehalten, Schamanen oder ranghohen Persönlichkeiten. Später wurde er in die Initiationsfeiern von Mädchen und Jungen integriert, die durch diesen Trank in einen tranceartigen Zustand verfielen. Ihre Visionen wurden von Schamanen gedeutet, die daraus den persönlichen Schutzgeist eines jeden identifizierten.

Da eine Überdosis von Datura zum Tode führen kann, lag die Herstellung und Verabreichung des Trankes in den Händen erfah-

rener Schamanen oder bei Menschen mit außergewöhnlichen Kenntnissen über narkotisch wirkende Pflanzen. Die Wurzeln wurden an einem geheimen Ort in besonders bemalten Mörsern zerrieben und aus dieser Substanz ein Aufguß zubereitet. Die Schamanen benutzten die Wirkung des Trankes zur Diagnostizierung von Krankheiten, für Weissagungen und die Durchführung der tagelangen Tänze und Gesänge, die nötig waren, um böse Dämonen zu vertreiben, das Wetter zu beschwören oder Jagdtiere heranzulocken. Ohne Einnahme von Toloache wären auch die Yokuts nicht in der Lage gewesen, die 40 Tage dauernde Fastenzeit vor dem Frühlingsfest durchzustehen, während der nur ein Minimum an Nahrung erlaubt war.
Zu den bereits angeführten Musikinstrumenten Nordamerikas kommen in Kalifornien noch einige besondere Formen hinzu. Die Tänze und Lieder in den Zeremonialhäusern wurden vom dumpfen Dröhnen der Erdpauke begleitet. Die Erdpauke ist ein mit Brettern überdecktes Loch im Boden, auf das man mit den Füßen stampfte. Der Musikbogen trat in verschiedenen Ausführungen auf, deren einfachste aus einem gewöhnlichen Jagdbogen bestand, der waagrecht gehalten und dessen eines Ende in den Mund genommen wurde. Mit dem Finger oder einem Stäbchen konnte die Sehne gezupft oder geschlagen werden. Die Tonhöhe variierte durch Veränderung der Mundöffnung, die hier als Resonanzkörper diente. Die Schamanen der Maidu benutzten den Musikbogen, um mit Geistern in Kontakt zu kommen, die Yokuts verwendeten ihn bei der Totenklage. Das außer in Afrika und Australien auch in Amerika gebrauchte Schwirrholz gab in Kalifornien die Stimmen von Geistern oder Verstorbenen wieder. Auch Wetter-Schamanen benutzten es, um Wind und Regen zu beschwören. Das Schwirrholz ist ein ellipsenförmiges, mit Symbolen bemaltes Holzplättchen, das an einer Schnur über dem Kopf herumgeschwungen wird. Zum Teil ist es noch heute in Gebrauch.
Die Musiker spielten auch Doppel- und Panflöten aus Holz oder Rohr, die mit Sehnen zusammengebunden und mit Asphalt abgedichtet waren. Die verzierte Knochenflöte war Requisit des Scha-

manen; in einfacher Ausführung benutzte es der Freier bei der Liebeswerbung. Aus prähistorischer Zeit stammen Flöten aus Speckstein, die an der Küste gefunden wurden.

Die Opfer des Goldrausches

Der Leidensweg der kalifornischen Indianer und ihre physische Vernichtung vollzog sich in verschiedenen Etappen. Schon 1602 erschien der Spanier Viscayno in dem von der Natur so begünstigten Küstenland und nahm es für die spanische Krone in Besitz. Später folgten spanische Franziskanermönche und errichteten vor allem an der Küste und in den Tälern der Gebirge 21 Missionsstationen, unter ihnen die 1769 gegründete berühmte San Diego de Alcala. Die Indianer dieses Gebietes wurden «getauft» (daher der Name Missionsindianer) und gezwungen, für die Stationen zu arbeiten und sie mit Nahrung zu versorgen. Diese Behandlung war absolut legal, standen sie nach spanischem Gesetz doch unter Leibeigenschaft.

Zeitgenössische Quellen schildern das Leben der kleinen Siedlungen aus ihrer eigenen Sicht. So lesen wir zum Beispiel bei dem bereits zitierten Löhr: «...Die Missionen führen die Aufsicht über die Indier, die nach einem mit der Glocke gegebenen Zeichen zur Kirche, zur Arbeit, zum Gebet und zum Essen sich einfinden müssen, welches in einem Brei von geröstetem und ohne alle Zuthat bereiteten Gerstenmehl besteht, wovon jede Familie ihre bestimmte Portion bekommt... Die Männer pflügen, graben usw., die Weiber besorgen den Haushalt, spinnen und weben Wolle, rösten Gerste und mahlen auf Handmühlen... Die Californier werden von allen Reisenden, nicht bloß von Missionaren, als äußerst stumpfsinnige Menschen geschildert, die in ihrer ursprünglichen Eigenthümlichkeit auf dem dürftigen Boden hungrig und kümmerlich da und dort umherstreifen. Die Missionen thun alles, um sie diesem elenden Leben zu entreißen – ob sie dieselben übrigens auch, wie in Neumexiko häufig gesehen, ebenso zur Bekehrung mit

Schlingen eingefangen haben, wie die Ochsen zum Verkauf, wollen wir nicht erörtern. – Die Menschengestalt wäre wenigstens zu achten.»

Im «Globus» von 1865 erfährt der interessierte Europäer auch noch einiges über das Äußere der Kalifornier: «In physischer Beziehung sind sie eine untergeordnete Rasse. Ihre Gesichtszüge sind flach und häßlich, das Haar grob und schwarz; meistens wird es kurz getragen. Der Mund ist dick, die Haut dunkel und so kalt, daß sie sich wie die eines Frosches anfühlt.»

Die südlichen Missionsstationen wurden schon 1834 wieder aufgelöst. Die billigen Arbeitskräfte reduzierten sich durch die eingeschleppten Infektionskrankheiten so stark, daß sich eine Aufrechterhaltung der Betriebe nicht mehr lohnte. Die wenigen überlebenden Indianer vermischten sich später mit der mexikanischen Landbevölkerung. Parallel zu den Gründungen des Klerus ging die Besitznahme des Küstenlandes durch spanische Granden, bei denen Angehörige der dort ansässigen Indianer wie Sklaven gehalten wurden, soweit sie nicht rechtzeitig über das Gebirge nach Osten hatten fliehen können.

Auch im großen kalifornischen Längstal hatten die europäischen Krankheiten ihren Einzug gehalten. Die reduzierten Stämme, durch Entstehung mächtiger Ranches ihrer Ernährungsgrundlage beraubt, mußten dazu übergehen, Viehherden zu überfallen. Im nördlichen Tal hatten einige Gruppen bereits das Pferd übernommen und erwiesen sich bei ihren Überfällen als taktisch äußerst geschickt. Dem Norden Kaliforniens gönnte das Schicksal vorerst noch eine relativ ruhige Zeitspanne, bis auch dieser Landstrich in die Auswirkungen des Goldrausches miteinbezogen wurde. Es waren aber vor allem die Völker Zentralkaliforniens, die durch die zu Tausenden in das Land strömenden Goldsucher fast völlig ausgelöscht wurden. Die Geschichte dieser Jahre ist eines der schrecklichsten Kapitel der Indianervernichtung.

Bis zu Beginn des ersten Goldfundes hatten immerhin 100000 Indianer überlebt. 1890 zählte man noch 17000 Menschen! Zwar hatte die Regierung schon 1852 Verträge mit den Indianern abge-

schlossen, die ihnen vier Reservate zum Überleben garantieren sollten. Doch sie erwiesen sich als wertloses Papier. Nur im äußersten Nordwesten blieben kleine Stämme von diesem Schicksal teilweise verschont, paßten sich später den weißen Einwanderern an und integrierten sich in die neue amerikanische Gesellschaft.
Nach Beendigung des großen Goldfiebers begann die Erschließung aller ergiebigen Gebiete durch neue Einwandererströme. Trockene Landstriche wurden bewässert, und durch die Einführung europäischer Kulturpflanzen entstand nach und nach die große Obst- und Gemüsekammer Amerikas.
Die Vertreibung und Vernichtung der Urbevölkerung ging gnadenlos weiter. Kleine Gruppen überlebten, indem sie sich als Landarbeiter verdingten, andere zogen sich in die Berge zurück oder vermischten sich mit Resten östlicher Stämme und sogar mit Chinesen, die durch den Eisenbahnbau ins Land gekommen waren.
Weltbekannt wurde das Schicksal eines jungen Indianers, namens Ishi, vom Stamm der Yahi, der als letzter seines Volkes den Massakern der weißen Einwanderer entkam und sich vier Jahre lang in den Wäldern versteckt hielt. Halb verhungert wurde er 1911 am Rande eines kleinen Städtchens gefunden und kam durch eine glückliche Fügung unter die Obhut von Professor Kroeber, für den er, nachdem eine Verständigung möglich war, zu einem wichtigen Informanten über die ausgestorbenen Stämme der Yana und Yahi wurde. Fünf Jahre waren dem jungen Menschen noch vergönnt, ehe er 1916 an Tuberkulose starb.
Heute gibt die Statistik etwa 45000 Indianer für Kalifornien an. Sie leben weit verstreut auf kleinen Rancherias und in Gemeinden, die kaum als Reservationen bezeichnet werden können. Die Zahl der Stadtindianer ist bedeutend größer, da das sonnige Land auch Angehörige anderer Stämme anlockte, die sich hier eine bessere Zukunft erhofften. Doch sind die meisten aufgrund ihrer schlechten Schulbildung ohne Berufschancen und nur Sozialempfänger. Trotzdem kommen gerade aus dem kalifornischen Raum starke Impulse, die die neuen Indianerbewegungen wesentlich beeinflussen.

Der Südwesten

Mit den Völkern des Südwestens im Grenz- und Einflußgebiet der mesoamerikanischen Hochkulturen schließt sich unser Kreis, den wir im hohen Norden mit den Unangan und Inuit begannen und der uns bislang mit Leben und Schicksal indianischer Völker aus neun großen Kulturräumen bekanntmachte. Politisch umfaßt das letzte Gebiet die heutigen Staaten Arizona und New Mexico sowie Teile von Utah und Colorado, die sich in drei an Naturwundern überreiche Landschaftsräume einteilen lassen.

Flora und Fauna

Die Plateaulandschaft im Norden, Ausläufer des großen Colorado-Plateaus, hat eine durchschnittliche Höhe von 2000 Meter und ist von zahlreichen tiefen Canyons durchschnitten, von denen der Gran Canyon für jeden Besucher wohl zu einem der unvergeßlichsten Naturerlebnisse gehört. Die Vegetation ist Buschsteppe, zum Teil schon Halbwüste mit Sukkulenten, aber auch mit prächtigen, blau blühenden Arizona-Lupinen und zahlreichen gelbblütigen Pflanzen. Steil ragen aus den weiten Hochebenen die Mesas und vereinzelte Gebirgszüge auf, die an ihren Westseiten kleine Nadelwälder und Wacholder tragen. Doch ist die Vegetation der Landschaft durch die Armut an Niederschlägen geprägt. Die südlich sich anschließende Bergzone hat breitere Täler und zum Teil stattliche, bis über 3000 Meter hohe Berggipfel. Dank größerer Feuchtigkeit konnten hier sogar ausgedehnte Nadelwälder entstehen. Die Wüsten des Südens – zwischen 1000 und 1500 Meter über Meer, mit milden Wintern und extrem hohen Sommertemperaturen – sind Lebensraum unzähliger Kakteenarten, die während ihrer Blütezeit die Landschaft in einen Wundergarten verwandeln. Dominierend ragen die Orgelpfeifenkakteen und Saguaro empor, deren fleischiger Stamm soviel Wasser speichern kann, daß die Pflanze Monate ohne Regen auskommt. Sie fängt allerdings erst im stattlichen Alter von 50 Jahren an zu blühen. Neben diesen bis zu 15 Meter hohen Riesen wachsen zahlreiche Opuntienarten *(Opuntia)*, Igelkakteen *(Echinicactus)* und Warzenkakteen *(Mammillaria)*, um nur einige zu nennen. Die Yucca entwickelt hier einen mehrere Meter hohen Blütenstengel mit einem leuchtend gelben Blütenstand.

Die Tier- und Vogelwelt gleicht im nördlichen Teil jener des Großen Beckens und Kaliforniens. In den Wüstengebieten kommen noch verschiedene, speziell in dieser Gegend heimische kleine Reptilien und Schlangen hinzu. Daneben gibt es für Ammerfinken und Spottdrosseln genügend Nahrung an Insekten. Der Kaktuszaunkönig baut sein Nest geschickt auf der Spitze einer hohen Kaktee. An den stacheligen Wüstenpflanzen fallen in gewisser Höhe kleine Höhlen auf. Sie sind das Nest des Gila-Spechtes *(Centurus uropygialis)*, der hier seine Jungen großzieht. Da er sich in jedem Jahr ein neues Heim aus einem Kaktus heraushackt, kann sein Nachfolger, die nur handgroße Kaktuseule *(Micrathene whitneyi)*, Einzug halten.

An Kleintieren leben Känguruhratten, viele Arten von Taschenmäusen, Erdhörnchen, Katzenfrett und Skunks, an größeren Tieren der Rotluchs in einer Landschaft, die wir zu den echten Wüstengebieten der Erde rechnen.

Die Pueblo-Völker

Die bekanntesten Indianer des Südwestens sind die *Pueblo-Indianer* und die *Navajo*. In den Pueblos können wir die Nachkommen der Anasazi sehen, die uns in präcolumbischer Zeit bereits einmal begegneten.

Gewöhnlich werden die Pueblos in eine östliche und eine westliche Gruppe von Stämmen eingeteilt. Der spanische Name Pueblo wurde zum ersten Mal 1539 vom Franziskaner Marcos de Niza gebraucht und bedeutet einfach «Dorf». Die weißen Eindringlinge übernahmen ihn und wandten ihn der Einfachheit halber auf die Bewohner an. Begriffe wie Pueblokultur, -architektur und -gebiet bildeten sich erst, als man das Land und die Menschen besser kennenlernte.
Trotz vieler kultureller Gemeinsamkeiten teilen sich die Pueblovölker in verschiedene Sprachfamilien.

Siedlungs- und Bauweise

Der bekannteste Ort der nordöstlichen Pueblos ist Taos, dessen Bewohner einen Tano-Dialekt aus der Aztec-Tanoan-Sprachfamilie sprachen. Staunend standen die ersten Spanier 1540 vor der großen Siedlung aus Häusern mit fünf und sechs Etagen, die sich beidseits des Taos Creek erstreckte. Im Jahre 1693 oder 1694 zerstörte ein Brand weite Teile der Siedlung, die von 1700 an natürlich einen spanischen Beamten, eine Kirche und den neuen Namen Taos anstelle des alten *Tua* erhielt (Bandelier schreibt «Te-uat-ha»)[81].
Von der alten Mauer, die Taos einst umgab, sind heute noch Reste vorhanden. Alle Häuser waren fensterlos, und der Eingang befand sich immer auf dem Dach, auch in der ebenerdigen Wohnung. Mit einer Leiter (früher ein Stamm mit Einkerbungen) stieg man nach oben und gelangte durch die Öffnung mit Hilfe einer zweiten Leiter ins Hausinnere. Die alten Häuser waren nicht sehr geräumig, so daß man sich gern auf dem Dach des darunterliegenden Geschosses aufhielt. Je höher eine Familie wohnte, desto beschwerlicher wurde das Leben für alte Leute, die ihre letzten Lebensjahre sicher nur noch zwischen Innenraum und Dach verbrachten. Vielleicht war dies der Grund, weshalb in ruhigen Zeiten längst nicht alle Pueblos mit mehreren Etagen gebaut wurden. Im kleinen, um 1300 erbauten Tesuque finden wir wenige zweistöckige Bauten,

Blick auf Siedlung der Pueblo-Indianer

und in Nambé sowie in Picuris gibt es nur Erdgeschosse. Allerdings hat gerade Picuris eine lange Geschichte. Der Spanier Caspar Castaño, der die Gegend 1591 besuchte, beschreibt es als großen Ort mit achtstöckigen Häusern. Im Jahre 1796 zerstörten die Comanche das gesamte Dorf in der Absicht, die Spanier (Mexikaner) zu treffen, welche hier ein großes Kloster gebaut hatten. Die Überlebenden verwendeten das noch brauchbare Material zum Aufbau eines neuen, eingeschossigen Picuris, so, wie es sich heute uns zeigt.
Fehlten Steine als Baumaterial, stellten die Handwerker eine Art Backsteine in handlichen Größen aus Lehm oder Lehm und Stroh her, die an der Sonne getrocknet wurden, Bei der Casa Grande, einem prähistorischen Bau im westlichen Pueblo-Gebiet, fanden sich mächtige Adobeblöcke von mehr als 1 Meter Länge und 50 Zentimeter Breite. Auch in Old Zuni waren die Wände bis 60 Zentimeter dick. Die Decke wurde durch Balken gebildet, deren Zwischenräume mit Flechtwerk und Stroh ausgefüllt wurden. Die Innenwände sind sauber verstrichen und möglichst weiß gehalten, ein Brauch, der sich bis heute gehalten hat.
Die Pueblovölker kannten schon früh eine Art Stuhl auf drei Bei-

nen. Zum Hausrat gehörten ferner gewobene Decken für die Wände oder als Schlafstätten am Boden. Die heutigen Bewohner besitzen einfache Möbel. Die Räume haben Türen und Fenster, doch bei mehrstöckigen Gebäuden muß man noch immer mit einer Leiter nach oben steigen.

Aufgabenbereich der Frauen

Zur Aufbewahrung der Vorräte und zum Einbringen der Feldfrüchte stellen die Frauen große Körbe in Spiralwulsttechnik her, die im gesamten Südwesten, in Kalifornien und besonders bei den benachbarten Paiute in Utah in Gebrauch sind. Die Frauen sammeln besonders geschmeidiges, langes Gras, das sie zu dünnen Bündeln zusammennehmen und von links her mit Schilf umwinden. Die fertigen Wülste werden fortlaufend mit Gras oder dünnen Wurzelfasern zusammengenäht, auf diese Art ist der Korb spiralförmig aufgebaut. Wasserdichte Gefäße bekommen noch eine Abdichtung von Pinienharz. Zum Teil werden die Flechtmaterialien durch indianische Händler aus Mexiko eingeführt.
Die meisten Pueblofrauen sind geübte Töpferinnen und stellen ihr Geschirr weitgehend noch selber her. Auch die Töpferei beruht auf der Spiralwulsttechnik. Man formt zwischen den Händen einen dünnen Tonwulst, mit dem eine geeignete Kürbisschale spiralförmig ausgelegt wird. Von diesem «Bodenstück» aus wird Wulst auf Wulst gelegt, die Übergänge sorgfältig verstrichen, bis die gewünschte Höhe erreicht ist. Mit einem Stein glättet man Innen- und Außenfläche und läßt das Gefäß an der Sonne trocknen. Noch weit in unser Jahrhundert hinein wurden die Tonwaren im offenen Feuer gebrannt. Heute geht man immer mehr zu Brennöfen über, zumal die Nachfrage durch den Tourismus groß geworden ist. Es gibt verschiedene Einfärbe-Techniken, die zum Teil Geheimnis berühmter Töpferinnen sind.
Zum Tragen der schweren Wasserkrüge auf dem Kopf flochten die Frauen dicke Ringe aus Maisstroh, und für den Transport von

Brennmaterial und größeren Feldfrüchten diente ein grobmaschig geknüpfter Sack mit Stirnband. Wir sehen, das Alltagsleben brachte den Pueblofrauen ein volles Maß an harter körperlicher Arbeit. Dazu gehörte auch das Mahlen von Mais auf den Reibplatten (Metates) mit Reibsteinen (Manos) für die täglichen Mahlzeiten. Vom Feuerplatz im Haus entwich der Rauch durch einen kleinen Schornstein, der aus aufeinandergesetzten, bodenlosen Tontöpfen bestand. Auf einer heißen Steinplatte bereitete die Hausfrau die kleinen Maisfladen zu, die später teilweise durch Maisbrot ersetzt wurden. Dieses wurde in den von Spaniern eingeführten kuppelförmigen Öfen vor den Häusern gebacken. Bohnengerichte und dergleichen kochten in feuerfesten Tongefäßen. Zum Haushalt gehörten ferner das aus Yuccafasern geflochtene Maissieb sowie schön verzierte Kürbisschalen als Eß- und Trinkgeschirr. Aus demselben Material wurden auch Löffel hergestellt.

3000 Jahre Baumwollanbau

Schon vor etwa 3000 Jahren begann im Südwesten der Anbau von Baumwolle, dem Grundmaterial einer den hohen Temperaturen ideal angepaßten Kleidung. Zum Spinnen drehten die Frauen die Spindel auf dem Oberschenkel. Das Weben hingegen war bei den meisten Pueblostämmen Sache der Männer, die an einem senkrechten Rahmen arbeiteten.

Die Kleidung wies von Dorf zu Dorf keine allzugroßen Unterschiede auf. Einheitlich war bei den Frauen das Freilassen der linken Schulter. In einigen Dörfern hatte das Frauengewand rechts einen kleinen Ärmel. In der Literatur steht für dieses bis über die Knie reichende Gewand, das mit einem Gürtel zusammengehalten wurde, der Name «manta». Es konnte braun, schwarz, rot oder blau sein. In früherer Zeit trugen beide Geschlechter Sandalen. Als später Mokassins mit harten Sohlen übernommen wurden, zogen die Frauen bis zu den Knien gehende gewobene Leggings an oder banden die Beine mit breiten Bändern ein. In einzelnen Siedlungen

schützten sie sich gegen die starke Sonneneinstrahlung mit einem Kopftuch, das bis in den Nacken reichte.
Die Kleidung der Männer bestand in alter Zeit aus einem Gürtel mit Durchziehtuch, über dem – je nach Dorf – ein verschieden gemustertes, gewobenes Hüfttuch getragen wurde, bei kühler Witterung ein hemdartiger Poncho. Im Winter trugen beide Geschlechter ein dickes Schultertuch oder den schon so oft erwähnten Umhang aus geflochtenem Kaninchenfell.
Eine aparte Haartracht finden wir bei den jungen Mädchen der Hopi. Das Haar wurde beidseits des Kopfes zu zwei großen runden Wulsten zusammengenommen, deren Einlage ein hufeisenförmig gebogenes, dünnes Holzrohr bildete. Ein über den Hinterkopf gehendes schwarzes Wollband hielt die ganze Frisur zusammen. Diese Haarscheiben sollen die geschlossene Blüte der Sonnenblume darstellen, ein sinnvolles Symbol der Jungfräulichkeit. Nach der Heirat waren Zöpfe oder herabhängende, mit Bändern umwickelte Haarrollen üblich, und erst in jüngerer Zeit lassen sich die Frauen eine Art Pagenfrisur schneiden. Die traditionellen Männer tragen noch heute ihr Haar lang, halten es aber mit einem Stirnband zurück oder binden es mit einem Tuch im Nacken.
Als Schmuck wurden auch hier Körper und Gesicht bemalt. Die Begabung der Männer, aus Muscheln, Türkisen und vereinzelt auch aus Kupfer Halsketten und Ohrschmuck herzustellen, wurde später durch die Verarbeitung von Silber ergänzt. Der dekorative Schmuck weitete sich zu einer bedeutenden Einnahmequelle aus.
Die archäologischen Untersuchungen lassen heute vermuten, daß der Bodenbau des Südwestens seinen Ursprung wahrscheinlich bei den Völkern des Gila-Beckens im Südwesten von Arizona hatte. Dies dokumentiert auch den Einwanderungsweg der Kulturelemente aus den Hochkulturen Mesoamerikas. Die heute im Gila-Becken ansäßigen Papago und Pima aus der uto-aztekischen Sprachfamilie werden als Nachkommen dieser «Pioniere» betrachtet, obwohl zwischen den ersten Maisbauern und den heutigen Bewohnern noch einige Lücken klaffen. Wir erinnern an die Bewässerungskanäle der Hohokam, welche das Wasser des Gila River

und seiner Nebenflüsse anzapften und auf die Felder leiteten. Dieses Bewässerungssystem bauten die Pima und Papago weiter aus. Ähnliche Systeme schufen sich auch die Pueblos am Rio Grande, und letzte Spuren der Kanäle sind tatsächlich noch heute vorhanden. Die Pueblovölker der Zuni und Hopi hingegen betrieben seit jeher den sogenannten Sturzwasserfeldbau.

Nach der Zerstörung ihrer Dörfer in der Ebene errichteten die Zuni (eigene Sprachfamilie) ihre neue Siedlung 1693 auf einer Hochebene und hofften insbrünstig auf den Schutz des Heiligen Berges *Towaylane,* der sich dominierend hinter ihrem Dorf erhebt. Dort befindet sich die Siedlung noch heute, die Felder liegen 25 Kilometer entfernt. Balduin Möllhausen, der die Zuni 1853 kurz besuchte, schreibt über ihren Feldbau: «Als unsere Expedition dort vorbeizog, waren die Ernten schon längst beendet, doch erblickten wir überall auf der Ebene Felder, wo die Stoppeln von Weizen, Mais, Kürbissen und Melonen vom Fleiß der Indianer zeugten. Außer den Feldfrüchten ziehen sie in ihren Gärten auch Zwiebeln, Bohnen und spanischen Pfeffer, und besonders letzterer war in großen Massen girlandenweise an den Außenwänden der Häuser zum Trocknen aufgehängt...»[82]

Die Hopi aus der uto-aztekischen Sprachfamilie wohnen auf den drei Mesas, die wie drei lange Arme der Black Mesa in das Land hineinreichen. Außer dem etwa 1150 auf der dritten Mesa gegründeten Oraibi sind alle andern Siedlungen zwischen 1680 und 1750 erbaut. Vor diesem Zeitpunkt lagen sie in den Ebenen, die neuen Standorte sind also Fluchtplätze vor den Spaniern. Der zur Verfügung stehende enge Raum verlangte fast überall eine zwei- bis dreistöckige Bauweise. Nur das kleine Hano auf der ersten Mesa besteht aus einstöckigen Bauten und wird von den Tewa bewohnt, einem vom Rio Grande geflüchteten Pueblostamm, der einen Tano-Dialekt spricht.

Die Felder der Dörfer liegen am Fuße der Mesas in der Ebene. Zu dem schon erwähnten Sturzwasserfeldbau lassen wir einen ausgezeichneten Kenner des Südwestens, W. Lindig, zu Worte kommen: «Da Niederschläge meist in Form kurzer, heftiger Gewittergüsse auftreten, kann der ausgedörrte Boden die plötzliche Wassermenge nicht absorbieren. Das Wasser fließt deshalb in zahlreichen, tief eingeschnittenen Regenrinnen (span. arroyos) von der Plateaufläche ab. Auf den weiten, kaum noch Gefälle aufweisenden Talflächen breitet es sich in unmittelbarer Nähe der Einmündung der arroyos fächerförmig aus und versickert dann rasch. Diese Teile eines Talabschnittes empfangen somit eine größere Wassermenge, die zum Anbau von Mais und anderen Pflanzen ausreicht. Man spricht hier von Sturzwasserfeldbau... Voraussetzungen zu einem erfolgreichen Sturzwasserfeldbau war die genaue Kenntnis des Terrains und der örtlichen Niederschlagsverhältnisse. Denn das schichtflutartig herabfließende Wasser durfte weder das Saatgut noch die bereits stehenden jungen Pflanzen herauswaschen, und es durfte auch nicht so viel Schlamm mit sich führen, daß die Felder mit den Pflanzen davon zugedeckt wurden. Gelegentlich errichtete man kleine Erd- oder Steindämme, damit die Wucht des abfließenden Wassers die Felder nicht zerstörte.»[83]

Auf den Feldern der Hopi finden wir die gleichen Gemüsearten wie bei den Zuni. Wo es möglich war, ergänzte man später die einheimischen Pflanzen mit den von den Spaniern eingeführten europäischen Obstsorten. Auch die Hopi legten gemischte Felder an, indem sie zum Beispiel neben Mais noch Bohnen und Kürbisse aussähten. Monokultur wurde bewußt unterlassen. Die großblättrigen Kürbisse ließen die Erde nicht so schnell austrocknen, und zusammen mit dem Bohnengestrüpp, das man nach der Ernte verfaulen ließ, ergab dieser Kompost einen brauchbaren Dünger.

Die pflanzlichen Produkte spielten in der Ernährung eine weitaus größere Rolle als das Fleisch. Gebackener Kürbis war zum Beispiel ein beliebtes Gericht, und die Kerne aß man als Beigabe oder mischte sie geröstet unter das Maismehl. Der Truthahn wurde bei den Pueblos nur seiner Eier wegen gehalten. Auf die Jagd zogen die Männer nach einer streng abgehaltenen Zeremonie gemeinsam. Hirsche wurden mit Pfeil und Bogen und Kaninchen mit dem Wurfholz erlegt.

Gemüse und Fleisch wurden auch getrocknet als Wintervorrat angelegt. An Getränken gab es eine reiche Auswahl aromatischer Tees. Natürlich wurde von allen Gemüsen sorgfältig ausgewählter Samen für die nächste Aussaat zurückbehalten. Möllhausen hat die Hopi-Siedlungen ein «indianisches Arkadien» genannt, Dörfer eines idyllischen Friedens, die lange Zeit vor fremden Einflüssen unberührt blieben.

Moieties und Clans der Hopi

Im Unterschied zu den meisten Pueblos am Rio Grande und den Papago und Pima, die in Moieties eingeteilt sind, stoßen wir bei den Hopi und Zuni auf eine Einteilung in Clans, genauer in exogame Matriclans. Darunter verstehen wir eine matrilinear ausgerichtete Gruppe, deren Mitgliedern es verboten ist, in der eigenen Gruppe einen Lebenspartner zu wählen. Nach Mischa Titiev[84] kann ein Clan aus einer Lineage in einem Haushalt bestehen, oder auch aus mehreren Haushalten einer Lineage. Unter Umständen bestand ein Clan sogar aus mehreren Lineages mit weit verstreuten Mitgliedern.
Hier ist zu erwähnen, daß nicht alle Autoren mit der Bezeichnung Clan einverstanden sind. Die Anhänger von G. Peter Murdock gebrauchen die Definition «Sippe». Wir werden uns bei der weiteren Darstellung der sozialen Organisation auf die neuste Arbeit von Horst Hartmann über die Hopi stützen[85]. Er behält die Bezeichnung Matriclan bei und weist auf die überragende Bedeutung dieser Haushaltsgruppen hin. An deren Spitze stand die älteste Frau. Sie war eine Person, bei der man sich jederzeit Rat und Hilfe holen konnte. Sie hütete zugleich den Clan-Fetisch (*tiponi*), der im Clan-Haus aufbewahrt wurde. Ihr zur Seite stand der Clan-Älteste, ein Bruder, Onkel oder der älteste Sohn der Clan-Vorsteherin. Diese Person war zugleich Oberpriester des Clan, der die Zeremonien der mit dem Clan liierten Kultgenossenschaft leitete.
Alle Clans trugen einen Tier- oder Pflanzennamen und waren in namenlosen Phratrien zusammengefaßt, die jedoch nicht mit den

Moieties der Rio Grande Pueblos verglichen werden dürfen. In den meisten Gemeinschaften erhofften sich die Mütter weiblichen Nachwuchs; dieser hielt oder vergrößerte den Bestand des eigenen Clans, während ein Knabe nach seiner Heirat in den Clan seiner Frau zog. Hartmann hebt hervor, daß der junge Mann dort ein Außenseiter war, wenn nicht Brüder oder eigene Clanmitglieder ebenfalls in den Clan seiner Frau einheirateten. Wir wollen nun versuchen, in großen Zügen den Lebenslauf der Hopi zu schildern, wobei zu sagen ist, daß erhebliche Unterschiede von Mesa zu Mesa bestehen.

Uralte Familienrituale

Mutter und Kind wurden gleich nach der Geburt in einen strengen religiösen Ritus eingespannt. Beide mußten die ersten drei oder vier Wochen in einem verdunkelten Raum verbringen. Alle fünf Tage wurden sie durch die Großmutter väterlicherseits einer zeremoniellen Waschung unterzogen, die jedesmal durch Berühren der Stirnpartie mit einem in Wasser getauchten Maiskolben begann. Bei diesen Waschungen wurde auf das Waschen der Haare besonderer Wert gelegt. Am 20. Tag hielt die Mutter das Kind der aufgehenden Sonne entgegen und zeigte es anschließend den anwesenden Verwandten. Die Eltern, an anderen Orten die Verwandten, wählten einen Namen, welchen das Kind bis zur Initiation behielt. Auf der zweiten Mesa geschah die «Taufe» durch eine Frau. Sie saß auf der Erde, vor sich zwei flache Körbe, von denen der eine Maismehl enthielt. Mit der rechten Hand führte sie einen im Mehl getauchten Maiskolben viermal vor dem Kinde auf und nieder und sprach dabei gute Wünsche aus. Dann wurden Mehl und Kolben in den leeren Korb gelegt. Alle weiblichen Verwandten wiederholten nun die Zeremonie mit eigens dafür mitgebrachten Maiskolben. Anschließend an diese Handlung begab sich die junge Mutter mit Kind und Schwiegermutter, begleitet von den Wünschen der anwesenden Frauen und mit zwei Gebetsstäbchen an den Ostrand der Mesa. Die Gebetsstäbchen – *Paho*, in alten

72 Tihu der Hopi, ein «Schmetterlingsmädchen» darstellend

73 Kopfputz eines Kachina-Tänzers der Hopi mit Sonnen- und Wolkensymbolen und aufgemalten Adlerfedern

74 Tihu der Zuni, einen «Sip-ikne»-Kachina-Tänzer darstellend. Diese Tänzer erfüllen bei den Feiern Wächterfunktionen

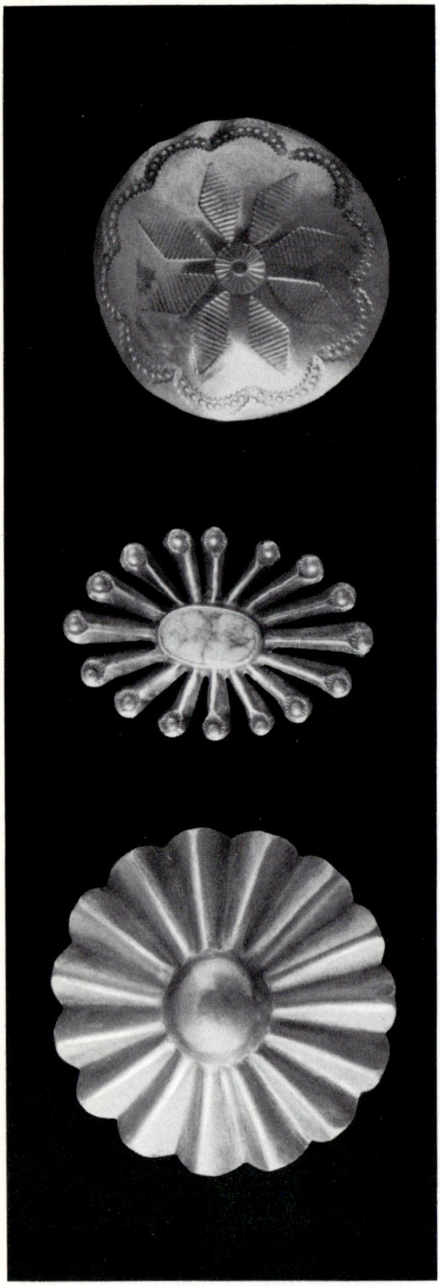

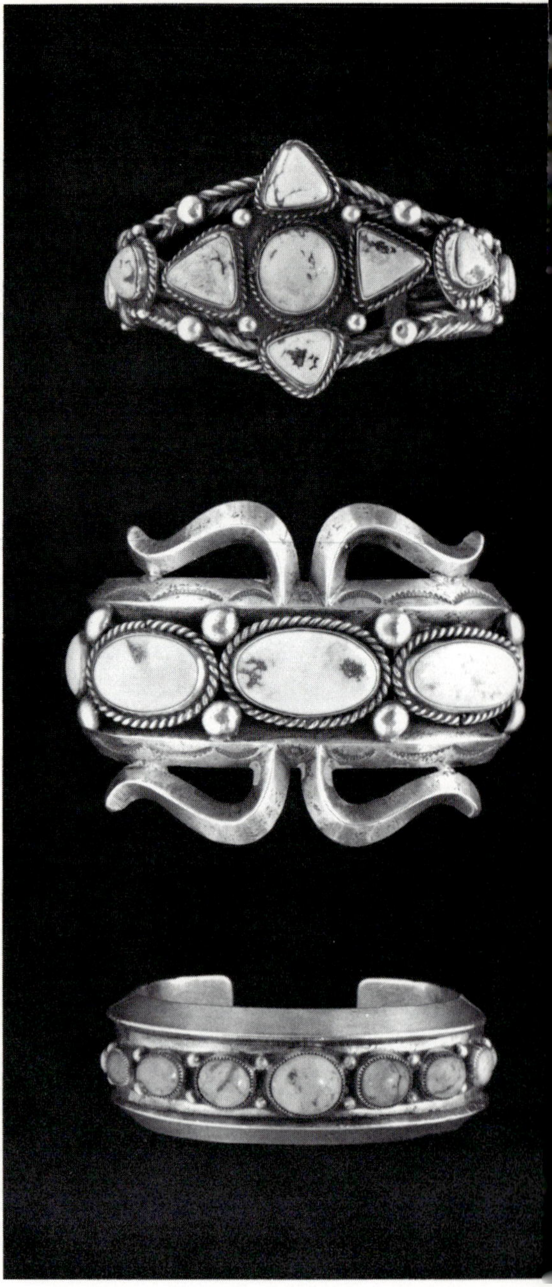

75 Silberknöpfe der Navajo
76 Armreifen der Navajo

77 Ein Krug der bekannten Töpferin Fannie Nampeyo aus Hano, ca. 1940. Bemalung in rot und schwarz
78 Vorratskrug aus dem Pueblo Acoma, heller Ton mit rotbrauner Bemalung

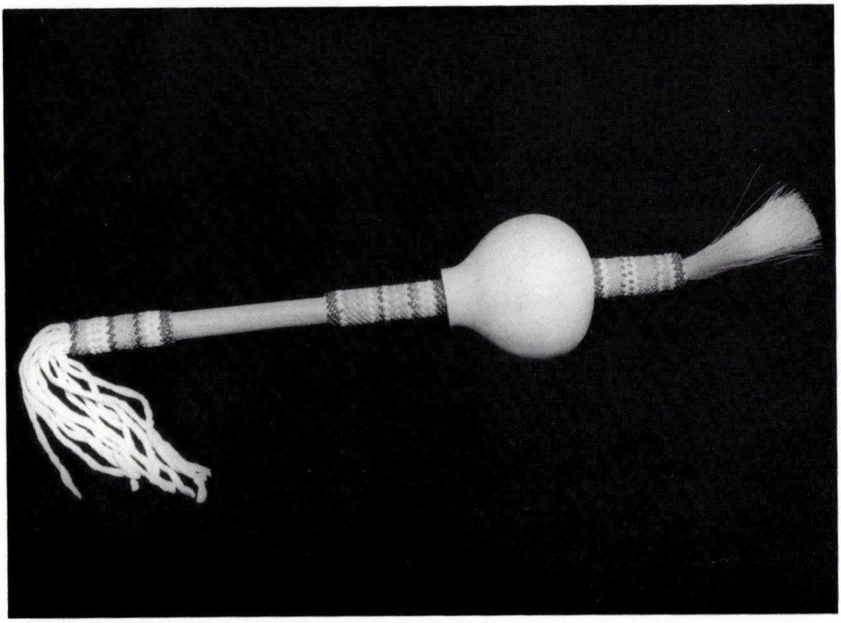

79 Blanket der Navajo, zwischen 1880 und 1890 gewoben. Farben: schwarz, weiß, grün, rotbraun, hellrot
80 Peyote-Rassel aus einem Kürbis mit perlverziertem Holzstiel

81 Blick auf Walpi, ein Hopi-Dorf auf der 1. Mesa
82 Backöfen in Zuni

83 Schwitzhütte der Navajo im Monument Valley
84 Einfahrt von Baumaschinen zum Kohleabbau in eine bislang unberührte Gemeinde von Navajo-Bauern in New Mexico

Werken noch «Baho» genannt – bestehen aus einem Stück Weiden- oder Pappelholz, an das mit Baumwollfaden ein zweites Stäbchen sowie Adler- oder Truthahnfedern gebunden sind. Die beiden Frauen steckten die Pahos in die Erde und sprachen dazu ein Gebet, das von den Gebetsstäbchen aufgenommen wurde. Dann kehrten sie in den Kreis der Frauen zurück, und es folgte mit den Männern zusammen ein festliches Morgenessen. Der Täufling schlief indessen ruhig in seiner Wiege.

Die Wiegen auf der ersten und dritten Mesa sind aus Weiden geflochten, während man auf der mittleren Brettwiegen bevorzugt. Bei den Hopi durfte die Wiege nie aufrecht gestellt werden. Zum Teil sind diese Zeremonien noch heute lebendig.

Schon früh wurden die Mädchen für die Haushaltarbeit und die Buben zur Feldarbeit herangezogen, doch blieb noch genügend Zeit für sinnvolle Spiele. Beide Geschlechter wurden zwischen ihrem sechsten und zehnten Lebensjahr im Februar, wenn sich der Mond zum erstenmal zeigt, in den *Powamuy Kachina Bund* initiiert. Die Mädchen traten nach der ersten Menstruation und der darauf folgenden Reifezeremonie, zu der auch das viertägige Maismahlen gehörte, in eine Frauengesellschaft ein.

Nach der Geschlechtsreife sollten sich beide Geschlechter zurückhaltend benehmen. Besonders von den jungen Mädchen erwartete man, daß sie nur in Gruppen zusammen gingen. Trotz aller Beschränkungen in der Partnerwahl, bedingt durch strenge Vorschriften in bezug auf Clan- und Phratriezugehörigkeit, fanden sich passende junge Menschen zusammen und gaben sich diskrete Zeichen ihrer Liebe.

Die folgenden Handlungen dürfen wir zum Teil als Zeremonie ansehen, zugleich aber auch als Beweis, daß das junge Mädchen alle Voraussetzungen für eine gute Ehefrau erfüllte. Das Mädchen mahlte im elterlichen Haus mit aller Sorgfalt eine Portion Mais und brachte sie in die Wohnung ihres Zukünftigen. Unter Umständen übernahm auch eine Tante diese Aufgabe. Auf der zweiten Mesa war es Brauch, im Haus der Schwiegereltern nochmals drei Tage Mais zu mahlen. Am Morgen des vierten Tages kamen die

beiden Mütter mit je einer Schüssel Seifenwasser, das aus Yuccawurzeln gewonnen wurde. Die Mutter des Mannes löste die kunstvolle Mädchenfrisur, wusch das Haar und band es nach Art der verheirateten Frauen in zwei Bündeln, die dicht hinter den Ohren auf die Schultern fielen. Währenddessen wusch die andere Mutter die Haare des Schwiegersohnes. Dann folgte ein ausgiebiges Frühstück im Familien- und Freundeskreis, und die Ehe galt als geschlossen. Die männlichen Verwandten des jungen Ehemannes hatten schon zeitig mit dem Weben des Brautkleides begonnen. Bis es fertiggestellt war, blieb die junge Frau bei ihrer Schwiegermutter. Solberg[86] berichtet von der mittleren Mesa von einem eigenartigen Brauch während der Brautzeit, dem Schlammwerfen. Teilnehmen durften die älteren weiblichen Verwandten des Brautpaares und der Vater des Bräutigams. Unter dem anfeuernden Beifall der zahlreichen Zuschauer begannen die Teilnehmer, sich gegenseitig mit Schlamm zu bewerfen, wobei sich bald alle Frauen geschlossen gegen den einzigen Mann wendeten, dem es natürlich schlecht erging. Erst als alle Schlammkübel geleert und die Teilnehmer fast zur Unkenntlichkeit verschmiert waren, zogen die Beteiligten, mit Brennholz beschenkt, nach Hause. Auf die Frage des Autors nach dem Grund dieser Schlacht, antworteten die Hopi: «Nur zum Spaß.» Solberg vermutet mit Recht, daß der eigentliche Sinn des Brauches im Laufe der Zeit vergessen ging.
Nach einigen Wochen war die Brautausstattung endlich komplett. Sie bestand aus zwei weißen Baumwolldecken unterschiedlicher Größe und mit Troddeln und Quasten verziert, dazu zwei breiten weißen Baumwollgürteln sowie einem Paar weißer Mokassins, alles in eine Matte eingehüllt. Bei Sonnenaufgang erhielt die Braut das inhaltsreiche Paket überreicht. Sie nahm sogleich eine Schulterdecke um, zog die Mokassins an und kehrte mit ihrem Mann in das Haus ihrer Mutter zurück. Für beide Teile begann nun der Alltag mit all seinen Pflichten, zu denen bei der Frau im Laufe der Jahre die Kindererziehung und für den Mann die vermehrten Pflichten im zeremoniellen Bereich kamen.
Auf einige Unterschiede zu den Rio Grande Pueblos sei noch hin-

gewiesen. Hier zog das frischverheiratete Paar zu dem Elternteil, der mehr Land besaß.Auch die Suche nach einem Partner war nicht so kompliziert, er mußte nur aus der andern Moiety sein.

Wesentlich einfacher war eine Eheschließung bei den Zuni. Der Freier machte einen Besuch bei den Eltern seiner Auserwählten und bat nach einem einleitenden Gespräch den Vater um die Hand seiner Tochter. Da das Mädchen seine Wahl selber entscheiden konnte, wurde es durch die Mutter gerufen, und der Gast wiederholte seine Frage. Wurde sie zustimmend beantwortet, bereitete die Mutter im Nebenraum ein Lager, auf dem die beiden Liebenden die Nacht verbrachten. Am nächsten Morgen wusch die junge Frau ihrem Mann das Haar und begleitete ihn vier Tage später, in ihr bestes Gewand gekleidet, zu seinen Eltern. Der Schwiegermutter wurde ein Korb feinstes Maismehl überreicht, und mit dieser letzten Handlung galt die Ehe endgültig als geschlossen.

Starb ein Familienmitglied, wurde es so rasch wie möglich aus dem Haus gebracht. Bei der Beisetzung bestanden in den verschiedenen Siedlungen einige Unterschiede. Stützen wir uns nochmals auf die Beobachtungen von Solberg auf der zweiten Mesa. Zum letzten Mal wurden dem Verstorbenen die Haare gewaschen und geordnet, Wangen und Kinn schwarz bemalt. Nachdem die Stirn mit einem Baumwollband geschmückt war, wurde die Leiche in Hokkerstellung gebracht und fest umschnürt. In die Hände und an das Herz drückte man dem Toten *nakvakvosis,* Gebetsfedern. Das Totenbündel wurde in verschiedene Decken gehüllt, zuletzt in ein besonders schön gewobenes Blanket. Solberg stellt hier Vergleiche mit peruanischen Mumienbündeln an. Entweder am frühen Morgen oder in der Nacht nahm ein naher Verwandter den Toten auf den Rücken und brachte ihn zum Grabplatz. Dies konnte eine ausgehobene Grube oder, wie bei den Shungopovi, eine tiefe Felsspalte sein. Oft steckte man noch einen Stock neben dem Leichnam in den Boden, um der Seele den Ausstieg zu erleichtern, denn vier Tage nach dem Tod begann sie ihren Weg in das Totenland.

Bei den Zuni schnitt man dem Verstorbenen eine Haarsträhne ab und vermischte sie mit einer Salbe, mit der die nächsten Leidtragenden bestrichen wurden. Mit der linken Hand, der «Hand des Todes», wurde schwarz gefärbtes Maismehl um die Trauernden gestreut, um eine trennende Finsternis zwischen sie und ihren Kummer zu bringen.

Die Welt der Kachina

Im Zusammenhang mit der Reifezeremonie fiel das Wort *Kachina*, (ausgesprochen Katsina, in älteren Werken liest man Katchina oder Katcina). Kachina sind Geister von Ahnen, von Verstorbenen, die die Möglichkeit haben, zeitweilig auf die Erde zurückzukehren. Zu den Verstorbenen gehören auch Tiere, Pflanzen, ja sogar Steine und Sterne, denen sich der Indianer verwandt fühlt. Die Kachina leben bei den Zuni auf dem Grund eines großen Sees, bei den Hopi in der Unterwelt, und dienen als Vermittler zwischen den Menschen und den höheren Mächten, die über Regen und Wetter bestimmen. Daneben waren die Kachina auch hilfreiche Wohltäter, nicht nur für den einzelnen, sondern für eine ganze Gemeinschaft. Im Frühjahr brachten sie den Bedürftigen Nahrung, um die Zeit bis zur nächsten Ernte besser zu überbrücken, die Buben erhielten Pfeil und Bogen und die kleinen Mädchen und Jungen Kachina-Puppen.

Die Kachina wurden durch besondere Männer des Dorfs dargestellt, die in Bünden zusammengefaßt waren. Sobald sie die Maske und das Kostüm eines Kachina überzogen, wurden sie vom Geist des überirdischen Wesens durchdrungen, ja sie legten alles Menschliche ab und wurden zum Geistwesen selber. Sie können dann nicht mehr in der Sprache der Menschen reden, sondern bringen nur noch eigentümliche Töne in der Sprache des Kachina hervor.

Das Vorhandensein von mehr als 300 verschiedenen Kachina erklärt sich aus der Tatsache, daß sie neben höheren Geistwesen auch unzählige Tier- und Pflanzenwesen darstellen. So können wir hier nur auf einige charakteristische Merkmale hinweisen. Die Masken aus Leder oder Stoff zeigen vier Grundtypen: Halbmasken, Ge-

sichtsmasken, Korbmasken und Topfmasken, die je nach Anlaß der Zeremonie mit einem röhren- oder schnabelförmigen Mund, mit Hörnern, Federn, Haaren, Pelzstücken und Blüten verändert werden können. (Das Indianermuseum der Stadt Zürich besitzt eine Topfmaske aus Konservenblech.) Lediglich die Stammes- und Clanmasken haben ihre feste Form. Es gibt männliche und weibliche Kachina, die aber mehrheitlich von Männern dargestellt werden. Eine Ausnahme bilden zum Beispiel die «Schmetterlingsmädchen». Das Geschlecht ist an der Art der Kostümierung klar erkenntlich. Die Männer trugen früher ein dunkles Wollgewand, später mehrheitlich einen weißen, kilt-ähnlichen Rock, der mit besonderen Verzierungen bestickt ist. Der meist nackte Oberkörper, Arme und Beine sind nach genauen Vorschriften rot, gelb und blau bemalt. Mit Schnecken und Muscheln versehene Schärpen, Fuchsbälge, bunte gewobene Bänder um Unterarme und Knöchel und bestickte Mokassins vervollständigen die farbenprächtige Tracht. Das zeremonielle Kostüm der Frauen ist in erster Linie durch einen weißen Umhang gekennzeichnet.
Die Kachina-Puppen, die eigentlich *Kachintihus,* abgekürzt «Tihus», genannt werden, sind aus dem Holz des Cottonwood geschnitzt und genau den Kachina entsprechend bemalt. Sie hängen als Anschauungsobjekte an der Wand, die Kinder haben sie immer vor sich und erfahren durch die Eltern deren wichtige Bedeutung. Erscheinen die heiligen Wesen im Frühjahr im Dorf, flößen sie also keine Angst ein, sondern werden mit ihren kleinen Geschenken freudig erwartet.
Bestimmte Figuren können einer Frau Glück bringen, z.B. indem sie besonders hübsche und gesunde Kinder bekommt. H. Hartmann schreibt: «Zusammenfassend ist festzustellen, daß eine Kachina-Figur verschiedene Funktionen erfüllt hat und zum Teil noch heute erfüllt: Als Puchtihu konnte sie ein Spielzeug sein, als Kachintihu hat sie als Anschauungsobjekt, Gebetsträger und Fruchtbarkeitsbringer gedient, und generell ist sie bis in die Neuzeit hinein ein potentes, für die Frauen bestimmtes Symbol der Kachina-Welt gewesen.»

Die Aufnahme in einen Bund der Kachina war eines der bedeutendsten Ereignisse im Leben eines jungen Mannes und Teil seiner Initiation. Da auch bei den Hopi die Kinder bis zum Zeitpunkt ihres langsamen Erwachsenwerdens fest daran glaubten, in den Kachina überirdische Wesen vor sich zu haben, mußte ihnen mit viel Einfühlung und Geduld nach und nach beigebracht werden, daß die Kachina in Wirklichkeit Menschen ihres Dorfes waren, unter Umständen der eigene Vater oder Onkel. Was die jungen Menschen in dieser Zeit erfuhren, durften sie auf keinen Fall an jüngere, noch nicht initiierte Freunde weitergeben und über die neuen Erkenntnisse nur untereinander oder mit älteren Verwandten reden. Sobald die Knaben die Lieder und Tänze des «Powamuy-Bundes» gelernt hatten, was gewöhnlich ein Jahr dauerte, erhielten sie die Erlaubnis, selber Kachina zu personifizieren, womit sie automatisch dem Bund angehörten.
Bei den Zuni spricht man von Kachinapriestern, die auch als Häuptlinge der Kachina angesehen werden können. Die Aufnahme in einen Kachina-Bund ist nicht so einfach wie bei den Hopi. Hier erscheinen Kachina, um die Initianten mit Peitschen aus Yuccafasern zu schlagen. Für Buben, die Züchtigungen ja gar nicht kannten, war dies ein regelrechter Schock. Diese Handlung diente der Gnädigstimmung der Schicksalsmächte. Das Geheimnis der Masken wurde bei der ersten Züchtigung aber noch nicht gelüftet. Erst einige Jahre später, wenn der junge Mensch die nötige innere Reife besaß, wurde er anläßlich einer zweiten Auspeitschung in eine höhere Stufe eingeführt und aufgeklärt. Die Männer mit den Peitschen zogen ihre Masken ab und setzten sie den erstaunten Knaben auf. Die mußten nun ihrerseits auf Geheiß des Priesters den Kachina-Tänzern einige Peitschenhiebe austeilen. Danach weihte sie der Priester in alle Geheimnisse der Gesellschaft ein, drohte aber gleichzeitig mit schwerster Strafe, wenn sie Uneingeweihten davon erzählten.
Die Jungen waren jetzt zwar Mitglieder des Bundes, durften aber noch keine Masken tragen. Dies war erst gestattet, wenn sie heirateten und Felder besaßen, die ihnen die Ausrichtung eines großen

Festes ermöglichten. Bei diesem Anlaß wurden sie nochmals gepeitscht, und erst dann erhielt der Maskenschnitzer den Auftrag zur Herstellung einer Maske, die beim Tod des Trägers mit ihm begraben wurde.

Außer den großen Tanzanlässen fanden alle religiösen Handlungen in den unterirdischen oder vertieft angelegten Kulträumen statt. Die *Kiva* genannten Räume hatten einen rechteckigen oder runden Grundriß. Im Norden, also auch bei den Zuni und Hopi, überwog die rechteckige Form. Die Decke der Räume war mit Balken abgestützt, für das Feuer gab es einen Rauchabzug, und der Einstieg erfolgte über eine Leiter. Die Wände des heiligen Raumes waren sparsam mit Wolken-, Blitz- und Regensymbolen bemalt. An der Schmalseite befand sich der hölzerne Altar für die Kultgeräte, vor dem der Priester bei den Zeremonien die Sandbilder ausstreute. Die Teilnehmer hatten ihren Platz ringsum auf Lehmbänken, durften aber erst erscheinen, wenn der erste aufsteigende Rauch aus dem Rauchloch die Geister zur Teilnahme an der Feier eingeladen hatte. Wichtiges Element in jedem Kiva war ein kleines Loch in der Erde, welches die mythische Verbindung mit der Unterwelt symbolisierte. Frauen war der Zutritt zu den Kiva im allgemeinen verboten. Da nur wenigen Nichtindianern gestattet wurde, in ein Kiva hinabzusteigen, sind die Informationen über die alte Zeit sehr spärlich.

Das religiöse Leben der Hopi beschränkte sich aber keinesfalls nur auf das Erscheinen der Kachina im Frühling, die Reifezeremonien und die Zusammenkünfte der Bünde in den Kiva. Höhepunkte der sommerlichen Zeremonien waren der Schlangen- und Antilopentanz sowie der Flötentanz, in deren Verlauf die göttlichen Wesen um Regen und gute Ernten gebeten wurden. Die Abhaltung der Tänze unterlag einem festen Rhythmus. So hielt zum Beispiel Walpi mit einigen Dörfern den Schlangen- und Antilopentanz in den ungeraden Jahren unserer Zeitrechnung ab, den Flötentanz in den geraden. Oraibi mit seiner Umgebung hatte die umgekehrte Ordnung.

Lassen wir den Augenzeugen P. Ehrenreich zu Worte kommen,

der im Sommer 1898 die außergewöhnliche Gelegenheit hatte, an den Vorbereitungen dieser Tänze teilzunehmen. Er schreibt in seinem Aufsatz «Ein Ausflug nach Tusayan (Arizona) im Sommer 1898»: «Zwei Priesterschaften sind es, die beim Schlangentanz zusammenwirken, nämlich die eigentlichen Schlangenpriester, die gleichzeitig einen besonderen Clanverband bilden, und die Antilopenpriester, eine Unterabteilung der Ala oder Hornphratrie. Beide stehen seit uralter Zeit in einem durch die Tradition geheiligten Kartell. Das Fest verläuft also in zwei parallelen Feierlichkeiten, die in dem Mais- oder Antilopentanz einerseits und dem Schlangentanz andererseits gipfelten.

Die innige Beziehung dieser Feste zum Flötentanz erhellt sich schon daraus, daß die Flötenbrüderschaft ebenfalls eine Gens der Hornphratrie bildet. Dasselbe lehrt der zu Grunde liegende Mythus.

Tiyo, der Kulturheros der Moki (Hopi), steigt hinab zu der Unterwelt unter Leitung der Erdgöttin. Er gelangt nach mancherlei Begegnungen mit mythischen Wesen unter anderem zu dem Schlangenvolk, von dem er in die Mysterien des Regenzaubers eingeweiht wird. Der Schlangenhäuptling gibt ihm zwei Jungfrauen mit, von denen eine sein Weib, die andere das seines Zwillingsbruders wird. Letzterer ist kein anderer als der Flötenknabe, der *Lenyatiyo,* der als Ahnherr der Flötenbrüderschaft verehrt wird. Das Schlangenweib *(Tshüamana),* die Gemahlin Tiyos, gebiert schließlich Schlangen. Sie unterweist das Volk, wie es die Schlangen freundlich zu stimmen und Regen durch ihre Beihilfe herabzurufen habe und verläßt schließlich mit ihren Schlangenkindern das Land.»

Später folgt noch eine Beschreibung der Schlangenfänger, die nach tagelangen Vorbereitungen und Fasten unter Anleitung des Schlangenhäuptlings im Kiva sich eines Morgens auf den Weg machen, die Tiere einzufangen. Sie trugen einen weiß, grün und rot gestickten Zeremonialschurz, und der nackte Oberkörper war mit braunroten Streifen bemalt. Ihre Utensilien bestanden aus Ledersäcken, einer Hacke und der sogenannten Schlangenfeder (ein

Pappelholzschaft mit Adlerfedern), mit dem man die Schlangen in die gewollte Richtung lenkte. Die Jagd auf Schlangen wurde vier Tage nacheinander wiederholt.

In unserer Quelle ist nirgends über die später so oft zitierten Schlangentänze auf den Dorfplätzen zu lesen. Wir werden nur über die sehr umständlichen Vorbereitungszeremonien unterrichtet, bei denen im Kiva hölzerne Schlangenidole aufgestellt und große Sandmalereien ausgeführt wurden. Die Schlangen ruhten in geschlossenen Körben. Bei der Herrichtung des Antilopenaltars stellte man zwei Antilopenköpfe neben die Malereien.

Zu dem Sinn vieler Zeremonien werden wir infolge unseres oberflächlichen und entmystifizierten Denkens wohl nie den Zugang finden. Außerdem waren indianische Menschen nur in seltenen Fällen bereit, ihre geheimsten und heiligen Dinge fremden Forschern preiszugeben.

Dineh – die Einwanderer aus dem Norden

In der Zeit zwischen 700 und 1000 n. Chr. wanderten verschiedene Gruppen athapaskisch sprechender Jäger aus dem südlichen Alaska den Ostrand der Rocky Mountains entlang gegen Süden. Ihre Wanderung durch zum Teil bewohnte Gebiete ging nicht immer ohne Auseinandersetzungen vor sich, Menschen anderer Stämme schlossen sich ihnen an, es gab durch die Natur bedingte Aufenthalte, und so vergingen einige hundert Jahre, bis die ersten Gruppen um etwa 1300 im Südwesten eintrafen. Hier stießen sie auf die schon hochentwickelte Kultur der Anasazi, die durch eine große Dürreperiode zwischen 1276 und 1299 gezwungen worden waren, ihre Gebiete am San Juan River zu verlassen. Im Laufe der nächsten Jahrhunderte folgten weitere Gruppen aus dem Norden, welche sich selber *Dineh* nennen und später von den Spaniern die Namen *Navajo* und *Apache* bekamen.

Die Navajo übernahmen nach und nach einige Kulturelemente der seßhaften Anasazi und Pueblo, einen beschränkten Bodenbau und die Töpferei, in der sie allerdings nie die Fertigkeit ihrer Lehrmeister erreichten. Daneben war die gewohnte Jagd noch immer wichtige Grundlage der Ernährung.

Die traditionelle Behausung der Navajo ist der Hogan, ein mit Erde bedeckter, meist achteckiger Kuppelbau, der durch ein Stangengerüst gestützt wird. Der Eingang weist nach Osten. Die Form erinnert stark an die Unterkünfte der alten subarktischen Heimat.

In der Bekleidung mußten sich die Neuankömmlinge dem heißen Klima anpassen. Die leichten Baumwollkleider verdrängten rasch die gewohnte Lederkleidung, und die Navajo fingen bald selber an, Baumwolle zu verweben. Nur saßen hier im Gegensatz zu den Pueblo die Frauen am senkrechten Webstuhl. Als die Spanier 1550 die Schafe einführten, übernahmen die Navajo sehr rasch kleine Herden. Das Treiben der Tiere über die weiten Ebenen kam ihrem uralten Nomadentrieb entgegen. Die Verwendung der Schafwolle löste eine weitere Entwicklung in der Weberei aus. Bald saßen die Frauen im Hogan oder sommers im Schatten eines Baumes und webten die wunderbaren Blankets, zuerst mit der verschieden getönten Wolle der Schafe, später mit Pflanzen- oder Erdfarben behandelter Wolle. Die Decken dienten als Wandbehang, Türvorhang, Schultertuch und Schlafdecke, doch nie als Teppich. Jede Frau wob ohne ein aufgezeichnetes Vorbild ihre eigenen Muster. Nach und nach entwickelten sich aber örtlich und zeitlich charakteristische Merkmale. Die selbstgewobenen leichten Baumwollstoffe für die Kleidung wurden später durch importierten Samt abgelöst, der zumindest als Bluse noch heute das traditionelle Kleidungsstück der Frauen ist.

Stolz jeder Navajofrau ist der Türkisschmuck, der nicht nur zu Festen, sondern täglich getragen wird. Als die geschickten Navajomänner anfingen, amerikanische Silberdollars zu Schmuck zu verarbeiten (zum Teil wird die Silberlegierung in Formen gegossen

und dann poliert), ergänzte sich das Silber mit dem Blau und Blaugrün der Türkise in idealer Weise.
Unter dem Einfluß der Pueblo wandelte sich auch die ursprünglich patrilineare Ausrichtung der Navajo in eine matrilineare Ordnung, was aber nichts an der alten Wohnweise änderte. Da ein Hogan immer nur einer Familie Platz bot, konnte ein junges Ehepaar nicht zur Mutter ziehen, sondern mußte sich seinen eigenen Hogan bauen.
Auch vieles aus der religiösen Welt der Pueblovölker wurde in die altathapaskische Glaubensvorstellung übernommen. Dies trifft vor allem auf die Sandmalerei zu, die bei den Navajo in mehreren hundert Formen ausgeführt und Bestandteil der Krankenheilung wurde. Dargestellt waren die bei den Pueblo heiligen Symbole von Regen, Blitz und Wolken, dazu die Gestalten der Navajo-Mythologie, die «Heiligen Leute», langgestreckte menschliche Figuren, denen alle Dinge der Welt, auch die Menschen, ihr Dasein zu verdanken haben. Die Symbole der heiligen Pflanzen Mais, Bohne, Kürbis und Tabak haben ihren Ursprung wiederum in der Religion der Bodenbauer. Begleitet von den uralten Heilgesängen, die von einem Medizinmann vorgetragen wurden, streute man ein Sandbild mit pulverisierter bunter Erde und Maismehl aus. Der Kranke setzte sich darauf, um direkten Kontakt mit den heiligen Wesen zu haben. Die Sandmalereien mußten vor Sonnenuntergang wieder vernichtet werden. (Auch die Sandbilder vor dem Altar in den Kivas durften die Mitternachtsstunde nicht überleben.)

Die Apache bleiben ruhelos

Die Apache hielten sich mehr im östlichen Teil des heutigen New Mexico auf. Die namentliche Trennung der athapaskischen Einwanderer in Navajo und Apache erfolgte erst durch die Spanier. Die Pueblo nannten die fremden Eindringlinge *apaches des nabadu*, was frei übersetzt «Feinde der angebauten Felder» bedeutet. Die Spanier übernahmen die Bezeichnung, indem sie die östlichen

Gruppen los apaches und die westlichen navajos nannten. Die Ethnologie teilt die Apache in einen westlichen und in einen östlichen Zweig ein. Zu den westlichen gehören u. a. die Mescalero und Chiricahua, bei den östlichen sind die Lipan und Kiowa-Apache die bekanntesten.

Die Apache blieben ihrer alten Lebensweise treu. Sie betrieben weiterhin die Bisonjagd (die Felle wurden ein wichtiger Tauschartikel gegen Mais), sammelten Früchte, Nüsse und Wurzeln und entwickelten sich, als sie das Pferd übernommen hatten, für die Pueblo und Mexikaner zu einer regelrechten Landplage.

Die Frauen verstanden und verstehen es noch heute, praktische und dauerhafte Korbwaren und wasserdichte Gefäße zu flechten. Töpfe wären ihnen bei ihrer unsteten Lebensweise nur hinderlich gewesen.

Im Gegensatz zu den seßhaft gewordenen Navajo konnte sich das kultische Leben bei ihnen nicht so stark entwickeln. Am ausgeprägtesten sind die Initiationsriten der Knaben und Mädchen, die zum Teil noch heute durchgeführt werden.

Initiationsriten der Apache

Bei den Knaben können wir die ganze Prozedur als Abhärtungs- und Mutprobe betrachten. Sie müssen zum Beispiel bei der großen Hitze, die hier im Sommer herrscht, mit Wasser im Mund lange Strecken laufen, ohne es zu schlucken, oder im Winter ein Loch in das Eis eines zugefrorenen Flußes schlagen und in dem eiskalten Wasser baden.

Der vier Tage dauernden Initiation der Mädchen wird besondere Beachtung geschenkt. Bei den Apache erleben wir eine große Seltenheit: das Mädchen ist während seiner ersten Menstruation nicht abgesondert. Im Gegenteil, das Ereignis wird als übernatürlicher Segen betrachtet. Ruth Benedikt schreibt dazu: «Ich habe selbst bei den Apache gesehen, wie deren Priester auf den Knien die Reihe der feierlich gestimmten Mädchen entlangrutschen, um durch de-

ren Berührung Segen zu empfangen, wie kleine Kinder und alte Leute das gleiche taten, um ihre Gebrechen loszuwerden.»[87]
Schon am Vorabend wird das Mädchen für die Zeremonie vorbereitet. Die Mutter steckt ihm eine Adlerfeder in das Haar und befestigt in einer Haarsträhne über der Stirn mit einem Lederbändchen ein schön geschliffenes Stück Abalone-Schnecke, Symbol der Urmutter der Apache und Zeichen der Wandlung zur Frau. Am andern Morgen wird die festlich gekleidete Initiantin von der Patin und der Mutter auf den Festplatz geführt, wo sie auf ein Hirschfell niederkniet. Während dieser Zeit singen die Männer ein Danklied. Danach beginnt ein Rundlauf um das Mädchen, bei dem alle versuchen, es zu berühren. Mütter holen ihre Kleinkinder, damit das Mädchen ihnen in den Mund blasen kann und so etwas von seiner Kraft auf das Kind überträgt. Am dritten Tag muß die angehende junge Frau nochmals auf dem Hirschfell knien, und der Medizinmann bestreut ihr Haupt mit den Pollen des Rohrkolbens, einer heiligen Pflanze der Apache. Dieser Vorgang wird von allen Anwesenden wiederholt.
In den Abendstunden erscheinen die Mitglieder des Berggeisterbundes, oft fälschlich als Teufelstänzer bezeichnet, und führen mit schwarzen Tanzmasken und Schwirrhölzern ihre Tänze auf. Sie symbolisieren den Sieg des Guten über das Böse.

Einbruch der Spanier

Das 16. Jahrhundert brachte den großen Einbruch der Spanier in das Leben der Pueblo-Völker, der viel einschneidender war als die Konfrontation mit den athabaskischen Stämmen der Navajo und Apache. Am 11. Juli 1590 wurde die erste feste spanische Niederlassung gegenüber dem Pueblo San Juan gegründet, die aber schon 20 Jahre später zu Gunsten des heutigen Santa Fé aufgegeben wurde. Um 1640 setzte eine regelrechte, religiös motivierte Verfolgungsjagd gegen die Indianer ein. Einkerkerungen, Hängen oder der Verkauf als Sklaven nach Mexiko war das Los der Menschen,

welche sich weigerten, die christliche Religion anzunehmen. Bald gab es in jedem Pueblo eine Missionskapelle.
Im August 1680 kam es zur großen Pueblo-Revolte, bei der über 400 Spanier umgebracht wurden, die letzten Überlebenden mußten Santa Fé aufgeben. Mehr als zehn Jahre blieb El Paso del Norte die Hauptstadt, bis die Spanier 1693 Santa Fé zurückeroberten. Die erneuten Eroberungszüge der Spanier vertrieben viele Indianer aus ihren Pueblos, die zum Teil für immer verlassen blieben. Riesige Überschwemmungen und eine verheerende Pockenepidemie brachten den indianischen Widerstand völlig zum Erliegen. Laut alten Berichten starben 1780/81 etwa 5000 Indianer, darunter besonders viele Hopi. Am 27. September 1821 löste sich Mexiko von Spanien, und die Indianer wurden zu mexikanischen Bürgern erklärt.

In dem 1846 ausgebrochenen Krieg zwischen den USA und Mexiko ließen sich die Indianer durch die Mexikaner aufhetzen und brachten den ersten amerikanischen Gouverneur dieses Gebietes um. Die Vergeltung ließ nicht lange auf sich warten, 150 Indianer wurden gehängt. Mexiko verlor bei diesen Auseinandersetzungen sein letztes Gebiet in Nordamerika.
Bereits am 11. März 1824 wurde das Bureau of Indian Affairs gegründet und dem Department of War unterstellt, 1849 jedoch dem Department of the Interior zugeteilt. Noch im gleichen Jahr wurde Jame S. Calhoun der erste Indianeragent des neuen Territoriums. Während all der vergangenen Jahre war es immer wieder zu erbitterten Kämpfen zwischen Apache und Navajo einerseits sowie den Mexikanern und später den Unionstruppen gekommen. Die Mexikaner fingen schon 1835 an, Skalpprämien zu bezahlen: 100 Pesos = 100 Dollar für einen männlichen Skalp, 50 für einen weiblichen und 25 für einen Kinderskalp. Die Amerikaner übernahmen diesen Ansatz.
Im Jahr 1861 brach der amerikanische Bürgerkrieg aus, und das Militär wurde dringend auf anderen Schlachtfeldern gebraucht. Kaum war der Krieg 1865 beendet, setzte die Regierung unter

Leitung des bekannten Kit Carson neue Kräfte gegen die Indianer ein. Noch im gleichen Jahr brachte Carson 400 Mescalero-Apache in das Konzentrationslager Bosque Redondo bei Fort Sumner. Der nächste Zug galt den Navajo, zumal in dem von New Mexico abgetrennten Arizona das Goldfieber ausgebrochen war. Eine regelrechte Treibjagd setzte ein; die Männer wurden meist erschossen, Frauen und Kinder im Fort Defiance gesammelt und dann in größeren Gruppen nach Bosque Redondo gebracht. Der heute von Touristen viel besuchte Canyon de Chelly, auf dessen Grund große Felder von Bohnen, Mais und verschiedenen Kürbissorten gediehen, sollte zum Schicksalsort der Navajo werden. Carson ging mit äußerster Härte vor. Die Kulturen wurden völlig zerstört und die Obstbäume umgelegt. Die Soldaten erhielten nicht nur Prämien für Skalpe, sondern auch für jedes Stück Vieh und für Pferde. Auf diese brutale Art gelang es, die Navajo zusammenzutreiben und nach Bosque Redondo in die Verbannung zu bringen. 1868 kehrten die Überlebenden, etwa 8000 an der Zahl, in ihre zerstörte Heimat zurück, von der ein Teil zum Reservat erklärt wurde. Jede Familie erhielt je nach Größe einige Schafe und etwas Saatgut. Mit unglaublicher Energie begannen die Navajo den Wiederaufbau ihres Landes – die Wunden heilten nur langsam.
Inzwischen ging der Vernichtungsfeldzug gegen die Apache unvermindert weiter. Die in Lager eingelieferten Indianer brachen, durch Hunger getrieben, immer wieder aus. General Miles gelang es erst 1886, den indianischen Widerstand zu brechen; am 4. September 1886 ergab sich auch Häuptling Geronimo mit seinen Kriegern. Man verfrachtete ihn mit all seinen Leuten nach Fort Marion in das sumpfig heiße Klima von Florida, wo sie Zwangsarbeit leisten mußten.
Die seßhaften Pueblo hatten weniger zu leiden. Viele der Abmachungen zwischen Spaniern und Indianern wurden von den Amerikanern übernommen. So hatten die Spanier für jedes Pueblo aus deren Mitte einen Gouverneur ernannt. Washington schickte im Mai 1864 den Superintendenten Michael Steck nach Santa Fé, damit er jedem Gouverneur den «Lincoln Stab» brachte, den er nun

anstelle des spanischen als Würdezeichen tragen sollte. Diese Posten werden noch heute jedes Jahr neu gewählt. Die Gouverneure bilden die Verbindung zwischen dem Dorf und dem Bureau of Indian Affairs, haben aber auch eigene Entscheidungsrechte. Viele rechtliche Belange blieben jedoch über längere Zeit ungeklärt, und es galt, in langen Verhandlungen den Status «Indianerland» zu ergründen. War nur das Pueblo oder auch das Land ringsum Indianerland? Wo lagen die Grenzen? usw. Den Zuni wurde beispielsweise erst im Jahre 1931 ihr Land bestätigt.

Der 2. Weltkrieg brachte einen gewissen Umbruch, besonders als 1943 das Atomversuchszentrum Los Alamos eingerichtet wurde. Man rechnet, daß etwa 40000 Indianer, hauptsächlich Pueblo, in der Kriegsindustrie arbeiteten. Auch heute sind noch viele Indianer der umliegenden Pueblos in Los Alamos tätig. Durch ihr Traditionsbewußtsein gehen sie ihrem Dorf trotzdem nicht verloren, so daß viele alte Kulte auch von den Arbeitern des Atomzeitalters mitgefeiert werden. Durch das Interesse, das von weißer Seite diesen religiösen Handlungen entgegengebracht wird, hat sich besonders bei den Hopi ein Sendungsbewußtsein herausgebildet, das sie bestärkt, der alten Lebensweise treu zu bleiben. Dennoch ist gerade bei den Hopi eine Spaltung zwischen Traditionalisten und Fortschrittlichen festzustellen.

Die Navajo auf ihrem großen Reservat entwickelten neben dem bereits als traditionell zu bezeichnenden Bodenbau in erster Linie die Schafzucht und an zweiter Stelle die Zucht von Rindern. Schafe und Ziegen sind für sie als Selbstversorger sehr wichtig; von ihnen gewinnen sie die Wolle, die zu den begehrten und dementsprechend teuren Decken verwoben wird. Die intensive Abweidung setzte das trockene Land noch mehr der Erosion aus. Die Regierung verlangte deshalb in den Jahren 1935/36 eine Reduzierung der Tiere um 40 Prozent, wodurch die gesamte Wirtschaft aus dem Gleichgewicht geriet. In dieser Zeit verließen viele Navajo ihre Reservation in der Hoffnung, im nahe gelegenen Gallup ein Auskommen zu finden.

Verantwortliche Männer der Reservation gründeten unter Mithilfe eines stammeseigenen Rechtsanwaltes das «Business Committee», welches das Weiderecht neu regelte. An einigen Stellen der Reservation ist der Holzreichtum so groß, daß sogar ein stammeseigenes Sägewerk eingerichtet werden konnte.

Neue Probleme nach Mineralfunden auf Reservatsgebiet

In den fünfziger Jahren entdeckten weiße Ingenieure im Monument Valley Erdgas und Erdöl und auf der Black Mesa Kohlevorkommen. Wenn die Navajo bei der Lizenzerteilung zum Abbau der Vorkommen auch übervorteilt wurden, ermöglichen die Einnahmen daraus doch eine Verwirklichung von Projekten, die vor allem der Ausbildung der Jugend zugute kommen. Im Jahre 1969 eröffneten die Navajo in Many Farms eine eigene Universität, die in der Zwischenzeit am Tsail Lake eine Erweiterung bekam. Trotz dieser positiven Aspekte ist die Lage der Navajo heute infolge der bedeutenden Bevölkerungszunahme wieder äußerst prekär. Da der Kohleabbau außerordentlich rationell geführt wird, bringt er den Indianern nicht den versprochenen Beschäftigungsanteil. Aus den Einnahmen der Abbaurechte fließen zwar jedes Jahr bedeutende Summen in die Stammeskasse, jedoch war sich wohl niemand aus dem Stammesrat darüber im klaren, welche Zerstörungen der Umwelt sich durch den Tagabbau der Kohle ergeben. Die Luftverschmutzung über dem Abbaugebiet hat inzwischen einen höheren Grad erreicht als über Los Angeles. Da ein Teil der abgebauten Kohle mit Wasser durch die Pipelines bis nach Kalifornien geleitet wird, hat sich auch der Grundwasserspiegel im ganze Lande bedenklich gesenkt. Die Auswirkungen des Uranabbaues lassen sich noch gar nicht abschätzen. Schon über 6000 Menschen mußten die der Zerstörung preisgegebenen Gebiete verlassen. Ein Großteil davon erweitert die Slums der umliegenden weißen Siedlungen und flüchtete sich als letzten Ausweg in den Alkohol.

Harter Überlebenskampf bis in die Gegenwart

Halt und Trost für viele der nordamerikanischen Indianer bildet die Native American Church of North America. Diese religiöse Bewegung nahm ihren Anfang bei den Mescalero-Apache. Durch ihre Einfälle in Mexiko bekamen die Apache auch Kontakt mit mexikanischen Indianern und lernten auf diesem Weg den Peyote, einen kleinen, unscheinbaren, stachellosen Kaktus *(Lophophora williamsii)* kennen, der seit Jahrhunderten in den Riten der mexikanischen Indianer eine dominierende Rolle spielte. Wann der Peyote seinen Weg in die Kulthandlungen der Apache fand, ist ungewiß, jedenfalls wurde er um 1870 bei den Mescalero-Apache festgestellt. Von hier nahm er den Weg über die Kiowa zu den Comanche, deren letzter Häuptling Qannah ein überzeugter Förderer der Peyote-Religion wurde. Zu Beginn des 20. Jahrhunderts breitete sich die Bewegung rasch in den Reservationen aus und wurde von den Missionen und dem Bureau of Indian Affairs mit großem Mißtrauen beobachtet. Am 18. Oktober 1918 gründeten sechs Stämme in Oklahoma die *Native American Church,* die sie in weiser Voraussicht vom Staate amtlich beglaubigen ließen. Trotz aller Widerstände konnte sich die Bewegung im Jahre 1944 auf nationaler Ebene neu unter dem Namen *Native American Church of the United States* konstituieren. Die «Amerikanische Eingeborenenkirche», wie sie im deutschen Sprachraum auch genannt wird, dehnte sich in den folgenden Jahren über die Grenze bis nach Kanada aus und wurde 1955 zur *Native American Church of North America* erweitert.

Durch die starke Christianisierung der Indianer im letzten Jahrhundert wurde viel christliches Gedankengut in den Kult aufgenommen, doch blieb die halluzinogene Wirkung des Peyote das Hauptelement. Er ist ein Ersatz für die Visionssuche früherer Zeiten. Gewisse Vorstellungen der christlichen Religion paßte der Indianer seiner Glaubenswelt an. So wurden, um nur zwei Beispiele zu nennen, die Taube («Ich habe den Geist wie eine Taube aus dem Himmel herabschweben sehen...» Johannes I,32) zum Schlangenhalsvogel und die Engel zu den vier Winden.

In seinem eindrucksvollen Bekenntnis «Die Heilige Pfeife» schildert uns *Schwarzer Hirsch,* daß neben dieser neuen Religion noch viele alte Traditionen lebendig geblieben sind und bis heute ihre Geltung haben.

Aus diesen geistigen Quellen werden die indianischen Völker die Kräfte schöpfen, die sie für ihren Überlebenskampf benötigen.

Anhang

Anmerkungen

[1] Amerigo Vespucci (1451–1512), italienischer Seefahrer. Nach seinem Vornamen benannte der deutsche Kartograph und Humanist Martin Waldseemüller die Neue Welt «Amerika».

[2] Bartholomé de las Casas (1474–1566), spanischer Dominikanermissionar und späterer Bischof von Chiapas, verteidigte leidenschaftlich die Indianer gegen die Grausamkeiten der Konquistadoren.

[3] Lafiteau war der erste Gelehrte, der auf dieses Phänomen aufmerksam machte. Das Thema ruhte bis Mitte des 19. Jahrhunderts, bis es von Lewis H. Morgan (1818–1881) in seinem Werk «The leage of the Iroquois» (1851) und ebenfalls in «Ancient society» (1877) wieder aufgegriffen wurde. Georg Peter Murdock erweiterte das Thema und führte es in seinem 1949 erschienenen Werk «Social structure» zu einem vorläufigen Abschluß.

[4] Übersetzung von Friedrich Lange, Leipzig 1885.

[5] Eine Gruppe von 963 Inseln im Norden von Neuguinea.

[6] Festschrift für Adolf E. Jensen, München 1964.

[7] Heine-Geldern weist auf ein Baum-Motiv an den Maya-Tempeln in Palenque und auf ähnliche Formen auf javanischen Schattenrißfiguren hin, die er beide von kambodschanischen Vorbildern ableitet.

[8] Jung, C. G. Der Mensch und seine Symbole. Olten 1968.

[9] Zubrow, Ezra B. W. comp. New World archaeology. San Francisco 1974.

[10] Bandi, Hans-Georg. Alaska. Urgeschichte – Geschichte – Gegenwart. Stuttgart 1967.

[11] New York 1968.

[12] Zitiert nach der deutschen Ausgabe, Wien 1971.

[13] Canby, Th. Y. The search for the First Americans.

[14] Farb, Peter. Die Indianer. S. 253.

[15] American Anthropologist, N.S. 16: 3, Lancester 1914.

[16] In: Transactions of the American Philosophical Society, XLVII, 1957.

[17] Hartmann, Horst. Die Plains- und Prärieindianer Nordamerikas. Berlin 1973.

[18] Bandi, a. a. O., S. 57/58.

[19] Altes russisches Maß. 1 Werst = 1066,79 Meter.

[20] Porsild, M.P. The principle of the screw in the technique of the Eskimo. American Anthropologist. N.S. Vol. 17, Nr. 1.

[21] Mason, O.T. The human beast of burden. Report of the United States National Museum, 1887.

[22] Aus: «Seattle Times», mitgeteilt in «amedian» Vol. 8, Nr. 6, Stuttgart, Dezember 1980.

[23] In: Buschan, G. Illustrierte Völkerkunde I, Stuttgart 1922.

[24] Biggar, Henry Percival. The Precursors of Jaques Cartier, 1497–1534. A collection of documents relating to the early history of the Dominion of Canada. Ottawa 1911.

[25] Stamm aus der Algonkin-Sprachfamilie, erst auf Veranlassung der Franzosen seit dem 18. Jahrhundert auf Neufundland ansässig.

[26] Auch das Indianermuseum der Stadt Zürich besitzt eines dieser seltenen Stücke.

[27] Jung, C. G. Der Mensch und seine Symbole. Olten 1968.

[28] Koty, John. Die Behandlung der Alten und Kranken bei den Naturvölkern. Stuttgart 1934.

[29] Turner, Lucien M. Ethnology of the Ungava District, Hudson Bay Territory. In: 11 Annual Report of the Bureau of Ethnology 1889–1890. Washington 1894.

[30] Lips, Eva. Zum Wirtschaftswandel der Montagnais-Naskapi-Indianer am Lake St. John, Kanada. In: Abhandlungen und Berichte des Staatlichen Museums für Völkerkunde Dresden. Bd. 21, 1962.

[31] Sippe mit totemistischem Charakter.

[32] Frei übersetzt aus: Henry, Thomas R. Wilderness Messiah. New York 1955.

[33] Wood, Norman B. Die großen Häuptlinge der Indianer. Frankfurt 1968.

[34] Fenton, W. N. ed. Songs from the Iroquois Longhouse. Folk Music of the United States, Album VI, Washington, Library of Congress, 1942.

[35] Kalm, Peter. Travels in North America. vol. I, New York 1966.

[36] Heckewelder (1743–1823) war mehr als 40 Jahre als Missionar der 1722 gegründeten Herrnhuter Mission und als Vertreter der Regierung bei den Irokesen- und Algonkin-Stämmen tätig.

[37] Schoolcraft, Henry Rowe. Historical und statistical information respecting the history, condition and prospects of the Indian tribes of the United States. 6. Bde. Philadelphia 1851–57.

[38] Truthühner.

[39] Klapperschlangen.

[40] Hudson, Charles. The Southeastern Indians. The University of Tennessee Press, Knoxville 1976.

[41] James Adair, geboren ca. 1709 in Irland, Todesdatum unbekannt, war Händler bei den Indianern des Südostens und schrieb eine «History of the American

Indian», London 1775. In Breslau erschien 1782 eine deutsche Übersetzung. Im Jahre 1930 wurde die englische Originalausgabe in New York neu aufgelegt.

[42] Gute Abbildungen in: Fundaburk, E.L. & M.D. Foreman. Sun Circles and Human Hands. Kingsport, Tennessee 1968, Taf. 22, 25 und 95.

[43] Heute sind die Schlagstöcke der amerikanischen Polizei aus diesem Holz.

[44] Calumet, von dem französischen Wort chalumet = kleines Schilfrohr, ist nicht unbedingt identisch mit einer Tabakpfeife. Es war in vielen Fällen ein für Zeremonien verwendetes Rohr oder ein Stab, an dem reiche Verzierungen in Form von Federn, bei den Cherokee Specht- oder Adlerfedern, angebracht waren.

[45] Im Jahre 1723 erschien in Madrid eine zweite Auflage in zwei Bänden unter dem Titel: «La Florida del Inca. Historia del Adelantado, Hernando de Soto, Gouernador, y Capitan General del Reino de la Florida y de Ostros Heroicoc Caballeros, Espanoles, e Indios.»

[46] barbecue ist ein Wort aus der Sprache des karibischen Volkes von Haiti.

[47] Die «Fünf zivilisierten Nationen» bestehen aus den Creek, Cherokee, Choctaw, Chickasaw und den Seminolen. Der Einfluß der Creek und Cherokee auf die andern Stämme führte zu der etwas eigenartigen Bezeichnung «zivilisierte».

[48] Wedel, W.R. An Introduction to the Pawnee-Archeology. Washington 1936, S. 91 ff.

[49] Wissler, Clarc. Das Leben und Sterben der Indianer. Wien 1948, S. 188.

[50] Dorsey, George A. The Pawnee Mythology, Part. I, Washington 1906.

[51] Stirling, M.W. Indians of Our Western Plains. In: National Geographic Magazine, July 1944.

[52] Den Namen Hidatsa tragen sie erst seit der grundlegenden Arbeit von Washington Matthews «Ethnography and philology of the Hidatsa Indians», die 1877 in Washington erschien.

[53] Über die Erdbohne: Werner Müller. Geliebte Erde. Bonn 1972.

[54] Lowie, Robert H. Plains Indian age-societies: historical and comparative study. New York 1916.

[55] Bowers, A.W. Hidatsa Social and Ceremonial Organisation. Washington 1965.

[56] Es handelt sich hier um eine Beifußart und nicht um Salbei, wie immer wieder fälschlich zu lesen ist. Der Sagebrush ist ein heiliges Kraut und spielt bei allen Zeremonien und Heilungen eine wichtige Rolle.

[57] Kakteen sind eine rein amerikanische Pflanzenfamilie.

[58] Berlin 1904.

[59] Bei den Dakota hieß das Pferd «shunka-wakan» = mysteriöser Hund.

[60] In der Trivialliteratur spricht man nur von den «Prärie-Indianern», meint aber die Plains-Indianer.

[61] Mails, Thomas E. The Mystic Warriors of the Plains. New York 1972.

[62] Horst Hartmann gibt eine Länge von 2 bis 2,5 Meter an, was wahrscheinlicher ist.
[63] Der neuweltliche Verwandte unserer europäischen Stare, Sturnélla mágna im Osten, Sturnélla neglécta im Westen.
[64] Ein entfernter Verwandter unserer Eulen.
[65] Preuss, Konrad. Religionen der Naturvölker. In: Archiv für Religionswissenschaft Bd. 7, 1904.
[66] Wir verweisen auf Georg Friedericis ausführliche Arbeit «Über die Behandlung der Kriegsgefangenen durch die Indianer Amerikas.» In: Festschrift Eduard Seler, Stuttgart 1922.
[67] Der Marterpfahl war in den Plains weit weniger verbreitet als im Osten.
[68] Wissler, C. The Social Life of the Blackfoot Indians. Part. I. Anthr. Pap. American Museum of Natural History. Vo. III, New York 1912.
[69] Spier, L. The Sun Dance of the Plains Indians, Its Development and Diffusion. Anthr. Pap. of the American Museum of Natural History, New York 1921.
[70] Schultz, James Williard. Natahki und ich. Hamburg 1922.
[71] Bald einmal redete es sich unter den Indianern herum, daß man im «Lande der Großmutter» (gemeint ist Kanada) besser für sie sorgte. Deshalb suchte seinerzeit auch Sitting Bull dort Schutz.
[72] Hoffman, W.J. Die Shoshoni- und Banak-Indianer. In: Globus Bd. 69, Nr. 4, 1896.
[73] Hoffman: W.J. Über die Zubereitung des Pfeilgiftes der Pai-Uta-Indianer von Nevada. In: Zeitschrift für Ethnologie, 12. Jahrgang 1880.
[74] Krause, Aurel. Die Tlinkit-Indianer. Berlin 1885.
[75] Friederici, G. Die Schiffahrt der Indianer. Stuttgart 1907.
[76] Birket-Smith, Kaj. Streifzüge zwischen Arktis und Tropen. Zürich 1969.
[77] Haeberlin, Hermann und Erna Gunther. Ethnogr. Notizen über die Indianerstämme der Puget-Sundes. In: Zeitschrift für Ethnologie, 56. Jahrgang, 1924.
[78] Adam, Leonhard. Potlatch. In: Festschrift Eduard Seler. Stuttgart 1922.
[79] Niblack, Albert P. The Coast Indians of Southern Alaska and Northern British Columbia: U.S. National Museum Report for 1888, Washington 1890.
[80] Schon bevor Kupfer von den Europäern eingeführt wurde, hämmerten die Tlingit das edle Metall, das sie am Copper River in Alaska fanden, auf kaltem Weg. Es wurde zu einem kostbaren Tauschartikel.
[81] Bandelier, Adolph F. Final Report of Investigations among the Indians of the Southwestern United States, Carried on mainly in the years from 1880–1885. Papers of the Archaeological Institute of America, Cambridge 1890.
[82] Möllhausen, Balduin. Wanderungen durch die Prärien und Wüsten des westlichen Nordamerika. Neuauflage, München 1980.
[83] Lindig, Wolfgang. Die Kulturen der Eskimo und Indianer Nordamerikas. Handbuch der Kulturgeschichte. Frankfurt 1972.

[84] Titiev, Mischa. Old Oraibi: A study of the Hopi Indians of Third Mesa. Peabody-Mus. Papers. In: American Archaeology and Ethnology. 22, 1944.
[85] Hartmann, Horst. Kachina Figuren der Hopi-Indianer. Veröffentlichung des Museums für Völkerkunde Berlin. Neue Folge 36, 1978.
[86] Solberg, O. Gebräuche der Mittel-Mesa-Hopi (Moqui) bei Namensgebung, Heirat und Tod. Zeitschrift f. Ethnologie Bd. 37, 1905.
[87] Benedict, Ruth. Urformen der Kultur. Hamburg 1955.

Bibliographie

Avdeev, A. D., Aleutische Masken in der Sammlung des Museums für Anthropologie und Ethnographie der Akademie der Wissenschaft der UdSSR. Jahrbuch des Museums für Völkerkunde zu Leipzig, XX, 1964.

Bancroft-Hunt, N., Totempfahl und Maskentanz. Freiburg/Br. 1980.

Bandi, Hans-Georg, Urgeschichte der Eskimo. Stuttgart 1965.

–, Alaska. Stuttgart 1967.

Beal, Merrill D., I will fight no more forever. New York 1976 (5. Aufl.).

Benedict, Ruth, Urformen der Kultur. Hamburg 1955.

Biggar, Henry Percival, The Precursors of Jacques Cartier, 1497–1534. A collection of documents relating to the early history of the Dominion of Canada. Ottawa 1911.

Birket-Smith, Kaj, Die Eskimo. Zürich 1948.

Boas, Franz, The Houses of the Kwakiutl Indians, British Columbia. Proceedings of the United States National Museum XI, 1888, Washington 1889.

–, The Use of Masks and Head-Ornaments on the North West Coast of America. In: Internationales Archiv für Ethnographie III, 1890.

–, The Social Organization and the Secret Societies of the Kwakiutl Indians. In: Report of the U. S. National Museum for 1895. Washington 1897.

–, Primitive Art. New York 1955.

Bowers, Alfred W., Hidatsa social and ceremonial Organization. In: Smithsonian Institution, Bureau of American Ethnology, Bulletin 194. Washington 1965.

Canby, Thomas Y., The Search for the First Americans. In: National Geographic, Vol. 156, Nr. 3, 1979.

Carter, George F., Plant Geography and culture history in the American Southwest. Viking Fund Publications in Anthropology Nr. 5, 1945.

Chance, Norman A., The Eskimo of North Alaska. New York 1966.

Coxe, William, Die neuen Entdeckungen der Russen zwischen Asien und Amerika. Zürich 1783.

Culin, Stewart, Games oft the North American Indians. In: 24 Annual Report of the Bureau of American Ethnology 1902–03. Washington 1907.

De Voto, Bernard, Across the wide Missouri. Boston 1947.

Dockstader, Fr. J., Indian Art in America. New York o. J.

Dorsey, George, The Pawnee Mythology. Washington 1906.

Driver, Harold E., Indians of North America. Chicago 1975.

Duff, Wilson, The Indian History of British Columbia. Vol. 1: The Impact of the White Man. Anthropology in British Columbia, Memoir Nr. 5. Victoria 1964.

–, Images: Stone: B. C. Victoria 1975.

Dumond, Don E., The Eskimo and Aleuts. London 1977.

Erpf, Hans (Hrgs.) und *E. Boßhard, J. Hahn, E. Treude*, Das große Buch der Eskimo. Oldenburg 1977.

Farb, Peter, The Land and Wildlife of North America. New York 1964.

–, Man's Rise to Civilization. New York 1968.

–, Die Indianer. Wien 1971.

Feest, Christian F., Das rote Amerika. Wien 1976.

Fenton, William Nelson, Problems arising from the historic northeastern position of the Iroquois. Smithsonian Institution, Miscellaneous Collections, Vol. 100. Washington 1940.

–, Songs from the Iroquois Longhouse: Program notes for an album of American Indian music from the eastern woodland. Washington 1942.

Fundaburk, Emma L. and *Mary D. Foreman*, Sun circles and Human Hands. Luverne, Alabama 1968.

Gerhards, Eva, Blackfoot-Indianer. Innsbruck 1980.

Gilmore, Melvin R., Uses of Plants by the Indians of the Missouri River Region. Lincoln 1970.

Grinnell, George Bird, Blackfeet Indian Stories. New York 1945.

Haberland, Wolfgang, Donnervogel und Raubwal. Hamburg 1979.

Haekel, Josef, Die Bestattungsformen bei den Stämmen Nordwestamerikas. Probleme und Ausblicke. In: Zeitschrift f. Ethnologie, Bd. 80, 1955.

Handbook of North American Indians, Vol. 8, California. Vol. 15, Northeast. Washington 1978.

Hartmann, Horst, Die Plains- und Prärieindianer Nordamerikas. Berlin 1973.

–, Wesensart und Bild des Hopi-Gottes Sootuwnangwu. In: Baessler-Archiv, Neue Folge 24, 1976.

–, Schutzgeistvorstellungen bei den Pueblo-Indianern. In: Baessler-Archiv, Neue Folge 24, 1976.

–, Kachina-Figuren der Hopi-Indianer. Berlin 1979.

Henry, Thomas R., Wilderness Messiah. New York 1955.

Hudson, Charles, The Southeastern Indians. The University of Tennessee Press. Knoxville 1976.

Hyde, George E., The Pawnee Indians. Oklahoma 1974.

Ingstad, Helge, Die erste Entdeckung Amerikas. Frankfurt/M. 1966.
Jung, Carl Gustav, Der Mensch und seine Symbole. Olten 1968.
Kalm, Peter, Travels in North America. New York 1966.
Kniffen, Fred B., The Indians of Louisiana. Baton Rouge, Louisiana 1965.
Konitzky, Gustav A., Bisonjäger. Stuttgart 1959.
Koty, John, Die Behandlung der Alten und Kranken bei den Naturvölkern. Stuttgart 1934.
Krause, Fritz, Die Pueblo-Indianer. Eine historisch-ethnographische Studie. Halle 1907.
Krickeberg, Walter, Ältere Ethnographica aus Nordamerika im Berliner Museum für Völkerkunde. Baessler-Archiv, N. F. II. Berlin 1954.
Kroeber, A. L., Handbook of the Indians of California. In: Smithsonian Institution, Bureau of American Ethnology, Bulletin 78. Washington 1925.
–, Cultural and Natural Areas of Native North America. In: University of California, Publications in American Archaeology and Ethnology, 1939.
Läng, Hans, Indianer waren meine Freunde. Bern 1976.
Lange, Charles H. and *Carroll L. Riley* (Hrsg.), The Southwestern Journals of Adolph F. Bandelier 1883–1884. Albuquerque 1970.
Langsdorf, G. H. von, Eine Reise um die Welt. Leipzig 1952.
Laubin, Reginald und *Gladys*, The Indian Tipi. Norman 1957.
–, Indian Dances of North America. Norman 1976.
Lindig, Wolfgang, Geheimbünde und Männerbünde der Prärie- und der Waldlandindianer Nordamerikas. Wiesbaden 1970.
–, Vorgeschichte Nordamerikas. Mannheim 1973.
Lindig, L. und *M. Münzel*, Die Indianer. München 1976.
Lips, Eva, Zum Wirtschaftswandel der Montagnais-Naskapi-Indianer am Lake St. John, Kanada. In: Abhandlungen & Berichte des staatlichen Museums für Völkerkunde Dresden. Bd. 21, 1962.
–, Das altindianische Versammlungszentrum Tadoussac am St. Lawrence-Strom und sein Einfluß auf die Entwicklung frühester europäischer Handelsbeziehungen. In: Abhandlungen und Berichte des staatlichen Museums für Völkerkunde Dresden. Bd. 34, 1975.
Lips, Julius, Notes on Montagnais-Naskapi economy. Ethnos, Vol. 12, Nos. 1–2, 1947.
–, Zelte in der Wildnis. Zürich 1947.
Löhr, J. A. C., Die Länder und Völker der Erde. Leipzig 1818–1819.
Lowie, Robert H., Plains Indian age-societies: historical and comparative study. In: American Museum of Natural History, Anthropological Papers 11. New York 1916.
MacDonald, George F. and *Richard I. Inglis*, The dig, an archaeological reconstruction of a west coast village. Ottawa 1976.

Mackenzie, Alexander, Voyages through the Continent of North America. London 1801.
Mails, Thomas E., The Mystic Warriors of the Plains. New York 1972.
Mason, O. T., The human beast of burden. Report of the United States National Museum, 1887.
Mittler, Max, Eroberung eines Kontinents. Zürich 1968.
Mooney, James, The Ghost-Dance Religion and the Sioux Outbreak of 1890. Chicago 1965.
Müller, Hans-Peter, Tradition und abweichendes Verhalten. Der nordamerikanische Geistertanz als Entwicklungsproblem. Wiesbaden 1975.
Müller-Wille, Ludger, nach einer engl. Vorlage *Johan Sarrazin*, Handwerk der Shefferville Naskapi (Kanada). Museum für Völkerkunde der Stadt Frankfurt/M. Frankfurt 1979.
Müller, Werner, Die Blaue Hütte. Studien zur Kulturkunde, Bd. 12. Wiesbaden 1954.
–, Weltbild und Kult der Kwakiutl-Indianer. Studien zur Kulturkunde, Bd. 15. Wiesbaden 1955.
–, Die Religionen der Waldlandindianer Nordamerikas. Berlin 1956.
–, Glauben und Denken der Sioux. Berlin 1970.
–, Die Pawnee in Nebraska. Antaios XI, 5. Stuttgart 1970.
–, Geliebte Erde. Bonn 1972.
–, Indianische Welterfahrung. Stuttgart 1976.
Murdock, George P., Social Structure. New York 1949.
Niethammer, Carolyn, American Indian Food and Lore. New York 1974.
Ortiz, Alfonso, The Tewa World. Chicago 1969.
Ostwalt, Wendell H. and *James W. Vanstone*, The Ethnoarchaeology of Crow Village, Alaska. In: Smithsonian Institution, Bureau of American Ethnology, Bulletin 199. Washington 1967.
Pinnow, Heinz-Jürgen, Die nordamerikanischen Indianersprachen. Wiesbaden 1964.
Porsild, M. P., The principle of the screw in the technique of the Eskimo. American Anthropologist. N. S. Vol. 17, Nr. 1.
Preuss, K. Th., Religionen der Naturvölker. In: Archiv für Religionswissenschaft, 1904–1923.
Radin, Paul, Religiöse Erfahrungen der Naturvölker. Zürich 1951.
Ritzenthaler, Rob., Building a Chippewa Indian Birch-Bark Canoe. Bulletin of the Public Museum of the City of Milwaukee, Vol. 19, Nr. 2, 1950.
Ritzenthaler, Robert E. and *Pat*, The Woodland Indians. New York 1970.
Schultz, James Willard, Natahki und ich. Ein Leben unter den Schwarzfuß-Indianern. Hamburg 1922.
–, In Natahkis Zelt. Mein Leben als Indianer. Hamburg 1925.

–, With the Indians in the Rockies. Boston 1925.
Schulze-Thulin, Axel, Intertribaler Wirtschaftsverkehr und kulturökonomische Entwicklung. Studia Ethnologica, Bd. 6, 1973.
– Indianische Malerei in Nordamerika 1830–1970. Stuttgart 1973.
–, Weg ohne Mokassins. Düsseldorf 1976.
Schusky, Ernest L., The forgotten Sioux. Chicago 1975.
Schwarzer Hirsch, Ich rufe mein Volk. Olten 1955.
–, Die Heilige Pfeife. Olten 1978.
Seidenfaden, Fritz, Indianische Erziehung. Weinheim 1969.
Seiler, Signe, Wissenschaftstheorie in der Ethnologie. Zur Kritik und Weiterführung der Theorie von Thomas S. Kuhn anhand ethnographischen Materials. Mainzer Ethnologica Nr. 1, 1980.
Seler, J., Lichtbringer bei den Indianern der Nordwestküste und ihre Darstellung im Bilde. In: Globus 61:15, 1892.
Smith, John, Travels and Works. Herausgeber Edward Arber. 2 Bde. Edinburgh 1910.
–, Unter den Indianern Virginiens. Herausgegeben von H. G. Bonte. Leipzig 1926.
Solberg, O., Gebräuche der Mittelmesa-Hopi (Moqui) bei Namengebung, Heirat und Tod. Zeitschrift für Ethnologie 37. Berlin 1905.
Speck, Frank G., Naskapi. The Savage Hunters of the Labrador Peninsula. Oklahoma 1935.
–, Beothuk and Micmac. New York 1922.
Spier, Leslie, The Sun Dance of the Plains Indians: Its Development and Diffusion. Anthropological Papers of the American Museum of Natural History. New York 1921.
Stubbs, Stanley A., Bird's-Eye View of the Pueblos. Norman 1950.
Swanton, John R., The Indians of the Southeastern United States. In: Smithsonian Institution, Bureau of American Ethnology, Bulletin 137. Washington 1946.
Tanner, John, Dreißig Jahre unter den Indianern. Mit Anmerkungen und Nachwort von Eva Lips. Weimar 1958.
Terrel, John U., Apache Chronicle. New York 1974.
Trenholm, Virginia Cole and *Maurine Carley*, The Shoshonis. Setinels of the Rockies. Norman 1964.
Tuck, James A., The Iroquois Confederacy. In: Scientific America, 1, 1971.
Turner, Lucien M., Ethnology of the Ungava District, Hudson Bay Territory. In: 11 Annual Report of the Bureau of Ethnology 1889–1890. Washingthon 1894.
Underhill, Ruth Murray, Red Man's America. Chicago 1971.
Vogel, Virgil J., American Indian Medicine. Norman 1970.

Wedel, Waldo R., An Introduction to the Pawnee Archaeology. Washington 1936.

–, Prehistoric Man on the Great Plains. Oklahoma 1964.

Welck, Karin v., Untersuchungen zum sogenannten Konservatismus der Pueblo-Indianer in Arizona und Neu Mexiko. Münschen 1973.

Weltfish, Gene, The lost Universe. New York 1971.

Weslager, Clinton Alfred, The Delaware Indians – A History. New Brunswick 1972.

White, Leslie A., The Pueblo of Sia, New Mexico. In: Smithsonian Institution, Bureau of American Ethnology, Bulletin 184. Washington 1962.

Whiteford, Andrew H., North American Indian Art. New York 1970.

Wied, Maximilian Prinz zu, Reise in das Innere Nord-America in den Jahren 1832 bis 1834. Coblenz 1839–1841.

Will, George F. and *George E. Hyde*, Corn among the Indians of the upper Missouri. Lincoln 1964.

Wood, Norman B., Die großen Häuptlinge der Indianer. Frankfurt 1968.

Zerries, Otto, Die Eskimo. Katalog zur Ausstellung. Staatl. Museum für Völkerkunde München, 1978.

Dank

Unser Dank gilt vor allem dem Walter-Verlag, dessen Anregung unserem Anliegen entgegenkam, dem an den indianischen Kulturen interessierten Leser eine klar verständliche Darstellung der amerikanischen Urbevölkerung, ihrer Lebensweise und ihres tragischen Schicksals zu geben.

Neben führenden Ethnologen und Wissenschaftlern anderer Disziplinen unserer Zeit haben wir auch frühen Forschern und Reisenden zu danken, welche die indianischen Völker zum Teil noch in ihrer ursprünglichen Lebensweise kennenlernen konnten und ihre Erlebnisse mit der Schreibfeder oder dem Zeichenstift für die Nachwelt festhielten.

In unsern Dank eingeschlossen sind indianische Freunde, die uns wertvolle Hinweise gaben, namentlich aber nicht genannt sein möchten.

Dank schulden wir den ausgezeichneten Fotografen und Zeichnern; ihr Können trug wesentlich zur lebendigen Gestaltung des Buches bei.

Meiner Frau danke ich von Herzen für ihre nie erlahmende Mitarbeit und Geduld.

Verzeichnis der Stämme mit ihrer Sprachzugehörigkeit

Die Arktis

Aleuten	Eskimo (Inuit) –Aleute
Pazifik-Inuit	Eskimo (Inuit)
Beringmeer-Inuit	
Asiatische Inuit	
Nordalaska- und Inland-Inuit	
Mackenzie-Inuit	
Kupfer-Inuit	
Netsilik-Inuit	
Karibu-Inuit	
Iglulik-Inuit	
Baffin-Inuit	
Labrador-Inuit	
Polar-Inuit	
Westgrönland- und Ostgrönland-Inuit	

Das östliche Waldland

Irokesen	Irokesisch-Caddo
Oneida	
Mohawk	
Onondaga	
Cayuga	
Seneca	
Tuscarora	
Huronen	
Erie	
Algonkin	Algonkin
Menomini	
Ojibwa (südöstl.)	
Lenni Lenape (Delaware)	
Abnaki	
Ottawa	
Potawatomi	
Wampanoag	
Tobacco (Tionontati)	

Die Subarktis

Cree	Algonkin
Ojibwa (Chippewa)	
Beothuk	
Montagnais	
Tadoussac	
Naskapi	
Micmac	
Beaver	Athapasken
Chipewyan	
Dogrip	
Slave	
Kutchin	
Yellow knife	

Das südöstliche Waldland

Catawba	Sioux
Powhatan	Algonkin
Shawnee	
Chickasaw	Muskogee
Creek (Muskogee)	
Choctaw	
Alabama	
Cusabo	
Natchez	
Timucua	
Calusa	
Seminolen	
Cherokee	Irokesisch-Caddo

Die Prärie

Adai	Caddo
Arikara	
Haina	
Kadohadacho (Caddo)	
Kitsai	
Pawnee	
Wichita	
Kiowa	Actec-Tanoan
Absaroka (Crow)	Sioux
Dakota	
Hidatsa	
Jowa	
Mandan	
Missouri	
Omaha	
Oto	
Ponca	
Winnebago	
Assiniboin	
Ocheti schakowin (Sieben Ratsfeuer)	
Wahpekute	
Wahpeton	
Mdewkanton	
Sisseton	
Yankton	
Yantonai	
Teton	

Die Plains

Blackfoot	Algonkin
Plains-Cree	
Gros Ventre	
Arapaho	
Cheyenne	
Comanche	Uto-Aztekisch
Kiowa-Apache	Athapasken

Das Plateau

Atsina	Algonkin
Flathead	Binnen Salish
Nez Percé	Klamath-Sahaptin
Kutenai	Kutenai

Das Große Becken

westl. Shoshoni	Uto-Aztekisch
Bannock	
nördl. und südl. Paiute	
Ute	

Die Nordwestküste

Tlingit	Na-Dene
Yakutat	
Chilkat	
Haida	
Tsimshian	Chinook-Tsimshian
Gitksan	
Kwakiutl	Chimukuan-Wakashan
Nootka	
Chimakuan	
Makah	
Quileute	
Bella Coola	Küsten Salish
Küsten Salish	
Thompson Salish	
Lilloet	
Nisqualli	
Snohomish	

Kalifornien

Karok	Hokan (Karok-Yuman)
Chimariko	
Shasta	
Yana	
Pomo	
Esselen	
Chumash	
Yahi	
Salina	
Mohave	
Maidu	Penuti
Miwok	
Yokuts	
Costano	
Wintun	
Yuki	Yuki-Yuki
Wappo	
Mono	Shoshoni california
Serrano	
Gabrieleno	
Luiseño	
Hupa	Na-Dene
Kato	
Wiyot	Algonkin
Yurok	

Der Südwesten

Pueblo	Aztec-Tanoan
Taos	
Hano	
Isleta	
Jemez	
Picuris	
San Ildefonso	
San Juan	
Sandia	
Santa Clara	
Tesuque	
Pueblo	Keres-Keres
Acoma	
Cochiti	
Laguna	
Santa Ana	
Santo Domingo	
Sia	
Zuni	Zuni
Hopi	Uto-Aztekisch
Papago	
Pima	
Navajo	Na-Dene
Apache	
Chiricahua	
Mescalero	
Jicarilla	

Bildnachweis

Völkerkundemuseum der Universität Zürich:
9 (Kat.Nr. 12690, 10 (424) André Melchior, 11 (14120), 46 (3266), 55 (11964), 58 (11379), 2 (13598)
Fotos: Gesche Pantke)

Indianermuseum der Stadt Zürich:
12/13 (ohne Kat.Nr.), 14 (768), 19 (14), 20 (11), 27 (710), 31 (250), 41 (187), 42 (215), 43 (222), 44 (171/172), 45 (57), 47 (117), 53 (316), 54 (1021), 59 (989), 60 (306), 61 (902), 62 (305), 66 (909), 67 (292), 68 (907), 69 (893), 72 (300), 73 (700), 75/76 (div. Nr.), (664), 77 (627), 79 (611).
Fotos: Marlen Perez

Nebraska State Historical Society, Lincoln:
32, 33

Weitere Abbildungen:
Margrit Engelhardt: 82, 83
Gottfried Hotz: 16, 81, 82
Hans Läng: 3, 4, 5, 8, 37, 40, 52, 56, 57, 63, 80

Register

AMERIKA
Die Kulturareale und ihre Völker

Die Arktis

Aleuten
Pazifik-Inuit
Beringmeer-Inuit
Asiatische Inuit
Nordalaska- und Inland-Inuit
Mackenzie-Inuit
Kupfer-Inuit
Netsilik-Inuit
Karibu-Inuit
Iglulik-Inuit
Baffin-Inuit
Labrador-Inuit
Polar-Inuit
Westgrönland- und Ostgrönland-Inuit

Die Subarktis

Cree
Ojibwa (Chippewa)
Beothuk
Montagnais
Tadoussac
Naskapi
Micmac
Beaver
Chipewyan
Dogrip
Slave
Kutchin
Yellow knife

Das östliche Waldland

Irokesen
- Oneida
- Mohawk
- Onondaga
- Cayuga
- Seneca
- Tuscarora

Huronen
Erie
Algonkin
Menomini
Ojibwa (südöstl.)
Lenni Lenape (Delaware)
Abnaki
Ottawa
Potawatomi
Wampanoag
Tobacco (Tionontati)

Das südöstliche Waldland

Catawba
Powhatan
Shawnee
Chickasaw
Creek (Muskogee)
Choctaw
Alabama
Cusabo
Natchez
Timucua
Calusa
Seminolen
Cherokee

Die Prärie

Adai
Arikara
Haina
Kadohadacho (Caddo)
Kitsai
Pawnee
Wichita
Kiowa
Absaroka (Crow)
Dakota
Hidatsa
Jowa
Mandan
Missouri
Omaha
Oto
Ponca
Winnebago
Assiniboin
Ocheti schakowin (Sieben Ratsfeuer)
- Wahpekute
- Wahpeton
- Mdewkanton
- Sisseton
- Yankton
- Yantonai
- Teton

Die Plains

Blackfoot
Plains-Cree
Gros Ventre
Arapaho
Cheyenne
Comanche
Kiowa-Apache

Das Plateau

Atsina
Flathead
Nez Percé
Kutenai

Das Große Becken

westl. Shoshoni
Bannock
nördl. u. südl. Paiute
Ute

Die Nordwestküste

Tlingit
Yakutat
Chilkat
Haida
Tsimshian
Gitksan
Kwakiutl
Nootka
Chimakuan
Makah
Quileute
Bella Coola
Küsten Salish
Thompson Salish
Lilloet
Nisqualli
Snohomish

Kalifornien

Karok
Chimariko
Shasta
Yana
Pomo
Esselen
Chumash
Yahi
Salina
Mohave
Maidu
Miwok
Yokuts
Costano
Wintun
Yuki
Wappo
Mono
Serrano
Gabrieleno
Luiseño
Hupa
Kato
Wiyot
Yurok

Der Südwesten

Pueblo
- Taos
- Hano
- Isleta
- Jemez
- Picuris
- San Ildefonso
- San Juan
- Sandia
- Santa Clara
- Tesuque

Pueblo
- Acoma
- Cochiti
- Laguna
- Santa Ana
- Santo Domingo
- Sia

Zuni
Hopi
Papago
Pima
Navajo
Apache
- Chiricahua
- Mescalero
- Jicarilla